DANIEL BAX

DIE VOLKS-VERFÜHRER

Warum Rechtspopulisten so erfolgreich sind

WESTEND

Mehr über unsere Autoren und Bücher:
www.westendverlag.de

Die Deutsche Nationalbibliothek verzeichnet diese Publikation in
der Deutschen Nationalbibliografie; detaillierte bibliografische Daten
sind im Internet über http://dnb.d-nb.de abrufbar.

ISBN 978-3-86489-178-6
© Westend Verlag GmbH, Frankfurt/Main 2018
Covergestaltung: Buchgut, Berlin
Satz: Publikations Atelier, Dreieich
Druck und Bindung: CPI – Clausen & Bosse, Leck
Printed in Germany

Inhalt

Vorwort

Der Einzug der Alternative für Deutschland (AfD) in den deutschen Bundestag stellt eine Zäsur dar. Mit über zwölf Prozent der Wählerstimmen zogen die Rechtspopulisten im September 2017 auf Anhieb als drittstärkste Kraft ins höchste deutsche Parlament ein. Seitdem sind sie dort mit 92 Abgeordneten vertreten. Als »Oppositionsführer« sprechen sie direkt nach der Regierung. Das hat das politische Klima und die Arithmetik der Macht in Deutschland verändert. Besonders stark hat die AfD im Osten Deutschlands abgeschnitten: Den Zweitstimmen nach wurde sie dort überall zweitstärkste, in Sachsen sogar stärkste Kraft. Dort ist sie schon Volkspartei.

Wie konnte das passieren? Im Grunde holt Deutschland nur nach, was in vielen europäischen Nachbarländern längst die Regel ist. Fast überall in Europa haben sich populistische Parteien etabliert, die sich als »Alternative« zum herkömmlichen politischen System mit seiner traditionellen Konkurrenz aus linken und sozialdemokratischen, wirtschaftsliberalen und konservativen Parteien verstehen. Dabei zeigt sich eine deutliche Spaltung des europäischen Kontinents: In den Ländern Südeuropas, die die Hauptlast der Eurokrise von 2010 tragen mussten, sind linkspopulistische Parteien und Bewegungen stark: Podemos in Spanien, die »MoVimento 5 Stelle« (»Fünf-Sterne-Bewegung«) in Italien und Syriza in Griechenland. In Griechenland stellt Syriza seit 2015 die Regierung, sie hat dort ausgerechnet mit der rechtspopulistischen Kleinpartei der ANEL (»Anexartiti Ellines«, »Die Unabhängigen Griechen«) ein Bündnis geschlossen. In Italien wurde die Fünf-Sterne-Bewegung bei den Parlamentswahlen im März 2018 die stärkste Kraft. Prompt verständigte sie sich mit den Rechtspopulisten der Lega Nord, deren Bastionen im reichen Norden

Italiens liegen, auf eine Regierungskoalition. Populisten können offenbar gut mit ihresgleichen.

Im Osteuropa liegen autoritäre Demagogen im Trend. In Ungarn und Polen stellen sie die Regierung und sorgen für zunehmend totalitäre und illiberale Verhältnisse, mit denen sich ihre Länder immer weiter von den Grundwerten der Europäischen Union entfernen. Auch in Tschechien und der Slowakei geben populistische Demagogen den Ton an. Diese vier Länder bilden mit der »Visegrad-Gruppe« schon lange ein Bündnis, das geschichtsträchtig nach der ungarischen Grenzstadt benannt ist, in der sich schon im vierzehnten Jahrhundert die Herrscher aus Ungarn, Polen und Böhmen zu Verhandlungen trafen. 2004 sind sie gemeinsam der Europäischen Union beigetreten und bilden einen Block, der seit 2015 als Bremsklotz auffällt, weil er ein gemeinsames europäisches Vorgehen in der Flüchtlingspolitik verhindert.

Die »Flüchtlingskrise« 2015 war der Moment, in dem die durch den Aufstieg der Populisten verursachten Bruchlinien innerhalb Europas unübersehbar wurden. Denn auch in den skandinavischen Ländern Dänemark, Norwegen und Finnland sind Rechtspopulisten an der Regierung beteiligt oder haben ein wichtiges Wort mitzureden. Und die Regierungen in westeuropäischen Ländern wie Österreich, Frankreich, Großbritannien und den Niederlanden taten sich schwer mit der Aufnahme von Flüchtlingen, weil sie sich vor den Rechtspopulisten fürchteten, die ihnen im Nacken saßen. So waren es am Ende Schweden und Deutschland, die die meisten Geflüchteten aufnahmen. Großbritannien votierte dagegen im Juni 2016 sogar für den Brexit, den Ausstieg aus der Europäischen Union. In Frankreich schaffte es die rechte Populistin Marine Le Pen, wie vorausgesagt, in die Stichwahl ums Präsidentenamt. In Österreich sind die Rechtspopulisten der FPÖ seit Oktober 2017 wieder an einer Koalitionsregierung beteiligt. Und im Weißen Haus sitzt schon seit November 2016 der rechte Demagoge Donald Trump.

Der Aufstieg des Rechtspopulismus ist kein europäisches Phänomen, sondern ein weltweites. Da ist der türkische Präsident Recep Tayyip Erdoğan, der sein Land in eine Autokratie verwandeln möchte und seine politischen Gegner ins Gefängnis werfen lässt. Da ist der indische Premierminister Narendra Modi, der Hindu-Nationalismus mit einem neoliberalen Wirtschaftsprogramm verbindet und Millionen Muslime in seinem Land ausgrenzt. Da ist der philippinische Präsident Rodrigo Duterte, der im Kampf gegen die Drogenkriminalität Todesschwadronen walten lässt, die mutmaßliche Dealer auf offener Straße hinrichten. Da ist Wladimir Putin, der Russland schon seit Jahrzehnten eisern im Griff hat und zu neuer Größe führen will. Und da ist Venzuelas Präsident Nicolás Maduro, der das Erbe seines Vorgängers Hugo Chávez angetreten hat und sich mit Wahlmanipulationen, Einschüchterung und Verschwörungstheorien an der Macht hält. Die Grenzen zwischen Populisten, Autokraten und Diktatoren verschwimmen da langsam.

Deutschland wirkte lange Zeit wie eine Insel der Seligen, an der der allgemeine Rechtsruck vorbeizugehen schien. In einer Studie 2016 zeigten sich die Menschen in keinem der großen EU-Staaten weniger empfänglich für populistische Politik als in Deutschland.[1] Noch vor wenigen Jahren fragten sich Politologen, »warum der parteiförmige Rechtspopulismus in Deutschland so erfolglos ist«, und hielten das Aufkommen einer solchen Partei für eher unwahrscheinlich.[2] Während ringsherum Populisten reüssierten, schien das größte Land Europas davon seltsam unberührt. Doch das ist vorbei. Deutschland ist mit der AfD in der Realität angekommen.

Es ist kein Zufall, dass der Aufstieg der AfD mit der Euro-Krise begann. Denn Europa ist ein Kontinent, der durch seine gemeinsame Währung gespalten wird. Während Deutschland und andere vom Euro profitieren, haben andere Länder davon mehr Nachteile. Doch der reiche Norden will den Krisenländern des Südens nicht unter die Arme greifen. Auch die Mehrheit der Deutschen will die Vorteile der riesigen europäischen Freihandelszone mitnehmen, aber nichts dafür bezahlen. Die »Euro-Krise« war eine Krise der europäischen Solidarität, so wie nach ihr die »Flüchtlingskrise«, die in Wirklichkeit eine humanitäre und moralische Krise des Kontinents war.

Die Zentrifugalkräfte in der EU werden seitdem immer stärker. Doch es wäre zu einfach, den gegenwärtigen Siegeszug des Populismus nur auf den Euro und die strukturellen Probleme der EU zu schieben. Länder wie Großbritannien, Dänemark, Schweden, Polen, Ungarn und Tschechien sind gar nicht in der Eurozone, und die

Schweiz und Norwegen sind noch nicht einmal in der EU. Trotzdem sind Rechtspopulisten dort ebenfalls stark. In der reichen Schweiz ist die rechte »Schweizer Volkspartei« (SVP) schon seit vielen Jahren die stärkste politische Kraft. Ihr starker Einfluss hat dafür gesorgt, dass die Schweiz nie der Europäischen Union beigetreten ist.

Das Beispiel der Schweiz zeigt, dass es falsch wäre, den Rechtspopulismus als eine plötzliche Erscheinung zu begreifen, die über Europa hereingebrochen wäre. Der Schweizer Milliardär Christoph Blocher, treibende Kraft und graue Eminenz der SVP, prägt die Geschicke der Alpenrepublik schon seit mehr als einem Vierteljahrhundert. Zweifellos gibt es derzeit ein populistisches Momentum. Aber es ist nicht die erste populistische Welle, die Europa erfasst. Die gegenwärtigen Erfolge populistischer Parteien haben eine Vorgeschichte.

In Italien hat Silvio Berlusconi den aktuellen Entwicklungen den Boden bereitet. Nach dem Zusammenbruch des alten Parteiensystems, das durch die Aufdeckung riesiger Korruptionsskandale und krimineller Machenschaften komplett umgepflügt wurde, setzte sich der Medienunternehmer als Saubermann in Szene. 1994 kam er zum ersten Mal an der Spitze eines Mitte-Rechts-Bündnisses an die Macht, was ihm nach seinem Comeback 2001 drei weitere Male gelang. Er hatte Erfolg, weil er sein ganzes Medienimperium im Rücken hatte und weil er sich mit einer einfachen, volkstümlichen Art direkt an die Bevölkerung wendete, sich als Alternative zu den Altparteien anpries und großzügige Wahlgeschenke versprach. Ähnlichkeiten mit anderen Populisten sind offenkundig. Dass er politische Gegner beschimpfte, sich abfällig über Frauen und Schwule äußerte, oder mit geschichtsrevisionistischen Bemerkungen den italienischen Faschismus verharmloste, schadete ihm nicht, sondern trug nur zu seiner Popularität bei. Auch seine vielen Interessenkonflikte als milliardenschwerer Unternehmer und Regierungschef sahen ihm seine Fans nach und seine Freundschaften mit Autokraten und Potentaten, von Wladimir Putin bis Muammar al-Gaddafi. Seine Präpotenz trug ihm den liebevollen Spitznamen »Cavaliere« ein, zu Deutsch: Ritter.

Berlusconi entspricht dem Prototyp eines Populisten. Dass er damit Avantgarde sein würde, war noch nicht so klar, als er seine politische Karriere begann. Aber er war damals nicht der Einzige. In Österreich sorgte etwa zur gleichen Zeit, in den Neunzigerjahren, der

Rechtspopulist Jörg Haider für Furore. Haider stieg rasch zum Musterbeispiel eines modernen und medienaffinen Rechtspopulisten auf. Für seinen nassforschen Stil prägten Kritiker den Ausdruck »Feschismus«, zusammengesetzt aus »fesch« und »Faschismus« – eine Anspielung auf sein kerniges und sportlich-adrettes Äußeres, mit dem er seine oft knallharten politischen Vorstöße kalt lächelnd überstrahlte. In seinem Heimatland Kärnten, wo er von 1989 bis 1991 und von 1999 bis zu seinem Tod im Jahr 2005 die Regierung leitete, profilierte sich Haider auf dem Rücken der slowenischen Minderheit und der Muslime. Er zog gegen die zweisprachigen Ortstafeln in seinem Bundesland zu Felde und schob mit einem »Ortsbildpflegegesetz« dem Bau von Moscheen den Riegel vor. Seinen Nachfolgern hinterließ er einen Schuldenberg und einen Bankenskandal.

Haiders größter Erfolg war, dass seine Partei aus den Wahlen 1999 als zweitstärkste Kraft hervorging und anschließend in die Regierung eintrat. Die Koalition der Konservativen mit den Rechtspopulisten sorgte im Inland wie im Ausland für einen Sturm der Empörung, mehrere Länder verhängten deswegen diplomatische Sanktionen gegen Österreich. Angesichts der Normalität, die eine Regierungsbeteiligung von Rechtspopulisten in Europa heute darstellt, ist die Aufregung im Rückblick besonders bemerkenswert. Wenn man sieht, wie salonfähig Rechtspopulisten heute in Talkshows und anderswo sind, kann man sich gar nicht mehr vorstellen, wie kritisch und auf Distanz bedacht die deutschen Medien einst gegenüber Populisten wie Jörg Haider waren.

Haider gefiel sich in der Rolle eines Rebellen gegen das Establishment, gegen »politische Korrektheit« und gegen Probleme, die er gerne skandalisierte und zum angeblichen Staatsversagen aufbauschte. Immer wieder tat er sich mit antisemitischen Anspielungen, Geschichtsrevisionismus und Verklärung der Vergangenheit hervor, mit Beleidigungen politischer Gegner und der Justiz als »Parteibonzen«.

Haider gelang in Österreich, was Franz Schönhuber in Deutschland verwehrt blieb. Beim Bayrischen Rundfunk war der Journalist Schönhuber 1982 in Ungnade gefallen, weil er in seinem autobiografischen Buch mit dem Titel *Ich war dabei* seine Mitgliedschaft in der Waffen-SS verklärt hatte. 1983 gründete Schönhuber die Partei »Die

Republikaner«, deren Vorsitzender er wurde und die bis Ende der Neunziger bei Europa- und Landtagswahlen einige Achtungserfolge erzielen konnte. So zog sie 1992 und 1996 mit rund zehn Prozent in den Landtag von Baden-Württemberg ein. Schönhuber agitierte gegen »Altparteien«, »Ausländer« und »Asylanten« und pochte darauf, dass Deutsche auf ihre Vergangenheit wieder stolz sein sollten. Dass sich »Die Republikaner« nicht konsolidieren konnten, lag auch daran, dass sie sich mit anderen Rechtsparteien wie der NPD zu viel Konkurrenz machten.

Anders sieht es mit dem »Front National« aus, den der französische Rechtsextremist Jean-Marie Le Pen 1972 gegründet hatte: Er ist zu einer festen Größe geworden, die aus der französischen Parteienlandschaft nicht mehr wegzudenken ist. Le Pen hatte in der Fremdenlegion und im Algerienkrieg gekämpft, sein Auge hatte er schon zuvor bei einer Schlägerei mit linken Studenten verloren, deswegen trägt er eine Augenklappe. Fünf Mal trat er bei Präsidentschaftswahlen an, 2002 gelangte er sogar in die Stichwahl gegen den Konservativen Jacques Chirac. Le Pen war ein polternder Demagoge, der regelmäßig durch sexistische, rassistische, homophobe und antisemitische Ausfälle von sich reden machte: das Klischee eines Stammtischschwadroneurs. Seine Tochter und Nachfolgerin Marine Le Pen hat die Partei modernisiert, der Vater war ihr dabei im Wege. Weil er zum wiederholten Male die Gaskammern der Nazis als »Detail der Geschichte« bezeichnet und damit den Völkermord an den europäischen Juden verharmlost hatte, ließ sie ihn 2015 aus dem Front National werfen, und veranlasste drei Jahre später dessen Umbenennung in »Rassemblement Nationale« (»Nationale Sammlungsbewegung«).

Für einen modernen Rechtspopulismus, der sich von einer dumpfen Verklärung der Vergangenheit und von völkischen Vorstellungen abhebt, stand der niederländische Publizist und Professor der Soziologie, Populist Pim Fortuyn. Schon in den Neunzigerjahren hatte er Bücher wie *Gegen die Islamisierung unserer Kultur* geschrieben, die konstitutionelle Monarchie der Niederlande in Frage gestellt und mit provokanten Sprüchen gegen den sozialliberalen Konsens verstoßen. Mit seiner »Liste Pim Fortuyn« legte der extravagante Intellektuelle um die Jahrtausendwende einen kometenhaften Aufstieg hin. Seine Homosexualität trug er stolz zur Schau, sein exzentrisches Auftreten machte ihn zu einem Medienstar. Im Jahr 2002 wäre er wohl mit wehenden Fahnen ins niederländische Parlament in Den Haag eingezogen, wenn er nicht kurz zuvor auf dem Parkplatz eines Radiosenders von einem militanten Tierschützer ermordet worden wäre. Dessen Hass hatte sich Fortuyn durch seine offene Verachtung des Tierschutzes zugezogen. »Wählt mich, dann dürft ihr Pelzmäntel tragen«, lautete einer seiner Slogans.

Mit seiner scharfen, antimuslimischen Rhetorik unter Berufung auf vermeintliche westliche Werte brachte Pim Fortuyn einen neuen Ton in die niederländische Politik, die bis dahin von Konsens und Rücksichtnahme gegenüber Minderheiten geprägt war. Fortuyn wetterte gegen »politische Korrektheit«, legte dabei jedoch einen bemerkenswerten doppelten Maßstab an den Tag. Zwar trat er als engagierter Verfechter der Rechte von Homosexuellen auf, was Migranten und Muslime anging, zeigte er sich dagegen deutlich weniger liberal. Man müsse die Einwanderung beschränken, um die liberale Kultur der Niederlande zu bewahren, behauptete er.

Von seinen Anhängern wurde Pim Fortuyn vergöttert. Nach dem Attentat herrschte große Verzweiflung, und es blühten wilde Verschwörungstheorien, die Einfluß auf die niederländische Politik hatten.[3] Es hieß unter anderem, linke Kritiker von Fortuyn trügen eine Mitschuld an seinem Tod, und der Staat habe von den Attentatsplänen gewusst, aber ihn nicht genug geschützt. Auch über Mittäter und eine Beteiligung ausländischer Geheimdienste wurde spekuliert. Nach seinem Tod errichteten seine Anhänger ihrem Idol auf dem Börsenplatz in Rotterdam ein Denkmal.

Nicht anders war es, als Jörg Haider im Oktober 2008 mit seinem Auto bei Klagenfurt tödlich verunglückte, nachdem er sich alkoholisiert ans Steuer gesetzt hatte und mit überhöhter Geschwindigkeit nach Hause gerast war. In Kärnten entwickelte sich ein Personenkult um den Politiker, am Unfallort wurde eine Kapelle errichtet, und um seinen Tod rankt sich eine Reihe von Verschwörungstheorien. Der Mossad sei schuld, meinten die einen, während andere die Hochfinanz, Banken oder Gewerkschaften hinter der vermeintlichen Tat vermuteten.

Jörg Haider war noch ein Rechtsextremist alten Schlages gewesen, der für alle Probleme Ausländer, Asylbewerber und »Sozialschmarotzer« verantwortlich machte. Pim Fortuyn dagegen hing der Idee eines »Kampfes der Kulturen« an und ging von einer Unvereinbarkeit von Islam und westlichen Werten aus. Er war dabei mehr von kulturalistischen als von völkischen Vorstellungen geprägt.

Viele andere Rechtsparteien in Europa haben diese Polemik gegen Muslime aufgriffen – allen voran die Rechtspopulisten in Skandinavien, wie etwa die Dänische Volkspartei »Dansk Folkeparti« (DF). Aber auch Marine Le Pen in Frankreich und die FPÖ in Österreich haben sich seit 2001 auf eine antimuslimische Agitation verlegt, die viel anschlussfähiger an bürgerliche Kreise ist als ein dumpfer Ausländerhass, der sich unterschiedslos gegen alle Einwanderer richtet. Der große Einfluss, den Pim Fortuyn noch postum hat, macht ihn zu einem Pionier des Rechtspopulismus des 21. Jahrhunderts. In den Niederlanden selbst hat Geert Wilders sein Erbe angetreten.

Auch die AfD hat sich, von ihren Anfängen als Anti-Euro-Partei zu einer Anti-Islam-Partei entwickelt. Ihr Aufstieg ist nur die neueste Etappe einer Entwicklung, die schon lange zurückreicht. Er ist die aktuelle Folge in einem Fortsetzungsroman, dessen Ende so schnell nicht abzusehen ist.

In diesem Buch geht es um die Frage, was die Gründe für das aktuelle Revival des Rechtspopulismus sind. Sind es wirklich die »Abgehängten«, die die rechten Populisten wählen? Ist es ein Protest gegen wachsende Ungleichheit, oder welche Motive treiben ihre Wähler an? Welche Rolle spielt die Frage der »Identitätspolitik«, der Globalisierung und der Migration? Was sind die Gründe für die allgemeine Verunsicherung, die Menschen in die Arme von Populisten treiben? Was ist Populismus überhaupt, und was unterscheidet ihn von anderen politischen Strömungen?

Ein Schwerpunkt liegt auf der Frage, welche Rolle die etablierten Medien und die neuen sozialen Medien und Netzwerke beim Aufstieg des Populismus von heute spielen. Denn zweifellos hat sich die mediale Öffentlichkeit in den vergangenen Jahrzehnten sehr verändert, und Populisten stützen sich stark auf die neuen Techniken. Welche Möglichkeiten der Manipulation eröffnen sich ihnen dadurch, und was ist ihr Verhältnis zu den etablierten Massenmedien? Warum verfangen ihre Parolen so gut? Und vor allem: Was passiert, wenn Populisten an der Macht sind, und was haben sie jetzt schon erreicht?

Nicht zuletzt soll es um die Frage gehen, was zu tun ist. Ist linker Populismus eine Antwort? Wo soll man ansetzen? Wer ist gefordert? Und was kann jeder Einzelne tun?

Sicher ist, dass es auf den Aufstieg des Populismus eine entschiedene Reaktion braucht. Damit dieser rechtspopulistische Fortsetzungsroman kein böses Ende findet.

Berlin, im Juni 2018

1 Was ist Populismus?
Eine »dünne Ideologie«

Das Wort Populismus hat in Deutschland keinen guten Klang. Manche halten es schlichtweg für eine Beleidigung. »Populismus« ist die neumodische Diffamierung eines politischen Standpunkts, den man nicht teilt«, schrieb die schrieb die *FAZ* einmal.[1] Mit anderen Worten: Es sei bloß ein Kampfbegriff zur Stigmatisierung des politischen Gegners. Diese Sichtweise ist in bestimmten Kreisen sehr verbreitet. Gerade in Deutschland hat das Wort Populismus einen negativen Beigeschmack, es riecht nach Stammtisch und Bierzelt-Demagogie.

Andere sehen das allerdings weniger eng – sogar wenn sie selbst damit gemeint sind. AfD-Chef Alexander Gauland sagte in einem Interview einmal, der Begriff Populismus sei für ihn »eine Ehrenbezeichnung«. Die Alternative für Deutschland sei in der Tat eine populistische Partei, weil sie »dem Volk aufs Maul« schaue.[2] Auch von CSU-Chef Horst Seehofer ist der Satz überliefert, für ihn sei die Bezeichnung Populist »kein Schimpfwort, sondern ein Kompliment«. Der Front National in Frankreich schmückt sich mit dem Adjektiv »populistisch«, klingt das doch allemal besser als »rechtsextremistisch«. Und selbst eher linke Politiker wie der französische Sozialist Jean-Luc Mélenchon, Pablo Iglesias Turrión von der spanischen Partei Podemos und Beppe Grillo, der Kopf der Fünf-Sterne-Bewegung in Italien, bezeichnen sich selbst stolz als Populisten. Ist Populismus also nur ein anderes Wort für »populär«, »volkstümlich« und »volksnah«? Steht »Populismus« also nur für einen bestimmten Politikstil? Das wäre verkürzt.

In der Tat gehören Vereinfachung und Polemik zum demokratischen Meinungsstreit dazu. Die politischen Forderungen nach den jeweiligen Vorlieben einer mutmaßlichen Mehrheit zu richten, um möglichst viele Wähler für sich zu gewinnen, gehört zum politischen Tagesgeschäft. Die Klage über populistische »Stammtischparolen« ist deshalb vermutlich so alt wie die moderne Demokratie selbst. Denn Politiker aller Parteien geraten gelegentlich in Versuchung, der Mehrheit nach dem Mund zu reden, wenn sie sich davon einen Vorteil versprechen. Insbesondere vor Wahlen zeigen sie sich anfällig dafür, die Positionen zu vertreten, von denen sie sich am meisten Applaus erhoffen. Auch die Verteilung von Wahlgeschenken wie Steuererleichterungen durch eine Regierung kurz vor einem Urnengang kann man gut und gerne als »populistisch« bezeichnen.

Doch man sollte Populismus als Methode oder Stilmittel vom Populismus als Prinzip oder gar Ideologie unterscheiden. Nach Politologen wie Jan-Werner Müller[3] zeichnet sich Populismus im ideologischen Sinne dadurch aus, dass er die Bevölkerung in ein »Wir« und »die Anderen« spalte.

Meist ziehe der Populist eine scharfe Trennlinie zwischen dem angeblich authentischen, »wahren Volk« und dem vermeintlichen Establishment. »Kein Populismus ohne moralisch aufgeladene Polarisierung«, sagt Müller. Der Anspruch, als einzige Instanz den wahren Volkswillen zu kennen und zu vertreten, mache den Wesenskern von Populisten aus. Nicht die Kritik an der Euro-Rettung oder der Flüchtlingspolitik mache die AfD demnach zu einer populistischen Partei, sondern ihre Behauptung, damit für das »eigentliche« und »wahre« Volk zu sprechen, während alle anderen in ihrer Wahrnehmung ein »illegitimes Kartell« der »Altparteien« bildeten, das entfernt gehöre: eine Forderung, die bei AfD und Pegida in der Parole »Merkel muss weg« geronnen ist.

Für den niederländischen Politologen Cas Mudde sind Populisten der Ausdruck einer »pathologischen Normalität.«[4] Sie würden weit verbreiteten Ängsten und Einstellungen in radikalisierter Weise Ausdruck verleihen. Ihre Erzählung ist, wie im Märchen, ein Kampf »Gut gegen Böse«, eine Heldensage vom tapferen, besorgten Bürger gegen das Establishment, vom Volk gegen die Elite. Die Gegner werden dabei als Antidemokraten und nicht zum Volk zugehörig diffamiert. Populistische Anführer inszenieren sich selbst gerne als eine Art Rächer der Erniedrigten und Beleidigten, die dem Volk wieder zur rechtmäßigen Herrschaft verhelfen wollen. Dabei greifen sie oft auf

Geschichtsmythen und historische Analogien zurück, die ihnen helfen, dieses Bild zu zeichnen.

Populist war und ist nicht immer und überall ein Schimpfwort. Im Englischen ist das Wort traditionell eher positiv besetzt, im Sinne von »volksnah« und »volkstümlich«. Die »Populist Party« in den USA etwa, die das Wort im Namen trug und von 1891 bis 1908 existierte, war eine durchaus progressive Bewegung, welche sich als Interessenvertretung der Farmer gegenüber den Banken und Eisenbahnbesitzern verstand. In ihrer Rhetorik brachte sie »das wahre Volk« gegen »die Eliten« in Stellung, gegen Oligarchen und die Wall Street.

Als frühe Verkörperung des Populismus in Europa gilt die »Union zur Verteidigung der Händler und Handwerker« (UCDA), die im Frankreich der Fünfzigerjahre entstand und sich gegen zu hohe Steuern für kleine Geschäftsleute sowie die zunehmende Konzentration wirtschaftlicher Macht in den Händen weniger richtete. Die Anhänger dieser Bewegung wurden nach ihrem Anführer Pierre Poujade als »Poujadisten« bezeichnet. Die konservativ-reaktionäre Partei scheute nicht vor dem Schulterschluss mit Antisemiten zurück und gilt als ein indirekter Vorläufer des Front National, weil deren Gründer Jean-Marie Le Pen dort einst seine politische Karriere begann.

Auch in Lateinamerika hat der Populismus eine lange und schillernde Tradition. Dort wird er traditionell allerdings eher mit linker Politik in Verbindung gebracht. Namen wie Juan Péron, der einen »dritten Weg« zwischen Kapitalismus und Kommunismus propagierte, und der Brasilianer Getúlio Vargas, der als »Vater der Armen« gefeiert wurde, stehen zwar für Autoritarismus und charismatische Führung, aber auch für eine Politik der Umverteilung und der Sozialreformen, wofür sie teilweise bis heute verehrt werden. Péron regierte von 1946 bis 1955 und kurzzeitig von 1973 bis zu seinem Tod 1974 in Argentinien, Vargas war – mit einer kurzen Unterbrechung von 1930 bis 1954 an der Macht. Sie prägten eine ganze Generation von Populisten und »Caudillos«, wie jene Militärführer genannt wurden, die in vielen Ländern Lateinamerikas in den Jahrzehnten darauf die Macht an sich rissen und dabei nicht selten von einer Woge öffentlicher Zustimmung getragen wurden. Aus ländlichen Regionen in die Stadt abgewanderte Arbeiter bildeten für sie eine wichtige Wählerbasis. Aber auch Bauern, Beamte und Angehörige der Mittelschicht konnten sich in ihren Appellen an »das Volk« wiederfinden, eigentlich jeder.

Der ägyptische General Gamal Abdel Nasser und der erste frei gewählte Ministerpräsident der Türkei, Adnan Menderes, lassen sich ebenfalls als Populisten bezeichnen. Das Radio war für sie ein wichtiges Medium, um »zum Volk« zu sprechen und ihre Anhänger zu mobilisieren. Dieses Erbe hat nun der türkische Präsident Recep Tayyip Erdoğan angetreten. Zugleich konnte man mit Blick auf populäre Volkstribune wie Lula da Silva in Brasilien, Evo Morales in Bolivien, Rafael Correa in Ecuador und Hugo Chávez in Venezuela zu Beginn des neuen Jahrtausends von einer neuen Welle des Linkspopulismus in Lateinamerika sprechen.

Populismus zeichnet sich meist durch einen auffälligen Personenkult aus. Nicht selten sind populistische Parteien ganz auf ihre charismatischen Anführer zugeschnitten, die »das wahre Volk« in ihrer Person zu vertreten und zu verkörpern behaupten. Ein Extrembeispiel dafür ist der niederländische Rechtspopulist Geert Wilders, dessen Partei nur ein einziges offizielles Mitglied hat: ihn selbst. Die charismatischen Anführer solcher Parteien sind traditionell männlich und stehen, als eine Art Vaterfigur, für Strenge und Autorität. Selbst wenn sie, wie der Medienunternehmer Silvio Berlusconi in Italien, der Schweizer Milliardär und Rechtspopulist Christoph Blocher oder Donald Trump, ökonomisch gesehen zweifellos zu den oberen Zehntausend gehören, inszenieren sie sich in der politischen Arena als Außenseiter. Aufgrund ihrer angeblichen »Volksnähe« und ihres Gespürs für Stimmungen verkörpern sie in den Augen ihrer Anhänger die »richtige Elite«, die eine »falsche«, fehlgeleitete Elite ablösen soll.

Komplott-Vorwürfe und Verschwörungstheorien erfüllen dabei eine wichtige Funktion. Sie erklären, warum die Populisten (noch) nicht an der Macht sind, wo sie doch im Unterschied zu allen anderen den wahren Volkswillen vertreten. Verschwörungstheorien erlauben es Populisten, sich zu Kämpfern gegen finstere Mächte und illegitime Kräfte zu stilisieren und, wenn sie die Macht errungen haben, diese weiter zu festigen. Donald Trump lief sich für das Rennen um die US-Präsidentschaft warm, indem er öffentlich in Frage stellte, ob Barack Obama wirklich in den USA geboren sei. Er schloss sich damit der sogenannten »Birther«-Bewegung an, die anzweifelte, dass Obama ein legitimer Präsident sei, und forderte diesen demonstrativ dazu auf, seine Geburtsurkunde zu veröffentlichen.

Die polnische »Partei für Recht und Gerechtigkeit« von Jarosław Kaczyński nutzte den Flugzeugabsturz von Smolensk, bei dem 2010 dessen Bruder Lech Kaczyński und viele andere Kabinettsmitglieder ums Leben gekommen waren, um den innenpolitischen Gegnern und Russland eine Mitschuld an jenem Unfall zu geben und sich zum Opfer einer Intrige zu stilisieren. Und der türkische Präsident Recep Tayyip Erdoğan nutzte die mutmaßliche Beteiligung der sogenannten Gülen-Bewegung am Militärputsch von 2016, um die Institutionen in seinem Land von jeglicher Opposition zu säubern. Der seit 1999 in den USA lebende islamische Prediger Fethullah Gülen gehörte einst zu Erdogans Weggefährten.

Nach Politologen wie Cas Mudde ist Populismus eine »dünne Ideologie«.[5] Das heißt, er kann sich mit praktisch jeder anderen Ideologie verbinden – so, wie ein Chamäleon jede beliebige Farbe seiner Umgebung annehmen kann. Populismus kann mit einem sozialistischen oder stramm neoliberalen Wirtschaftsprogramm, mit konservativen oder liberalen Werten, mit Nationalismus oder Kosmopolitismus kombiniert werden. Der Erfolg hängt ganz vom gesellschaftlichen Umfeld ab. Nicht wenige Populisten sind veritable Wendehälse, die früher ganz andere Positionen vertreten haben, als sie das heute tun. Der junge Viktor Orbán begann einst als liberaler Reformer, bevor er sich als autoritärer Autokrat in die Pose eines Retters des »christlichen Abendlands« warf. Auch Recep Tayyip Erdoğan strebte in seinen ersten Regierungsjahren als Ministerpräsident mit liberalen Reformen und einer politischen Öffnung in der Kurdenfrage einen EU-Beitritt seines Landes an, bevor er eine politische Wende um 180 Grad vollführte und einen autoritären und ultranationalistischen Kurs einschlug. Und Donald Trump war früher ein Anhänger der Demokraten, bevor er für die Republikaner als extremer Rechtsaußen-Kandidat ins Rennen ging, den sogar der Ku-Klux-Klan unterstützte.

Grob kann man zwischen eher linken und eher rechten Formen des Populismus unterscheiden. Linker Populismus behauptet, »das einfache Volk« gegen die »Elite« zu vertreten, und ist inklusiv. Er strebt mehr ökonomische Teilhabe bisher benachteiligter Bevölkerungsschichten an und steht im Prinzip jedem offen, der sich diesem Ziel verbunden fühlt. Linker Populismus wendet sich im Namen einer tatsächlich oder vermeintlich entrechteten Gruppe gegen »die da oben«. Damit können Regierungen, Banken und EU-Gremien gemeint sein, aber auch globale Konzerne und imperiale Weltmächte.

Rechter Populismus dagegen ist exklusiv: Er grenzt Gruppen von Menschen aus der als »Volk« definierten Gemeinschaft aus und behauptet, die Interessen der einheimischen und leistungsfähigen Bevölkerung zu vertreten. Den herrschenden Eliten wird der Vorwurf gemacht, sich zu sehr um die Interessen von Minderheiten zu kümmern, oder gar mit diesen zu kollaborieren, und die »eigenen« Leute zu vergessen. Bestehende politische, soziale und ökonomische Hierarchien werden tendenziell eher verteidigt.

Rechter Populismus profiliert sich vor allem auf dem Rücken von Minderheiten: Das können Einwanderer und Flüchtlinge sein, aber auch Angehörige von alteingesessenen Gruppen wie Muslime, Juden, Roma oder Homosexuelle. Diese Minderheiten werden von europäischen Populisten mehr oder weniger deutlich als Feindbilder und Gefahr für Staat und Gesellschaft ausgemacht. Kosmopolitische Intellektuelle, kritische Journalisten und Menschenrechtler werden als Teile der angeblichen »Eliten«, die sich vom Volk entfremdet haben, oder, schlimmer noch, als Agenten ausländischer Mächte denunziert.

Dabei tritt nicht selten ein latenter Antisemitismus zu Tage: etwa wenn der philanthropische (und jüdische) Milliardär George Soros als Drahtzieher potentieller Umstürze diffamiert wird, weil seine Stiftung (»Open Society Foundations«) zivilgesellschaftliche Organisationen in diesen Ländern finanziert.

Es gibt aber auch eine neoliberale Form des Populismus, für den Parteien wie die »Forza Italia« des italienischen Ex-Ministerpräsidenten Silvio Berlusconi oder die Schweizer Volkspartei (SVP) von Christoph Blocher stehen. Ihre Anführer versprechen, den Staat wie ein Unternehmen zu führen und die »Leistungsträger« von Steuern zu »entlasten«. »Für neoliberale Populisten ist das Volk die Summe der kleinen Unternehmer und Angestellten«, sagt die Populismus-Expertin Paula Diehl, die in Berlin und Bielefeld lehrt.[6] Auch das »Team Stronach« des österreichischen Unternehmers Frank Stronach, das von 2013 bis 2017 in mehrere Parlamente der Republik einzog, oder

der milliardenschwere Unternehmer und zweitreichste Mann Tschechiens, Andrej Babiš, gehören in diese Reihe.

Babiš gründete im November 2011 die tschechische Bewegungspartei ANO 2011, Abkürzung für »Akce nespokojených občanů« (»Aktion unzufriedener Bürger«) und zugleich das tschechische Wort für »Ja«. Seit 2017 ist Babiš Ministerpräsident Tschechiens und, trotz Vorwürfen der Steuerhinterziehung und des Subventionsbetrugs, immer noch im Amt. Und natürlich gehört auch Donald Trump dazu, obwohl er sich zudem auf rechte, ultrakonservative bis rechtsextreme Ideologen stützt.

Der US-amerikanische Politologe Herbert Kitschelt bezeichnete die Kombination von autoritären und chauvinistischen Forderungen mit einem neoliberalen Wirtschaftsprogramm einmal als »winning formula« für Rechtspopulisten.[7] Der »Idealtyp« des Rechtspopulisten stehe für eine neoliberale Wirtschaftspolitik, einen politischen Autoritarismus, für Chauvinismus und Fremdenfeindlichkeit. Damit grenzte er Parteien wie den Front National oder die Freiheitliche Partei Österreichs (FPÖ) von klassisch rechtsextremen Parteien ab und versuchte, deren Wahlerfolge in den Neunzigerjahren zu erklären.

Parteien wie die Schweizer Volkspartei (SVP), die sich immer mehr in eine rechtspopulistische Partei entwickelt hat, die norwegische Fortschrittspartei oder die Lega Nord in Italien entsprechen immer noch diesem Modell: Sie vertreten einen ausgeprägten Wohlstandschauvinismus und eine neoliberale Leistungsideologie – auch gegenüber den Verlierern in der eigenen Gesellschaft.

Mit der Zeit sind aber viele Rechtspopulisten mehr in die Mitte gerückt und geben sich einen sozialeren Anstrich. Der Front National, die FPÖ oder die Dänische Volkspartei gerieren sich als Anwälte des kleinen Mannes oder gar als neue Arbeiterparteien. Sie profilieren sich als »soziale Heimatpartei« (so ein Slogan der FPÖ), indem sie Härte gegenüber Flüchtlingen und Migranten mit Fürsorge gegenüber »den eigenen Leuten« verbinden. Damit machen sie den linken Parteien in deren traditionellen Milieus starke Konkurrenz und haben ihnen viele Wähler abgeworben. Gerade die Rechtspopulisten in Skandinavien stehen für einen Kurs, den man als »Wohlfahrtschauvinismus« bezeichnen kann: Die Vorzüge des Sozialstaats sollen ausschließlich den alteingesessenen Bürgern des Landes zugutekommen, während Einwanderer und Flüchtlinge pauschal als Gefahr für den Wohlstand dargestellt und diskriminiert werden.

Auch die polnische »Partei für Recht und Gerechtigkeit« (»Prawo i Sprawiedliwość«, PiS) punktete nach ihrem Regierungsantritt mit sozialen Wohltaten, indem sie ein Kindergeld einführte und das Renteneintrittsalter wieder absenkte. Zugleich senkte sie die Steuern für Unternehmen und stempelte Muslime und Flüchtlinge pauschal zu Feinden der Gesellschaft. Auch Feministinnen, Homosexuelle, kritische Intellektuelle und Journalisten haben es schwer. Polens Ex-Außenminister Witold Waszczykowski erklärte einmal, seine Regierung wende sich gegen »eine Welt aus Radfahrern und Vegetariern, die nur noch auf erneuerbare Energien setzen und gegen jede Form der Religion kämpfen«. Das habe mit Polens traditionellen Werten »nichts mehr zu tun«.[8]

Jedes Land hat den Populismus, den es verdient.[9] Es sagt einiges über die politische Kultur der USA aus, dass dort ein Mann Präsident werden konnte, der als halbseidener Unternehmer jahrzehntelang die Schlagzeilen der Klatschpresse dominierte und zuletzt in einer Reality Show reüssiert hatte. Trump ist ein Produkt der US-amerikanischen Celebrity-Kultur. Der britische Rechtspopulist und Kettenraucher Nigel Farage von der »UK Independence Party« (UKIP) hingegen bedient perfekt jedes Old-England-Klischee zwischen Pub und Pferderennen. »Wir Tories sehen ihn mit seinem Pint, seiner Zigarre, seinem Humor und erkennen instinktiv einen von uns«, sagte sein konservativer Konkurrent, der nicht minder populistische Tory-Politiker Boris Johnson, einmal über ihn. Es ist vermutlich kein Zufall, dass in Deutschland das Gesicht des Rechtspopulismus dem Typus des radikalisierten Studienrats entspricht. Der AfD-Chef Alexander Gauland ist kein polternder Wirtshaus-Demagoge, sondern ein Bildungsbürger, der lange so wirkte, als hätte es ihn nur rein zufällig auf die Bühne des Populismus verschlagen. Das hat er mit Thilo Sarrazin gemein, der der AfD publizistisch den Boden bereitet hat.

Rechtspopulisten bieten einfache Antworten auf komplexe Fragen an. Sie rühmen sich gerne damit, »Klartext« zu sprechen, und berufen sich auf den »gesunden Menschenverstand«. Damit einher geht eine Verachtung von Bildung und Wissen, ja sogar für Tatsachen und

Fakten. Die Leute hätten »genug von Experten«, behauptete der britische Ex-Justizminister Michael Gove, einer der maßgeblichen Befürworter der Brexit-Kampagne, als er damit konfrontiert wurde, dass die meisten Ökonomen vor den unkalkulierbaren Risiken eines Austritts aus der EU warnten. Donald Trump beschimpfte bei seiner ersten Pressekonferenz die versammelten Medien als »Fake News«. Und viele Rechtspopulisten, von Trump bis zur AfD, zweifeln die Realität des Klimawandels an.

Rechtspopulisten sind nicht an der Lösung realer Probleme interessiert. Stattdessen blähen sie Scheinprobleme zu existenziellen Fragen auf, die mit symbolischer Politik beantwortet werden. Auch wenn nur wenige Frauen in Europa einen Ganzkörperschleier tragen, setzen sich Rechtspopulisten mit Erfolg dafür ein, genau das unter Strafe zu stellen. »Burka-Verbot« ist das Schlagwort, das eine dunkle Gefahr in Verzug suggerieren soll. Und jede Straftat eines Flüchtlings oder Einwanderers wird skandalisiert, als wäre sie schon ein Zeichen für »Staatsversagen.« Die Hetzer spielen dabei oft virtuos auf der Klaviatur der Ängste und beschwören schon bei nichtigen Anlässen den Ausnahmezustand herbei.

Ihre Suggestionskraft liegt darin, dass sie meist eine einfache, alltägliche und leicht verständliche Sprache sprechen. Ihre simplen Botschaften hämmern sie ihrem Publikum gerne in ständiger Wiederholung ein. Mit seinen kurzen, griffigen und einprägsamen Parolen wie »Build that wall« (»Baut diese Mauer«), »Drain the swamp« (»Den Sumpf trockenlegen«) oder »Lock her up« (»Sperrt sie ein« zu Hillary Clinton), die von seinen Anhängern frenetisch skandiert wurden, hat es Donald Trump auf diesem Feld zu wahrer Meisterschaft gebracht.

Es gibt Themen, die den Populisten vieler Länder gemein sind. Die Ablehnung der EU und angeblicher »Diktate« aus Brüssel eint Populisten quer durch Europa und durch alle Lager, von rechts bis links.

Bei Rechtspopulisten ist der Wille zum nationalen Alleingang (»America first«, »Österreich zuerst«) besonders ausgeprägt, so wie die Ablehnung von internationalen Organisationen wie der UN und von internationalen Abkommen, etwa zum Klimaschutz. Sie paaren sich mit der Feindseligkeit gegenüber Einwanderern und Flüchtlingen und der Forderung nach einer strikten Kontrolle der Grenzen. Da ist der Ruf nach Law and Order, nach härteren Gesetzen. Und da ist eine Rhetorik, die sich in klaren Feindbildern ergeht: Der politische Gegner, unabhängige Medien, die Justiz und Wissenschaftler, sie alle werden zum Feind erklärt.

Rechtspopulisten haben in Europa derzeit wieder Konjunktur. Das liegt auch daran, dass sie sich erfolgreich modernisiert und zum Teil ganz neu erfunden haben. Dieser Imagewechsel erlaubt es ihnen, auch Wählerschichten anzusprechen, die sie vorher nicht erreichen konnten.

Teil dieser Modernisierungsstrategie ist der Versuch, sich etwas »femininer« zu geben. Rechtspopulistische Parteien stehen zwar für ein konservatives Familien- und Geschlechterbild und sprechen mit ihrer martialischen Rhetorik und ihrem Ruf nach mehr Härte tendenziell eher männliche Wähler an. Aber auch sie bemühen sich heute, Frauen in prominente Positionen nach vorne zu rücken, nicht zuletzt, um so mehr weibliche Wähler anzusprechen.

In manchen Ländern finden sich Frauen sogar an der Spitze rechtspopulistischer Parteien. In Dänemark stand Pia Kjærsgaard, die Tochter eines Farbenhändlers, von 1995 bis 2012 der rechtspopulistischen Dänischen Volkspartei vor und führte diese zum Erfolg. In Frankreich löste Marine Le Pen 2011 ihren Vater als Vorsitzenden des Front National ab und verpasste ihrer Partei eine Imagekorrektur, indem sie deren rechtsextreme Agenda abschwächte. Die 1969 geborene Siv Jensen ist seit 2006 Vorsitzende der rechtspopulistischen norwegischen »Fortschrittspartei« und seit 2013 Finanzministerin ihres Landes. In Polen wählte die PiS 2015 Beata Szydło als Ministerpräsidentin an die Spitze der von ihr gebildeten Regierung, der sie bis 2017 vorstand.

»Identität« ist für Rechtspopulisten ein zentraler Begriff. Sie beanspruchen seit jeher für sich, eine als homogen verstandene nationale Identität zu verteidigen: gegen eine zunehmende Internationalisierung und die Auswüchse der Globalisierung, gegen Einwanderer und Flüchtlinge, gegen eine vermeintliche »Überfremdung« oder »Islamisierung«. Dabei ist nationale Identität immer ein Konstrukt. Der britische Politologe Benedict Anderson betonte in seinem bekanntesten Werk, dass Nationen eine moderne Erfindung sind, und sprach von ihnen als »vorgestellten Gemeinschaften«.[10] Wen Menschen als zu ihrer Nation zugehörig betrachten, ist auch heute noch von Land zu Land unterschiedlich. Meist ist es eine Mischung aus Sprache, Herkunft, geteilten Traditionen, Religionszugehörigkeit und Geburtsort, die darüber entscheidet, ob man von der Mehrheit als »echter Mitbürger« betrachtet wird oder nicht. Das hängt von historischen und politischen Faktoren ab und davon, ob sich Nationen als Einwanderungsländer verstehen oder nicht.

Das Pew Research Center hat 2017 untersucht, wie nationale Zugehörigkeit in verschiedenen Ländern definiert wird. Dabei kam heraus, dass 51 Prozent der Ungarn, aber nur acht Prozent der Schweden und 13 Prozent der Deutschen es wichtig finden, ob eine Person im eigenen Land geboren ist oder nicht. Die Landessprache zu beherrschen, fanden 77 Prozent der Europäer, aber nur 60 Prozent der Kanadier wichtig. Knapp die Hälfte aller Griechen (45 Prozent), rund ein Drittel aller US-Amerikaner (32 Prozent), aber nur sieben Prozent aller Schweden legten auf die gleiche Religionszugehörigkeit wert. [11]

Auch Rechtspopulisten haben sehr unterschiedliche Vorstellungen davon, was die jeweilige nationale Identität ihrer Länder ausmacht, und wer in ihren Augen dazu gehört.

Rechte Populisten in Osteuropa hängen oftmals noch der Illusion einer ethnisch homogenen Nation nach. Dort wird Identität stark in völkischen und religiösen Kategorien definiert, als Kombination von Nation und Christentum. Viele Populisten in Osteuropa zählen beispielsweise auch Roma nicht zu ihrer Nation, obwohl diese eine alteingesessene und angestammte Minderheit ist. Die Kultur und die Volksmusik in Ungarn, Tschechien und der Slowakei, in Rumänien und Bulgarien und auf dem Balkan ist traditionell von Roma geprägt. Doch überall, wo Populisten regieren, nimmt die Segregation zu. Roma werden in abgeschlossenen Ghettos sich selbst überlassen und in eigenen Schulklassen unterrichtet. Die Rede von einer angeblich spezifischen »Zigeunerkriminalität« und Hasstiraden gegen Roma gehören zum Alltag, führende Politiker schüren Vorurteile gegen sie, und der Staat bietet ihnen nur wenig Schutz vor rechtsradikalen Übergriffen. [12]

Auch der Antisemitismus ist in Osteuropa salonfähiger als im Westen. Eine Kampagne wie gegen George Soros in Ungarn wäre in Westeuropa wohl undenkbar. Viele rechtspopulistische Parteien in Westeuropa vermeiden offenen Antisemitismus und versuchen, wie der Front National oder die FPÖ, ihre rechtsextreme Vergangenheit abzustreifen und vergessen zu machen. Dabei buhlen sie um jüdische Wähler und stellen sich demonstrativ hinter Israel und dessen rechte Regierung. Der Front National hat besonders deutlich mit seinen antisemitischen und homophoben Traditionen gebrochen. Sogar ihren Vater ließ Marine Le Pen deshalb 2015 aus der Partei ausschließen. Während Jean-Marie Le Pen den Holocaust wiederholt als »Detail der Geschichte« verharmloste und sich über Homosexuelle lustig machte, hat seine Tochter den Front National für Juden, Schwule und Einwanderer wählbar gemacht, die das gemeinsame Feindbild Muslime verbinden soll.

Wenn Rechtspopulisten in Westeuropa von »Identität« reden, dann ist damit meist eine kulturelle Identität gemeint, eine diffuse Leitkultur, an die sich Einwanderer anpassen sollten. Muslimen wird allerdings pauschal abgesprochen, sich überhaupt an eine westlich-europäische Kultur anpassen zu können. Ihnen begegnen Rechtspopulisten daher mit besonderem Misstrauen und offener Ablehnung. Kampagnen gegen Minarette oder Moscheen, gegen Kopftücher und andere Formen der Verhüllung sind bei ihnen sehr populär. »Der Islam gehört nicht zu Deutschland«, heißt es dazu im Wahlprogramm der AfD. Am weitesten geht dabei der niederländische Rechtspopulist Geert Wilders. Er will Koran und Kopftücher verbieten, den Bau von Moscheen untersagen und jede weitere Einwanderung von Muslimen unterbinden.

Viele Rechtspopulisten in Europa haben die pauschale Ablehnung von Einwanderern und Ausländern heute durch das Ressentiment gegen Muslime ersetzt. So kommt es, dass viele von ihnen heutzutage sogar Einwanderer anzusprechen vermögen – jedenfalls solange diese keine Muslime sind. Die AfD warnt zwar vollmundig vor »Parallelgesellschaften« und »Überfremdung«, meint damit aber nur Muslime. Wenn sie russlanddeutsche Wähler umwirbt, dann druckt sie ihre Wahlkampfbroschüren auch schon mal auf Russisch. Es ist daher nicht völlig überraschend, dass die AfD in ihren Reihen mehr Abgeordnete mit Migrationshintergrund verzeichnet als CDU oder FDP. Diese stammen dann meist aus dem nahen europäischen Ausland, aus Osteuropa oder Südtirol.

Auch die belgischen Rechtspopulisten des separatistischen »Vlaams Belang«, einer belgischen Regionalpartei, umwerben in ihrer Hochburg Antwerpen die jüdische Gemeinde, eine der größten in Europa. Schon seit Jahren versucht die Partei mit mäßigem Erfolg, die Gemeinde als »Bündnispartner gegen die Islamisierung« zu gewinnen. Dafür sucht sie auch Kontakt zur israelischen Regierung. 2014 traf eine Delegation den Wissenschaftsminister Ofir Akunis des konservativen Parteienbündnisses »Likud« in Israel. Drei Jahre zuvor hatte der israelische Likud-Politiker Hiob Kara die rechte Partei in Antwerpen besucht und damit die jüdische Gemeinde des Landes in Verlegenheit gebracht, die offiziell für einen Boykott der Rechtspopulisten eintritt.

Nicht anders macht es die FPÖ in Österreich. Deren Parteichef Heinz-Christian Strache buhlt um serbische und kroatische Wähler, indem er sich auf deren Partys sehen lässt oder demonstrativ eine Brojanica, die orthodoxe Gebetsschnur, als Armband trägt. Als Vizekanzler gratulierte Strache der serbischen Gemeinschaft in Österreich per Facebook zum orthodoxen Weihnachtsfest. Und auch politisch stellt sich die FPÖ mit Blick auf Bosnien und den Kosovo ganz auf die Seite Serbiens, um den in Österreich lebenden Serben zu schmeicheln. Diese »Teile und herrsche«-Strategie geht auf.

Das steht nur bedingt im Widerspruch zu den völkischen Strömungen, die sich weiterhin auch bei Rechtspopulisten in Westeuropa finden lassen. Front National und FPÖ geben sich heute nach außen hin umgänglicher. Einwanderung lehnen sie nicht mehr grundsätzlich ab, solange sich Einwanderer assimilieren und an eine imaginierte »Leitkultur« anpassen. Beide Parteien besitzen jedoch immer noch einen harten Kern, der eine völkische Vorstellung davon vertritt, was es heißt, ein Franzose oder Österreicher zu sein.

Der Front National gibt sich zwar »republikanisch« geläutert, doch will er das Staatsbürgerschaftsrecht drastisch einschränken: Das Prinzip, dass jeder, der in Frankreich geboren wird, einen französischen Pass erhält, will er abschaffen, doppelte Staatsbürgerschaften will er auf EU-Bürger begrenzen und Ausbürgerungen möglich machen. Nach dem Prinzip der »nationalen Priorität« sollen Franzosen bei der Stellensuche, bei der Wohnungssuche, in der Sozialversicherung bevorzugt werden. Die alltägliche Diskriminierung, unter der viele Migranten ohnehin schon leiden, soll damit institutionalisiert und legalisiert werden.

In der FPÖ hat man ähnliche Absichten. In den höchsten Parteigremien dominieren außerdem Angehörige deutsch-nationaler und völkischer Burschenschaften. Zwanzig der 51 Abgeordneten, die seit der Wahl 2017 für die FPÖ im Wiener Nationalrat sitzen, gehören einer solchen Verbindung an, hat das Dokumentationsarchiv des österreichischen Widerstands (DÖW) errechnet.[13] Die AfD besitzt ebenfalls einen völkisch-nationalen Flügel, der sich um Björn Höcke gruppiert und Einwanderer nicht als »echte Deutsche« ansieht. Auch Donald Trump stützt sich auf ultrarechte Kreise und Anhänger der »White Supremacy«, der »Überlegenheit der weißen Rasse«.

Diese rassistischen Strömungen sind eine Gefahr für die Demokratie. Denn die Idee des ethnisch homogenen Volkskörpers steht dem demokratischen Prinzip der Gleichheit entgegen – der Idee, dass alle Menschen gleich geboren sind und gleiche Rechte genießen.

Populismus folge der Demokratie »wie ein Schatten«, sagen die Populismus-Experten Cas Mudde und Cristóbal Rovira Kaltwasser.[14] Populismus sei »essentiell demokratisch, aber er ist ambivalent gegenüber der liberalen Demokratie«. Seine Anhänger hätten ein »parasitäres Verhältnis zur Demokratie«, ergänzt Paula Diehl. Denn gerade Rechtspopulisten nehmen die Vorzüge der liberalen Demokratie wie die Meinungsfreiheit und andere gesetzlich verbrieften Rechte gerne in Anspruch. Für andere möchten sie diese Rechte aber einschränken, wenn nicht gar abschaffen. Dabei berufen sie sich auf einen vermeintlichen Willen der Mehrheit und rufen nach plebiszitären Elementen. Durch Volksabstimmungen wollen manche selbst Grundrechte einschränken. Immer wieder liebäugeln Rechtspopulisten in Europa mit Referenden über die Wiedereinführung der Todesstrafe. Und mit ihrer Volksabstimmung über ein »Minarettverbot« versetzten Rechtspopulisten in der Schweiz 2009 dem Recht auf Religionsfreiheit für Muslime einen empfindlichen Schlag.

Zwischen dem demokratischen Versprechen auf »Volkssouveränität« und dem Schutz von Minderheiten, den der Rechtsstaat garantieren soll, herrscht ein Spannungsverhältnis. Damit Mehrheiten nicht diktatorisch über Minderheiten bestimmen können, gibt es in liberalen Demokratien ein kompliziertes System von »checks and balances«. Populisten wollen diese Systeme aushebeln. Gegenüber den Institutionen von Rechtsstaat und liberaler Demokratie, der Justiz und den Medien, sind sie oft feindlich eingestellt. Warum sind Populisten derzeit überhaupt so populär? »Populisten ernten nur dort, wo andere gesät und ein Vakuum der politischen Repräsentation haben entstehen lassen«, meint die Münsteraner Politologin und Populismus-Expertin Karin Priester.[15] Ohne gravierende Fehler und Defizite der etablierten Politik gebe es keinen Populismus als Gegenreaktion. Das Gefühl des Kontrollverlusts, der Machtlosigkeit und des Ausgeliefertseins gegenüber den herrschenden Verhältnissen in der vermeintlichen »Postdemokratie« (Colin Crouch) sei Wasser auf die Mühlen von Populisten.

2 Der Mythos von den Abgehängten: It's not the economy, stupid

Nach Donald Trumps Überraschungserfolg bei den US-Präsidentschaftswahlen im November 2016 war für viele Beobachter rasch klar, wer dafür verantwortlich zu machen sei: Dies sei die Rache der »Abgehängten« an den abgehobenen Eliten. Jene Eliten hätten die Sorgen und Ängste der einfachen Arbeiter einfach nicht ernst genommen, so lautete eine gängige Diagnose in vielen Medien. Das Wort vom »Trumpenproletariat« machte die Runde. Und hatte der französische Soziologe Didier Eribon in seinem autobiografischen Buch *Rückkehr nach Reims* nicht diagnostiziert, Frankreichs Linke habe die traditionelle Arbeiterklasse vergessen, weswegen diese sich nun dem Front National an die Brust werfe?

In der Tat beruhte Trumps Überraschungssieg darauf, dass es ihm gelang, die Staaten des sogenannten »Rust Belt« im Nordwesten der USA für sich einzunehmen. Mit einer von einem republikanischen Präsidentschaftskandidaten bis dahin ungehörten Anti-Freihandels-Rhetorik und dem Versprechen eines massiven Konjunkturprogramms hatte Trump um die Wähler aus der ehemaligen Industrieregion der USA gebuhlt, die seit Jahrzehnten unter dem Niedergang ihrer einst mächtigen Stahlwerke und ihrer Schwerindustrie, unter Verarmung und Abwanderung leiden. Frühere Hochburgen der Demokraten wie Pennsylvania, Ohio, Michigan und Wisconsin fielen der Reihe nach an Trump und besiegelten seinen Einzug in das Weiße Haus.

Man darf aber nicht vergessen, dass Trump nur aufgrund des komplizierten US-Wahlsystems Präsident geworden ist. Er konnte knapp 63 Millionen Wähler mobilisieren, und damit etwas mehr als vor ihm John McCain und Mitt Romney. Für Hillary Clinton stimmten am Ende fast drei Millionen Menschen mehr – und damit ungefähr so viele, wie auch für Barack Obama bei seinem zweiten Wahlsieg 2012. Nur nutzte ihr das wegen des US-Wahlsystems nichts.

Das Mehrheitswahlrecht in den USA mit seinem »The winner takes it all«-Prinzip verführt dazu, jenen Faktoren, die am Ende den Unterschied machen, zu viel Gewicht beizumessen. Dabei übersieht man Kontinuitäten. So gehört es zu den Evergreens des US-Wahlkampfs, dass die Kandidatinnen oder Kandidaten, wollen sie Erfolg haben, den Eindruck erwecken müssen, für einen grundlegenden Wandel zu stehen. Deswegen müssen sie insbesondere deutlich machen, nichts mit dem vorherigen Establishment von Washington zu tun zu haben. So hielten es schon Ronald Reagan, Bill Clinton, George W. Bush und Barack Obama. Letzterer punktete einst mit dem ebenso simplen wie vagen Slogan »Change«. Nun war es Trump, der den Nimbus des Außenseiters und Aufräumers erfolgreich für sich reklamierte. Trumps Kampagne konzentrierte sich stark auf die weiße Kernwählerschaft der Republikaner, die ihn als einen der Ihren betrachtete. Viel stärker als sein Vorgänger Mitt Romney, mobilisierte Trump dabei viele Arbeiter und vormalige Nichtwähler.

Dass es sich vorwiegend um wirtschaftlich »Abgehängte« handelte, die Trump ihre Stimme gaben, ist allerdings ein Klischee. Der durchschnittliche US-Wähler, der ihn in den Vorwahlen unterstützte, verfügte über ein Haushaltseinkommen von 72 000 US-Dollar – und damit deutlich mehr als das amerikanische Durchschnittseinkommen von 56 000 US-Dollar. Die Wähler von Hillary Clinton und Bernie Sanders kamen im Vergleich nur auf rund 61 000 US-Dollar. [1]

Die tatsächlich »Abgehängten«, die weniger als 50 000 US-Dollar im Jahr verdienen – das Dienstleistungsproletariat und die »Working Poor« –, stimmten überwiegend für Hillary Clinton. Trump lag bei der unteren Mittelschicht und den Besserverdienenden leicht vorne – vor allem aber bei weißen Männern und Frauen, auch solchen mit College-Abschluss. [2] Nicht Einkommen und Bildung, sondern die Hautfarbe machte bei der US-Wahl 2016 den Unterschied.

Ähnlich ist es bei der »Alternative für Deutschland«. Zwar erzielte sie Spitzenergebnisse in strukturschwachen Regionen, die von hoher Arbeitslosigkeit geprägt sind, zum Beispiel in der Region um Bitterfeld, im östlichen Vorpommern, im Norden Mannheims und in Ludwigshafen. Bei den Landtagswahlen in Nordrhein-Westfalen punktete sie zweistellig in Gelsenkirchen, im Essener Norden oder in Duisburg-Marxloh. Mehrere Studien zeigen aber, dass es zu kurz greifen würde, die AfD deshalb als eine Partei der »Abgehängten« zu betrachten. Denn die Anhänger der AfD verfügen laut einer Forsa-Umfrage aus dem Jahr 2016 im Schnitt über ein Haushaltseinkommen von 3 140 Euro – das ist mehr als die Wähler von SPD (3 000 Euro) und Linkspartei (2 690 Euro) verdienen.[3]

Das Institut der deutschen Wirtschaft (IW) ermittelte 2017 für die AfD-Wähler, 25 Prozent von ihnen hätten ein hohes Bildungsniveau, 55 Prozent ein mittleres und zwanzig Prozent ein niedriges. Auch das Nettoeinkommen ihrer Wähler liege über dem Durchschnitt: Ein Drittel von ihnen soll sogar zum reichsten Fünftel der Bevölkerung zählen. Sie sei keine Partei der »Abgehängten«, sondern in ihr spiegele sich die Mitte der Gesellschaft.[4] Auch Besserverdienende und ein sozialdarwinistisch eingestelltes, verrohtes Bürgertum sympathisieren mit der Partei, die wirtschaftspolitisch immer noch einen strikt marktliberalen und wenig sozialen Kurs vertritt.

Publizisten wie Roland Tichy, die mit der AfD sympathisieren, halten es sogar für eine Beleidigung, deren Wähler als »Abgehängte« und »Deklassierte« zu bezeichnen. Und auch die führenden Köpfe der AfD wie Alexander Gauland, Beatrix von Storch, Alice Weidel und Jörg Meuthen sind alles, aber ganz sicher keine Abgehängten.

Mit Blick auf die Schweizer Volkspartei, die Freiheitliche Partei Österreichs, die Rechtspopulisten in Dänemark, Norwegen und Finnland und auf die »Lega«, die einst den reichen Norden Italiens vom armen Süden abspalten wollte, ist es ebenfalls fragwürdig, die Wähler rechtspopulistischer Parteien pauschal als »Modernisierungsverlierer« abzuqualifizieren. Diese Parteien erzielen in einigen der reichsten Länder der Welt und in deren reichsten Regionen Spitzenergebnisse, und ihre Wähler sind oft wohlhabend. In den armen Regionen Europas, in Süditalien, Spanien und Griechenland, werden überwiegend eher Linkspopulisten gewählt, die sich die soziale Frage auf ihre Fahnen geschrieben haben.

Der Front National bemüht sich zwar stark um ein Image als neue »Arbeiterpartei«, und er verzeichnet in den vom industriellen Niedergang gezeichneten Regionen einen hohen Zulauf: In den Départements Aisne und Pas-de-Calais im Nordosten Frankreichs stimmten in der zweiten Runde der Präsidentschaftswahl 2017 über die Hälfte aller Wähler für Marine Le Pen. Dort herrscht hohe Arbeitslosigkeit, und viele sympathisieren mit dem Front National. Insgesamt machen Arbeiterinnen, Arbeiter und kleine Angestellte im öffentlichen Dienst mehr als zwei Drittel seiner Wähler aus, weshalb sich die Partei zur Fürsprecherin eines starken öffentlichen Diensts und zum Anwalt der ländlichen Regionen gemacht hat, und sich für mehr Protektionismus sowie einen Austritt aus dem Euro starkmacht. Aber auch Anwälte, Ärzte, Notare, Ingenieure und Unternehmer wählen die Partei.

Die andere Hochburg des Front National liegt am Mittelmeer, in den reichen Regionen der Départements Provence-Alpes-Côte d'Azur. Dort, um die Badeorte Cannes, Nizza und Saint-Tropez herum, liegt sein Wähleranteil stabil bei über 20 Prozent. Die Gegend an der Mittelmeerküste mit den Postkartenstränden und den malerischen Bergdörfern an der französischen Riviera ist eine der reichsten Regionen Europas. Sie ist im Sommer bei Touristen sehr beliebt, und viele Franzosen besitzen dort ein Häuschen. Seit den Regionalwahlen im Dezember 2015, bei denen er landesweit mit 28 Prozent ein Rekordergebnis errang und alle anderen Parteien überrundete, stellt der Front National in elf Rathäusern den Bürgermeister, fünf davon liegen im Süden Frankreichs.

Der französische Soziologe Gérard Mauger sagte in seiner Auswertung der letzten Wahlen, der Front National werde von Menschen mit völlig entgegengesetzten Lebenswelten und Überzeugungen gewählt.[5] Seine Wählerschaft sei kein »Elektorat«, sondern ein »Konglomerat«. Einzig die Angst vor Migranten und Muslimen halte sie zusammen. In seinem Buch *Les classes populaires et le FN* schreibt Mauger, der Front National habe die Trennung in Arm und Reich erfolgreich durch die penible Unterscheidung in »fleißige Franzosen« und »faule Nicht-Franzosen« ersetzt. Zwar stammten mehr als die Hälfte der Stimmen für den Front National aus den unteren Schichten der Bevölkerung, und zuletzt habe ihn jeder siebte Arbeiter gewählt. Aber der Front National ermögliche es ihnen, sich nicht nur von »denen da oben« abzugrenzen, der Pariser Elite, sondern auch von »denen da unten«, die noch schwächer sind als sie selbst: den Arbeitslosen und Sozialhilfeempfängern. Die ständige Sorge um das eigene soziale Ansehen, die sich stets auch in einer Abgrenzung nach unten geäußert habe, sei ein besonderes Merkmal der gehobenen französischen Unterschicht. Der Front National bediene dieses Bedürfnis, indem er Nationalstolz und konservative Werte propagiere. In Österreich hat sich die Gewichtung ähnlich verschoben. Die rechtspopulistische FPÖ hat der sozialdemokratischen SPÖ längst den Rang als »Arbeiterpartei« abgelaufen. Bei der vergangenen Wahl zum Nationalrat 2017 kam die FPÖ unter Arbeitern auf 59 Prozent, die SPÖ nur auf 19 Prozent. Bei den Angestellten kam die FPÖ auf 26 Prozent, bei Selbstständigen auf 23 Prozent. Um sich einen sozialeren Anstrich zu geben, wirbt sie unter anderem für Mindestpensionen, einen Mindestlohn und bezahlbaren Wohnraum.

Wie andere rechtspopulistische Parteien, vereint auch die »Alternative für Deutschland« Wähler aus allen gesellschaftlichen Schichten und Milieus. Die untere Mittelschicht und obere Einkommensgruppen sind aber stärker vertreten. Noch vor den Selbstständigen machten Arbeiter die größte Wählergruppe der Rechtspopulisten aus. Rund jeder fünfte Arbeiter stimmte bei der Bundestagswahl 2017 für die AfD. Darunter waren auch viele Gewerkschaftsmitglieder, im Osten mehr als im Westen. Die gewerkschaftsnahe Hans-Böckler-Stiftung wollte den Ursachen dafür auf den Grund gehen und gab eine Studie über »Einstellung und soziale Lebenslage« in Auftrag.[6] Die Wählerschaft der AfD bilde ein »soziales Sandwich«, schreiben die Wissenschaftlerin Bettina Kohlrausch und ihre Kollegen darin. Die Forscher kamen zu dem Ergebnis, dass nicht die objektive Lebenslage, sondern vor allem die subjektive Wahrnehmung derselben dazu verführe, die AfD zu wählen. Auch wenn sie über ein gutes Einkommen und einen sicheren Job verfügten, würden sich viele AfD-Wähler persönlich zurückgesetzt fühlen und unter Abstiegsängsten leiden. Ganz unabhängig von ihrem jeweiligen realen Einkommen würden sie sich in der Gesellschaft niedriger einstufen, als es ihrem ökonomischen Status entspräche, sie seien unzufrieden, pessimistischer und fürchteten sich vor Arbeitslosigkeit. Außerdem hätten sie eine diffuse Angst vor Einwanderung, Kriminalität und Gewalt.

In einer vom *Spiegel* beauftragten TNS Infratest-Umfrage nach Landtagswahlen in drei Bundesländern im März 2016, bewerteten 79 Prozent der AfD-Anhänger die eigene wirtschaftliche Situation sogar als gut bis sehr gut – besser als die Wähler der SPD und der Linkspartei.[7] Zwei Jahre später ergab eine Umfrage der Konrad-Adenauer-Stiftung aber auch, dass die Wähler der AfD besonders pessimistisch sind. Das unterscheidet sie am stärksten von den Wählern anderer Parteien. 83 Prozent stimmten der Aussage »Wenn das so weitergeht, sehe ich schwarz für Deutschland« zu. Bei den Wählern der Linkspartei waren es nur etwa die Hälfte, bei den Wählern aller anderen Parteien deutlich weniger – am wenigsten bei FDP und der Union.[8] Auf die Wirtschaftslage kann dieser Pessimismus nicht zurückgeführt werden. Denn die Reallöhne der Arbeitnehmer in Deutschland sind in den vergangenen Jahren wieder spürbar gestiegen, und die Zahl der Arbeitslosen ist 2018 so niedrig wie schon lange nicht mehr. Auch die Kriminalität hat abgenommen. So wurden im Jahr 2017 zehn Prozent weniger Straftaten registriert als im Vorjahr, der stärkste Rückgang seit 25 Jahren und Ausdruck eines langfristigen Trends. Trotzdem funktioniert die Angstpropaganda der rechten Populisten, die gerne schwarzmalen. Und nicht nur in Deutschland, auch in den USA brummte die Konjunktur, die Löhne stiegen, und die Arbeitslosigkeit war im Sinkflug, als Donald Trump 2016 zum Präsidenten gewählt wurde. Nicht anders in Großbritannien im gleichen Jahr: Die Wirtschaft wuchs, die Arbeitslosigkeit sank, und eine sehr große Mehrheit zeigte sich mit ihrer persönlichen wirtschaftlichen Lage zufrieden. Trotzdem votierte die Bevölkerung für den Ausstieg aus der EU. Das ist kein Zufall. Denn anders als oft angenommen, sind ökonomische Krisenzeiten mit geringem Wirtschaftswachstum und hohen Arbeitslosenzahlen keine guten Zeiten für Rechtspopulisten. Wähler wenden sich dann lieber Parteien zu, denen sie eine größere wirtschafts- und sozialpolitische Kompetenz zutrauen. Erst, wenn es nach einer Finanzkrise mit der Wirtschaft wieder aufwärts geht und es etwas zu verteilen gibt, haben Rechtspopulisten wieder Aufwind. Das gilt schon für das Deutschland der Weimarer Republik nach dem Börsencrash von 1929, der den Aufstieg der Nationalsozialisten beförderte. Der Bonner Ökonom Moritz Schularick hat mit zwei seiner Kollegen mehr als hundert Finanzdebakel in 20 Ländern seit 1870 untersucht. Sein Ergebnis: Im Schnitt legten Rechtsparteien in den Jahren danach bei Wahlen um dreißig Prozent zu.[9]

Der Leipziger Soziologe Holger Lengfeld betont, die AfD sei »keine Partei der wirtschaftlich Unzufriedenen«. Viele AfD-Wähler würden zwar objektiv nicht zu den Gewinnern der Globalisierung zählen, ihre Wut speise sich aber eher aus einer kulturellen Enttäuschung über Wertewandel und Pluralisierung der Lebensstile. Sie seien so gesehen durchaus »Modernisierungsverlierer« – aber eben nicht in wirtschaftlicher Hinsicht, sondern »kulturell abgehängt«.[10]

Das Gefühl, nicht mehr mit der kulturellen Entwicklung im eigenen Land mithalten zu können, trübt auch den Blick auf die eigene ökonomische Lage und die wirtschaftliche Situation insgesamt. Denn die Wahrnehmung der wirtschaftlichen Lage ist nicht immer objektiv, sondern hängt von der jeweiligen politischen Einstellung ab. Aus den USA weiß man, dass Anhänger der Demokraten wie der Republikaner die Situation meist rosiger sehen, wenn einer der Ihren im Weißen Haus sitzt. Der kalifornische Politologe Michael Tesler hat außerdem untersucht, ob es bei US-Bürgern eine Korrelation zwischen ihrer Wahrnehmung der wirtschaftlichen Lage und rassistischen Ressentiments gibt. Sein Ergebnis: Je stärker die Vorbehalte gegenüber ethnischen Minderheiten ausgeprägt sind, desto größer ist die Tendenz, die wirtschaftliche Lage – zum Beispiel die Arbeitslosenquote – schlechter einzuschätzen, als sie tatsächlich ist.[11]

Tesler meint, im Wahlkampf 2016 hätten rassistische Einstellungen eine größere Rolle gespielt als in den beiden Wahlen zuvor, als mit Barack Obama erstmals ein afroamerikanischer Kandidat zur Wahl stand. Obama selbst habe das konfliktträchtige Thema Rassismus während seiner gesamten Präsidentschaft möglichst selten thematisiert und weniger darüber gesprochen als andere demokratische Präsidenten vor ihm. Dennoch habe die Polarisierung während seiner Amtszeit stark zugenommen. In der Einstellung gegenüber Minderheiten ziehe sich ein tiefer Riss durch das Land, die Bevölkerung sei extrem gespalten in liberale Weiße und Minderheiten auf der einen und Weiße mit rassistischen Vorbehalten auf der anderen Seite. Donald Trump bestärkte viele weiße Wähler in ihrem diffusen Gefühl, gegenüber anderen Gruppen benachteiligt zu werden.[12] Er konnte dabei auf weit verbreitete Vorurteile aufbauen. Denn viele seiner Wähler hatten schon vorher eine ausgesprochen negative Meinung über Obama und betrachteten Schwarze, Mexikaner und Muslime als

Gefahr. Trumps Wahlsieg strafte alle Behauptungen Lügen, die USA seien ein »post-rassistisches« und farbenblindes Land geworden. Auch das Brexit-Referendum war keine rationale Reaktion auf reale ökonomische Probleme. Eine Studie des britischen Think-Tanks »Resolution Foundation« wies nach, dass die Zustimmung zum Referendum auf Vorbehalte gegenüber Einwanderern zurückzuführen war, die es in Großbritannien zu allen Zeiten gab. Denn die Zahl der Briten, die der Meinung sind, dass zu viele Einwanderer im Land leben, ist über die Jahre hinweg bemerkenswert konstant geblieben – sie war in Zeiten, als kaum Einwanderer ins Land kamen, genauso hoch wie zu anderen Zeiten oder zum Zeitpunkt des Referendums. Der »Leave«-Kampagne sei es nur erfolgreich gelungen, diese Ressentiments zu mobilisieren, indem sie die Angstbilder einer Masseneinwanderung von Armutsflüchtlingen an die Wand malte.

Großbritannien war eines der ersten Länder der EU, das 2004 seinen Arbeitsmarkt für Einwanderer aus Osteuropa komplett öffnete. Wie wenige Länder der EU hat es von der Arbeitnehmerfreizügigkeit profitiert. Der nationale Gesundheitsdienst, Teile der britischen Landwirtschaft und eine Reihe von Dienstleistungsbranchen sind auf diese Mitarbeiter angewiesen. Den meisten Einheimischen im Königreich hat das keine spürbaren Nachteile gebracht. Weder auf dem Wohnungsmarkt noch auf dem Arbeitsmarkt oder bei der Entwicklung der Löhne habe sich die Einwanderung aus den EU-Ländern in nennenswerter Weise negativ ausgewirkt, das ergab eine Studie der London School of Economics im Jahr 2016 – und das gilt auch für jene Regionen, in denen sich diese Einwanderung besonders stark bemerkbar machte. Von einem Verdrängungswettbewerb im Niedriglohnsektor durch gering qualifizierte Zuwanderer könne keine Rede sein.

Dass Einwanderung das Lohnniveau für einheimische Arbeiter drückt, wie Populisten gerne behaupten, stimmt so nicht. Das zeigen Untersuchungen auch aus anderen Ländern. Wenn überhaupt, machen ungelernte Einwanderer nur bereits im Land lebenden, gering qualifizierten Ausländern Konkurrenz.[13] In den USA finden sich Einwanderer aus Lateinamerika oft in Aushilfsjobs in der Gastronomie wieder. Rumänische Saisonarbeiter arbeiten auf niedersächsischen Schlachthöfen, in Großbritannien verdingen sich viele Osteuropäer auf dem Bau. Sie arbeiten oft unter ihrem Qualifikationsniveau und werden im Schnitt schlechter entlohnt als Einheimische. Aber sie nehmen diesen keine Jobs weg, sondern übernehmen Arbeiten, für die sich sonst kein Einheimischer findet.

Auch die Rezession, die auf die Finanzkrise von 2007 folgte, habe beim Brexit-Referendum nur eine untergeordnete Rolle gespielt, sagen die Forscher der »Resolution Foundation«. Junge Leute, die am meisten unter der Rezession des Jahres 2008 zu leiden hatten, stimmten mehrheitlich gegen den Brexit. Ältere Briten, die davon persönlich weit weniger betroffen waren und sich viel weniger vor einer Konkurrenz durch Einwanderer fürchten mussten, stimmten mehrheitlich dafür. Und: In den Regionen, die seit der Finanzkrise einen ökonomischen Niedergang erfahren hatten, wurde nicht häufiger für einen Austritt aus der EU gestimmt, als in Gegenden, die seitdem wieder einen Aufschwung zu verzeichnen hatten. Es gab verarmte Bezirke wie Rushcliffe bei Nottingham im Norden Englands, die für einen Verbleib stimmten. Und es gab florierende Gemeinden wie Christchurch in Dorset am Ärmelkanal, die mehrheitlich für einen Austritt aus der EU votierten.

Zwei Wählergruppen seien traditionell besonders anfällig für Rechtspopulisten, sagt die Politologin Karin Priester: einerseits Selbstständige aus der Mittelschicht – kleine Kaufleute, Handwerker, aber auch gutverdienende Freiberufler, andererseits Arbeiter in der Privatwirtschaft, die sich von den Parteien der Linken nicht mehr vertreten fühlen. Ökonomisch teilten sie nicht die gleichen Interessen, ganz im Gegenteil: »Sie tragen unvereinbare Erwartungen an diese Parteien heran: mehr oder weniger Staat, höhere oder geringere Steuern, Abbau oder Verteidigung des Sozialstaats.«[14] Doch diesen Widerspruch halten Rechtspopulisten aus, weil ökonomische Fragen bei ihnen ohnehin nicht im Vordergrund stehen. Um es in Abwandlung eines alten Wahlslogans von Bill Clinton zu sagen: »It's not the economy, stupid.« Oder, in marxistischer Terminologie: Es ist keine Klassenfrage.

Rechtspopulistische Parteien wie die AfD streben keinen Klassenkampf an, sondern einen Kulturkampf. Ihre Wähler folgen ihnen dabei. Es stört sie weniger, dass die herrschenden Eliten sich bereichern, sondern dass sie eine in ihren Augen zu liberale und kosmopolitische Kultur vertreten und Minderheiten verhätscheln. Sie wünschen sich nicht mehr Teilhabe, sondern eine Gegen-Elite, die sich stärker mit den eigenen, konservativen Werten verbunden zeigt. Deshalb ist es fraglich, ob linke Parteien diese Wähler allein mit dem Versprechen für mehr »soziale Gerechtigkeit« zurückgewinnen können, wie es etwa die SPD im Bundestagswahlkampf 2017 mit ihrem Kandidaten Martin Schulz einigermaßen erfolglos versucht hat. Denn diese Wähler wollen ja gerade weniger Gleichheit – zumindest weniger Rechte für Flüchtlinge, Einwanderer, sowie deren Nachkommen, weniger Rechte für Muslime, Homosexuelle und Frauen. Einige von ihnen sind sogar bereit, dafür gegen ihre eigenen ökonomischen Interessen zu stimmen. Ihren Status gegenüber anderen Gruppen zu verteidigen, ist ihnen scheinbar wichtiger.

3 Die Tücken der »Identitätspolitik«: Sind die Liberalen schuld an Trump und der AfD?

Das Video ging um die Welt. In einem TV-Sketch redete sich der Fernsehjournalist Jonathan Pie, eine Kunstfigur des britischen Schauspielers Tom Walker, nach Donald Trumps Wahlsieg in Rage: Die Linke sei schuld. Die Demokraten hätten auf die falsche Kandidatin gesetzt, auf Hillary Clinton, die sich mit den Banken und dem Big Business gemein gemacht habe. Aber das Problem gehe weit darüber hinaus: Die Linke insgesamt habe es verlernt, zu diskutieren und zu überzeugen. Stattdessen würde sie sich ignorant in den Kokon ihrer Befindlichkeiten einspinnen und anderen den Mund verbieten. »Die Leute« würden sich nicht mehr trauen, zu sagen, was sie dächten, aus Angst, zum Rassisten oder Sexisten abgestempelt zu werden, behauptete er. Und diese Leute würden sich dann, wie der Brexit und die Wahl in den USA gezeigt habe, an der Wahlurne rächen. Man gewinne keinen Meinungsstreit, wenn man Wähler beschimpfe und ihnen Etiketten verpasse, wütete Pie. »Hört auf zu denken, dass jeder, der nicht eurer Meinung ist, böse, ein Rassist, ein Sexist oder dumm ist, und sprecht mit ihnen«, rief er seinem Publikum am Ende seines Monologs zu.

Die Rolle des fiktiven Reportes Jonathan Pie erlaubt es Tom Walker, fluchend und wild gestikulierend das Weltgeschehen zu kommentieren, als würde er sich nur mal eben in einer Drehpause etwas Luft verschaffen wollen. Mit seiner Wutrede gegen eine vermeintlich übertriebene »politische Korrektheit« scheint er vielen aus dem Herzen gesprochen zu haben: Das Video wurde weltweit mehrere Millionen Male geklickt.

In die gleiche Kerbe schlug der amerikanische Politologe Mark Lilla in einem vielbeachteten Beitrag für die *New York Times*[1], dessen zentrale These er später zu einem Buch ausbaute.[2] Die »Identitätspolitik« der Linken trage eine Mitschuld am Wahlsieg von Donald Trump, lautete sein Befund. Statt auf eine Politik der Solidarität habe sie zu sehr auf eine Politik der Differenz gesetzt. An den Universitäten der USA sei man inzwischen derart besessen von persönlichen Befindlichkeiten, dass man sich kaum noch für die politische Welt außerhalb interessiere, behauptete er. Wenn sich ein konservativer Sender wie »Fox News« über die Auswüchse der »politischen Korrektheit« lustig mache, habe er deshalb leider häufig recht. Und, schlimmer noch: Die linke Obsession mit Fragen der »Vielfalt« habe weiße, ländliche und religiöse Amerikaner erst dazu ermuntert, sich selbst als benachteiligte Gruppe zu sehen, deren Identität gefährdet sei oder ignoriert würde. Diese Wählerinnen und Wähler würden gar nicht gegen die Realität eines diversen Amerikas rebellieren, sondern gegen die allgegenwärtige Identitäts-Rhetorik, behauptete Lilla. Und fügte in einer zusätzlichen Volte wie zur Warnung hinzu: Linksliberale sollten sich daran erinnern, dass der Ku-Klux-Klan die erste identitätspolitische Bewegung des Landes gewesen sei – und den gebe es bis heute. Als ob es seiner Warnung nach dem Wahlerfolg von Trump und seiner »weißen Identitäten-Bewegung« noch gebraucht hätte.

Es lohnt sich, sich mit den Thesen von Mark Lilla zu befassen, weil sie weltweit ein großes Echo und viel Zustimmung gefunden haben und dem bis dahin nur einem Fachpublikum bekannten Professor für Politikwissenschaften an der Columbia-Universität in New York zu Weltruhm verholfen haben. Auch alle renommierten deutschsprachigen Zeitungen, von der *NZZ* bis zu der *ZEIT*, haben sich mit seinen Thesen auseinandergesetzt.

Nur, was ist »Identitätspolitik« überhaupt? Ursprünglich stammt der Begriff aus der Soziologie und wurde geprägt, um die Emanzipationsbewegungen marginalisierter Gruppen zu beschreiben. Denn ob Arbeiter, Frauen, Afroamerikaner, Schwule und Lesben oder Native Americans – viele dieser Gruppen entwickelten erst aufgrund ihrer Diskriminierung ein kollektives Bewusstsein. Daraus entstanden soziale Bewegungen wie die Arbeiterbewegung, die Frauenbewegung, die US-Bürgerrechtsbewegung der Afroamerikaner oder das Gay-Rights-Movement. Manche Gruppen benutzten Begriffe, mit denen sie stigmatisiert worden waren, und kehrten sie stolz in eine Selbstbezeichnung um.

Eigentlich ist »Identitätspolitik« damit nur ein anderes Wort für den Kampf um Anerkennung und Anspruch auf gleichberechtigte Teilhabe, den Minderheiten für ihre Gruppen jeweils führen. Richtig ist, dass dieser Kampf oft eher im Namen dieser spezifischen Gruppen geführt wird als unter Berufung auf die universellen Werte, die von diesen Gruppen beansprucht werden. Aber der Kampf für das Wahlrecht von Frauen und Schwarzen, für das Recht auf Abtreibung, für ein Ende der Kriminalisierung von Homosexualität oder für ein Verbot der Vergewaltigung in der Ehe wurden stets mit Verweis auf universelle Prinzipien und verfassungsrechtliche Ideale geführt. Auch die Forderungen nach angemessener Vertretung in Politik, Wirtschaft und Medien, der Kampf um gleiche Bezahlung für gleiche Arbeit und das Recht auf die Gleichstellung gleichgeschlechtlicher Partnerschaften, die heute erhoben werden, zielen nicht auf Sonderrechte für eine Gruppe, sondern auf gleichberechtigte Teilhabe ab.

Auf dem Feld der Sprache geht es dabei um den Anspruch, nicht durch belastete Ausdrücke diskriminiert oder beleidigt zu werden. Der Kampf um eine diskriminierungsfreie Sprache ist alt, und manches, was heute selbstverständlich erscheint, musste auch in Deutschland erst hart erkämpft werden: Niemand sagt heute mehr ernsthaft Fräulein, antisemitische Sprüche sind tabu, und das N-Wort für Schwarze gerät auch langsam aus dem Sprachgebrauch. Aber der Streit darum hält bis heute an.

An amerikanischen Universitäten wird inzwischen über »geschützte Räume« (»safe spaces«), »Mikroaggressionen«, »Trigger-Warnungen« vor traumatisierenden Inhalten sowie über »Weißsein als Privileg« (»critical whiteness«) und Kulturelle Aneignung von Minderheitenkulturen durch die Mehrheit (»cultural appropriation«) gestritten. Dabei geht es um die Frage, wie sich Minderheiten gegen ihre alltägliche Diskriminierung wehren können oder was es bedeutet, wenn Weiße Dreadlocks oder Indianerschmuck tragen. Diese Debatten und dieser Fachjargon haben Deutschland erreicht und sind in die hiesigen Medien übergeschwappt. Von rechter Seite werden diese Beispiele begierig aufgegriffen, um einmal mehr den angeblichen »Irrsinn« einer außer Rand und Band geratenen »politischen Korrektheit« aufzuzeigen.

Die Klage über vermeintliche Auswüchse solcher »Identitätspolitik« ist nicht neu. Schon 1991 fragte der liberale Historiker Arthur Schlesinger bang, was multiethnische Gesellschaften künftig noch zusammenhalte, wenn jede Gruppe nur ihre eigenen Interessen verfolge.[3] Er empfahl, dass sich die Bewegungen marginalisierter Gruppen lieber auf ihre volle rechtliche und gesellschaftliche Anerkennung konzentrieren sollten, als durch die Beschwörung ihrer Differenz zur weiteren Marginalisierung beizutragen. Zu Ende gedacht hieße das, Minderheiten sollten lieber anstreben, unauffällig im Mainstream aufzugehen, als auf dem Christopher Street Day oder beim Black History Month ihre Unterschiedlichkeit zu zelebrieren. Der US-amerikanische Philosoph Richard Rorty kritisierte in den 1990er Jahren, zu viele Linke würden sich mit einer subjektiven »Politik der Differenz« und »der Anerkennung« marginalisierter Gruppen beschäftigen als mit strukturellen Fragen von Geld und Macht. Statt sich in Identitätskämpfen aufzureiben, müsse es darum gehen, eine gemeinsame Basis zu finden. Sein Appell an Gemeinwohl, Gemeinsinn und Solidarität hallt in Mark Lillas Pamphlet in der New York Times wider.

Auch die Klage über eine angeblich ausufernde »politische Korrektheit« ist so alt wie das Wort selbst. Der Begriff kam erstmals im den Achtzigerjahren auf und war als ironische Beschreibung der damaligen Bemühungen gedacht, den historischen Kanon, der an amerikanischen Universitäten gelehrt wurde, um mehr nicht-westliche Autorinnen und Autoren zu erweitern. Hinzu kam das Bemühen, Sprachregelungen zu finden, die Minderheiten nicht diskriminieren. Schnell wurde dieser Begriff aber von Rechten aufgegriffen und zu einem Kampfbegriff gemünzt – zu einem Kampfbegriff, um sich über die vermeintliche Absurdität mancher dieser Bemühungen lustig zu machen und Gruppen zu denunzieren, die Rechte oder Rücksichtnahme für sich einfordern.

In Donald Trumps Wahlkampf 2016 war »politische Korrektheit« ein Schlüsselwort. Wann immer er für seine rassistischen Ausfälle gegen Mexikaner oder Muslime oder seine sexistischen Bemerkungen gegenüber Frauen kritisiert wurde, konterte Trump damit, dass er keine Zeit und keine Lust habe, Rücksicht auf irgendeine »politische Korrektheit« zu nehmen. Den Medien und den politischen Eliten und nicht zuletzt seinen Gegnern, Barack Obama als seinen Antipoden und Hillary Clinton als Konkurrentin warf er im Gegenzug vor, die »politische Korrektheit« über das, was er im Gegensatz dazu als den »gesunden Menschenverstand« bezeichnete, und sogar über die Sicherheit der Amerikaner zu stellen.

Es ist schon bemerkenswert, dass die erste Reaktion auf die Wahl eines US-Präsidenten, der wie kein anderer vor ihm einen rassistischen, sexistischen und diskriminierenden Wahlkampf geführt hatte, bei einem Teil der Linken zu einer massiven Anklage anderer Linker und Liberaler geführt hat. Wobei sie Trump damit letztlich in dessen Behauptung recht gaben, dass man es mit Anstand, Respekt und Rücksichtnahme gegenüber Frauen und Minderheiten zuletzt wohl etwas zu weit getrieben habe.

Lillas etwas autoritär anmutender Appell lautete, das Zeitalter des Identitäts-Liberalismus müsse »beendet werden«, wie er kategorisch forderte, und zwar durch die Linke selbst. Ein »neuer Liberalismus« müsse sich an alle Amerikaner richten und die sensible Themen ansprechen, die die meisten von ihnen betreffen. Was Themen wie Sexualität und Religion betreffe, empfahl er mehr Diskretion, Zurückhaltung und Verhältnismäßigkeit, um potentielle Verbündete nicht zu sehr zu verschrecken.

Es stellt sich allerdings die Frage, wer dieses übergeordnete Interesse letztlich definiert, das Lilla zu verteidigen vorgibt. Schließlich gibt es nicht nur in den USA eine lange Tradition, die Interessen der Mehrheit als nationales Interesse der Allgemeinheit auszugeben. Es ist eine bewährte Taktik, um den Interessen bestimmter Gruppen höhere Weihen zu verleihen. Wer bestimmt, was die Interessen der Bürger der USA ausmacht? Wer gehört überhaupt dazu? Und warum sollen die Sorgen ehemaliger Stahlarbeiter aus dem Rust Belt schwerer wiegen als die Nöte afroamerikanischer junger Männer, die sich aus guten Gründen vor der Polizei fürchten? Der hohe Anteil junger schwarzer Männer in den Gefängnissen der USA, die hohe Selbstmordrate unter Homosexuellen oder das hohe Armutsrisiko unverheirateter Mütter sind ja keine Luxussorgen. Dafür scheint Lilla das Bewusstsein und die Empathie zu fehlen.

Dabei erkannte Lilla schon in seinem Essay in der *New York Times* grundsätzlich an, dass »affirmative action«, also die gezielte Förderung von Angehörigen marginalisierter Minderheiten, das gesellschaftliche Leben in den USA verbessert habe. Die »Black Lives Matter«-Bewegung, die sich 2013 gegen rassistische Polizeigewalt in den USA formierte, sei ein notwendiger Weckruf an das Gewissen Amerikas gewesen. Und auch die Bemühungen der Filmindustrie in Hollywood, Homosexualität zu »normalisieren«, hätten dazu beigetragen, sie auch in amerikanischen Familien und der Öffentlichkeit von ihrem Stigma zu befreien. All das räumt Lilla ein. Doch in seinem Buch wirft er der »Black Lives Matter«-Bewegung vor, Sympathien verspielt zu haben, weil sie die Polizeigewalt zu einer grundsätzlichen Anklage gegen die amerikanische Gesellschaft gemacht und öffentliche Beicht- und Bußrituale gefordert habe. Das sei »ein Paradebeispiel dafür, wie man Solidarität zerstört statt aufbaut«.

Hier zeigt sich ein Problem seiner Argumentation. Natürlich kann man die Auswüchse der »Black Lives Matter«-Bewegung kritisieren. Gewalt gegen Polizisten oder Vandalismus sind nicht zu entschuldigen. Jede Bewegung zieht immer auch Extremisten an. Aber das macht die Bewegung noch nicht illegitim. Lilla schüttet das Kind mit dem Bade aus und legt einen doppelten Maßstab an. Denn obwohl es auch in der weißen Mehrheit nicht wenige Extremisten gibt, von denen einer inzwischen im Weißen Haus sitzt, sind deren »Sorgen und Nöte« für ihn nicht illegitim. In diese Richtung waren von ihm bislang keine Appelle zur Mäßigung zu vernehmen. Im Grunde sagt er: Man dürfe die Mehrheit eben nicht reizen, sonst schlage sie um sich. Minderheiten sollten sich dem reizbaren Willen der Mehrheit besser unterordnen.

Das ist ein Klassiker. Früher waren es feministische Frauen, deren Forderungen nach mehr Gleichberechtigung wahlweise als »übertrieben«, nebensächlich oder zu radikal abgetan wurden, weil Einzelne vielleicht über ihr Ziel hinausschossen. Auch Homosexuelle bekamen Ähnliches zu hören. Nun sind es die Dritte-Welle-Feministinnen und Gender-Aktivistinnen, die sich für gleiche Rechte von Transsexuellen und anderen Minderheiten starkmachen, oder Antirassisten, die sich gegen die Diskriminierung von Einwanderern und Flüchtlingen einsetzen, denen angeblicher Übereifer vorgehalten wird. Bis heute zeigen sich auch Linksliberale immer wieder anfällig dafür – jenseits jeder berechtigten Kritik im Einzelfall –, die ganze Debatte als übertrieben abzutun und dahinter eine Form des »Tugendterrors« oder gar der »Zensur« zu wittern. So wie Jonathan Pie alias Tom Walker. Vielleicht können es auch sie es nicht verwinden, dass weiße, heterosexuelle Männer nicht mehr immer und überall die Norm und das Maß aller Dinge darstellen?

Dabei gibt es gute Gründe, die Instrumentalisierung von »Identitätspolitik« zu kritisieren. Der junge Shootingstar der britischen Linken, der Blogger, Guardian-Kolumnist und Buchautor Owen Jones, kritisierte dies in seinem Buch *Prolls. Die Dämonisierung der Arbeiterklasse*. Progressive Intellektuelle seien zu sehr mit Identitätsfragen beschäftigt gewesen und hätten darüber die Arbeiterklasse aus den Augen verloren.[4] Der Kampf für die Gleichberechtigung von Frauen, Homosexuellen und ethnischen Minderheiten sei wichtig. Aber während »New Labour« in den Neunzigerjahren fortschrittliche Gesetze für Frauen und Schwule erlassen habe, habe es zugleich einen neoliberalen Rollback betrieben, der die Arbeiter an den Rand gedrängt habe. Die US-Soziologin Nancy Fraser belegte diese Politik mit dem bösen Wort vom »progressiven Neoliberalismus«. Beide sagen, die Linke müsse sich wieder stärker den sozialen Belangen der Arbeiter und des Prekariats widmen. Nur muss man das nicht gegen die Ansprüche anderer marginalisierter Gruppen ausspielen.

Etwa eineinhalb Jahre nach seinem berühmten Trump-Video traf sich der Satiriker Tom Walker mit Owen Jones, um über das Thema »politische Korrektheit« zu sprechen.[5] Es entstand ein interessantes Gespräch über Rassismus und Meinungsfreiheit. Denn Walker vertritt einen radikalliberalen Standpunkt: Meinungsfreiheit bedeute, seine Meinung sagen zu dürfen, auch wenn sich andere dadurch verletzt oder beleidigt fühlten. Auch wer der Meinung sei, aufgrund seiner Hautfarbe anderen überlegen zu sein, solle das sagen dürfen. Solche Meinungen dürfe man nicht unterdrücken, denn das sei gefährlicher als eine robuste, offene Debatte.

Jones fragte, wo für Walker die Grenze zwischen berechtigten Meinungsäußerungen und rassistischer Beleidigung verlaufe. Walker geriet da etwas ins Schwimmen: Zwar räumte er ein, dass es Grenzen der Meinungsfreiheit gebe: Beleidigungen etwa, oder Aufrufe zur Gewalt. Gleichzeitig meinte er aber, der Sexismus- und Rassismus-Vorwurf führe häufig dazu, Debatten zu verhindern. Doch wer wie Owen Jones auch Meinungsfreiheit für jene einfordert, die bestimmte

Gruppen beleidigen wollen, darf sich nicht beschweren, wenn Minderheiten auf ihrer Freiheit bestehen, das dann als Rassismus zu bezeichnen. Davon darf sich nicht einschüchtern lassen, wer wirklich auf eine robuste Debatte Wert legt.

»Identitätspolitik« ist auch nichts Neues, und es gibt sie nicht nur in einer linken und liberalen Variante. Kritiker von Lilla erinnerten daran, dass es schon immer zur US-amerikanischen Politik gehört hat, sich nach den Bedürfnissen der verschiedenen gesellschaftlichen Gruppen zu richten. Sowohl Demokraten als auch Republikaner haben das im Laufe ihrer Geschichte häufiger getan. Bereits die Architekten des New Deal, den Mark Lilla als glorreiches Vorbild progressiver Politik beschwört, hätten eine Form der »Identitätspolitik« betrieben, schreibt etwa der Historiker Joshua Zeitz.[6] Die Demokraten hätten sich damals auf eine Allianz aus konservativen Südstaaten, Liberalen an den Küsten und den Arbeitern in den Metropolen gestützt. Um Harry S. Truman, dem Nachfolger des »Vaters« des New Deal, Franklin D. Roosevelt, 1947 zum damals unwahrscheinlichen Wahlsieg zu verhelfen, entwickelten seine Berater eine spezifische Strategie, um gezielt Afroamerikaner, Juden, Katholiken und liberale Gewerkschafter anzusprechen, die sie als strategisch wichtige ökonomische, ethnische und religiöse Gruppen ausgemacht hatten. Zehn Jahre später halfen identitätspolitisch-strategische Erwägungen mit, John F. Kennedy als erstem Katholiken den Einzug ins Weiße Haus zu ermöglichen. »Identitätspolitik war der Kitt, der die Demokratische Partei zusammengehalten hat«, sagt Zeitz.[7]

Auch die Republikaner hätten Identitätspolitik betrieben, meint Zeitz, und zwar vor allem weiße Identitätspolitik. Seit den Sechzigerjahren arbeiteten Parteistrategen daran, einen Keil zwischen die Demokraten und deren frühere Stammwähler in den Südstaaten zu treiben. Diese wendeten sich seit der Abschaffung der Rassentrennung 1964 zunehmend enttäuscht von den Demokraten ab und den Republikanern zu. Diese Strategie, gezielt die rassistischen Ressentiments dieser Wähler anzusprechen, ist in den USA als »Southern Strategy« bekannt. Durch die Geschichte der USA hindurch habe »Identitätspolitik« eigentlich immer »weiße Identitätspolitik« bedeutet, meint Zeitz – eine Art und Weise, an weiße Ressentiments zu appellieren und auf deren Vorrechte zu pochen.

Der Unterschied zwischen einer weißen »Identitätspolitik« und der von Minderheiten ist, dass Erstere an die Ressentiments einer weißen Mehrheit appelliert, die ihre Privilegien durch Minderheiten bedroht sieht. Die »Identitätspolitik« von Minderheiten hingegen setzt sich dafür ein, diesen marginalisierten Gruppen zu einer Stimme und ihren Rechten zu verhelfen. Das ist etwas grundlegend anderes. Deswegen ist Lillas Behauptung, der Ku-Klux-Klan sei »die erste identitätspolitische Bewegung« gewesen, so infam. Indirekt stellt er die Ziele dieser rassistischen Bewegung, die eine »Überlegenheit der weißen Rasse« propagierte, mit denen der afroamerikanischen Bürgerrechtsbewegung und »Black Lives Matter«, denen es um Gleichberechtigung geht, auf eine Stufe. Der Begriff »Identitätspolitik« verschleiert hier mehr, als dass er zur Aufklärung taugt. Lillas Behauptung ist aber auch historisch falsch: Der Ku-Klux-Klan gründete sich 1865 in den Südstaaten der USA, weil dort viele die nach dem verlorenen Bürgerkrieg von den Nordstaaten verfügte Abschaffung der Sklaverei ablehnten. Der Klan erlebte nach 1915 ein Revival und richtete sich gegen verstärkte Bemühungen um die Gleichstellung der schwarzen Bevölkerung, aber auch gegen katholische und jüdische Einwanderer aus Europa. Der Klan war eine Reaktion darauf, dass sich das Selbstverständnis der USA als ursprünglich rein protestantische Nation weißer Sklavenhalter gewandelt hatte, und und eine hasserfüllte Antwort auf die Emanzipationsbewegungen der Afroamerikaner.

Seit den Nixon-Jahren schmiedeten die Republikaner an einer Allianz zwischen den Aufsteigern aus den Vorstädten, die gegen jene hohen Steuern waren, die den Wohlfahrtsstaat und den New Deal möglich gemacht hatten, und Arbeitern aus den Südstaaten, die früher die Demokraten gewählt hatten, aber Vorbehalte gegenüber der Gleichstellung von Schwarzen und der kulturellen Liberalisierung seit den Sechzigerjahren hegten. Seitdem wählen weiße Arbeiter verstärkt die Republikaner, während schwarze Arbeiter traditionell demokratisch wählen. Diese Allianz der weißen Wähler hat keine ökonomische, sondern eine rein ideelle Basis. Nixon appellierte an die »schweigende Mehrheit« der »vergessenen Amerikaner«, meinte damit weiße Mittelschichts-Amerikaner und gewann so 1968 die Wahl. In den »vergessenen Männern und Frauen« des »echten Amerika«, die Donald Trump im Wahlkampf beschwor, haben sie ein Echo gefunden.

Auch Ronald Reagan appellierte gezielt an rassistische Vorbehalte seiner weißen Wähler, um seine neoliberale Wirtschaftspolitik durchzusetzen, indem er behauptete, die Empfänger von Sozialleistungen seien überwiegend schwarz und zu Unrecht begünstigt. Mit dem Klischee der »Welfare Queen«, die sich von ihrer Sozialhilfe angeblich ein großes Haus und eine Limousine leisten könnte, weil sie sich mit mehreren falschen Namen staatliche Bezüge ergaunert haben soll, bediente Reagan Vorurteile gegenüber Schwarzen und Armen. Seinen Wahlsieg 1981 verdankte er einer Koalition aus evangelikalen, wirtschaftsliberalen und wertkonservativen Wählern, nicht zuletzt aus dem Süden: Angehörige der Mittelschicht, die ein passables Auskommen haben, aber nach mehr streben und sich durch jene bedroht fühlen, die weniger haben. Zu deren Fürsprecher hat sich auch Trump gemacht.

Religion spielt bis heute in den USA eine wichtige Rolle. Evangelikale Christen bilden seit den Achtzigerjahren eine wichtige Basis der Republikaner. Den Demokraten ist es durch ihre Haltung zu Abtreibungen und durch ihren Einsatz für die Rechte der LGBT-Community (Lesbian, Gay, Bisexual, Transgender, also Lesben, Schwule, Bisexuelle und Transgender) praktisch unmöglich geworden, diese Wähler zu erreichen. Auch Donald Trump gelang es, vier Fünftel dieser Wähler hinter sich zu versammeln – nicht zuletzt, weil er mit Mike Pence einen fundamentalistischen Christen als »Running Mate« und Kandidat für die Vizepräsidentschaft wählte.

Die Rolle evangelikaler Christen verweist auf die Kontinuität im Wahlverhalten vieler US-Bürger, die für Donald Trumps Sieg von Bedeutung war. Zwar stellte Trumps Anti-Freihandels-Rhetorik einen deutlichen Bruch mit dem Neoliberalismus der Republikaner dar, und seine Avancen gegenüber Russland sowie sein außenpolitischer Isolationismus brachten die Neokonservativen in der Partei gegen ihn auf. Doch für die meisten republikanischen Stammwähler war Trump nur ein weiterer Kandidat, der in ihren Augen besonders glaubwürdig die traditionellen republikanischen Werte verkörperte: für Gott und Waffenbesitz, gegen Abtreibungen und Steuern und gnadenlos gegenüber Terroristen.

Warum wählen konservative Arbeiter in den USA Politiker, die nicht ihre ökonomischen Interessen vertreten? Die US-amerikanische Soziologin Arlie Russell Hochschild aus Berkeley in Kalifornien meint: Weil sie sich eben mit konservativen Werten wie Eigenverantwortung und Selbstdisziplin, Ehre und Stolz identifizieren und die Welt als einen Ort des Kampfes und des Wettbewerbs betrachten, in dem sich der Bessere und Stärkere behauptet. Für ihr Buch *Fremd in ihrem Land. Eine Reise ins Herz der amerikanischen Rechten*[8] hat sie fünf Jahre lang die Tea-Party-Bewegung in Lousiana begleitet. Die 2009 entstandene, rechtspopulistische Bewegung fordert »weniger Staat« und weniger Steuern und radikalisierte die Republikanische Partei. Im zweitärmsten unter den fünfzig Bundesstaaten der USA stimmten 58 Prozent der Wähler 2016 für Trump. Obwohl die Umweltverschmutzung aufgrund der chemischen Industrie dramatische Ausmaße angenommen hat und Louisiana die zweithöchste Krebsrate der Vereinigten Staaten aufweist, lehnen seine Bewohner zu großen Teilen schärfere Umweltgesetze ab. Ihr tief verinnerlichter Sozialdarwinismus macht sie anfällig für die neoliberale Rhetorik unter dem Motto »Jeder ist seines Glückes Schmied«. Von Sozialprogrammen halten sie nichts, weil sie das für eine Verweichlichung halten und glauben, dass diese nur Frauen, Schwarzen und Schwulen zu Gute kämen. Weil sie das Gefühl haben, dass diese »Minderheiten« an ihnen vorbeigezogen seien und nun den Mainstream des Landes prägen, würden sie sich »wie Fremde im eigenen Land« fühlen, meint Hochschild, darum der Titel ihres Buches. Sie spricht vom »Red State-Paradox«: In den ärmsten Staaten der USA, mit der schlechtesten Gesundheitsversorgung, den schlechtesten öffentlichen Einrichtungen, der niedrigsten Bildung und der niedrigsten Lebenserwartung, stimmt eine Mehrheit meist für die republikanischen Präsidentschaftskandidaten. Obwohl diese Staaten mehr Bundesgelder in Form von Fördermitteln erhalten, als sie an Steuern einzahlen, ist die Abneigung gegenüber dem Staat hier am größten. Louisiana, dessen Budget zu 44 Prozent aus Washington kommt, ist ein Extrembeispiel dafür.

Der demografische Wandel in den USA, der die Weißen in Zukunft zu einer Minderheit unter vielen machen könnte, weckt bei vielen Weißen zudem irrationale Ängste. Trump ist es gelungen, die Ängste und Ressentiments dieser Wähler zu verstärken und zu mobilisieren.

Die alles überragende Ursache für Trumps Wahlsieg war der weit verbreitete Rassismus, den der Kandidat offen zu Tage förderte, meint nicht nur der Politologe und Amerika-Kenner Claus Leggewie. Die starke Ablehnung von Obama, seiner Person und seiner Politik (zum Beispiel der Gesundheitsreformen unter dem Namen »Obamacare«) bildete das stärkste Motiv der Trump-Wähler. Mehrere Studien haben gezeigt, dass Vorbehalte gegen Schwarze, Muslime und Immigranten unter Trump-Anhängern überdurchschnittlich weit verbreitet waren. Schon in den Vorwahlen war das stärkste Indiz, an dem man einen Trump-Unterstützer erkennen konnte, ob er an die Verschwörungstheorie glaubte, dass Obama insgeheim ein Muslim sei.

Trump heizte die Ressentiments in beispielloser Weise an. Er machte frauenfeindliche Sprüche, bezeichnete mexikanische Einwanderer in seiner Antrittsrede pauschal als »Kriminelle« und »Vergewaltiger«, propagierte ein Einreiseverbot für Muslime, warf einem mexikanischen Richter aufgrund dessen Herkunft Befangenheit vor und brachte Schwarze wiederholt mit Kriminalität in Verbindung. Nicht einmal vom »Ku-Klux-Klan«-Chef David Duke, der sich offen über diese Rhetorik freute, wollte Trump sich distanzieren.

Es ist Hillary Clinton allerdings nicht gut bekommen, auf diese Tatsache hinzuweisen. Im Wahlkampf warf sie Trump vor, er habe den rechtsextremen Rand der Republikaner salonfähig gemacht und dazu beigetragen, dass dieser die Partei übernehmen konnte. Trumps Anhänger teilte sie grob in zwei Lager ein: einmal in jene, die sich verlassen fühlten und nach Veränderung sehnten, und auf der anderen Seite jene »Bedauernswerten«, die von rassistischen, sexistischen, homophoben und xenophoben Einstellungen getrieben seien. Diese Ehrlichkeit wurde ihr zum Verhängnis und ihre Bemerkung zum Bumerang, denn Trump und sein Team legten Clinton diese Aussage als Beleidigung seiner Wähler aus und verwendeten den Ausdruck fortan gegen sie. Das ging so weit, dass Anhänger von Donald Trump sich selbst so bezeichneten und sich T-Shirts mit dem Aufdruck »Deplorable«, also »bedauernswert«, überstreiften.

Trump appellierte an den Nationalstolz seiner Wähler und an deren Gefühl, einer großartigen Vergangenheit verlustig gegangen zu sein. Er schürte die Angst vor Terror, Einwanderern, Kriminalität und der

Globalisierung, indem er ein grelles Zerrbild eines allgemeinen Niedergangs und des »Staatsversagens« zeichnete.

Damit sprach er Menschen mit einer autoritären Weltanschauung an, die unter seinen Anhängern stark vertreten sind. Die Sprach- und Kognitionsforscherin Elisabeth Wehling, die an der Universität in Berkeley lehrt, beobachtet: Der Grund, warum sogar Arbeitslose, Frauen und Einwanderer mit Donald Trump jemanden wählen, der gegen ihre eigenen Gruppen hetzt, liege an ihrer konservativen Weltsicht. »Wenn sie streng konservativ sind, werden sie Trump ihre Stimme geben, obwohl seine Politik ihnen schaden kann. Aus dem gleichen Grund, aus dem nicht alle Gutverdiener für niedrige Steuern sind«, erklärte sie in einem Interview. »Darum wählen ihn auch arme Menschen. Weil sie sagen: Ich will mich auch hochkämpfen, keiner soll für mich entscheiden. Menschen wählen nicht das, was für sie am besten ist. Sie entscheiden nach ihrem ideologischen Bauchgefühl.«[9]

Das deckt sich mit den Beobachtungen des französischen Soziologen Didier Eribon. In seinem Buch »Rückkehr nach Reims« beschreibt er, wie ganze Teile der französischen unteren Schichten von der Kommunistischen Partei zum Front National übergelaufen sind – darunter auch seine eigene Familie.[10] Seine Mutter habe gewusst, dass es nicht in ihrem ökonomischen Interesse war, den Front National zu wählen. Aber es sei ihr egal gewesen.

Eribons Buch, das zur Hälfte aus einer autobiografischen Beschreibung seiner Kindheit in einer Arbeiterfamilie im Nordosten Frankreichs und zur anderen aus einer soziologischen Analyse besteht, erschien schon 2009 in Frankreich. Die deutsche Übersetzung wurde erst 2016 veröffentlicht. Doch im Jahr der Trump-Wahl schien sie gut in die Zeit zu passen und entwickelte sich rasch zu einem Bestseller. Seine Botschaft sei gerade in Deutschland oft missverstanden worden, beklagte sich Eribon später. Zwar gibt er Politikern wie Hillary Clinton und Frankreichs »Parti Socialiste« von François Mitterand bis François Hollande eine Mitschuld am Aufstieg des Rechtspopulismus. Aber nicht, weil sie zu viel Rücksicht auf Minderheiten genommen, sondern weil sie die soziale Frage und die Arbeiter vernachlässigt hätten.

Wer sein Buch gelesen hat, weiß, dass Eribon weit davon entfernt ist, die Arbeiterklasse zu romantisieren. Sehr anschaulich beschreibt er, wie ihn seine ganze Kindheit und Jugend über deren Rassismus und Homophobie begleitet haben. Aber diese Ressentiments seien nebensächlich gewesen, solange die Arbeiter das Gefühl hatten, dass die Linksparteien sie repräsentieren. Jetzt seien sie für manche von ihnen zum Hauptpfeiler ihrer Identität geworden. Weil sie sich von den linken Parteien verlassen fühlten, hätten sich »große Teile der prekarisierten und verwundbaren Unterschicht mit Leuten aus Handelsberufen, mit wohlhabenden, in Südfrankreich lebenden Rentnern, ja sogar mit faschistischen Exmilitärs und traditionalistischen Katholiken« verbündet, schreibt Eribon bedauernd.[11]

Eribon wendet sich dagegen, die Interessen von Arbeitern gegen die Interessen von Minderheiten auszuspielen. Es ärgert ihn, wenn Linke behaupten, sich für die Rechte von Frauen, von Immigranten, von LGBT-Paaren oder von Flüchtlingen einzusetzen würde nur vom weit wichtigeren Kampf gegen den Neoliberalismus ablenken. In einem Gespräch mit dem deutschen Theaterregisseur Thomas Ostermeier, der »Rückkehr nach Reims« in Berlin als Theaterstück auf die Bühne gebracht hat, wird er sehr wütend. »Alles, was gewissen Leuten nicht passt, wird dem Neoliberalismus zugeschrieben. Das sind Leute, die ihren homophoben, antifeministischen Impulsen einen theoretischen Rahmen geben«, sagt er. »Die Diskurse dieser Leute sind ganz einfach antifeministisch, homophob.«[12] Das Problem der heutigen Linken sei ihr Neoliberalismus – »die Tatsache, dass die Linke nicht mehr links ist«[13], nicht ihr Einsatz für Minderheitenrechte. Auf Mark Lilla ist er deswegen nicht gut zu sprechen. Dieser führe »schon seit Jahrzehnten einen erbitterten Krieg gegen das 68er-Erbe«, kommentierte Eribon sarkastisch, und habe nun »ganz plötzlich die Tugenden des Klassenkampfes« entdeckt.

Die Kommunistische Partei Frankreichs (»Parti Communiste Francaise«, PCF), der Eribons Familie einmal nahestand, das muss man dazu sagen, war eine sehr autoritäre Organisation. Als stalinistische Kaderpartei stand sie der Studentenrevolte vom Pariser Mai 1968 ablehnend gegenüber, deren anarchischer Charakter war ihr suspekt. Die orthodoxe Lehre der zweitgrößten Kommunistischen Partei ließ auch wenig Raum für abweichende Meinungen. Deswegen ist es nicht verwunderlich, dass sich Eribons Eltern später zum Front National hingezogen fühlten. In der autoritären Struktur der Partei, dem Antiamerikanismus und dem Anti-Individualismus des Front National lassen sich einige Parallelen zur PCF finden.

Dass sich Wähler mit einem autoritären Weltbild zu Rechtspopulisten hingezogen fühlen, ist kein Zufall. Denn sie neigen insgesamt eher dazu, rechte Parteien zu wählen – und ganz besonders rechte Populisten mit einem autoritären Programm, so das Ergebnis einer vergleichenden Studie in verschiedenen Ländern, insbesondere in Lateinamerika. Von linken Populisten mit autoritären Tendenzen wie etwa Hugo Chávez fühlten sie sich hingegen weniger angesprochen, sagen die Politologinnen Amy Erica Smith und Mollie Cohen.[14] Mit zunehmender Bildung nehme überdies die Bereitschaft ab, autoritäre Politiker zu wählen – insbesondere rechte Populisten.

Eine Umfrage in Großbritannien ergab, dass autoritäre Tendenzen auch unter den Brexit-Befürwortern weit verbreitet sind. 42 Prozent derjenigen Briten, die für den Austritt ihres Landes aus der EU stimmten, waren auch dafür, in den Schulen wieder die Körperstrafe einzuführen – und über die Hälfte von ihnen sprach sich für die Rückkehr zur Todesstrafe aus.[15]

Rechtspopulisten in Europa beuten das Thema Todesstrafe immer wieder gerne für sich aus. Nach dem Anschlag auf das Satiremagazin *Charlie Hebdo* brachte Marine Le Pen ein Referendum über die Todesstrafe ins Gespräch, später nahm sie davon wieder Abstand. Auch Norbert Hofer, der Präsidentschaftskandidat der FPÖ, kokettierte 2017 in seinem Wahlkampf mit dem Thema, indem er sagte, er werde einem Referendum über die Einführung der Todesstrafe als Präsident nicht im Wege stehen. Seine Partei lehnt das offiziell ab, nach EU-Recht wäre das auch gar nicht möglich.

Auch die Wähler der AfD in Deutschland sind deutlich autoritärer eingestellt als die Mehrheit der deutschen Bevölkerung, wie eine Umfrage der Hans-Böckler-Stiftung aus dem Jahr 2017 zeigt. Eine knappe Mehrheit (52 Prozent) von ihnen wäre sogar für die Wiedereinführung der Todesstrafe. Und 57 Prozent stimmten der Aussage zu, vermeintlich »normale« Menschen sollten Vorrang vor Minderheiten haben. Viele glauben auch, Deutsche würden gegenüber Ausländern benachteiligt.[16]

Wähler der AfD haben auch strenge Kriterien, wem sie die Zugehörigkeit zur deutschen Gesellschaft zubilligen, wie aus der bereits genannten Studie der Böckler-Stiftung von 2017 hervorgeht. So finden 74 Prozent aller AfD-Wähler, dass man die deutsche Staatsangehörigkeit besitzen muss, um zu dieser Gesellschaft zu gehören. Doch das reicht vielen noch nicht. Für siebzig Prozent ist es wichtig, dass man in Deutschland geboren ist, und für zwei Drittel aller AfD-Wähler, dass man deutsche Vorfahren hat. 63 Prozent verlangen, dass man einen festen Arbeitsplatz hat, und für ein gutes Drittel ist es von Bedeutung, dass man einen christlichen Glauben hat. In all diesen Punkten sind AfD-Wähler weitaus völkischer und strikter als die Mehrheit der deutschen Bevölkerung eingestellt.[17]

Früher waren solche Einstellungen weit verbreitet. Erst im Jahr 2000, nach langen und zähen Auseinandersetzungen, wurde das Abstammungsprinzip im deutschen Staatsbürgerschaftsrecht durch das Geburtsortprinzip ersetzt. Seitdem erhält (von einigen Ausnahmen abgesehen) automatisch die deutsche Staatsangehörigkeit, wer in Deutschland geboren wird. Zuvor galt als Voraussetzung, dass zumindest ein Elternteil die deutsche Staatsbürgerschaft besitzen musste. Die Union war damals im Vorfeld gegen die geplante Reform der rot-grünen Bundesregierung Sturm gelaufen und initiierte eine Unterschriftenkampagne dagegen, die bundesweit fünf Millionen Unterzeichner fand. Die Änderung wurde trotzdem beschlossen, aber nicht alle haben diesen Schritt nachvollzogen. Der Rechtspopulismus von heute ist zu einem guten Teil auch ein Rückzugsgefecht von Leuten, die die Uhr gerne wieder zurückdrehen würden.

Linke und Liberale sollten sich vielleicht eingestehen: Die Wähler der AfD wollen wirklich, wofür diese Partei steht: weniger Zuwanderung, weniger Rechte für Muslime und Migranten, die Grenzen schließen, mehr Asylbewerber abschieben. Außerdem macht sich die AfD für ein traditionelles Familienmodell und ein gegliedertes Schulsystem stark, sie fordert einen starken Staat, mehr Respekt gegenüber Hausfrauen und mehr Polizei. Das erinnert an das Programm der Union früherer Tage. Mehr Umverteilung fordert die AfD dagegen nicht, im Gegenteil: Sie will auch einen »schlanken Staat«, der sich nicht in die Wirtschaft einmischt, Abbau von Subventionen und Steuersenkungen.

Bisher haben viele dieser Wähler andere Parteien wie die Union, die SPD oder Die Linke gewählt. Der Modernisierungskurs dieser Parteien, vor allem der Union, ließ sie kulturell und politisch heimatlos werden. Mit der AfD gibt es nun wieder ein politisches Angebot, das ihren Bedürfnissen entspricht und vielen wählbar erscheint.[18]

4 Die große Verunsicherung: Vertrauensverlust in Politik und Medien

Es gebe ein verbreitetes Gefühl des »Ausgeliefertseins« und des »Kontrollverlusts«. Dieses »diffuse Gefühl einer allgemeinen sozialen Verunsicherung« mache sich die AfD zunutze. So formulierte es die Göttinger Soziologin Bettina Kohlrausch, als sie im Februar 2018 für die gewerkschaftsnahe Hans-Böckler-Stiftung eine Studie über »Abstiegsängste in Zeiten eines erstarkenden Rechtspopulismus« veröffentlichte.[1]

Eine knappe Hälfte der Deutschen fürchtet demnach, dass sich ihre finanzielle Situation im Alter verschlechtern könnte und sie ihren Lebensstandard auf Dauer nicht halten können. Diese Ängste sind in den Schichten weit verbreitet, die über ein geringes Einkommen verfügen, und im Osten mehr als im Westen. So weit, so absehbar. Überraschend ist aber, dass sich nur jeder vierte Befragte konkrete Sorgen um seinen eigenen Arbeitsplatz macht. »Die Abstiegsängste sind also nur zum Teil objektiv begründet«, räumen die Autoren der Studie ein. Dass auch Menschen, die einen sicheren Job haben und gut verdienen, unter Abstiegsängsten leiden, erklären sie sich mit der »Erfahrung, ständigem Druck und einer immer größeren Arbeitsverdichtung ausgesetzt zu sein«. Aber reicht das als Erklärung aus?

Eine andere, von der Bertelsmann-Stiftung durchgeführte Studie aus dem Jahr 2016 hat ergeben, dass sich viele Menschen in Europa vor der Globalisierung fürchten – und Anhänger rechtspopulistischer Parteien mehr als alle anderen.[2] Rund 45 Prozent aller Deutschen, aber 78 Prozent der AfD-Anhänger nehmen sie als Bedrohung wahr – dabei gehört Deutschland zweifellos zu den Gewinnern der Globalisierung. Nicht anders sieht es in den Nachbarländern aus: Etwas mehr als die Hälfte aller Franzosen, aber mehr als drei Viertel der Wähler des Front National sowie etwas mehr als die Hälfte der Österreicher, aber 69 Prozent der Anhänger der FPÖ haben Angst vor der Globalisierung. Auch eher linkspopulistische Parteien wie die italienische Fünf-Sterne-Bewegung, Podemos in Spanien oder die Linkspartei in Deutschland ziehen Menschen an, die sich vor der Globalisierung fürchten – allerdings in einem geringeren Maße als Rechtspopulisten, so die Studie. Globalisierung kann dabei vieles bedeuten: die zunehmend verflochtene Weltwirtschaft, der wachsende Einfluss globaler Konzerne und die grenzenlose Kommunikation per Internet. Das Wort wird von vielen aber vor allem mit Einwanderung und Migration verbunden.

Je älter die Menschen und je ländlicher die Regionen sind, in denen sie leben, je niedriger das Bildungsniveau und je geringer das Einkommen, desto mehr tendieren sie dazu, die Globalisierung als Bedrohung wahrzunehmen, heißt es in der Bertelsmann-Studie. Viele der Befragten hätten zwar selbst wenig Kontakt mit Ausländern, fühlen sich durch diese aber zunehmend an den Rand gedrängt. Tatsächlich sehen ältere Menschen die Globalisierung, die Einwanderung, den technologischen Wandel und die Europäische Integration oft skeptisch und sehnen sich nach der vermeintlichen Stabilität vergangener Zeiten zurück. Viele haben, in ihrer Generation und ihrer sozialen Schicht, wenig Kontakt zu Migranten, während für viele Jüngere das Leben in einer multiethnischen Gesellschaft selbstverständlich geworden ist und sie in einer immer enger vernetzten Welt vor allem Chancen sehen. Doch weil der Anteil der Älteren in vielen westlichen Gesellschaften zunimmt, beeinflussen sie immer stärker die politischen Debatten. Beim Brexit haben die Älteren den Ausschlag gegeben und, so das Empfinden, viele Jüngere um ihre Zukunft gebracht. Auch Hillary Clinton lag bei den Jungwählern deutlich vorne, erst bei den über 45-Jährigen wurde sie von Trump überholt. Manche gehen deshalb so weit, im Rechtspopulismus eine Rache der älteren, konservativeren Wähler zu sehen, die die Kulturkämpfe seit den Siebzigerjahren verloren haben.[3]

Doch es wäre zu einfach, darin nur einen Generationenkonflikt zu sehen. Denn mancherorts ist das Bild genau umgekehrt. In Frankreich und Österreich ziehen Rechtsparteien wie der Front National und die FPÖ viele junge Wähler an, während Ältere ihnen eher misstrauen. Bei den französischen Regionalwahlen 2015 war der Front National unter den Jungwählern die Nummer eins, bei den Parlamentswahlen 2017 in Österreich war es die FPÖ. Bei den Präsidentschaftswahlen in Frankreich im gleichen Jahr gaben die meisten Jungwähler dem Linkspopulisten Jean-Luc Mélenchon ihre Stimme, gefolgt von Marine Le Pen, während insbesondere die älteren Franzosen für den jugendlich wirkenden Emmanuel Macron stimmten.

Vor allem gering qualifizierte junge Männer, die sich von der Politik im Stich gelassen fühlen oder befürchten, es noch einmal schlechter als ihre Eltern zu haben, geben Rechtspopulisten ihre Stimme. Das liegt auch an einer Krise der Männlichkeit, von der sich nicht nur proletarische junge Männer betroffen fühlen. Auch junge Akademiker ziehen sich auf eine traditionelle Vorstellung von Männlichkeit zurück, oder fühlen sich durch wandelnde Geschlechterrollen und weibliche Emanzipation verunsichert. Noch immer wählen tendenziell mehr Männer als Frauen rechtspopulistische Parteien.

In den Erfolgen rechtspopulistischer Parteien spiegelt sich auch eine kulturelle Kluft zwischen Stadt und Land wider. In den Metropolen und wohlhabenden Regionen boomt die Wirtschaft, immer mehr Menschen ziehen in die Städte, und dort sind Internationalität und Vielfalt die Norm. Metropolen wie Paris oder London, Frankfurt, München oder Stuttgart weisen einen hohen Anteil von Menschen mit Migrationshintergrund auf, ohne dass es deshalb ständig zu Konflikten käme.

In Großstädten ist die Leitkultur kosmopolitisch, der Umgang mit Vielfalt ist eingeübt und selbstverständlich. Hamburg, Berlin und Paris hatten schon einen homosexuellen Bürgermeister. Frankfurt hat einen jüdischen Bürgermeister, Amsterdam hatte mit Job Cohen lange einen, und in Metropolen wie London und Rotterdam regieren heute Bürgermeister muslimischer Herkunft, die einst als Kinder von Einwanderern ins Land kamen. Metropolen sind Labore gelingender Integration. Paradoxerweise ist die Zustimmung zu rechtspopulistischen Parteien mit ihrer einwanderungsfeindlichen Agenda meist dort besonders stark, wo kaum Einwanderer leben. Pegida in Dresden und die AfD-Hochburgen im Osten Deutschlands liefern dafür ein beredtes Beispiel. Auch die ausgeprägten Ängste in Osteuropa vor einer »Überfremdung« durch Flüchtlinge haben mit realer Einwanderung nichts zu tun.

Betrachtet man die Wahlergebnisse in ganz Europa, so lässt sich außerdem feststellen, dass in den wohlhabenderen Regionen und Vierteln der großen Städte eher progressive Kandidaten und Parteien gewählt werden. Der Modernisierungskurs der CDU unter Angela Merkel geht auch darauf zurück, dass ihre Partei nicht den Anschluss an die urbanen Milieus verlieren wollte. Dafür musste sie viele konservative Positionen räumen. Trotzdem stellte die CDU im Mai 2018 nur in drei der zwanzig größten deutschen Städte noch den Bürgermeister – in Essen, Bonn und Münster. In 14 Großstädten wie München, Frankfurt, Hamburg und Berlin regieren Bürgermeister der SPD.

In den Peripherien der großen Städte, in strukturschwachen Regionen und auf dem Land fühlt man sich dagegen wirtschaftlich und kulturell oft abgehängt und vergessen. Und wo man sich so fühlt, reüssieren Parteien wie die AfD. Diese kulturelle Kluft hat sich vertieft, und Rechtspopulisten treiben sie weiter voran. Marine Le Pen spielt die ländlichen und vernachlässigten Regionen gegen die Hauptstadt Paris aus, die FPÖ grenzt sich gegen das »rote Wien« ab, und der niederländische Rechtspopulist Geert Wilders ist in seiner Heimatprovinz Limburg inzwischen die stärkste Kraft. In der katholisch geprägten Grenzregion im Süden der Niederlande fühlt man sich von der Regierung in Den Haag vernachlässigt. Auch die polnische Regierungspartei und Viktor Orbán haben ihre Basis in den ländlichen Regionen ihrer Staaten. Zuletzt hat das Referendum zum Brexit ein ähnliches Muster gezeigt, aber auch die Wahl in den USA. Bei beiden Abstimmungen ist eine eklatante Spaltung von Stadt und Land und zwischen Boom-Regionen und verödeten Gebieten zum Vorschein gekommen.

Bei der Bundestagswahl 2017 sei die AfD häufiger in ländlichen und überalterten Wahlkreisen gewählt worden, in denen ein Gefühl der Perspektivlosigkeit vorherrsche und das Vertrauen in die etablierten Parteien erodiert sei, hat das Deutsche Institut für Wirtschaftsforschung (DIW) in Berlin ermittelt.[4] Bis zu einem gewissen Grad lassen sich damit auch die Unterschiede im Wahlverhalten zwischen Ost-

und Westdeutschland erklären. Im Westen leben wesentlich mehr Menschen in Städten und deren Umgebung, während im Osten ein großer Teil in ländlichen Regionen und Kleinstädten lebt. Der Osten ist außerdem ärmer und altert schneller, vor allem auf dem Land, weil gut ausgebildete Frauen in Städte oder den Westen ziehen. Außerdem zählen sich nur zwanzig Prozent der Westdeutschen, aber vierzig Prozent der Ostdeutschen zu den Arbeitern. Im Osten gibt es mehr Jobs im Handwerk und mehr prekär Beschäftigte, viele Jugendliche sehen für sich weniger Perspektiven. Diese Faktoren erklären einen großen Teil der Unterschiede zwischen Ost und West. Aufgrund des demographischen Wandels steht zu befürchten, dass sich diese Kluft noch vertiefen dürfte.

Der kulturelle Riss geht quer durch Europa, er teilt den Westen vom Osten und den Norden vom Süden des Kontinents. In den reichen Ländern wie Deutschland, Schweden oder Norwegen wird eine zunehmende kulturelle Vielfalt von einer Mehrheit als bereichernd angesehen. In den ärmeren, vorwiegend osteuropäischen EU-Ländern wie Ungarn und Tschechien wird Einwanderung dagegen oft als existenzielle Bedrohung empfunden, als Gefahr für den Arbeitsmarkt oder den Sozialstaat, wenn nicht gar für die eigene Kultur und Religion. Dort ist die Ablehnung von Einwanderern und Fremden so weit verbreitet, dass man sie schon fast als soziale Norm bezeichnen kann. Diese Länder haben keine Einwanderungsgeschichte, die mit der »Gastarbeiter«-Migration oder der Einwanderung aus ehemaligen Kolonien nach Westeuropa vergleichbar wäre. Deshalb leben dort kaum Einwanderer aus fernen Regionen und, bis auf den Balkan, kaum Muslime, und folglich haben die meisten Osteuropäer auch keine sozialen Kontakte zu ihnen. Die Wissenschaftler Vera Messing und Bence Ságvári von der Ungarischen Akademie der Wissenschaften haben untersucht, wie in zwanzig verschiedenen EU-Ländern über Migration gedacht wird.[5] Im Auftrag der Friedrich-Ebert-Stiftung untersuchten sie, welche Faktoren den Menschen am meisten Angst machen. Ihr Ergebnis: In allen europäischen Ländern sorgen sich Menschen darum, erhöhte Einwanderung könne dazu führen, dass die Kriminalität ansteigt. Aber dort, wo bereits viele Einwanderer leben, ein hohes allgemeines Vertrauen in die Institutionen des Staates herrscht, die Wirtschaft stabil und leistungsfähig ist, und es ein hohes Maß an sozialem Zusammenhalt und Integration gibt, sind die Ängste vor Einwanderern am wenigsten verbreitet. Das gelte insbesondere für die urbanen Räume.

Dagegen würden Einwanderer vor allem in den Ländern abgelehnt, in denen das Vertrauen in staatliche Institutionen, der soziale Zusammenhalt und Solidarität schwach ausgeprägt sind und Menschen einander nicht vertrauen – mit anderen Worten, in Ländern, in denen das soziale Gewebe der Gesellschaft grundlegend beschädigt sei. Ein mangelndes Sicherheitsgefühl der Menschen schlage sich in Fremdenfeindlichkeit nieder, so die Autoren. Die Einkommensunterschiede zwischen den befragten Personen hatten dagegen keinen großen Einfluss auf ihre Einstellung zur Einwanderung, und das Alter spielte nur eine untergeordnete Rolle. Es ist zu vermuten, dass der Vertrauensverlust in staatliche Institutionen auch eine Folge der neoliberalen Schocktherapien ist, mit der nach dem Umbruch von 1989 die ehemals sozialistischen Planwirtschaften durch Privatisierungen und entfesselte Märkte auf Wettbewerbsfähigkeit getrimmt und in oligarchische Wirtschaftssysteme verwandelt wurden.[6]

In keinem anderen Land Europas wurde seit Beginn der sogenannten»Flüchtlingskrise« 2015 so eindringlich vor einer angeblichen Bedrohung durch Einwanderer gewarnt wie in Ungarn.»Nirgendwo sonst wurden Überfremdungsängste so intensiv geschürt und der vermeintliche Verlust der eigenen Kultur durch Einwanderung so offensiv behauptet«, schreiben die Autoren[7]. Die Botschaft fiel auf fruchtbaren Boden, weil breite Teile der Bevölkerung bereits gegenüber einheimischen Minderheiten wie Roma oder Juden Misstrauen hegen und auch Anhänger linker Parteien Einwanderer ablehnen. Das war schon vor Beginn der»Flüchtlingskrise« so, und Viktor Orbán nutzte diese Ängste propagandistisch aus. Vier Fünftel aller Ungarn unterstützten den Bau des Grenzzauns, den die Regierung im Sommer 2015 an der Grenze zu Serbien und Kroatien bauen ließ, und lehnen eine Verteilung von Flüchtlingen innerhalb der EU per Quotenregelung ab.

Im Wahlkampf 2018 inszenierte sich Orbán als Retter des Abendlands und stilisierte die Einwanderung zur Schicksalsfrage Ungarns und des gesamten Kontinents.»Die großen Nationen Westeuropas sind zu Einwanderungszonen geworden«, verkündete er in einer

Rede zur Lage der Nation im Februar 2018. »Die in einer christlichen Kultur aufgewachsene Bevölkerung schrumpft, und die großen Städte werden islamisiert«, die kulturellen Grundlagen Europas seien bedroht. Dass zu diesem Zeitpunkt kaum noch Flüchtlinge in sein Land und nach Europa kamen, war dabei nebensächlich, die populistische Saat ging auf: Bei den Wahlen errang seine Partei einen überragenden Sieg und eine Zwei-Drittel-Mehrheit im Parlament.

Das »Progressive Zentrum«, eine Berliner Denkfabrik, hat zusammen mit französischen Forschern untersucht, was die Menschen bewegt, die in jenen strukturschwachen Regionen in Frankreich und Deutschland leben,[8] in denen rechtspopulistische Parteien reüssieren. Das können auch vernachlässigte Orte in der urbanen Peripherie wie Gelsenkirchen-Ost sein. Der Ländervergleich zeigt Gemeinsamkeiten, denn oft sind es alltägliche Sorgen, die die Menschen plagen: Der Bus fährt nicht mehr, der Lohn ist zu knapp, die Miete zu hoch. Viele Befragte wünschten sich, der Staat würde mehr Anstrengungen unternehmen, um diesen konkreten Problemen im Alltag zu begegnen. Von Politik und Medien fühlen sie sich vernachlässigt. Dieses Gefühl der Benachteiligung schlage sich in der Abwertung anderer Menschen nieder, insbesondere von Migranten. Die Forscher sprechen von einer »vergleichenden Abwertungslogik«.

Diese findet sich in allen Schichten. Denn auch unter Arbeitern und prekär Beschäftigten ist ein Denken, das Menschen allein nach ihrer Leistungsfähigkeit und Produktivität beurteilt, verbreitet. Viele Arbeiter wählen rechts, weil sie das Gefühl haben, trotz harter Arbeit »nicht mehr genug vom Kuchen« abzubekommen, während es anderen in ihren Augen besser geht. Weil sie Leiharbeiter oder Kollegen mit befristeten Jobs vor Augen haben, fürchten sie sich vor dem sozialen Abstieg und sehen für sich keine Chance, aufzusteigen. Denn immer mehr Jobs erfordern eine akademische Qualifikation, und die soziale Durchlässigkeit hat in den letzten Jahrzehnten in Deutschland eher abgenommen. Das alte Aufstiegsversprechen trägt nicht mehr.

Die Flüchtlingspolitik haben manche als zusätzliche Zurücksetzung empfunden. Während sie selbst jahrelang in die Sozialkassen eingezahlt haben, kämen andere, die nichts dazu beigetragen haben, und drängelten sich vor – das ist ein Gefühl, das in diesen Schichten verbreitet ist. Rechtspopulisten bedienen das Bedürfnis nach Anerkennung, indem sie diese Menschen als Deutsche und Patrioten ansprechen und damit aufwerten. Außerdem treten sie für das Leistungsprinzip ein und dafür, dass Einheimische bevorzugt werden. Dafür stehen Slogans wie »Keine Einwanderung in die Sozialsysteme«, wie man sie im AfD-Programm findet.

Der Politologe Cas Mudde meint, die Bedeutung aktueller Ereignisse wie der Finanzkrise von 2008 oder der Fluchtbewegungen des Sommers 2015 würden überschätzt.[9] Weit wichtiger wögen die strukturellen Veränderungen in europäischen Gesellschaften, deren Ursprünge weiter zurückreichen. Diese hätten die politischen Landschaften umgepflügt, wovon rechtspopulistische Parteien heute profitieren würden. Zum einen ist das auf die Auflösung traditioneller Milieus zurückzuführen, und die abnehmende religiöse Bindung vieler Wähler, die mit einer abnehmenden Bindung an etablierte Parteien und einer stärkeren Volatilität des Wählerverhaltens einhergehe. Auch in Deutschland haben viele Parteien einen Mitgliederschwund zu verzeichnen – am dramatischsten die SPD, deren Mitgliederzahl sich seit 1990 mehr als halbiert hat.

Zum anderen komme in Europa die Abgabe nationaler Souveränität an die Europäische Union und an Institutionen wie die Europäische Zentralbank und europäische Gerichte hinzu. All das habe den Spielraum nationaler Politik verringert und bei vielen Wählern das Gefühl politischer Ohnmacht erzeugt. Linke Kritiker der EU wie Ulrike Guérot meinen, mit ihrer einseitigen Binnenmarktphilosophie treibe die EU die meist ländlichen Globalisierungsverlierer geradezu in den Populismus. Die Politologin moniert die fehlende Vision eines demokratischen Europa, das die rein ökonomische Orientierung der EU ausgleichen könnte.

Insgesamt hat die ökonomische Liberalisierung dazu geführt, dass der Einfluss der Politik auf die Wirtschaft abgenommen hat. Der Soziologe Wilhelm Heitmeyer spricht von einem Kontrollverlust durch einen »autoritären Kapitalismus«. Firmen können damit drohen, ihren Standort zu verlegen und Arbeitsplätze auszulagern. Regierungen haben wenig Einfluss darauf und sind somit erpressbar. Der Politologe Colin Crouch hat das auf die Formel von der »Postdemokratie« gebracht: Angesichts der Übermacht wirtschaftlicher Eliten und Lobbyisten seien Wahlen nur noch eine Formalität, durch die sich an den Verhältnissen wenig ändern ließe.

In der Tat ist ein kleiner Kreis von Superreichen in den vergangenen Jahrzehnten noch reicher geworden. Weltweit konzentrieren sich die Vermögen in den Händen von wenigen, und das Gewicht des Kapitals nimmt fast überall zu. Denn die Vermögen und deren Rendite wachsen viel schneller als die Wirtschaft und damit die Löhne und Gehälter, hat der französische Wirtschaftswissenschaftler Thomas Piketty in seinem aufsehenerregenden Buch *Das Kapital im 21. Jahrhundert* ausgerechnet.[10]

Der Anteil der Top-Verdiener und Superreichen am Volkseinkommen ist fast überall auf der Welt gestiegen, insbesondere in den USA, während die mittleren und niedrigen Einkommen, gemessen an der Kaufkraft, mehr oder weniger auf der Stelle treten. Auch in Deutschland sind die Vorstandsgehälter explodiert. Die oberen zehn Prozent der Spitzenverdiener beziehen rund vierzig Prozent des Gesamteinkommens. Die Chefs von DAX-Konzernen wie SAP, Daimler, BASF, Siemens und VW verdienten im Jahr 2017 alle mehr als zehn Millionen Euro – und damit mehr als fünfzig Mal so viel wie ihre durchschnittlichen Mitarbeiter.

Das sind Herausforderungen, auf die Rechtspopulisten keine Antwort haben. Statt darüber nachzudenken, wie die Ungleichheit verringert, wie die Sozialsysteme und das Bildungssystem verbessert, wie die Globalisierung gestaltet und mehr soziale Gerechtigkeit erreicht werden könnte, stempeln sie Einwanderer, Muslime oder andere Minderheiten zum Sündenbock. Ihre ökonomischen Lösungsvorschläge sind rückwärtsgewandt, schlicht und kontraproduktiv: Grenzen dichtmachen, den Freihandel begrenzen und nationalen Protektionismus betreiben. Im schlimmsten Fall verbünden sich Rechtspopulisten mit einflussreichen Lobbygruppen und Konzernen, um die wirtschaftliche Liberalisierung in ihren Ländern ins Extrem zu treiben. Das ist das, was den USA unter Donald Trump blüht.

Aber auch die sozialdemokratische Linke hat der beschriebenen Entwicklung wenig entgegengesetzt, zum Teil hat sie diese sogar noch befördert. Der »dritte Weg«, den Sozialdemokraten wie Tony Blair und Gerhard Schröder Ende der Neunzigerjahre vertraten, lief auf eine Anpassung sozialdemokratischer Politik an neoliberale Dogmen hinaus. Blair und Schröder haben den Arbeitsmarkt in ihren Ländern flexibilisiert und die Sozialsysteme reformiert. François Hollande und Matteo Renzi versuchten später, es ihnen nachzutun. Den Parteien ist das weniger gut bekommen.

In Grundfragen der Wirtschaftspolitik und der EU-Integration, der außenpolitischen Orientierung und der Haltung zur Einwanderung gibt es heute quer durch alle Parteien der »bürgerlichen Mitte« einen breiten Konsens. Alle diese Parteien sind prinzipiell für die europäische Einigung, für den gemeinsamen Markt, für globalen Wettbewerb, und sie akzeptieren die Realität einer vielfältiger werdenden Gesellschaft. Aber nicht alle Bürger finden sich in diesem Konsens wieder. Nicht nur den wirtschaftlich Schwächeren, auch Teilen des konservativen Bürgertums und traditioneller Milieus geht der Wandel zu schnell und zu weit. Diese Menschen fühlen sich kulturell ihrem Land entfremdet und um ihre Vorstellung von »Heimat« gebracht.

Die globale Banken- und Finanzkrise von 2007 sowie die Euro-Krise von 2009 haben das Gefühl eines »Kontrollverlusts« befördert. Der Terror und die Kriege im Nahen Osten, an denen westliche Staaten und deren Verbündete beteiligt waren, haben zur Verunsicherung beigetragen. Allen Versprechungen zum Trotz haben der von den USA angeführte Einmarsch in den Irak und die militärische Intervention des Westens in Libyen die Welt nicht sicherer gemacht. Die Revolte in Syrien eskalierte rasch in einen blutigen Bürgerkrieg und dann in einen Stellvertreterkrieg, bei dem die Rolle des Westens und seiner Alliierten oft nebulös blieb.

Der Irakkrieg hat auch das Vertrauen vieler US-Amerikaner in ihre Leitmedien erschüttert. Denn viele Journalisten trommelten so patriotisch für den Krieg, dass sie wie eine Propagandaabteilung des Pentagon klangen. Nicht weniger als 140 Artikel mit Argumenten für einen Einmarsch veröffentlichte die *Washington Post* zwischen August 2002 und März 2003, dem Kriegsbeginn, auf ihrer Titelseite. Später entschuldigten sie und die *New York Times* sich dafür, dass sie den Kriegslügen der Bush-Regierung von einem angeblichen »Massenvernichtungsprogramm« des Irak auf den Leim gegangen waren. Doch die Reue kam zu spät, das Image war angeschlagen.

Zugleich setzte der ökonomische Niedergang der Printmedien ein. Das Internet beraubt die etablierten Blätter ihrer ökonomischen Basis, weil Werbeeinnahmen durch gedruckte Anzeigen wegbrechen und mit aufwendigen Artikeln und Recherchen im Netz kaum Geld zu verdienen ist. Manche haben die Entwicklung zunächst auch einfach verschlafen. Dafür ziehen jetzt Blogger und neue Online-Medien im Netz mit meinungsstarken Texten und Kommentaren maximale Aufmerksamkeit auf sich. Der Siegeszug der Smartphones hat diesen Trend beschleunigt, der Wandel des Medienkonsumverhaltens hat den Schlachtschiffen des seriösen Journalismus hart zugesetzt. Das *Time Magazine*, die *Washington Post* und die *New York Times* schrieben Millionenverluste. Das Magazin *Newsweek* stellte sogar kurzzeitig seine Druckausgabe ein, nachdem die Auflage innerhalb einer Dekade von vier auf eineinhalb Millionen gesunken war. Die publizistische Bedeutung der Leitmedien hat abgenommen, und mit der ökonomischen Misere geht ein Qualitätsverlust einher. Denn für Recherchen und Analysen fehlt vielen Journalisten inzwischen die Zeit, und vielen Medienhäusern fehlen die finanziellen Ressourcen. Viele amerikanische TV-Sender, die zu Beginn des Irakkriegs noch einen Korrespondenten vor Ort hatten, haben ihre Auslandsberichterstattung seitdem praktisch eingestellt. Zu teuer.

Eine Untersuchungskommission des britischen Parlaments stellte dem ehemaligen britischen Premierminister Tony Blair 2016 ein vernichtendes Zeugnis dafür aus, dass er das Land in den Krieg geführt hatte, Blair entschuldigte sich sogar halbherzig dafür. In den USA dagegen hat es nie eine vergleichbare Aufarbeitung dieser verheerenden Entscheidung gegeben. Kriegsplaner wie George W. Bush, Dick Cheney und andere mussten sich nie für ihre Taten verantworten.

Zwei US-Wissenschaftler glauben, dass die Kriegsmüdigkeit vieler Amerikaner der entscheidende Grund war, der Hillary Clinton im Kampf um das Präsidentenamt den sicher geglaubten Sieg gekostet hat.[11] In einer Studie weisen der Politikwissenschaftler Douglas L. Kriner und der Jurist Francis X. Shen nach, dass Clinton insbesondere in den Bundesstaaten verloren hat, die in den letzten fünfzehn Jahren besonders viele gefallene Soldaten zu verzeichnen hatten. Bundesstaaten wie Pennsylvania, Michigan und Wisconsin, die in den Kriegen im Irak und in Afghanistan prozentual gesehen die höchsten Verlustraten zu beklagen hatten, gingen an Trump. Clinton gewann vor allem in Staaten, aus denen weniger gefallene Soldaten stammten.

Schon im Korea- und im Vietnamkrieg hatten Wahlkreise, aus denen besonders viele Gefallene stammten, bei Wahlen mehr für die Herausforderer gestimmt als für den Amtsinhaber oder dessen Nachfolger. Trump hatte sich im Wahlkampf als Kriegsgegner geriert, den Irakkrieg bezeichnete er als »dicken, fetten Fehler«.[12] Dass sich Architekten des Irakkriegs wie Georg W. Bush und dessen Berater Paul Wolfowitz öffentlich gegen Trump aussprachen, dürfte ihm da kaum geschadet haben. Clinton dagegen wurde auch von linken Kritikern vorgeworfen, eine »Falkin« und Kriegstreiberin zu sein und maßgeblich das Debakel in Libyen zu verantworten.

In Deutschland ist das Vertrauen in die Medien dagegen noch immer stark ausgeprägt. Dennoch kam im Zuge der Ukrainekrise 2014 Unmut über eine als unausgewogen empfundene Berichterstattung auf. Selbst der ARD-Programmbeirat urteilte im Juni 2014, in der Berichterstattung habe »anfangs eine Schwarz-Weiß-Zeichnung zugunsten der Maidan-Bewegung« überwogen, während Russland und der abgesetzten ukrainischen Regierung die alleinige Verantwortung für die Krise zugeschoben worden sei. Zuvor gab es bereits Kritik an einem Journalismus, der die Agenda 2010 und andere Wirtschaftskonzepte als alternativlos darstellte. Auch die Vorverurteilungen des Wettermoderators Jörg Kachelmann und des Ex-Bundespräsidenten Christian Wulff waren manchen aufgestoßen.

Im Zuge der »Flüchtlingskrise« 2015 kam dann der Vorwurf auf, die Leitmedien hätten sich bereitwillig zum Sprachrohr der »Willkommenskultur« und der Regierung gemacht, und ihre Unabhängigkeit wurde durch »Lügenpresse«-Rufer in Zweifel gezogen. Trotzdem hält sich der Glaubwürdigkeitsverlust in Grenzen. In einem weltweiten Vergleich zwischen 36 Ländern, den Forscher der Universität Oxford 2017 anstellten, liegt Deutschland noch immer im oberen Bereich, was das Vertrauen der Bevölkerung in ihre Medien angeht, und weit vorne in Europa.[13] Umfragen bestätigen dieses Bild. Je nach Studie, vertrauen zwischen 42 Prozent bis zwei Drittel der Deutschen noch immer den etablierten Medien, vor allem dem öffentlich-rechtlichen Rundfunk und der regionalen Tagespresse. Der Vertrauensvorsprung, den Radio und Fernsehen sowie Zeitungen und Zeitschriften gegenüber Online-Plattformen und sozialen Medien genießen, soll im internationalen Vergleich in Deutschland sogar am größten sein.[14] Allerdings gibt es Einschränkungen: Ostdeutsche vertrauen den Medien weit weniger als Westdeutsche. Mehr als ein Drittel der Deutschen nimmt gesellschaftliche Zustände anders wahr, als diese von den Medien dargestellt werden. Und 13 Prozent glauben sogar, die Bevölkerung werde von den Medien systematisch belogen, wie eine repräsentative Umfrage der Johannes-Gutenberg-Universität in Mainz 2017 ergab. Im Jahr davor waren es sogar zwanzig Prozent gewesen.[15] Am meisten Vertrauen bringen die Deutschen übrigens der Polizei, den Universitäten, den Ärzten und ihrem eigenen Arbeitgeber entgegen. AfD-Anhänger misstrauen den etablierten Medien, aber auch allen gesellschaftlichen Institutionen mehr als der Rest der Bevölkerung.[16]

Dieser Vertrauensverlust hat auch mit dem Kulturwandel zu tun haben, den Anhänger der AfD ablehnen und für den sie Angela Merkel mit verantwortlich machen. Deutschland hat sich für ihr Empfinden so stark verändert, dass sie sich davon ausgeschlossen fühlen und nicht mehr als Teil der Mehrheitsgesellschaft empfinden. Sie fragen sich, wo sie mit ihrem Lebensstil, ihren Berufen und Fähigkeiten hingehören. Die Aufnahme der Flüchtlinge im Sommer 2015 war nur ein Katalysator, der diese Gefühle hochkochen ließ.

Die AfD zieht Wähler aus allen gesellschaftlichen Schichten und Milieus an. Darunter sind viele enttäuschte CDU-Wähler, denen die Partei unter Angela Merkel zu weit nach links gerückt ist. Aber auch ehemalige Anhänger von SPD und Linken gehören dazu, die sich von diesen nicht mehr vertreten fühlen. Weil sie gegen den Niedergang ganzer Landstriche kein Rezept zu haben scheinen, hat deren Image als Parteien der »kleinen Leute« gelitten. Die AfD springt in diese Bresche, inszeniert sich in Regionen wie dem Ruhrgebiet als »Kümmererpartei«, und bietet in der brandenburgischen oder sächsischen Provinz regelmäßige Bürgersprechstunden an.

Nicht zuletzt sind Protestwähler und ehemalige Nichtwähler dabei, die den etablierten Parteien einfach mal wieder einen »Denkzettel« verpassen wollen. Manche von ihnen schlagen sich auf dem Arbeitsmarkt mit einfachen Qualifikationen durch oder sind nicht so mobil. Andere glauben, nicht das erreicht zu haben, was ihnen eigentlich zusteht. Der Soziologe Heinz Bude spricht von »Koalitionen der Angst«, in denen sich Dienstleistungsproletarier und die »Verbitterten aus der Mittelschicht« in einem diffusen Misstrauen gegen das gesellschaftliche System verbünden.

Weil die Milieus der bürgerlichen Mitte und der sozial prekären, ehemaligen Nichtwähler bei der Bundestagswahl 2017 überdurchschnittlich oft für die AfD gestimmt haben, sehen Forscher der Bertelsmann-Stiftung »eine neue Konfliktlinie der Demokratie« zwischen »Modernisierungsskeptikern und Modernisierungsbefürwortern« heraufziehen. Interessanterweise sehen das der Soziologe Horst Kahrs und der Publizist Thomas Falkner, zwei führende Köpfe der Rosa-Luxemburg-Stiftung, dem Think Tank der Linkspartei, ähnlich: Auch sie sprechen von einer neuen Konfliktachse zwischen »Skeptikern« und »Befürwortern« von Modernisierungsprozessen.[17]

Der Berliner Politologe Wolfgang Merkel drückt das mit der Formel eines Konflikts zwischen »Kosmopolitismus« und »Kommunitarismus« aus. Der Kulturwandel nach 1968 habe die westlichen Gesellschaften verändert. Neue Familienformen wie gleichgeschlechtliche Ehen und Patchwork-Familien, mehr Gerechtigkeit zwischen den Geschlechtern und der Multikulturalismus hätten eine kosmopolitische, liberale Leitkultur hervorgebracht, in der »Individualismus, Universalismus und Offenheit« als Tugenden gälten. Zugleich sei Progressivität »zunehmend kulturell buchstabiert« und die Verteilungsfrage an den Rand gedrängt worden. Im Lager der »Kommunitaristen« sammele sich nun »ein brisantes Gemisch von Globalisierungsverlierern, verunsicherten Kleinbürgern, abstiegsverängstigten Mittelschichten, Erzkonservativen, Chauvinisten, Nationalisten und Rassisten«.[18]

Der französische Wirtschaftswissenschaftler Thomas Piketty wiederum hat in einem Thesenpapier von 2018 daran erinnert, dass die Mehrheit der Wähler der Sozialisten und Kommunisten in Frankreich, der Labour Party in Großbritannien und der Demokraten in den USA bis in die Sechzigerjahre hinein aus wenig verdienenden und weniger gebildeten Schichten stammten. Mit dem Wandel zur postindustriellen Gesellschaft, aber auch mit dem Wertewandel haben sich die Gewichte verschoben. Seitdem, so Piketty, würden die Gebildeten eher links und die Vermögenden eher rechts wählen, während sich die anderen Gruppen im Stich gelassen fühlten. Piketty glaubt, die Hochgebildeten und die Gutverdienenden könnten sich künftig noch stärker mit dem Programm einer weiteren kulturellen und ökonomischen Öffnung identifizieren, während die weniger gut verdienenden und wenig gebildeten Wähler für ein »nativistisches Programm« votieren könnten, das die Rechte der alteingesessenen Bevölkerung in den Vordergrund stellt. Im Prinzip ist das der Konflikt, der sich in Frankreich in der Stichwahl zwischen Emmanuel Macron auf der einen und Marine Le Pen auf der anderen Seite manifestierte. In den USA ist jedoch etwas anderes zu beobachten: Dort haben sich Teile der wirtschaftlichen Eliten mit der weniger gut verdienenden und gebildeten Bevölkerung gemein gemacht, um ein »identitäres Programm« zu verfolgen, das wirtschaftsliberale Ziele nach innen mit Protektionismus nach außen und einer Bevorzugung der weißen Wählerschaft verbindet. In Deutschland lässt sich Vergleichbares beobachten.

Solche Entwicklungen gibt es nicht erst seit gestern, sie haben einen langen Vorlauf. Deshalb muss man auf die tieferliegenden Gründe achten, die hinter dem aktuellen Aufstieg des Rechtspopulismus stehen und ihn begünstigt haben. Eine Untersuchung des Duisburger Politologen Achim Goerres verweist dabei für Deutschland auf interessante Kontinuitäten. Sein Forschungsteam konnte starke Überschneidungen zwischen den Wahlerfolgen der AfD von heute mit den Wahlerfolgen der Republikaner in den Neunzigerjahren nachweisen.[19] In den Regionen, in denen die Republikaner bei der Bundestagswahl 1994 stark abschnitten, konnte auch die AfD über zwanzig Jahre später reüssieren. »Es scheint in Deutschland Kontexte zu geben, in denen Rechte wählen verbreiteter und vermutlich auch sozial akzeptierter ist als anderswo«, schreibt Goerres. Er spricht von einem »langen Schatten des rechten Wahlverhaltens in Deutschland«.

Die Republikaner feierten ihre Erfolge, schon lange bevor es zu Hartz IV und anderen Reformen des Sozialstaats kam. Es wäre deshalb verkürzt, alles nur auf den angeblichen Siegeszug des Neoliberalismus zu schieben.

Die Amadeu-Antonio-Stiftung wies in einer Wahlkreisanalyse nach der Bundestagswahl 2017 auf einen anderen Aspekt hin: Dort, wo die

NPD vier Jahre zuvor einen hohen Stimmenanteil verzeichnen konnte, schnitt die AfD an den Wahlurnen überdurchschnittlich gut ab. Aber auch da, wo 2013 besonders viele Menschen keine Stimme abgegeben hatten, wählten 2017 besonders viele die AfD. Das gelte für Ost wie West.[20]

Die Amadeu-Antonio-Stiftung führt das auf ein »Klima von politischer Entfremdung und erhöhter Affinität zu rechtsextremen Positionen« in bestimmten Regionen zurück. Es gebe mancherorts demokratieferne Räume, in denen rechtspopulistische Angebote ein Echo fänden. Arbeitslosigkeit oder die Aufnahme einer hohen Zahl von Flüchtlingen habe damit nichts zu tun, auch nicht das Einkommen der Wähler. Vielmehr bestünden unterschiedliche Auffassungen darüber, wie eine Gesellschaft zu sein habe: offen, pluralistisch und liberal – oder homogen und national.

In anderen Worten: Mit den Wahlerfolgen von Rechtspopulisten treten gesellschaftliche Spaltungen und Ungleichheiten zu Tage, deren Ursprünge weit zurückreichen. Rechtspopulisten sind Profiteure einer Verunsicherung, die vielfältige Gründe hat. Sie profitieren von einem allgemeinen Vertrauensverlust in Staat, Politik und Medien, und sie bemühen sich nach Kräften, ihn zu befördern. Den Verlustängsten vieler Menschen angesichts von Globalisierung, Wertewandel und demographischen Veränderungen in einer sich verändernden Welt begegnen sie mit einer nostalgisch verklärten Version der Vergangenheit, die sie zurückzubringen versprechen. Dafür stehen rückwärtsgewandte Parolen wie »Make Amerika great again«, »Take back control« (der Brexit-Slogan) oder Alexander Gaulands Androhung, »Wir holen uns unser Land zurück«.

5 Alles nur geklaut?
Warum die Manipulation im Netz nicht das Problem ist

Inwiefern verdankt Donald Trump seinen Wahlsieg der Manipulation und der Einmischung russischer Hacker? Diese Frage wurde nach der US-Wahl viel diskutiert. Nicht zuletzt die Debatte um die dubiose Firma Cambridge Analytica hat ein Schlaglicht auf die Rolle der sozialen Medien geworfen – und auf die Möglichkeit, diese in Wahlkämpfen für Meinungsmache zu nutzen. Auch wenn der Fall Cambridge Analytica nicht ganz das ist, was er manchen anfangs zu sein schien, so wird daran der Strukturwandel der medialen und politischen Öffentlichkeit nicht nur in den USA deutlich.

Kurz nach Donald Trumps Überraschungserfolg bei den US-Präsidentschaftswahlen 2016 erschien in der Schweizer Zeitschrift *Das Magazin*, der Beilage des *Tagesanzeigers* aus Zürich, ein Artikel, der für großes Aufsehen sorgte. Er trug den Titel »Ich habe nur gezeigt, dass es die Bombe gibt« und wurde im Netz weithin geteilt.[1] Darin wurde der Psychologe Michal Kosinski von der kalifornischen Stanford Universität als der Mann porträtiert, der Trump zum Sieg verholfen haben könnte – und zwar durch Erkenntnisse der Psychometrik, einer Mischung aus Datenanalyse und Psychologie. Kosinski behauptete von sich, bereits anhand von wenigen »Facebook«-Likes einer Person recht konkrete Aussagen über deren Charakter treffen und sogar deren Verhalten vorhersagen zu können. Weiter hieß es in dem Artikel, das britisch-amerikanische Datenanalyse-Unternehmen Cambridge Analytica solle sich dieses Wissen zunutze gemacht haben. Die Tochterfirma eines britischen Unternehmens mit Sitz in New York rühmte sich, die Brexit-Kampagne »Leave.eu« maßgeblich unterstützt und im US-Wahlkampf eine entscheidende Rolle gespielt zu haben. Nach Trumps Wahlsieg war Alexander Nix, der smarte britische CEO der Firma, ein häufiger Gast auf Digitalkonferenzen und Zukunftskongressen. Kritiker aber waren skeptisch und verglichen Nix abschätzig mit einem Wunderheiler, der Schlangenöl verkauft. Ein Scharlatan, kurz gesagt.[2]

Im März 2018 übergab ein ehemaliger Mitarbeiter von Cambridge Analytica, der 28-jährige Christopher Wylie, dem *Guardian* und der *New York Times* Dokumente, die belegen sollten, dass die Firma unerlaubt Daten von mehr als 50 Millionen Facebook-Nutzern gesammelt haben soll. Vor einem Untersuchungsausschuss des britischen Parlaments bekräftigte der junge Whistleblower mit dem pink gefärbten Haar kurz darauf seine Auffassung, dass das Unternehmen das Brexit-Referendum manipuliert und britische Gesetze gebrochen habe. Außerdem soll es Kontakte nach Russland gehabt haben. Facebook-Gründer Marc Zuckerberg musste sich daraufhin öffentlich entschuldigen und zwei Mal vor dem US-Kongress aussagen. Auch das EU-Parlament hat ihn vorgeladen, eine Einladung des britischen Parlaments schlug er aus. Doch das war nicht alles.

Zeitgleich zu den Enthüllungen von Christopher Wylie erschien im britischen Channel 4 eine Undercover-Doku, in der Cambridge-Analytica-Geschäftsführer Alexander Nix prahlte, er könne den Ausgang von Wahlen beeinflussen. In einem mit versteckter Kamera mitgeschnittenen Gespräch brüstete er sich gegenüber Reportern damit, politische Konkurrenten durch den Einsatz von Prostituierten oder fingierten Bestechungsangeboten erpressen und unter Druck setzen zu können. Kurz darauf wurde der Brite von seinem Posten entbunden, im Mai 2018 meldeten Cambridge Analytica und ihr Mutterkonzern SCL Insolvenz an. Zu diesem Zeitpunkt hatte die Hauptinvestorin und Ex-Präsidentin von Cambridge Analytica, Rebekah Mercer, längst eine neue Datenanalyse-Firma mit dem Namen Emerdata gegründet, die unter derselben Adresse wie die Londoner Filiale von Cambridge Analytica firmiert. Britische Politiker sahen darin den Versuch, einer Strafverfolgung durch britische und US-amerikanische Behörden zu entgehen.[3] Das Ganze trägt die Züge eines undurchsichtigen Politkrimis. Oder ist es nur eine Farce?

Einen besonderen Beigeschmack hat die Affäre, weil der ultrarechte Informatiker und Hedgefonds-Milliardär Robert Mercer als Hauptfinanzier hinter Cambridge Analytica stand. An der Firma waren nicht nur seine Tochter Rebekah als Präsidentin beteiligt, sondern auch Stephen Bannon als Vizepräsident, Ex-Leiter der ultrarechten Breitbart-News und langjähriger Freund der Mercer-Familie. Robert Mercer, seine Tochter und Stephen Bannon haben als Trio maßgeblich zum politischen Aufstieg von Donald Trump beigetragen – allein schon durch großzügige finanzielle Unterstützung seiner Kandidatur und Schützenhilfe durch den »Breitbart«-Blog, in den Mercer mehr als zehn Millionen Dollar investiert haben soll.[4]

Aber welche Möglichkeiten zur Manipulation standen Cambridge Analytica zur Verfügung? Darüber gehen die Meinungen der Experten auseinander. Fraglos ist Facebook nicht nur in den USA ein wichtiger Faktor der politischen Meinungsbildung geworden. Mehr als zwei Drittel aller US-Amerikaner sind auf Facebook, drei Viertel davon besuchen die Seite sogar täglich. Für fast die Hälfte aller US-Bürger, nämlich 45 Prozent, ist Facebook eine, wenn nicht die wichtigste Nachrichtenquelle, wie das Pew Research Center in Washington 2018 ermittelte.[5]

Im US-Wahlkampf 2016 spielte die Plattform eine bedeutende Rolle. Donald Trump nutzte sie für sich und machte seinen Wahlkampf zum Online-Ereignis. Seine Auftritte wurden vor allem auf YouTube und Facebook live und in voller Länge gestreamt. Sein Fernsehduell mit Hillary Clinton wurde über den Livestream von Facebook 55 Millionen Mal angeklickt. Bei den anschließenden Meinungsumfragen zu der Frage, wer die Debatte am Ende gewonnen hatte, wurden aber auch die Möglichkeiten der Manipulation des Meinungsbilds deutlich. In der Umfrage von CNN, die auf Grundlage einer Telefonumfrage unter 521 Wählern durchgeführt wurde, lag Hillary Clinton mit 62 zu 27 Prozent deutlich vorne, der Rest war unentschieden. In vielen Online-Umfragen lag dagegen Donald Trump teilweise weit vor seiner Konkurrentin. Diese Online-Umfragen sind aber für Manipulation deutlich anfälliger, weil dabei mehrfache und automatisierte Stimmabgaben möglich sind.[6]

Zehn Millionen Tweets wurden während des Fernsehduells auf Twitter versendet, so viele wie nie zuvor bei einem solchen Ereignis. Auch hier ist Manipulation möglich: Analysen ergaben, dass hinter rund 39 Prozent seiner Follower keine natürlichen Personen stehen, sondern künstliche Bots.[7] Bei Hillary Clinton war das nicht viel anders: Bei ihr sollen es 37 Prozent gewesen sein. Am meisten geteilt wurde dabei ein alter Tweet von Trump, wonach die Erderwärmung eine Erfindung der Chinesen sei, um die US-amerikanische Autoindustrie zu schwächen.

Nur, was hat das alles mit Cambridge Analytica zu tun? Die Firma selbst brüstete sich nach der Wahl damit, Persönlichkeitsprofile von 220 Millionen US-Bürgern erstellt zu haben – und zwar nicht zuletzt mit Hilfe von öffentlich zugänglichen Daten. Dabei kam ihr zugute, dass der Datenschutz in den USA wesentlich weniger streng ist als in Europa: Wer bei welcher Wahl gewählt oder für welche Partei er oder sie sich bei den Vorwahlen registriert hat, ist in den meisten Bundesstaaten kein Geheimnis. Und es gibt kaum Beschränkungen für Unternehmen, somit können diese ohne Wissen und Einwilligung der Betroffenen umfassende Datensätze über sie sammeln und verkaufen. Erst später kam durch Christopher Wylie heraus, dass bei Cambridge Analytica auch Daten landeten, die von den freiwilligen Teilnehmern einer Facebook-Umfrage sowie all deren Freunden unwissentlich abgeschöpft worden waren. Das ist etwa der harte Kern des Cambridge-Analytica-Skandals.

Cambridge Analytica behauptete von sich, nach dem Fünf-Faktoren-Modell die Persönlichkeitsprofile von Millionen von US-Bürgern angelegt zu haben. Nach diesem aus der Persönlichkeitspsychologie stammenden Modell kann man Menschen nach fünf wesentlichen Dimensionen einordnen: Aufgeschlossenheit, Gewissenhaftigkeit, Umgänglichkeit, Verträglichkeit und Verletzlichkeit (Englisch: openness, conscientiousness, extraversion, agreeableness, neuroticism, aus den Anfangsbuchstaben entsteht das Akronym OCEAN). Der Name leitet sich aus den englischen Anfangsbuchstaben für diese Eigenschaften ab. Das Modell ist aber wissenschaftlich umstritten. Manche halten es für Hokuspokus.

Inwiefern Cambridge Analytica wirklich Persönlichkeitsprofile für Trumps Wahlkampf erstellte und besonders ausgefeilte Methoden einsetzte, um Wähler zu erreichen, ist unklar. Sicher ist, dass die Firma mehrere Millionen Dollar von Trumps Wahlkampfteam erhielt und dass dieser am Ende die Wahl gewann. Was die behauptete Wunderwirkung ihrer Methoden angeht, besteht allerdings Anlass zu Zweifeln. Die *New York Times* stellt das in Frage, die *ZEIT* sprach von viel »heißer Luft«.[8] Denn wenn ihre Methoden wirklich so effektiv waren, wie die Firma behauptete: Warum brüstete sich ihr Ex-Chef Alexander Nix dann damit, zu schmutzigen Methoden wie Erpressung und Verleumdung greifen zu können, um einen Kandidaten zum Sieg zu verhelfen?

Außerdem stieg die Firma erst wenige Monate vor der Wahl ins Rennen ein. Zunächst arbeitete sie für den republikanischen Kandidaten Ted Cruz. Erst als Cruz im Mai 2016 aus dem Rennen schied, diente sich das Unternehmen Donald Trump an. Trumps Wahlkampfteam griff zudem auch auf andere Berater und Umfrageinstitute zurück. Und natürlich nahm er die Dienste von weiteren Spindoktoren, Spendeneintreibern und anderen Spezialisten in Anspruch. Außerdem boten Firmen wie Facebook, Twitter, Snapchat und Google beiden Kandidaten aus eigenem Antrieb ihre Hilfe an, die Trumps Wahlkampfteam bereitwillig annahm. Wenn überhaupt, war Cambridge Analytica nur ein Faktor von vielen, der zu Trumps Erfolg beigetragen hat. Ganz sicher aber war die Firma ein Meister der Selbstdarstellung und sonnte sich in seinem Erfolg.

Microtargeting als solches ist auch überhaupt nichts Neues. Es ist das Prinzip der personalisierten Werbung, die auf den potentiellen Kunden zugeschnitten wird, dessen Profil aus verfügbaren Daten ermittelt wird. Nach diesem Muster funktionieren auch die Kaufempfehlungen von Amazon: »Kunden, die diesen Artikel gekauft haben, kauften auch«, heißt es dann. Netflix empfiehlt seinen Kunden Filme, weil es deren Vorlieben kennt. Darauf basiert auch das Geschäftsmodell von Facebook. Die Firma sammelt die Daten ihrer Nutzerinnen und Nutzer, wertet sie aus und verkauft diese Informationen an Werbetreibende, damit die ihre Zielgruppen möglichst treffgenau erreichen können. Dass man aus Facebook-Likes auf die Persönlichkeit eines Menschen schließen kann, ist nicht überraschend. Dass man dies zu politischen Zwecken ausnutzen kann, auch nicht.

»Für Wahlkämpfer ist das Werbeinstrument von Facebook wie ein Selbstbedienungsladen für Wählergruppen«, sagt der Autor, Politik- und Kommunikationsberater Johannes Hillje, der den Europawahlkampf der Grünen 2014 geleitet hat. »Für solche Kampagnen sind keine exorbitant hohen Werbeetats nötig, was vor allem jungen Parteien entgegenkommt.«[9]

In den USA gehört Microtargeting im Netz spätestens seit 2004 zum Standardrepertoire von Präsidentschaftskampagnen. Dabei geht es darum, Menschen individualisierte Botschaften zu senden, die auf ihre Interessen und Lebenssituationen abgestimmt sind.[10] Auch Barack Obama verdankte seine Wiederwahl der Auswertung von öffentlich zugänglichen und kommerziell erworbenen Datensätzen von US-Bürgern, um kleinteilige Wählerprofile zu erstellen. Davon kann abgeleitet werden, welche Wähler es anzusprechen lohnt, wo Wahlkämpfer ihre Ressourcen einsetzen sollten und wo ein Kandidat noch auftreten könnte. Diese Informationen können aber auch zur gezielten Ansprache benutzt werden: an der Haustür durch persönliche Gespräche mit Wahlkampfhelfern oder durch individuell zugeschnittene Werbebotschaften auf Facebook.

Es gebe »starke Indizien dafür, dass mit datenbasiertem Microtargeting die Wahlbeteiligung bei bestimmten Gruppen von Menschen systematisch erhöht oder reduziert werden kann«, meint Wolfie Christl, Netzaktivist und Mitgründer des Wiener Forschungsinstituts »cracked labs«. »Dass damit also bei bestimmten Wählergruppen etwas mehr Motivation erzeugt wird und bei anderen etwas mehr Frustration.« Genau darum gehe es heute bei Wahlen oft. »Vor allem bei knappen Verhältnissen konzentrieren sich die Kampagnen darauf, die eigenen Wähler zu mobilisieren. Im Gegenzug wird versucht, die potentiellen Wähler der Konkurrenz gezielt zu verunsichern, damit sie der Urne fernbleiben. Und genau dafür könnte sich Microtargeting gut eignen.«[11]

Im US-Wahlkampf, wo einzelnen Wahlkreisen in den sogenannten »Swing States« besonderes Gewicht zukommt, kann Microtargeting eine große Bedeutung haben. Und in der Tat waren es Trumps überraschende Erfolge in »Swing States« wie Ohio, Iowa und Florida sowie in einigen demokratischen Hochburgen wie Pennsylvania, Michigan und Wisconsin, die ihn ins Präsidentenamt brachten. Um potentielle Wähler der Demokraten zu demotivieren, für Hillary Clinton zu stimmen, setzte Trumps Wahlkampfteam auf »negative campaigning«. Dabei nahm man insbesondere drei demographische Gruppen ins Visier: Afroamerikaner, Frauen und die meist weißen, linksliberalen Anhänger ihres innerparteilichen Konkurrenten, Bernie Sanders.

Afroamerikanischen Wählern wurde gezielt das Video einer alten Rede von Hillary Clinton aus dem Jahr 1996 geschickt, in der diese jugendliche afroamerikanische Straftäter als »Super-Predators« bezeichnet hatte, als Raubtiere ohne Mitgefühl und Gewissen. Und in Miamis Stadtteil Little Haiti wurde die Nachricht gestreut, die Clinton-Stiftung habe nach dem Erdbeben in Haiti versagt. Jungen Frauen wurden die außerehelichen Affären von Bill Clinton vor Augen geführt. Und Anhänger von Bernie Sanders wurden daran erinnert, dass Hillary Clinton das Freihandelsabkommen TTIP unterstützt hatte.

»Negative campaigning« ist im US-Wahlkampf aber nichts Neues. Im Gegenteil, es hat dort lange Tradition. In den Sechzigerjahren suggerierte ein TV-Spot für den Demokraten Lyndon B. Johnson, sein Konkurrent Richard Nixon würde einen Atomkrieg auslösen. Im Jahr 1998 konnte sich George Bush, der Vater von George W. Bush, gegen seinen demokratischen Gegenspieler Michael Dukakis durchsetzen, weil er diesem eine Mitschuld daran gab, dass ein verurteilter Mörder während seines Freigangs eine Frau vergewaltigt hatte. Dukakis war damals Gouverneur des Staates gewesen, in dem dies geschah. Gegen Barack Obama streuten Verschwörungstheoretiker das Gerücht, er sei ein Muslim und nicht in den USA geboren. Das wärmte auch Donald Trump wieder auf. Aufgrund dieser verbreiteten »Birther«-Theorie sah sich Obama gezwungen, seine Geburtsurkunde zu veröffentlichen.

Als er 2016 als Präsident kandidierte, suggerierte Trump in seiner Kampagne potentiellen Wählern im sogenannten »Rust Belt« (gemeint ist die mittlerweile brachliegende Schwerindustriezone von Chicago über Detroit und Cleveland bis an die Ostküste), ihm läge die Infrastruktur des Landes am Herzen. Mehrfach versprach er, ein Konjunkturprogramm aufzulegen, um Straßen, Brücken und Flughäfen wiederaufzubauen. In Wahlspots wurde der Zustand des amerikanischen Verkehrssystems viel schlechter dargestellt, als er tatsächlich ist, um Trump als Retter aus der Not zu präsentieren.

Viele dieser Wahlspots wurden in den sozialen Netzwerken im Internet als »dark ads« verschickt, sodass der Absender anonym bleibt. Zudem sind die Anzeigen nur für bestimmte Nutzer sichtbar. So kann man unterschiedlichen Zielgruppen unterschiedliche, sich sogar widersprechende Inhalte zukommen lassen. »Dark ads« schaden der demokratischen Debatte, weil eine öffentliche Diskussion über ihre Inhalte dadurch erschwert wird – insbesondere, wenn der Absender unbekannt ist.

Soziale Netzwerke wie Facebook und Twitter sind auch ein idealer Nährboden für die Verbreitung von gezielten Falschinformationen. Gerade unseriöse, aber emotionalisierende Berichte verbreiten sich im Netz oft sehr erfolgreich. Die Verbreitung von Falschmeldungen wiederum kann dazu dienen, bestehende Vorurteile zu verstärken, die Bruchlinien in einer Gesellschaft zu vertiefen und das Vertrauen in die etablierten Medien zu untergraben. Das ist nicht nur im Interesse von Rechtspopulisten, sondern kommt auch der russischen Regierung entgegen, die die Länder des Westens und deren Allianz gerne geschwächt sehen möchte. Dass die russische Regierung über verdeckte Gruppen verfügt, die in ihrem Auftrag in westlichen Netzwerken, Online-Foren und Kommentarspalten Stimmung macht, ist seit dem Ukraine-Konflikt ein offenes Geheimnis. Social Bots sorgen dann dafür, dass sich diese erwünschten Botschaften entsprechend verbreiten. Auch im US-Wahlkampf soll sie mitgemischt haben, um Stimmung für Donald Trump und gegen Hillary Clinton zu machen. Mit gewissem Erfolg: So soll etwa der Ex-Offizier Michael Flynn, der Trump kurzzeitig als US-Sicherheitsberater diente, mehrmals Tweets von dubiosen russischen Twitter-Accounts retweetet haben. Aber auch skrupellose Geschäftemacher witterten eine Chance, durch die Verbreitung von Lügengeschichten Kasse zu machen, weil sie für automatisierte Online-Anzeigen automatisch gutes Geld verdienen. »Was wir tun, ist Kapitalismus«, sagte einer der Betreiber einer solchen Seite namens Ben Goldman dem *Schweizer Tagesanzeiger*.[12] Selbst weit entfernt von den USA, in Mazedonien, machten manche mit Fake News schnelles Geld und nutzten eine rechtliche Grauzone aus. Bis zu 140 Nachrichtenseiten mit Falschnachrichten sollen in der mazedonischen Kleinstadt Veles, der Hauptstadt der Fake News, registriert und während er US-Wahl aktiv gewesen sein. Hauptsächlich haben sie ihre Stories einfach von amerikanischen Seiten kopiert und weiterverbreitet.[13]

Nach Trumps Wahlsieg entbrannte eine hitzige Debatte über die Rolle russischer Hacker und den Einfluss so genannter Fake News im

Wahlkampf. Zu den bekanntesten Lügen, die über Facebook, You-Tube und Twitter verbreitet wurden, zählt die »Pizzagate«-Verschwörungstheorie, wonach Hillary Clinton in einen Kinderpornoring verwickelt sei, der in einer Pizzeria in Washington D.C. logiere. Weltbekannt wurde diese Mär, als ein Mann im Dezember 2016 mit einem Gewehr in die reale Pizzeria stürmte, weil er dort vermeintliche gequälte Kinder befreien wollte.

Abstruse Lügengeschichten dieser Art verbreiten sich in den sozialen Netzwerken viel schneller als journalistische Artikel, und sie werden von vielen geglaubt. Kurz vor der US-Wahl nahm die Zahl der registrierten Falschmeldungen rasant zu, und über achtzig Prozent davon gingen zu Lasten von Hillary Clinton und zu Gunsten von Donald Trump. Mal hieß es, der Papst würde Trump die Präsidentschaft wünschen, ein anderes Mal, Clinton habe Waffen an den IS verkauft. Solche Lügengeschichten wurden auf Facebook vor der Wahl mehr gelesen als echte Nachrichten.[14]

Das könnte auch damit zusammenhängen, dass Facebook sich 2016 dem Druck konservativer bis rechter Kreise gebeugt hatte. Analog zu Twitter hatte Facebook in den USA eine Funktion namens »trending topics« eingeführt, die helfen sollten, bestimmte Nachrichten noch weiter zu streuen und damit »viral gehen« zu lassen. Anfangs hatte ein Team von fünfzehn Mitarbeitern die Inhalte ausgesucht, mit Überschriften versehen und dabei auf anerkannte und seriöse Quellen zurückgegriffen. Nachdem konservative Kreise der Plattform jedoch vorgeworfen hatten, parteiisch zu sein und konservative Nachrichtenquellen angeblich gezielt zu unterdrücken, überließ Facebook es fortan einem Algorithmus, die zu präsentierenden Geschichten auszuwählen. Dieser machte dann keinen Unterschied mehr zwischen frei erfundenen und faktentreuen Berichten aus seriösen Quellen.

Die unabhängige Organisation »Media Matters« kürte Facebook-Gründer Marc Zuckerberg deshalb 2017 zum »Missinformanten des Jahres«.[15] »Je extremer der Inhalt, desto mehr wird er geteilt, und umso lukrativer wird er. Facebook hat zwar keine ideologischen Echokammern geschaffen, aber zweifellos hat es ihren Effekt in einem noch nicht da gewesenen Maße verstärkt«, resümiert die US-amerikanische Nichtregierungsorganisation. »Eine breite Palette von

Möchtegern-Internet-Mogulen – von mazedonischen Teenagern, eifrig darauf erpicht, eine schnelle Mark zu machen, bis hin zu ideologischen Fanatikern, die das politische System ändern wollen – haben versucht, aus dieser Tendenz für sich einen Vorteil zu schlagen.« Facebook sei nicht missbraucht, sondern lediglich benutzt worden, meint der Netz-Experte Sascha Lobo. »Facebook hat zu Werbezwecken die machtvollste Überzeugungsmaschine der Welt konstruiert, jetzt ist sie eben für Propaganda verwendet worden«, kommentierte er lakonisch in seiner Kolumne auf »Spiegel Online«.[16] Das eigentliche Problem sei: Facebook interessiere sich nicht dafür, ob auf seiner Plattform Fake News, Hetze oder Propaganda verbreitet wurde. Hauptsache, das Geschäft läuft. Im Prinzip ist Mark Zuckerberg heute Eigentümer der größten Zeitung der Welt. Aber er weigert sich, die Verantwortung für die Inhalte zu übernehmen, die dort erscheinen.

Trumps digitalen Wahlkampf leitete ein gewisser Brad Parscale, er hatte die Oberhoheit über Trumps Webseite. Über fünfzig Millionen Dollar will er in die Facebook-Kampagne gesteckt haben.[17] Sie soll rund 80 Prozent seines Digital-Budgets ausgemacht haben. Das war offenbar gut investiertes Geld. Vor dem Engagement durch Trump hatte Parscale sich als unabhängiger Berater verdingt. »Mir war früh klar, dass Trump mittels Facebook gewinnen würde«, sagte Brad Parscale im Oktober 2017 in der CBS-Sendung »60 Minutes«: »Twitter war, wie er zu den Leuten sprach. Facebook würde der Weg sein, auf dem er gewinnen würde«, sagt er.[18] Im Februar 2018 beauftragte Trump Parscale damit, ihm für das Jahr 2020 die Wiederwahl zu sichern.

Parscale hatte auch Zugang zu Trumps Twitter-Konto und koordinierte die Tweets des Kandidaten, die dann von Anhängern und Software-Bots in Sekundenschnelle tausendfach retweetet wurden. Twitter war Trumps Lautsprecher. Noch vor seiner Kandidatur für das Präsidentenamt twitterte er einmal, er liebe Twitter, weil das so sei, als würde man seine eigene Zeitung besitzen – nur ohne die Verluste. Auch als Präsident bleibt der Nachrichtendienst sein bevorzugtes Medium, um zu seinen Anhängern und der Öffentlichkeit zu sprechen.

Oft stehen hinter diesen Twitter-Konten Roboter, die automatisierten Skripts folgen. Ihre Aufgabe: pausenlos die Botschaft des Kandidaten weiterverbreiten. Allein ein solcher Bot soll von September

2015 bis zur Wahl mehr als 17 500 Tweets erzeugt haben, um Trumps Botschaften zu unterstützen, das sind 50 pro Tag.[19] Der Effekt ist aus Werbung und Propaganda bekannt: Schon die ständige Wiederholung verstärkt die Botschaft und trägt dazu bei, die Illusion zu schaffen, dass sie von vielen, ja vielleicht sogar einer Mehrheit geteilt wird. Dadurch entsteht der so genannte Echokammern-Effekt: Bestimmte Haltungen werden dadurch immer wieder bestätigt und damit verstärkt, weil keine anderen Meinungen für Widerspruch oder einen Ausgleich sorgen. Die ständigen Retweets erzeugen somit ein »Grundrauschen«, dass das Meinungsklima prägt. Ein Effekt, der aber schon in der Kultur der US-amerikanischen Talk-Radios und konservativen TV-Netzwerke wie Fox News angelegt ist. Auch die Tweets von Hillary Clinton wurden tausendfach von solchen Bots retweetet. Aber Trump provozierte in seinen Tweets gezielt, und diese Provokationen wurden von etablierten Medien aufgegriffen. Sie verstärkten dann seine Botschaft.

Viele Netzexperten halten den Wirbel um die Rolle der sozialen Medien im US-Wahlkampf und Firmen wie »Cambridge Analytica« für übertrieben. Sie meinen, der Einfluss von dubiosen Firmen wie »Cambridge Analytica« oder russischen Trollen auf den Ausgang der Brexit-Abstimmung und der Präsidentschaftswahl in den USA werde überschätzt. In der Tat informieren sich die meisten Wähler von Donald Trump schließlich noch immer hauptsächlich über parteiische Sender wie Fox News. Und auch die Brexit-Befürworter waren eher weniger in den sozialen Medien unterwegs gewesen, sondern haben sich vor allem von den britischen Boulevardblättern aufhetzen lassen.

Die Medienwelt in den USA ist ohnehin schon so gespalten wie kaum eine andere. Auf der einen Seite sind da die Flaggschiffe des seriösen Journalismus wie die *Washington Post* und die *New York Times* sowie die großen privaten TV-Networks »ABC«, »NBC« und »CNN«, letzteres von Trump im Wahlkampf als »Clinton News Network« geschmäht. Auf »NBC« erlangte Trump als Hauptstar der Reality-Show »The Apprentice« von 2004 bis 2015 landesweite Berühmtheit, indem er Kandidaten, die eine Geschäftsidee vorstellen sollten, vor laufender Kamera niedermachte: eine Masche, die er im Präsidentschaftswahlkampf wiederholte. Auf der anderen Seite stehen rechte

Fernsehstationen wie »Fox News«, der zum Haussender der »Tea Party«-Bewegung avancierte und Barack Obama jahrelang als »Kommunisten«, »Rassisten« und »heimlichen Muslim« im Weißen Haus bekämpfte. Hinzu kommt ein landesweites Netzwerk von »Talk-Radio«-Sendern mit Stars wie dem Demagogen Rush Limbaugh, der jeweils täglich rund zwölf Millionen Hörer erreicht und seit Jahrzehnten für Steuersenkungen und militärische Stärke wirbt, den Klimawandel leugnet und gegen Liberale und Immigranten hetzt. Sie alle haben Donald Trump den Weg geebnet. In den USA gelten nicht die gleichen Regeln für journalistische Verantwortung im Rundfunk wie in Europa, seit unter Ronald Reagan 1987 die entsprechende »Fairness Doctrine« gestrichen wurde.[20] Das kommt solchen Hasspredigern zugute.

»Fox News« ist Donald Trumps Lieblingssender. Dessen Moderator Sean Hannity ruft er regelmäßig an, um sich auszutauschen.[21] Der Sender war viele Jahre lang der meistgesehene der USA und gehört Rupert Murdoch, dem Eigentümer des weltweit größten Medienkonzerns »News Corporation« und einer der reichsten Männer der Welt. In Großbritannien gehört ihm das Boulevardblatt *The Sun*, das jahrzehntelang gegen die EU wetterte und für den Brexit trommelte. Murdoch persönlich feierte den EU-Austritt als »wunderbar« und verglich ihn mit einem Gefängnisausbruch. Als Trump nach dem Wahlsieg der *Times* und der *Bild-Zeitung* ein Interview gab, war Murdoch persönlich dabei. Die beiden telefonieren angeblich regelmäßig.

Im Netz sind im letzten Jahrzehnt ultrarechte Hetzseiten wie »Breitbart News« dazugekommen, die mit aufgebauschten Skandalen und Lügengeschichten Stimmung machen. Die Bedeutung von »Breitbart« wurde deutlich, als Donald Trump dessen Chefredakteur Stephen Bannon erst zum Chefstrategen und kurzzeitig zu seinem Nationalen Sicherheitsberater im Weißen Haus ernannte, bevor er sich mit ihm überwarf. Es ist ein rechtes mediales Paralleluniversum, das die Meinung seines Publikums ständig bestätigt, verstärkt und radikalisiert hat.

Sicher tragen die sozialen Netzwerke dazu bei, die Öffentlichkeit eines Landes zu spalten oder, wie in den USA, eine bestehende mediale Polarisierung noch zu vertiefen. Sie helfen Populisten, ihre Botschaften auf noch mehr Kanälen zu verbreiten und ihre Anhänger zu mobilisieren. Weniger zur Manipulation unbescholtener Bürger, die sonst anders gewählt hätten, als vielmehr zur Mobilisierung ihrer potentiellen Wähler ist das Internet den Rechtspopulisten nützlich. Sie nutzen es als Propagandamaschinen, wie die österreichische Journalistin und Autorin Ingrid Brodnig (*Lügen im Netz*) im Mai 2018 bei der Digitalkonferenz »Re:Publica« in Berlin sagte.[22]

Es hat freilich eine tröstliche Funktion, den Ausgang der US-Präsidentschaftswahl oder der Brexit-Abstimmung auf dunkle Mächte im Netz und deren Möglichkeiten der Manipulation zu schieben. Es hilft, den Schock zu verdauen, und tröstet über die schmerzliche Erkenntnis hinweg, dass die plumpen Parolen der Rechtspopulisten, die Anschwärzung ihrer Gegner und die plumpe Angstmache nun mal bei einem großen Teil der Wähler funktionieren. Und es hilft, darüber hinwegzusehen, dass es auch die Schwächen des etablierten Mediensystems sind, die den Populisten die Arbeit erleichtern.

6 Die Medienpartei: Warum die AfD kein Opfer der Medien ist

Die Afd wähnt sich selbst in entschiedener und strikter Opposition zu den so genannten »Mainstream-Medien«. Von als »Staatsfunk« denunzierten öffentlich-rechtlichen Sendern und den als »Lügenpresse« titulierten, etablierten Zeitungen und Magazinen fühlt sie sich sich häufig ausgegrenzt, unfair behandelt oder zumindest falsch wiedergegeben und zitiert. Pauschale Vorwürfe gegen »die Medien« gehören zum Standardrepertoire der Partei, und gerne stilisiert sie sich zum Opfer eines angeblichen »Meinungskartells«.

Schon Ex-Parteichefin Frauke Petry pflegte kritische Journalisten als »Pinocchio-Presse« zu verhöhnen. Ihre Nachfolgerin Alice Weidel meinte, von den etablierten Medien sei keine ehrliche Berichterstattung zu erwarten.[1] Sie würden die Kriminalität von Flüchtlingen vertuschen. Es gebe »zu viele Journalisten, die politische Aktivisten sind oder zumindest wie welche agieren«, meint auch die AfD-Vizechefin Beatrix von Storch.[2] Die Journalisten agierten jedenfalls nicht wie AfD-Aktivisten, das ist für sie das eigentliche Problem.

Insbesondere der öffentlich-rechtliche Rundfunk ist der AfD ein Ärgernis. Im Juni 2017 kündigte Parteichef Meuthen sogar an, juristische Schritte gegen ARD und ZDF einzuleiten, weil Politiker seiner Partei in den Talkshows der öffentlich-rechtlichen Sender angeblich zu selten eingeladen und damit seiner Meinung nach ausgegrenzt würden. Und die Partei führt immer wieder die angeblich so unfaire Presse als Begründung an, warum sie versucht, missliebige Journalisten von ihren Parteitagen und anderen Veranstaltungen auszuschließen, indem sie ihnen die Akkreditierung verweigert.

Aber es gibt Abhilfe. Im Februar 2018 gab die Bundestagsfraktion der AfD bekannt, eine eigene »Nachrichtenagentur« und einen »Newsroom« mit eigenem TV-Studio gründen zu wollen. Begründet wurde dies mit dem Verhalten etablierter Medien. »Solange die AfD von vielen Medien ignoriert oder mit Fake News gezielt schlechtgemacht wird, kann es nur diesen Weg geben«, behauptete die AfD-Fraktionschefin Alice Weidel.[3] Der Schwerpunkt dieser neuen, multimedialen AfD-Propagandaabteilung soll auf der Verbreitung der AfD-Botschaften in den sozialen Medien liegen, und das möglichst rund um die Uhr. So will die Partei ihre eigenen Themen setzen und gleich noch ihre Deutungsmuster und Meinungen dazu verbreiten. Ihr »ambitioniertes Fernziel« sei es, »dass die Deutschen irgendwann nicht mehr ARD, sondern AfD sehen«, sagte Weidel im Mai 2018 der *Neuen Zürcher Zeitung*.[4]

In Wahrheit ist das Verhältnis der AfD zu den Medien aber gar nicht so antagonistisch und konfliktreich, wie sie es selbst gerne darstellt. Es ist teilweise sogar eher partnerschaftlich und symbiotisch. Das lässt sich schon daran erkennen, dass es keine andere Partei gibt, in deren Führungszirkeln, leitenden Positionen und deren Bundestagsfraktion sich so viele Journalisten finden wie in der AfD – und zwar durchaus erfolgreiche Journalisten, die in etablierten Medien Karriere gemacht und sich dort einen Namen gemacht haben. Journalisten sind eine der Berufsgruppen, die in den vordersten Reihen der AfD am stärksten vertreten sind.

Das gilt schon für die Gründerväter der Partei. Zum engsten Kreis gehörte von Anfang an der langjährige Redakteur der *Frankfurter Allgemeinen Zeitung*, Konrad Adam. Nachdem er von 1979 bis 2000 im Feuilleton der *FAZ* gearbeitet hatte, wechselte er im Jahr 2000 als Chefkorrespondent zur *Welt*, wo er sieben Jahre lang unter anderem eine wöchentliche politische Kolumne schrieb. 2007 ging er in den Ruhestand. Doch fünf Jahre später, im Jahr 2012, beteiligte sich der damals Siebzigjährige aktiv und federführend an den Vorbereitungen zur Gründung der AfD.

Neben den beiden ehemaligen Vorsitzenden Bernd Lucke und Frauke Petry, die inzwischen aus der AfD ausgetreten sind, war Adam bis 2015 einer der ersten drei offiziellen Sprecher und ein prominentes intellektuelles Aushängeschild der Partei. Auch wenn er sich zuletzt, im Jahr 2017, sehr kritisch über den Rechtsruck seiner Partei äußerte, hat er ihr bis heute nicht den Rücken gekehrt. Das liegt daran, dass er einige ihrer Grundüberzeugungen teilt. Schon in seiner Zeit als Journalist schimpfte Adam bevorzugt gegen »politische Korrektheit«, den Islam oder die angebliche »Überfremdung« durch Menschen mit anderem kulturellen Hintergrund. »Die AfD kokettiert bis heute damit, als Anti-Establishment-Partei von der Presse systematisch ignoriert und falsch dargestellt zu werden. Dabei stand das, was Pegida-Demonstranten und die AfD-Anhänger heute rufen, schon vor zehn Jahren in Adams Kommentaren von *FAZ* und *Welt*«, kommentierte die *ZEIT* einmal die Causa Konrad Adam.[5]

Auch Alexander Gauland, die graue Eminenz der AfD, kann auf eine lange publizistische Karriere zurückblicken. Nach einer langen und illustren Laufbahn als Funktionär der hessischen CDU sattelte er nach der deutschen Vereinigung um und wurde Herausgeber der Lokalzeitung *Die Märkische Allgemeine* in Brandenburg, die er vierzehn Jahre lang, von 1991 bis 2005, leitete. Dort lernte er auch seine Lebensgefährtin Carola Heim kennen, die als Redakteurin für das Blatt arbeitete. Daneben verlegte Gauland sich ganz auf seine Tätigkeit als Publizist, schrieb mehrere historisch-politische Monografien und verfasste eine regelmäßige Kolumne für den bürgerlich-liberalen Berliner *Tagesspiegel*. Darin äußerte er unter anderem blankes Unverständnis über das Parteiausschlussverfahren der SPD gegen Thilo Sarrazin. Außerdem sprach er Kommentare im Deutschlandradio und schrieb Beiträge für diverse Medien, von der *taz* bis zur *FAZ* und *Cicero*. Das Magazin *Cicero* bejubelte ihn 2015 als einen »der renommiertesten konservativen Publizisten Deutschlands«.

Neben Gauland finden sich in der Bundestagsfraktion der AfD noch weitere Journalisten. Einer davon ist Armin Paul Hampel. Nach seinen Anfängen als politischer Korrespondent für RTL und Sat.1 in Bonn arbeitet er viele Jahre für den öffentlich-rechtlichen Rundfunk. 1991 wechselte Hampel als Chefreporter zum damals neu gegründeten Mitteldeutschen Rundfunk (MDR) und 1999 als Parlamentskorrespondent ins ARD-Hauptstadtstudio nach Berlin, bevor er 2003 für fünf Jahre als Auslandskorrespondent der ARD nach Neu-Delhi ging, um deren Südasien-Studio zu leiten und unter anderem aus Afghanistan zu berichten. 2013 kehrte Hampel nach Deutschland zurück und trat der gerade entstandenen AfD bei. Im November 2013 wurde er zum Landesvorsitzenden in Niedersachsen gewählt – ein Amt, das er bis Januar 2018 innehatte. Nach langen, internen Querelen wurde der Landesvorstand von der Bundesspitze der AfD abgesetzt und Hampel seines Amtes enthoben. Er hat trotzdem ausgesorgt, denn im September 2017 zog der mittlerweile 60-Jährige über die Landesliste seiner Partei in den Bundestag ein.

Ein anderer Journalist, der in einem Landesverband der AfD Spitzenpositionen bekleidete, bevor er in den Bundestag wechselte, ist Leif-Erik Holm. Der Mann aus Schwerin arbeitete lange Jahre als Radiomoderator beim ersten Privatsender in Mecklenburg-Vorpommern, Antenne MV, und später beim Norddeutschen Rundfunk. Nach einem Zwischenspiel beim Hit-Radio FFH in Frankfurt am Main, wo er von 1999 bis 2006 engagiert war, kehrte er in sein Heimatland und zu Antenne MV zurück, einer der beiden größten privaten Radiostationen im Bundesland an der Ostsee.

Bereits 2013 trat Holm in die AfD ein und stieg dort rasch zum Landesvorsitzenden auf. Als Spitzenkandidat seiner Partei bei der Landtagswahl 2016 in Mecklenburg-Vorpommern erzielte er ein beachtliches Ergebnis von 20,8 Prozent, was die AfD im Landtag von Schwerin zur zweitstärksten Kraft werden ließ, nach der regierenden SPD und noch vor deren Koalitionspartner, der CDU. Als Direktkandidat der AfD 2017 unterlag Holm zwar deutlich (mit 19,2 Prozent gegenüber 44,0 Prozent der Erststimmen) gegen Bundeskanzlerin Angela Merkel, gegen die er im Wahlkreis Vorpommern-Rügen/Vorpommern-Greifswald antrat. Über die Landesliste seiner Partei zog er aber trotzdem in den Bundestag ein. Er legte dafür sein Landtagsmandat nieder und ist jetzt einer der vier stellvertretenden Vorsitzenden der AfD-Fraktion im Bundestag.

Zu diesen prominenten Gesichtern gesellt sich eine Reihe von Journalisten, die, aus etablierten Medien kommend, zur AfD übergelaufen sind, aber dort eher im Hintergrund bleiben. Zu diesen Überläufern gehört etwa der Journalist Günther Lachmann. Als Redakteur bei der *Welt* berichtete er über die AfD, zugleich diente er sich ihr als PR-Berater an. Als dies 2016 öffentlich wurde, weil Marcus Pretzell Lachmanns fragwürdige Avancen öffentlich machte, kam es zum Bruch mit der *Welt*, die darin »einen groben Verstoß gegen journalistische Grundsätze« sah. Kurz darauf heuerte Lachmann als PR-Berater bei Thüringens AfD-Chef Björn Höcke an und übernahm die »strategische Kommunikation« der AfD-Landtagsfraktion in Erfurt. Außerdem solle er den »Aufbau eines alternativen Medienverbunds mit privilegiertem Zugang an Informationen« forcieren, verkündete sein neuer Arbeitgeber Björn Höcke im August 2016. Für den Job qualifiziert hat sich Lachmann nicht nur mit seinen von Sympathie gekennzeichneten Berichten über die AfD, sondern auch durch seine kulturpessimistischen, als populäre Sachbücher getarnten Pamphleten, die er über die angeblich »tödliche Toleranz« gegenüber Muslimen und andere vermeintliche »Verfallssymptome« unserer Gesellschaft verfasste. Dieser populistische Alarmismus prädestinierte ihn geradezu für seinen neuen Job.[6]

Ein anderer prominenter Überläufer aus den etablierten Medien ist der Journalist Michael Klonovsky. Von 1992 bis 2016, also fast ein Vierteljahrhundert, arbeitete der gebürtige Ost-Berliner beim Magazin *Focus* in München. Dort war er unter anderem für die umstrittenen Titelgeschichten und Titelseiten zur griechischen Finanzkrise (Aphrodite mit gerecktem Mittelfinger) oder zur Integration von Muslimen (»Die dunkle Seite des Islam«) sowie, nach den Anschlägen von Paris, für das Cover mit einer Kalaschnikov und der Schlagzeile »Das hat nichts mit dem Islam zu tun? Doch.« verantwortlich. Bereits 2010 machte er sich im Focus für die Gründung einer rechten »Bürgerbewegung« stark, für eine »konservative Alternative zur CDU«. Zudem vertrat er dort prominent antifeministische Positionen und zog gegen eine vermeintliche »politische Korrektheit« zu Felde. Schon bevor es die AfD gab, hat Klonovsky ihr damit quasi publizistisch das Terrain bereitet.

Daneben trat Klonovsky als Autor für die neurechte Zeitschrift *eigentümlich frei* in Erscheinung, bekannte sich zur ebenso neurechten *Jungen Freiheit* und verfasste mehrere Romane, Essaybände sowie einen Weinratgeber. Im Juni 2016 gab er bekannt, als PR-Berater für die damalige Vorsitzende Frauke Petry und deren Ehemann Marcus Pretzell bei der AfD anzuheuern. Die Zusammenarbeit mit dem Paar endete schon ein halbes Jahr später im Streit. Petry und Pretzell haben die AfD inzwischen verlassen, doch Klonovsky blieb der Partei treu. Erst wurde er Pressesprecher der AfD-Landtagsfraktion in Baden-Württemberg unter Jörg Meuthen, anschließend engagierte er sich im Bundestagswahlkampf der Partei. Im Februar 2018 wurde er zum persönlichen Referenten des Vorsitzenden der AfD-Fraktion im Bundestag, Alexander Gauland, ernannt. Der Ex-Journalist berät jetzt also einen anderen ehemaligen Journalisten.

Eine politische Karriere bei der AfD strebt der Ex-Journalist Nicolaus Fest dagegen erst noch an. Der Sohn des konservativen Historikers und Autors Joachim Fest, ein gelernter Jurist, hat lange Jahre beim Axel-Springer-Verlag verbracht. Unter anderem war er Kulturchef der *Bild-Zeitung* und zuletzt stellvertretender Chefredakteur der *Bild am Sonntag*, bevor er Ende 2014 das Blatt im Streit verließ. Dabei ging es um einen antimuslimischen Kommentar, in dem Fest den Islam pauschal als Integrationshindernis bezeichnet hatte. Der damalige *Bild*-Chefredakteur Kai Diekmann und seine damalige Kollegin bei der *Bild am Sonntag*, Marion Horn, hatten sich daraufhin öffentlich – auf Twitter – von Fests Kommentar distanziert.

Als Fest zwei Jahre später in die AfD eintrat, erklärte er auf einer eigens dafür organisierten Pressekonferenz zur Begründung, er halte den Islam nicht mal für eine Religion, sondern für eine »totalitäre Bewegung«, die er mit dem Nationalsozialismus gleichsetzte und die in der Öffentlichkeit »keinen Platz« haben sollte. Darum forderte Fest, Kopftücher zu verbieten und Moscheen zu schließen – am besten alle. Bei der Bundestagswahl 2017 kandidierte er für die AfD als Direktkandidat im Berliner Bezirk Charlottenburg-Wilmersdorf, landete dort aber weit abgeschlagen. Auch den Einzug über die Berliner Landesliste verpasste er knapp. Nichtsdestotrotz wird er in seiner Partei hoch gehandelt und brachte sich selbst einmal als einen möglichen »Generalsekretär« der AfD ins Gespräch.

Auch in der zweiten Reihe der AfD agieren nicht wenige Leute, die als Journalisten gearbeitet oder sonstige Medienerfahrung haben. Der Bundestagsabgeordnete Jürgen Braun aus dem baden-württembergischen Wahlkreis Waiblingen etwa leitete »verschiedene öffentlich-rechtliche wie private Fernsehredaktionen in Berlin, Dresden, Karlsruhe, Ludwigsburg und Stuttgart«, wie er auf seiner persönlichen Webseite erklärt. Er war Chef vom Dienst beim Mitteldeutschen Rundfunk und belieferte als Leiter einer Produktionsfirma Beiträge für TV-Magazine wie »Report«, »Spiegel TV« und »heute-journal«. Zuletzt war er als selbstständiger Kommunikationsberater und Journalismus-Dozent an Hochschulen tätig. Jetzt arbeitet er als Parlamentarischer Geschäftsführer der AfD daran, deren PR-Zentrale auszubauen.

Der bayrische Abgeordnete Petr Bystron dagegen war Autor bei neurechten Medien wie der Wochenzeitung *Junge Freiheit* und der Zeitschrift *eigentümlich frei*. Der Politiker, der einst mit seinen Eltern als Flüchtling aus Tschechien nach Deutschland kam, war Vorsitzender des bayerischen AfD-Landesverbands und wurde 2017 wegen seiner Kontakte zur »Identitären Bewegung« und anderen neurechten Organisationen vom bayerischen Verfassungsschutz beobachtet.

Nach Recherchen von *ZEIT Online* gehört Bystron zu den achtzehn Bundestagsabgeordneten der AfD, die Mitarbeiter aus dem rechtsextremen Milieu für ihre Arbeit im Parlament beschäftigen. Einer seiner Mitarbeiter war Autor beim Kopp-Verlag und schrieb auch für die Zeitschrift *Sezession* von Götz Kubitschek. Nicht wenige davon sind Journalisten. Ein anderer Mitarbeiter war zuvor Autor des NPD-Parteiblatts *Deutsche Stimme* und hatte schon für einen Landtagsabgeordneten der NPD gearbeitet.

Mehrere andere Abgeordnete der AfD im Bundestag beschäftigen ebenfalls Mitarbeiter, die zuvor für rechte Medien wie die *Junge Freiheit, eigentümlich frei* oder *Die Blaue Narzisse* gearbeitet haben, wie Recherchen der *taz* ergaben.[7] Andere Mitarbeiter haben zuvor im PR-Bereich oder in der Werbebranche gearbeitet.

Auch in den Landtagsfraktionen der AfD gibt es Journalisten oder Menschen mit Medienerfahrung. Die AfD ist also sehr medienaffin. Und sie weiß diese Tatsache für sich zu nutzen. Den etablierten Medien und dem öffentlich-rechtlichen Rundfunk aber steht sie feindselig gegenüber. Den Rundfunkbeitrag will sie abschaffen, das bisherige System stark beschneiden. »Der gegenwärtige öffentlich-rechtliche Rundfunk wird durch Zwangsbeiträge finanziert, ist mit einem Jahresbudget von über neun Milliarden Euro viel zu teuer und wird in einer Weise von der Politik dominiert, die einer Demokratie unwürdig erscheint«, heißt es im AfD-Parteiprogramm.

Der AfD schwebt stattdessen ein »Bürgerrundfunk« vor, der sich auf »objektive Berichterstattung« sowie auf »kulturelle und bildende Inhalte fokussiert«. Das Angebot solle verschlüsselt ausgestrahlt werden, damit nur noch freiwillige Beitragszahler es empfangen können. Das Ziel ist klar: Damit soll der öffentlich-rechtliche Rundfunk in seiner Reichweite und seinem Einfluss dramatisch beschnitten und zu einem Nischenmedium reduziert werden.

Die AfD selbst baut indes, nach dem Beispiel von »Breitbart News« in den USA und der FPÖ in Österreich, ihre eigene mediale Öffentlichkeit aus. »FPÖ-TV«, der Internet-Sender der Rechtspopulisten in Österreich, ist das erklärte Vorbild von Alice Weidel. Auf YouTube hat »FPÖ TV« rund 20 000 Abonnenten. Das ist überschaubar. Aber wenn Parteichef Heinz-Christian Strache die Beiträge auf Facebook teilt, dann verzeichnet er damit manchmal mehr als Hunderttausend Aufrufe. Das liegt dann über der Zuschauerzahl der wichtigsten Nachrichtensendungen im öffentlich-rechtlichen ORF, dem Strache immer wieder »Einseitigkeit«, »Manipulation« und »mangelnde Objektivität« vorwirft.

Das Vertrauen in etablierte Medien zu untergraben und angebliche alternative Nachrichtenquellen zu propagieren gehört zur Medienstrategie von Rechtspopulisten. Heinz-Christian Strache empfiehlt immer wieder, auf »alternative Medien« im Netz auszuweichen, weil es dort angeblich »mehr Meinungsvielfalt« gebe. Auch Donald Trump fordert seine Anhänger auf: »Vergesst die Presse, lest das Internet. Studiert andere Dinge, geht nicht zu den Mainstreammedien.«[8]

Während sie seriöse Medien als angebliche Produzenten von »Fake News« (Donald Trump) diffamieren, empfehlen sie die tatsächlichen Produzenten von Falschmeldungen als Alternative. Und mit dem Begriff der »alternativen Fakten«, der ebenfalls von Donald Trump stammt, tun sie so, als seien Tatsachen bloße Ansichtssache. Frei nach dem Motto: Wenn die Tatsachen nicht mit der eigenen Weltanschauung übereinstimmen, umso schlimmer für die Tatsachen.

Mit dem Einzug in den Bundestag stehen der AfD neue Möglichkeiten offen, auch wenn sie damit an die Grenze des rechtlich Zulässigen gerät. Denn es gehört zwar zu den Aufgaben einer Bundestagsfraktion, die Öffentlichkeit über ihre Arbeit zu informieren, dafür erhält sie Geld, aber die Verwendung ist klar geregelt. Für Parteiaufgaben dürfen diese Gelder nicht verwandt werden. Darüber wacht der Rechnungshof, schließlich handelt es sich um Steuergelder.

In ihrem Bundestagsgebäude am Berliner Boulevard Unter den

Linden hat die AfD ein Fernsehstudio eingerichtet. Dort sollen Kurzinterviews mit AfD-Abgeordneten, Studiogespräche und eine »wöchentliche Fernsehsendung« produziert werden, kündigte der Parlamentarische Geschäftsführer der AfD, Jürgen Braun, im April 2018 an. Die AfD baut außerdem ihr Social-Media-Team aus, das ihr schon im Wahlkampf gute Dienste erwiesen hat. Mit über 400 000 Abonnenten (Stand Juni 2018) hat die Facebook-Seite der AfD die höchste Reichweite unter allen deutschen Parteien. Gut vierzig Stellen sind im Stellenplan der Fraktion für Presse, Öffentlichkeitsarbeit, Social Media und »Recherche« vorgesehen.[9] Ein Millionenbudget stellt die Fraktion mit ihren 92 Abgeordneten dafür bereit.

Der rheinland-pfälzische AfD-Landtagsabgeordnete Joachim Hau sieht sich in einem »Informationskrieg«. Jedes Parteimitglied sei »ein Social Media Soldat«, sagte er der *NZZ*.[10]

Der beurlaubte Gymnasiallehrer hat vorher in Österreich beim rechtspopulistischen Online-Portal »unzensuriert.at« gearbeitet, das nach eigenen Angaben täglich über zwei Millionen Male angeklickt wird und aufgrund seiner hetzerischen Inhalte zeitweise vom österreichischen Verfassungsschutz beobachtet wurde.

Anfang März traf sich die AfD-Fraktionschefin Alice Weidel mit Stephen Bannon, dem ehemaligen Chefideologen im Team von Donald Trump. Dieser leitete viele Jahre lang die rechtspopulistische Webseite »Breitbart News«, die 16 Millionen Nutzer haben soll. Im US-Wahlkampf 2016 schlug sie sich unverhohlen auf die Seite von Donald Trump und trug maßgeblich zu seinem Wahlerfolg bei. Dem möchte natürlich auch die AfD gerne nacheifern. Die Propaganda-Offensive der AfD hat noch gar nicht begonnen. Doch es gibt gute Gründe, sich davor zu fürchten.

7 Die Medien und die AfD: Willige und unfreiwillige Helfer

Es war am Morgen des 8. Juli 2016. Deutschland war am Abend zuvor im Halbfinale der Europameisterschaft 2016 gegen den Gastgeber Frankreich ausgeschieden. Zwei Tore von Antoine Griezmann hatten für die Entscheidung gesorgt. In der Nacht hatte außerdem ein Heckenschütze in der US-Metropole Dallas aus dem Hinterhalt fünf Polizisten erschossen und sieben weitere verletzt. Das Attentat ereignete sich am Rande eines Protestmarschs gegen rassistische Polizeigewalt in den USA. Doch der AfD-Politikerin Beatrix von Storch gelang es, mit einem Tweet alle Aufmerksamkeit auf sich zu ziehen.

»Vielleicht sollte nächstes Mal dann wieder die deutsche NATIO-NALMANNSCHAFT« spielen, twitterte sie zum Ausscheiden des Teams von Jogi Löw. Als im Netz die zu erwartende Empörung tobte, löschte sie ihren Tweet wieder und behauptete später, sie sei falsch verstanden worden. Auf Facebook schrieb sie, ihr Tweet habe sich nicht auf einzelne Spieler bezogen, sondern darauf, dass die DFB-Elf seit einiger Zeit nur noch unter dem Namen »Die Mannschaft« firmiere. Doch das war egal, denn sie hatte ihr Ziel schon erreicht: größtmögliche mediale Aufmerksamkeit.

Einer, der sich über ihren Tweet empörte, war Julian Reichelt, damals Chefredakteur von Bild.de. »Das ist einfach Hetze«, schäumte er in der Redaktionskonferenz: »So was von widerlich«. Es sei ja wohl klar, dass aus ihrer Sicht in der Mannschaft einfach zu viele Spieler mit ausländischen Namen mitspielten, sagte er dem Drehbuchautor und Journalisten Stephan Lamby, der ihn an jenem Morgen in der Redaktion begleitete. Die Szene ist in Lambys Doku »Nervöse Republik« zu sehen, die 2017 in der ARD ausgestrahlt wurde.[1] Lamby hatte dafür ein ganzes Jahr lang Politiker diverser Parteien und führende Medienmacher begleitet. Der Film zeigt, wie das Zusammenspiel zwischen populistischen Politikern und einer stets erregungsbereiten Öffentlichkeit funktioniert. Etablierten Medien wie der *Bild-Zeitung* kommt dabei die Rolle eines Resonanzverstärkers zu.

In einer Redaktionskonferenz wendet die damalige *Bild*-Chefredakteurin Tanit Koch später ein, sie sei »unschlüssig, ob wir über jedes Stöckchen springen müssen, das uns Storch und Petry über Twitter hinhalten«. Doch die Kollegen in ihrer Redaktion sind schon auf Kurs, und die Klickzahlen geben ihnen recht. Auf einem Bildschirm in der *Bild*-Redaktion ist zu sehen, welche Artikel am meisten angeklickt werden. Der Artikel über Beatrix von Storch leuchtet darauf schon dunkelrot. »Da können Sie zufrieden sein mit Frau von Storch«, meint der Regisseur Stephan Lamby zu Reichelt, und fügt hinzu: »Was die Klicks betrifft.« Reichelt gerät nur kurz aus der Fassung, meint dann aber, *Bild* habe eine große Reichweite und sei nicht auf Frau von Storch angewiesen. Das mag sein. Aber Beatrix von Storch konnte dankbar sein, dass *Bild* ihre Reichweite deutlich erhöht hatte. Fast 50 000 Mal in einer Stunde wurde der Beitrag über sie auf Bild. de aufgerufen. Auf Twitter allein hätten weit weniger Menschen ihre Botschaft vernommen. Der mediale Rummel und die Empörung sind gut für das Geschäft. Denn Populisten sind Entrepreneure der Erregung.

Storch hatte schon mal einen Sturm der Entrüstung ausgelöst, als sie in einem Tweet den Einsatz von Schusswaffen forderte, um Flüchtlinge davon abzuhalten, nach Deutschland zu kommen. AfD-Chef Jörg Meuthen profilierte sich als Scharfmacher, als er bei einem Parteitag der AfD 2016 von einem »links-grün-verseuchten 68er-Deutschland« sprach. Alice Weidel tat es ihm nach, als sie 2017 davon sprach, die »politische Korrektheit« gehöre »auf den Müllhaufen der Geschichte«. In den sozialen Netzwerken steigert sie sich zuweilen geradezu in Rage, wenn sie von einer angeblichen »Unterwerfung unserer Behörden vor den importierten, marodierenden, grapschenden, prügelnden, Messer stechenden Migrantenmobs« schwadroniert. Thüringens AfD-Chef Björn Höcke provoziert immer wieder massive Proteste – etwa als er in einer Rede in Dresden 2017 das Holocaust-Mahnmal in Berlin als »Denkmal der Schande« bezeichnete und »eine erinnerungspolitische Wende um 180 Grad« forderte.

Der AfD-Übervater Alexander Gauland sorgte für Kritik, als er in einem Interview über Verteidiger Jérôme Boateng sagte:»Die Leute finden ihn als Fußballspieler gut. Aber sie wollen einen Boateng nicht als Nachbarn haben.« Die *Frankfurter Allgemeine Zeitung* brachte dieses Zitat auf ihre Titelseite. Immer wieder greift Gauland zum NPD-Jargon. Bei einer Rede in Brandenburg sagte er 2016:»Heute sind wir tolerant und morgen fremd im eigenen Land« und griff damit eine beliebte Redewendung der Rechtsextremisten auf. Und in Thüringen tönte er, die damalige Integrationsbeauftragte der SPD, Aydan Özoguz,»nach Anatolien entsorgen« zu wollen. Manchmal scheint es, als herrsche in den Reihen der AfD ein regelrechter Wettbewerb um den krassesten Spruch und den stärksten Tabubruch.

Das Medienecho folgt dem immer gleichen Muster. Politiker aller Parteien und prominente Journalisten reagieren mit empörten Kommentaren, alle Medien berichten darüber. Nimmt die Empörung überhand, behaupten die Politiker der AfD, es nicht so gemeint zu haben, rudern halbherzig zurück oder empören sich darüber, angeblich bewusst falsch verstanden worden zu sein. Empörung und Gegen-Empörung schaukeln sich gegenseitig hoch, und die Populisten können sich die Hände reiben.

Die kalkulierte Grenzüberschreitung ist ein zentraler Bestandteil der AfD-Strategie, wie aus einem vertraulichen Strategiepapier hervorgeht, das 2017 an die Öffentlichkeit gelangte.»Die AfD muss (…) ganz gezielt politisch inkorrekt sein, zu klaren Worten greifen und auch vor sorgfältig geplanten Provokationen nicht zurückschrecken«, heißt es in dem Papier.»Die Reaktionen und die Befindlichkeiten anderer Teile der Gesellschaft sind für die AfD (…) von untergeordneter Bedeutung. Sie sind eher Zielscheiben als Zielgruppen der AfD.«[2]

Wissenschaftler haben die Strategien von Rechtspopulisten analysiert. Der Soziologe Alexander Häusler, der an der Uni Düsseldorf lehrt, spricht von einer»Eskalationsschraube«.[3] Mit bewussten Tabubrüchen verstoßen Rechtspopulisten gegen die etablierten Regeln der politischen Debatte. Wenn sie ihre Aussagen später unter Druck zurückziehen oder relativieren, könnten sie sich umso besser als Opfer eines vermeintlichen Meinungskonformismus darstellen und beklagen, dass die Meinungsfreiheit angeblich eingeschränkt sei. Damit schärfen sie ihr Profil und unterstreichen ihre Bedeutung als einzige Gegenstimme zum vermeintlichen Medienkonsens. Das hat schon bei Thilo Sarrazin hervorragend funktioniert. Durch seine Tiraden gegen Hartz-IV-Bezieher und Muslime konnte er sich zum Außenseiter stilisieren und zugleich monatelang im Zentrum der Berichterstattung stehen.

Der Erfurter Medienwissenschaftler Kai Hafez spricht hingegen von einer »Vergrößerungsspirale«.[4] Weil die Medien auf die Provokationen von rechts reagieren und ausführlich darüber berichten, würden die Rechtspopulisten in der Berichterstattung größer gemacht, als sie tatsächlich sind. Die starke Präsenz in den Medien werde von vielen wiederum als Zeichen ihrer gesellschaftlichen Relevanz gedeutet. Das führe dazu, dass sich manche Medien noch stärker auf die Rechtspopulisten und deren Themen konzentrieren würden: eine Art selbsterfüllender Prophezeiung. Hafez betont auch, dass Rechtspopulisten »gut fürs Geschäft« der Medien seien. Mit ihren Grenzüberschreitungen provozieren sie starke emotionale Reaktionen, bei Anhängern wie Gegnern. Das wiederum bediene die Sensationslust vieler Medien und sorge für Klicks, Auflage und Quote – ein verführerisches Argument für viele Medien.

Anhand der Polit-Talkshows im öffentlich-rechtlichen Fernsehen lässt sich die These, dass die Sensationslust der Medien dem Rechtspopulismus hilft, gut belegen. Wie die Redaktion des ARD-Politikmagazins »Monitor« im Januar 2017 feststellte, dominierten 2016 in über der Hälfte aller Talk-Sendungen die Kernthemen der AfD, wenn die Partei nicht gleich selbst im Fokus stand. In den insgesamt 141 Sendungen von ARD und ZDF ging es vierzig Mal um das Thema Flüchtlinge und Flüchtlingspolitik, fünfzehn Mal wurde über das Thema Islam, Gewalt und Terrorismus gesprochen. In 21 Sendungen ging es um Populismus, vor allem um Rechtspopulismus. Diese Themen machten insgesamt 54 Prozent aller Talkshows aus.[5] Als wäre das noch nicht genug, übernahmen die Talkshows oft schon im Titel häufig auch die Rhetorik, die Fragestellungen und die Schlagworte der Rechtspopulisten. Exemplarische Talkshow-Titel lauteten: »Misstrauen, Ängste, Verbote. Kippt die Stimmung gegen Flüchtlinge?« (»Anne Will«, Januar 2016), »Angst vor Flüchtlingen. Ablehnen, Ausgrenzen, Abschieben?« (»Maischberger«, Dezember 2016), »Bringt Härte gegen Zuwanderer mehr Sicherheit?« (»Hart aber fair«, Januar 2017). Im Allgemeinen standen dabei die Ängste der Merheitsgesellschaft vor Flüchtlingen, vor Terrorismus und »dem Islam« im Vordergrund. Um die Ängste von Flüchtlingen, Muslimen und Migranten vor den Folgen des rechtspopulistischen Dauerfeuers ging es dagegen fast nie.

Der Dortmunder SPD-Politiker Marco Bülow kam zu einem ähnlichen Ergebnis, als er die Talkshow-Themen zwischen Oktober 2015 bis März 2017 einmal eingehender betrachtete. In jeder vierten Sendung (52 von 204) ging es um Flüchtlinge, gefolgt von Terror (22) und Trump (16). Acht Sendungen drehten sich um Populismus, acht weitere um die Türkei und Erdogan und fünf um den Brexit. Auffällig ist die starke Personalisierung, die Fixierung auf einzelne Politiker: Zwölf Male ging es um Angela Merkel und die Kritik an ihr, drei Mal um den damaligen SPD-Kanzlerkandidaten Martin Schulz.[6]

Die Talkshows würden »ein Zerrbild der Realität« zeichnen, kritisierte Bülow, indem sie bestimmte Themen überproportional behandelten und andere kaum beachteten. Themen wie steigende Mieten oder die Bildungspolitik, soziale Gerechtigkeit oder die Energie-Wende kämen in den Talkshows zu kurz, sagte er dem Mediendienst meedia.de. Die medienpolitische Sprecherin der Grünen, Tabea Rößner, stimmte ihm zu. »Weniger reißerische, aber wichtige Themen wie Klimaschutz, Ungleichheit und Armut« sollten »häufiger auf die Agenda von Talkshows gesetzt werden«, forderte sie.

Der Medienjournalist Andrej Reisin warnt davor, dass Talkshows die Botschaften der Populisten »veredeln«.[7] Denn um einen echten Dialog oder eine echte Diskussion gehe es meist gar nicht. Vielmehr böte ihnen das Fernsehen lediglich ein Forum, um ihre Thesen prominent zu platzieren. Dass Vertreter der AfD allein im Jahr 2016 über 22 Mal in Talkshows eingeladen wurden, sah er deshalb mit Sorge. Denn dadurch würden ihre Positionen und Parolen salonfähig gemacht.

Der Wiener Kommunikationswissenschaftler Hajo Boomgaarden warnt außerdem davor, dass die Berichterstattung über die Tabubrüche von rechts dazu führen könne, dass sich die Öffentlichkeit daran gewöhne. Die rassistischen oder geschichtsrelativistischen Aussagen von AfD-Politikern fänden Eingang in die medialen und politischen Debatten, es werde über deren Positionen diskutiert. Auch eine kritische Kommentierung oder Empörung änderte daran erst einmal nichts. Boomgaarden erforscht schon seit Jahren die Beziehungen zwischen Rechtspopulisten und Medien in Europa.

Zwischen der Medienpräsenz rechtspopulistischer Parteien und ihrem Erfolg in Umfragen und bei Wahlen gibt es einen direkten und messbaren Zusammenhang, der sich bei anderen Parteien so nicht feststellen lässt. Dieses Phänomen ist auch in anderen Ländern zu beobachten, wie eine Studie der Universität Northampton für Großbritannien nachwies. Je mehr über die United Kingdom Independence Party (UKIP) berichtet wurde, desto höher stieg sie in den Umfragewerten.[8] Für Deutschland hat das eine Studie des Lehrstuhls für Political Data Science an der Hochschule München gezeigt. »Viel über die AfD berichten führt zu steigenden Umfrageergebnissen«, so ihr Fazit.[9] Dabei spielt es überhaupt keine Rolle, ob positiv oder negativ über die Partei berichtet wird. Hauptsache, es wird über sie berichtet. Deswegen sind Rechtspopulisten solche Aufmerksamkeits-Junkies.

Im »Kanzlerduell« zwischen Angela Merkel und Martin Schulz kurz vor der Bundestagswahl konnte man sehen, wie sich die bloße Existenz einer rechtspopulistischen Partei auf den politischen Diskurs auswirkt. Obwohl die AfD gar nicht anwesend war, standen ihre Themen im Zentrum der Sendung. In der Kandidaten-Debatte ging es viel um die Türkei und um Flüchtlingspolitik, und insbesondere der ProSieben/Sat.1-Moderator Claus Strunz fiel mit populistischen Einwürfen auf. Mal riss er ein Zitat von Martin Schulz aus dem Zusammenhang, mal nannte er falsche Zahlen zu ausreisepflichtigen Flüchtlingen. »Wann sind die weg?«, herrschte er Merkel an.

Es blieb der Kanzlerin überlassen, am Ende der Sendung darauf hinzuweisen, dass über wichtige Themen wie Digitalisierung und Bildung gar nicht geredet worden sei. Auch nach der Wirtschaft, der Umweltpolitik, Gesundheitsthemen, der Zukunft der EU oder dem Verhältnis zu Russland wurde im »Kanzlerduell« nicht gefragt, als schien all das für die Zukunft Deutschlands nur von untergeordneter Bedeutung zu sein. »Claus Strunz war schlimm, aber die anderen Moderatoren waren es auch. Gemeinsam sorgten sie dafür, dass das Thema Flüchtlinge in außergewöhnlicher Weise dominierte und fast ausschließlich aus Perspektive der AfD behandelt wurde«, resümierte der angesehene Medienjournalist Stefan Niggemeier das »Kanzlerduell«. »Gewinner sind nicht Merkel oder Schulz. Gewinner ist die AfD. Schuld daran sind die Journalisten.«[10]

Seit die AfD in die ersten Parlamente eingezogen ist, nutzt die Partei dieses Plenum vorzugsweise als weitere Bühne, um sich selbst in Szene zu setzen. Die Thüringer AfD-Abgeordnete Wiebke Muhsal kam 2016 im Ganzkörperschleier in den Landtag, um für ein »Burka-Verbot« zu werben. In Sachsen-Anhalt zog die Fraktion einmal demonstrativ geschlossen aus dem Parlament aus, um an einer Demonstration teilzunehmen. »Im Kern geht es der AfD in den Parlamenten weniger um eine konstruktive Kontrolle der Regierung, sondern vielfach um Protest und Provokation«, heißt es in einer Studie vom Wissenschaftszentrum Berlin für Sozialforschung (WZB), dessen Forscher das Auftreten der AfD in zehn Landesparlamenten untersucht haben. Redebeiträge im Parlament hätten vor allem den Zweck, Botschaften an die eigenen Anhänger zu senden. Im Netz werden diese dann als Videos verbreitet. In ihrer Studie zitieren sie einen Parlamentarier, der sagt: »Das Plenum ist für die AfD der verlängerte Arm von Facebook.«[11]

Seit die AfD in den Parlamenten sitzt, nutzt sie zudem das Instrument der Kleinen Anfrage als ein Mittel, um in die »Mainstream-Medien« zu kommen. Mit der Kleinen Anfrage ist das Recht von Abgeordneten gemeint, die eigene Regierung zu bestimmten Themen in schriftlicher Form zu befragen. Die Regierung muss dann in einer festgelegten Frist dazu Auskunft geben und Rechenschaft ablegen. Die Kleine Anfrage ist eigentlich ein Mittel der parlamentarischen Kontrolle der Regierung. Sie dient mittlerweile aber oft der Selbstdarstellung einer Fraktion oder einzelner Abgeordneter, die sich damit in Szene setzen können.

Die AfD hat mit ihren Kleinen Anfragen schon so manchen Skandal produziert. Etwa, als sie im April 2018 von der Bundesregierung wissen wollte, wie sich die Zahl der Behinderten in den vergangenen Jahren entwickelt habe, und ob es da einen Zusammenhang zur »Heirat innerhalb der Familie« bei Einwanderern gäbe. Damit gelang es ihr nicht nur, die Reizthemen Behinderung, Inzucht und Migration in einen Zusammenhang zu bringen. Sie brachte damit auch die Sozialverbände gegen sich auf, die daraufhin in einer Zeitungsanzeige die »unerträgliche Menschen- und Lebensfeindlichkeit« der AfD anprangerten.

Rund ein Viertel der AfD-Anfragen im Bundestag hatte in den ersten sechs Monaten einen Bezug zu Migration oder Flucht, oder die AfD stellte ihn irgendwie her. Das hat der Berliner *Tagesspiegel* im April 2018 recherchiert.[12] Beschneidungen, Vielehen, Krankheiten oder Schwarzarbeit von Flüchtlingen – all diesen Themen verlangte sie Auskunft von der Regierung. Manchmal gelingt es der AfD mit ihren Kleinen Anfragen aber auch, ein Thema zu setzen, das von den etablierten Medien aufgenommen wird. Große Wellen schlug eine Kleine Anfrage der AfD-Fraktion in Nordrhein-Westfalen. Aus der Antwort der Landesregierung ging hervor, dass ein ehemaliger Leibwächter des getöteten Al-Qaida-Anführers Osama Bin Laden, der seit 1997 in Bochum lebt, für sich, seine Frau und seine vier Kinder monatlich 1 167 Euro an Unterstützung vom Staat erhält. Der Mann könne nicht in sein Heimatland Tunesien abgeschoben werden, weil ihm dort Folter drohe. Weil er nur »geduldet« ist und keine Aufenthaltserlaubnis besitzt, darf er auch nicht arbeiten. Obwohl ein Ermittlungsverfahren gegen ihn 2007 eingestellt wurde, wird er als »Gefährder« eingestuft. Die *Bild-Zeitung* machte den Fall als Erste publik, alle anderen Medien berichteten ebenfalls darüber. Für die AfD ein schöner Erfolg: wieder ein Thema gesetzt.

Es ist auch nicht so, dass sich die Medien wie ein Bollwerk gegen den Rechtspopulismus stellen. Vor allem die *Bild-Zeitung* macht gerne mal gemeinsame Sache mit den Rechtspopulisten, wenn es ihr nützt, auch wenn sie die AfD offiziell bekämpft. Als sich die AfD über den öffentlich-rechtlichen Kinderkanal KiKA empörte, weil der in einer Dokumentation über die Beziehung zwischen einem jungen Flüchtling und einer jungen Deutschen berichtet hatte, und dabei dessen Alter falsch wiedergegeben hatte, sprang die *Bild* mit auf den Zug. Wochenlang fuhr das Boulevardblatt eine Kampagne gegen den Kindersender (»So versaut der Kinderkanal unsere Kinder«), sodass manche Beobachter bereits von einer »Obsession« sprachen.[13] Der Hintergrund ist banal und vermutlich geschäftlicher Natur. Der Springer-Verlag möchte den gebührenfinanzierten Rundfunk gerne in die Schranken verweisen, weil er ihn als unliebsame Konkurrenz um Reichweite und Werbegelder betrachtet. Da ist ihm fast jedes Mittel recht, um am Image von ARD und ZDF zu kratzen.

Als Präsident des Bundesverbands Deutscher Zeitungsverleger (BDZV) griff Springer-Chef Mathias Döpfner selbst zu rechtspopulistischen Schlagworten, als er in einer Rede im Herbst 2017 den öffentlich-rechtlichen Rundfunk als »Staatsfunk« bezeichnete. Bei einem Verlegerkongress in Stuttgart verglich er die Entwicklung in Deutschland indirekt mit der Situation in Nordkorea – eine Invektive ganz nach dem Geschmack der AfD, die öffentlich-rechtliche Sender wie ARD und ZDF seit jeher mit dem Kampfbegriff »Staatsfunk« schmäht und mit totalitären Regimes gleichsetzt.

7.1. Profiteure des Populismus: Die Verführungen des Boulevards

Als die AfD bei der Bundestagswahl 2017 aus dem Stand heraus gleich als drittstärkste Fraktion in das Berliner Reichstagsgebäude einzog, kam die Frage auf, welchen Anteil die Medien an ihrem Wahlerfolg hatten. Der CSU-Politiker Joachim Herrmann formulierte noch am Wahlabend an die Adresse der öffentlich-rechtlichen Medien den Vorwurf, diese hätten die AfD groß gemacht. Der scheidende grüne Bundestagsabgeordnete Hans-Christian Ströbele stimmte ihm im ZDF zu: »Ich empfehle allen, auch Ihnen hier beim ZDF oder auch bei der ARD, nicht jeden Furz oder jeden Spruch, den ein AfDler loslässt, selbst wenn der schlimm ist, tagelang, wochenlang immer wieder zu drehen und zu kommentieren. Sie haben die hochgebracht dadurch.«[14] Auch die damalige SPD-Generalsekretärin Katarina Barley, der Grüne Robert Habeck und die CSU-Politikerin Dorothee Bär teilten diese Ansicht, als das Thema nach der Wahl in einer ARD-Talkshow diskutiert wurde.[15]

Journalisten reagieren empört auf diesen Vorwurf. Als bei einer Medienkonferenz in Berlin im Januar 2018 die Frage gestellt wurde, ob die Medien die AfD groß gemacht hätten, hielt sich die Selbstkritik in Grenzen.[16] »Natürlich nicht«, meinte der *Spiegel*-Chefredakteur Klaus Brinkbäumer. Und die WDR-Chefredakteurin Sonia Mikich sagte zur Verteidigung, AfD-Politiker seien nicht häufiger als Vertreter anderer Parteien in die öffentlich-rechtlichen Talkshows eingeladen worden – »auch wenn es so wirkte«, wie sie vielsagend hinzufügte. Mikich behauptete, die Medien hätten die AfD lediglich »sichtbar gemacht«. Aber das sei nun mal »unsere Aufgabe: sichtbar machen, was ist.« Lediglich der ehemalige Generaldirektor des öffentlichen Rundfunks in der Schweiz und Ex-Chefredakteur der *ZEIT*, Roger de Weck, wagte es, die traute Einigkeit zu stören. Er wies auf die »Versuchung« durch den Populismus hin, vor der auch die etablierten Medienhäuser nicht gefeit wären.

»Viele Stilmittel der Populisten sind die Stilmittel des Sensationsjournalismus«, sagte de Weck und zählte auf: »Die schreckliche Vereinfachung«, die Stilisierung von Konflikten, wo man doch wisse, dass gute Politik in Kompromisse zu münden habe, die Polarisierung in ein »Wir« und »die anderen« und eine »Showfähigkeit«, die sich von der angeblichen »Langeweile« herkömmlicher bürgerlicher Politik abhebe, sowie der Versuch, in einer immer komplexer werdenden Welt einfache Lösungen zu bieten. All diese Stilmittel der Populisten seien die Stilmittel des Boulevards.

»Die Versuchung für einen Teil des Medienbetriebs, sich dem hinzugeben, weil das zieht, weil das Leserinnen und Zuschauer und Hörerinnen und Nutzer lockt – ist vorhanden.«

De Wecks Appell: Redaktionen sollten sich keiner Agenda beugen – am wenigsten der Agenda der Populisten, die vordergründig, was die medialen Mechanismen angehe, die attraktivste sei. Sie sollten Themen setzen, statt sich Themen vorsetzen zu lassen: »Das ist Unabhängigkeit.« Boulevardmedien und populistische Parteien hätten gemein, dass sie nicht primär an die Urteilsfähigkeit und an den Verstand appellierten, sondern an Emotionen und Ressentiments. »Sie bewirtschaften Ängste, Emotionen«, warnte de Weck. Beide wendeten sich nicht an die Bürgerinnen und Bürger, »sondern an die Verbraucherinnen und Verbraucher von Politik«. Der Bürger würde von ihnen lediglich in seinen Unterhaltungsbedürfnissen bedient.

Die Politik- und Kommunikationswissenschaftlerin Paula Diehl geht noch einen Schritt weiter: Sie meint, der Kommunikationsstil von Populisten passe grundsätzlich gut zu den Regeln massenmedialer Aufmerksamkeit, und stellt »die Frage, ob es die Populisten sind, welche die Massenmedien besonders gut nutzen können, oder ob es die Massenmedien sind, die durch ihre Aufmerksamkeitsregeln

Politiker und Politikerinnen dazu bringen, sich populistisch zu verhalten«. Denn die Logik des Populismus und die Logik der Massenmedien würden sich »in manchen Punkten überschneiden und gegenseitige Abhängigkeiten erzeugen«.[17] Dass Populismus und Medien gut zusammenpassen, ist kein neues Phänomen. Der Aufstieg des Faschismus in Deutschland und anderswo lässt sich nur verstehen, wenn man sich vergegenwärtigt, wie die Rechtsextremisten die neuesten technischen Errungenschaften ihrer Zeit für ihre Zwecke zu nutzen wussten. Adolf Hitler ist ohne eine gleichgeschaltete Presse, ohne verklärende Ufa-Filme und ohne den »Volksempfänger« nur sehr schwer vorstellbar.

Aber nicht nur Diktatoren wissen, wie wichtig Medien sind, um Konsens zu erzeugen. Auch Juan Domingo Perón (1895–1974), der Prototyp des lateinamerikanischen Populisten, nutzte das Radio als Massenmedium seiner Zeit, um seine angebliche »Nähe« zum Volk zu inszenieren. Eva »Evita« Perón, seine zu Legende gewordene zweite Ehefrau, passte ihren Kommunikationsstil, ihre Körpersprache und ihr Image perfekt an die medialen Anforderungen ihrer Zeit an. In ihrer populären Radiosendung und ihren Auftritten inszenierte sich die Schauspielerin als »Frau aus dem Volk«, machte Werbung für ihren Mann und prägte damit den politischen Stil des ganzen Kontinents. Ihr früher Tod 1952 machte sie zum Mythos »Evita«, der populistische Politiker in Argentinien und dem Rest Lateinamerikas bis heute beeinflusst.

Politiker wie Perón konnten darauf setzen, dass der Rundfunk unter staatlicher Kontrolle stand. Aber das Zusammenspiel von Populisten und Medien funktioniert auch sehr gut unter den Bedingungen eines freien, privatwirtschaftlich organisierten Mediensystems. Denn je stärker Medien für ihre Existenz auf den kommerziellen Erfolg angewiesen sind, desto wichtiger ist es für sie, die Aufmerksamkeit des Publikums zu gewinnen, um das sie mit anderen Medien konkurrieren. Populistische Politiker machen sich die Aufmerksamkeitsregeln der Medien zunutze. Je besser sie ihren Kommunikationsstil an die Anforderungen der Medien anpassen, desto größer sind ihre Chancen, in den »Mainstream-Medien« in Erscheinung zu treten. Donald Trump hat das Spiel perfektioniert.

»Privilegiert werden Inszenierungen und Kommunikationsstile, die Personalisierung, Komplexitätsreduktion, Appell zum Außergewöhnlichen, Emotionalisierung, Dramatisierung und eine Konflikt-struktur aufweisen«, schreibt Paula Diehl. »Politische Akteure, die sich des Populismus bedienen, haben daher größere Chancen, Medienaufmerksamkeit zu erzeugen.«[18] Denn Populismus und Massenmedien sind in hohem Maße kompatibel. Diese »Medienlogik« wird von Kommunikationswissenschaftlern als Nährboden für populistische Inszenierungen gesehen. Das Bedürfnis der Medien nach dramatischen Geschichten begünstige die Theatralisierung von Politik, was letztlich zu »symbolischer Scheinpolitik« und reiner »Event-Politik« führen könnte, warnte der Politologe Thomas Meyer schon Ende der Neunzigerjahre.[19]

Zwischen Boulevardmedien und Populisten herrscht mancherorts ein geradezu symbiotisches Verhältnis. Britische Boulevardblätter wie *The Sun* haben den Brexit herbeigeschrieben. Die *Sun* von Rupert Murdoch und *The Daily Mail* trieben die Regierung vor sich her und machten Stimmung für den Austritt aus der EU. »So viel zur schwindenden Macht der Printmedien«, schrieb der Chefredakteur der *Sun* Tony Gallagher triumphierend in einer Textnachricht an einen Kollegen beim *Guardian*, als das Resultat des Referendums feststand.

Durch das Pro-Brexit-Votum ist die Macht der britischen Boulevardpresse noch gestärkt worden. Der Historiker Andy Beckett schrieb, mit dem Brexit« sei »einer der größten, ältesten Träume der Boulevardblätter auf spektakuläre Weise Wirklichkeit« geworden. Sie hätten die Politik dadurch jetzt erst recht fest im Griff.[20] Der rechte Flügel der Konservativen arbeite heute wieder so eng mit der Boulevardpresse zusammen, wie lange nicht mehr. Das lasse sich an gemeinsamen Kampagnen gegen Immigranten und liberale Briten, die als abgehobene »Elite« verunglimpft werden, und am Einsatz für einen »harten Brexit« ablesen.

Bemerkenswert ist das intensive Zusammenspiel der Internet-Seite der *Kronen Zeitung* in Österreich mit Heinz-Cristian-Strache, dem Chef der rechtspopulistischen FPÖ. Die *Kronen Zeitung* ist, mit zwei Millionen Lesern, gemessen an der Bevölkerung des Landes, das größte Boulevardblatt Europas. Seit jeher setzt sie auf Kampagnen gegen Migranten und macht Stimmung gegen Asylbewerber und Flüchtlinge. Zuletzt machte sie fast unverhohlen Werbung für die

Rechtsaußen-Partei. Strache sei der Einzige, der die enorme Bedeutung von Social Media verstanden habe, lobte ihn der Online-Chef der »Krone« einmal in einem Interview. Das habe für seine Zeitung Gewicht, gab er zu: »Wenn Strache einen normalen Bericht von uns auf Facebook teilt, dann merken wir, das haut die Quote auf das 1,5-Fach hoch. Und umgekehrt kriegt er auch mehr Traffic, wenn wir ihn pushen.«[21] Für beide Seiten stellt das eine starke Motivation dar, von der Reichweite des anderen zu profitieren. Eine Hand wäscht die andere.

Das Paradebeispiel für ein geradezu symbiotisches Zusammenspiel von Medien und Populismus war jedoch der US-Wahlkampf des Jahres 2016. Angesichts schwindender Zuschauerzahlen kam den großen US-amerikanischen Fernseh-Networks Trumps Kandidatur gerade recht. Sie hätten »Trump gebraucht wie ein Crack-Süchtiger seinen Stoff«, meinte die Journalistin Anne Curry.[22] Denn Trump versprach hohe Einschaltquoten, und damit auch hohe Werbeeinnahmen. Dafür boten ihm die TV-Sender bereitwillig ein Forum. Allein im republikanischen Vorwahlkampf hätten sie ihm Sendezeit im Wert von knapp zwei Milliarden US-Dollar eingeräumt, hat die *New York Times* errechnet – mehr als doppelt so viel wie Hillary Clinton. Dadurch konnte sich Trump darauf beschränken, nur zehn Millionen Dollar für TV-Werbung auszugeben – einen Bruchteil dessen, was seine Konkurrenten in ihren Wahlkampf investierten. Die großen Nachrichtensender in den USA »haben Trumps Inszenierung eine breite Bühne geboten«[23], resümiert der Politologe Daniel Leisegang.

Indem er sich selbst immer wieder mit neuen Anschuldigungen und Beschimpfungen überbot, konnte er jede ernsthafte Debatte übertönen und erfolgreich von wichtigen Fragen ablenken. Im »Sog des Spektakels« gingen die Auswirkungen seiner Attacken auf Frauen und Minderheiten ebenso unter, wie die Frage seiner finanziellen Verflechtungen. Den Medien gingen dabei die Maßstäbe verloren, das Wichtige vom Unwichtigen zu trennen. So wurden die Details von Hillary Clintons »E-Mail-Affäre« mit dem gleichen Ernst berichtet wie über jede neue rhetorische Eskalation von Donald Trump, als hätte beides das gleiche Gewicht.

Die Politologin Paula Diehl meint zu Trump, der Nachrichtensender CNN sei »sein größter Helfer« gewesen – »und zwar unfreiwillig«.

Zwar hat der Sender einen journalistischen Anspruch, er ist aber zugleich extrem kommerzialisiert. Jede Woche bestimmt er vier Themen, die er intensiv verfolgt. Wenn Trump also für eine Nachricht sorgte, weil er mal wieder einen Skandal verursacht hatte, habe CNN ununterbrochen darüber berichtet. Selbst die weltfremde Forderung, die Grenze zu Mexiko zu schließen, um sich vor dem Ebola-Virus zu schützen, sei tagelang als Thema begleitet und kommentiert worden. Für Trump war das ein schöner Erfolg. Einer von vielen.[24]

Finanziell zahlte sich das für CNN aus. Der Sender soll im Wahljahr zur Hauptsendezeit im Schnitt 170 Prozent mehr Zuschauer verzeichnet haben als zwei Jahre zuvor. Entsprechend schossen auch die Werbepreise und damit die Werbeeinnahmen in die Höhe. Der Werbeumsatz von CNN soll 2016 um rund hundert Millionen Dollar über dem des Vorjahres gelegen haben. Der Preis für die politische Kultur der USA aber war dramatisch.

CBS-Geschäftsführer Leslie Moonves prägte den zynischen Satz, der »Zirkus« um Donald Trump möge zwar nicht gut für Amerika sein, aber »verdammt gut für CBS«. Auch die Verantwortlichen der anderen drei großen, privaten Fernsehnetzwerke ABC und NBC sahen das offenbar so. Insgesamt sollen die privaten Nachrichtensender einen Rekordumsatz in Höhe von 2,5 Milliarden US-Dollar gemacht haben. So ging 2016 als das ertragreichste Jahr in der Geschichte des US-Kabelfernsehens ein. Selbst die New York Times profitierte letztlich vom schmutzigen US-Wahlkampf: Er soll ihr 40 000 neue Abonnenten eingebracht haben.

Der Journalist Georg Mascolo räumte ein, dass Trump sich als echter Medienprofi erwiesen habe. Er habe jeden Knopf gedrückt, den es zu drücken gab, sagte Mascolo auf der Civis-Konferenz. Er erinnerte daran, dass Trump sogar selbst in den Morning-Talkshows angerufen habe und kurz darauf live auf Sendung gewesen sei. Schrill, laut, unterhaltsam: So habe er die Wahl in den USA gewonnen. »Diese Tendenz gibt es auch bei uns: das Laute und Schrille zu belohnen, die Vereinfachung zu suchen, uns lieber für eine schrille Position zu entscheiden als für eine, von der wir wissen, dass sie eigentlich vernünftiger ist«, gab Mascolo selbstkritisch zu bedenken.

Dazu müssten Journalisten aber ihr Selbstverständnis überdenken und die Kriterien, nach denen sie ihre Nachrichten auswählen. Denn das Selbstverständnis vieler Journalisten lautet noch immer: Probleme benennen, auf Missstände hinweisen und über Skandale berichten. Positive Entwicklungen in der Gesellschaft kommen dabei zu kurz. Und wann ist eine Nachricht überhaupt eine Nachricht? Erst dann, wenn sie eine Ausnahme von der Regel darstellt – oder zumindest als solche empfunden wird.

Meistens sind es deshalb negative Ereignisse, über die die Medien berichten: Kriege, Terroranschläge, Unfälle, Krisen und andere Katastrophen. So kommt es, dass über die meisten Länder der Welt nur dann berichtet wird, wenn es dort zu Unruhen, Kriegen oder anderen Verwerfungen jeglicher Art kommt. Viele Länder bleiben »weiße Flecken« in der Berichterstattung. Bei manchen Medienkonsumenten kann das den Eindruck erwecken, dass es in den Ländern, aus denen berichtet wird, nur Krisen und Katastrophen gibt. Das stimmt natürlich nicht. Aber das lässt sich auch auf das Inland übertragen. Die Berichterstattung über Berlin-Neukölln kann bei unbedarften Medienkonsumenten den Eindruck erwecken, dies sei eine No-go-Area für alle, die nicht türkischer und arabischer Herkunft sind. Umgekehrt kann die intensive Berichterstattung über Pegida in Dresden den Eindruck erwecken, ganz Dresden sei für auswärtige Besucher, insbesondere für Muslime, ein gefährliches Pflaster. Beides wäre grob übertrieben. Aber je mehr es an persönlichen Erfahrungen aus eigener Anschauung fehlt, die einen solchen Eindruck zerstreuen könnten, desto mehr laufen Menschen Gefahr, auf medial erzeugte Zerrbilder hereinzufallen. Und zu diesen Zerrbildern tragen nicht mehr nur Boulevardblätter, sondern mittlerweile auch seriöse Medien bei. Oder Autoren, die mit ihren Büchern populäre Ängste befördern.

Viele Medien, Journalisten und Autoren folgen dem Motto »Only bad news are good news!« Schlechte Nachrichten erhöhen die Aufmerksamkeit des Publikums – und steigern die Auflagen und Einschaltquoten. Um die Aufmerksamkeit auf das eigene Medium zu lenken, werden selbst Banalitäten zuweilen zu Skandalen und Nichtigkeiten zu Eilmeldungen aufgeblasen. Es wäre falsch, deshalb nur auf Boulevardblätter zu schimpfen, und andere Medien in Schutz zu nehmen, die den gleichen Reflexen folgen. Es wäre auch falsch, das »gute« Buch gegen das »böse« Internet auszuspielen. Die Boulevardisierung hat längst auch den Buchmarkt erfasst, wie sich an den Bestsellern ablesen lässt. Bücher mit Titeln wie *Deutschland in Gefahr* (Rainer Wendt), *Deutschland ist bedroht* (Düzen Tekkal), *Deutschland schafft sich ab* (Thilo Sarrazin) und *Finis Germania* (Rolf-Peter Sieferle) verkaufen sich einfach zu gut.

Der Journalist Harald Schumann (Ex-Spiegel, Tagesspiegel) weist auf einen anderen wichtigen Punkt hin. »Medien spiegeln die Machtstrukturen unserer Gesellschaft«, betont er.[25] Das wirke sich auf ihre Berichterstattung aus. Es seien »ganz einfache Mechanismen«, die dazu führten, dass Journalisten heute »ganz überwiegend nur affirmativ die Verlautbarungen der Mächtigen oder belanglose Unterhaltung« produzieren würden. Zum Teil sei es banaler Opportunismus, zum Teil »implizite Korruption« – also die Aussicht auf exklusive Einladungen, höhere Honorare und das Gefühl, zum Kreis der Einflussreichen zu gehören –, die Journalisten dazu verführe, sich mit den Mächtigen gemein zu machen.

Zum Teil sei es aber etwas komplizierter: Politiker bräuchten die Medien – aber Journalisten brauchen auch eine Geschichte. »Daraus entwickeln sich Abhängigkeiten und korrumpierte Beziehungen«, sagt Schumann. Denn im Gegenzug für exklusive Informationen oder Statements verlören manche Journalisten ihre »Beißhemmung« – einfach, weil sie es sich nicht mit ihren Informationsgebern verscherzen wollten.

Zudem hat die Zahl der Journalisten, die von ihrer Arbeit leben können, in den letzten Jahren abgenommen. Zugleich hat die Zahl der PR-Schreiber, die im Auftrag von Firmen, Parteien oder Regierungen arbeiten, zugenommen. Viele Journalisten hätten heute wegen der Arbeitsverdichtung, kaum noch Zeit für echte Recherche, klagt Schumann. So wachse die Gefahr, dass »Artikel oft aus Meldungen der Nachrichtenagenturen, Pressmitteilungen und Anrufen bei Pressesprechern kompiliert werden.« Schumanns ernüchterndes Fazit: In vielen Medien fehle es schlicht an Zeit, um guten und kritischen Journalismus zu betreiben. Diese Gleichförmigkeit der Berichterstattung und Konformität der Meinungen wiederum hinterlassen bei vielen den Eindruck, es gebe einen medialen Einheitsbrei. Das sei ein Grund, warum Menschen ihr Vertrauen in Medien verlieren. Der renommierte Reporter Hans Leyendecker sprach schon vor Jahren missbilligend vom »Rudeljournalismus«.[26]

Die Verlagerung des Medienkonsums ins Netz hat diese Tendenz noch verschärft. Denn der Anspruch vieler Zeitungen und Sender, um jeden Preis als Erstes zu berichten, geht zu Lasten der Qualität. Dieser Wettbewerb habe auch die Abhängigkeit vieler Journalisten von bestimmten Politikern und anderen Informanten als Quellen verschärft, meint Schumann.

Im Netz führt es zu dem Phänomen, das Fachleute »Clickbaiting« nennen: »Klickfischen«, die Jagd nach möglichst viel Reaktion im Netz. Online-Medien produzieren gezielt Geschichten, die eine hohe Reichweite versprechen, die viel »geklickt« werden und »viral gehen«. Das sind etwa Geschichten, in denen Ausländer, Flüchtlinge oder Muslime vorkommen, vorzugsweise als Straftäter oder sonstiges Ärgernis. Dafür werden dann auch mal die Überschriften so formuliert, dass sie den Inhalt des Artikels verdrehen, oder Fakten werden gezielt weggelassen. Ziel ist es, spontane Empörung zu erzeugen. Der kritische Medienblog »Bildblog.de« spricht von »Klickfischen am rechten Rand«.[27] Und er hat festgestellt: Die Online-Redaktionen von *Bild*, *Welt* und *Focus* seien auf diesem Gebiet »die absoluten Profis.«

Ihnen gelingt es, dass ihre Artikel zu den Themen »Ausländer«, »Flüchtlinge« und »Islam« auf Facebook, Twitter und Google+ ähnlich oft geteilt, verlinkt oder geliked werden wie solche aus rechten Randmedien wie *Tichys Einblick*, *Epoch Times* und *Compact*. Kein seriöses Medium kann da mithalten.

In Zeiten einer Medienkrise, in der vielen Medien das ökonomische Fundament wegbricht, stellt es für viele erst recht eine Verlockung dar, auf Populismus zu setzen. Die neuen Möglichkeiten im Internet erlauben es Populisten wiederum, auf die politischen Debatten viel unmittelbarer Einfluss zu nehmen als zuvor. Sie müssen nicht mehr darauf warten, dass Journalisten bei ihnen anrufen und sie um ein Statement bitten. Sie können dadurch viel besser selbst bestimmen, wann sie mit welcher Botschaft an die Öffentlichkeit treten.

Hinzu kommt: Wer die Nachrichten auswählt, und wer die Themen der Talkshows setzt, über die gesprochen wird, hängt stark davon ab, wer in den Redaktionen das Sagen hat. Und das sind immer noch oft Männer im mittleren Alter, die aus der Mittelschicht stammen. Was sie als wichtig erachten, ist das, was im Zentrum der Berichterstattung steht. Alles andere gilt als Thema für Randgruppen.

Denn Medien in Deutschland sind auch in ihrer personellen Zusammensetzung nicht einfach ein Spiegel der Gesellschaft. Auch hier gibt es soziologische Verzerrungen, sodass bestimmte Gruppen über- und andere unterrepräsentiert sind. Das prägt das Bild, das Medien von der Welt zeichnen.

Mehr als neunzig Prozent aller Journalisten in Deutschland entstammen der Mittelschicht und besitzen keinen Migrationshintergrund. Zu Flüchtlingen, Muslimen, Migranten und anderen Angehörigen benachteiligter Gruppen oder Schichten, über die sie gelegentlich berichten oder diskutieren, haben sie selbst oft wenig bis keinen persönlichen Kontakt. Sie mögen auch Abstiegssorgen oder Angst vor der Zukunft haben, schließlich leben gerade freie Journalisten nicht in Saus und Braus. Aber die Sorgen und Zukunftsängste eines Hartz-IV-Beziehers oder eines Tagelöhners im Niedriglohnsektor sind ihnen dennoch meist fremd. Und wenn sie sich vor politisch motivierter Gewalt fürchten, dann eher vor einem islamistischen Terroranschlag als vor rechter Gewalt. Denn die richtet sich viel öfter gegen Menschen, die Flüchtlinge oder Migranten sind, oder die eine dunkle Hautfarbe haben. Erst seit Pegida und die AfD begonnen haben, gegen die »Lügenpresse« zu pöbeln, und seit Journalisten auf Demonstrationen angegriffen wurden und nach kritischen Kommentaren über die AfD kübelweise Hasspost erhielten, hat die Sensibilität dafür zugenommen, dass die rechten Populisten die Grundlagen unseres Zusammenlebens und unserer Demokratie bedrohen.

Doch es bleibt die Perspektive einer privilegierten und monokulturellen Mittelschicht, die in der Berichterstattung der meisten Medien dominiert. Erst in den letzten Jahren sind mehr Frauen in die Führungsetagen großer Medienhäuser aufgestiegen, sind mehr homosexuelle Journalistinnen und Journalisten sichtbar geworden und mehr Journalisten mit einer Einwanderungsgeschichte in den Vordergrund gerückt. Noch immer aber kann man Chefredakteurinnen und Intendantinnen der öffentlich-rechtlichen Sender an einer Hand abzählen, allen wohlmeinenden Journalistinnen-Initiativen wie »Pro Quote« zum Trotz. Wie weit der Weg noch ist, zeigte die ZEIT, als sie sich 2013 zunächst einmal eine Frauenquote von nur dreißig Prozent für ihre Führungspositionen verschrieb. Und damit ist sie schon Avantgarde. Denn viele Redaktionen in Deutschland gleichen noch heute einer Parallelgesellschaft, in der Männer den Ton angeben, Frauen nur eine Nebenrolle spielen und Menschen mit Migrationshintergrund praktisch nicht anzutreffen sind. Das sollte man immer berücksichtigen, wenn man die Nachrichtenauswahl und die Themensetzung dieser Medien betrachtet.

Wie das in Parallelgesellschaften so ist, hat man da manchmal einen Tunnelblick auf die Welt. Und weil es an persönlichen Kontakten in andere, prekäre Milieus mangelt, sprießen die Vorurteile. Auch manche Journalisten hegen Vorurteile und Ressentiments gegen Hartz-IV-Empfänger, Muslime oder Roma, ihre Bildung schützt sie nicht davor. Und manche von ihnen sind Überzeugungstäter, die selbst rechtspopulistische Thesen vertreten.

Claus Strunz etwa, der regelmäßig im Sat.1-Frühstücksfernsehen seine Kommentare spricht, fiel nicht erst im »Kanzlerduell« 2017 mit populistischen Parolen auf. Der Boulevardjournalist und Ex-Chefredakteur der *Bild-Zeitung* moderiert heute bei dem Privatsender eine Sendung, die ausgerechnet »Faktencheck« heißt. In einem Kommentar zum Streit um die Essener Tafel, die für ausländische Bedürftige im Februar 2018 einen Aufnahmestopp verhängte, machte Strunz Bundeskanzlerin Merkel für alle Übel verantwortlich und titulierte sie demagogisch als »Mutti«, die sich liebevoll um Flüchtlinge kümmere, aber »die aufmüpfigen Deutschen« streng abkanzele. Sein Kommentar war »ein Feuerwerk an AfD-Sprache und rechter Phrasendrescherei«, kommentierte die *Frankfurter Rundschau*. Eifrig wurde er in rechten sozialen Netzwerken geteilt.[28]

Auch im öffentlich-rechtlichen Rundfunk bedienen manche Journalisten den digitalen Stammtisch. Der langjährige ZDF-Journalist Peter Hahne ist so ein Fall. Bis zu seiner Pensionierung im Dezember 2017 moderierte der Ex-Nachrichtensprecher die nach ihm benannte Sonntags-Talksendung »Peter Hahne«. Kurz vor seiner Pensionierung drehte Hahne noch einmal auf. Im September 2017 lud er den Ex-Chefredakteur des *Focus*, Ulrich Reitz, und den Psychiater Christian Peter Dogs zu sich ein. Reitz bezeichnete den Islam pauschal als »zwielichtig«. Dogs setzte noch einen drauf, indem er die Flüchtlinge eine »Zeitbombe« nannte, die ein »irres Gewaltpotential« mitbrächten. »Da ist nichts zu integrieren«, meinte er.

Peter Hahne hetzt aber auch selbst gerne mal. In einer Talkshow der Kollegin Sandra Maischberger war er Ende 2017 zu Gast und behauptete dort, es gäbe »in Berlin keinen Polizisten, der die AfD nicht gewählt hat«, wofür er sein vollstes Verständnis bekundete. »Die Politiker« seien von der Gesellschaft entrückt und würden ihre Kinder alle auf Privatschulen schicken, schürte er das populäre Ressentiment. Diese Szenen mit Peter Hahne aus beiden Sendungen wurden auf rechten Webseiten häufig geteilt. Denn auch wenn viele Anhänger von AfD und Pegida die »Lügenpresse« und den »Staatsfunk« eigentlich ablehnen, so freuen sie sich doch, wenn sie ihre Vorurteile und Ressentiments in den etablierten Medien bestätigt sehen.

Doch es ist ein ungleiches Verhältnis. Während die meisten »Mainstream-Medien« zumindest mit dem einen oder anderen Autor oder mit Thesen aufwarten, die auch bei der AfD-Klientel Zustimmung finden, gibt es im Paralleluniversum der rechten Medien niemanden, der dem rechten Konsens widerspricht. Es ist ein selbstreferentielles System, das keine Gegenstimmen kennt: eine geschlossene Echokammer.

8 Rechte Echokammern: Die Vordenker des Völkischen

Der Populismus ist eine »dünne Ideologie«. Er kann sich im Prinzip mit jeder politischen Strömung und Ideologie verbinden. Dass sich die AfD einmal mit der islamfeindlichen Pegida-Bewegung und der Neuen Rechten verbünden würde, war nicht von Anfang an abzusehen. Als Bernd Lucke 2013 die AfD gründete, sollte sie eine Sammlungsbewegung für alle sein, die vom Eurorettungskurs der schwarzgelben Koalition unter Angela Merkel enttäuscht waren. Anfangs war die AfD eine neoliberale Honoratiorenpartei, angeführt von Wirtschaftsprofessoren wie Lucke, Joachim Starbatty und Jörg Meuthen, sowie dem ehemaligen Präsidenten des Bundesverbands der deutschen Industrie, Hans-Olaf Henkel. Gegenüber Rechtsradikalen war man auf Abstand bedacht. Lucke verhängte 2013 sogar einen Aufnahmestopp für Mitglieder der islamfeindlichen Kleinpartei »Die Freiheit«, die sich damals gerade wegen Erfolglosigkeit aufgelöst hatte. Doch es kam bekanntlich anders.

Mittlerweile sind alle Dämme gegen rechts gebrochen. Selbst zu ausgewiesenen Rechtsradikalen, wie der »Identitären Bewegung« und dem Umfeld der NPD, hält die AfD heute keine Distanz mehr. Ihr Gründervater Hans-Olaf Henkel klagte schon 2015 selbstkritisch, er hätte »ein Monster geschaffen«, eine »NPD light«.[1] Doch der Rechtsruck hat der AfD nicht geschadet, im Gegenteil. Bei Wahlen eilte sie, insbesondere im Osten, von Erfolg zu Erfolg. Es hat ihr geholfen, dass sie an gewachsene Strukturen andocken konnte, die über lange Jahre hinweg entstanden sind.

Innerhalb der AfD bilden die »Patriotische Plattform« und die Gruppe »Der Flügel« heute das Bindeglied zur Neuen Rechten. Das sind jene Teile der Partei, die nicht nur EU-feindliche und antimuslimische, sondern auch dezidiert völkisch-nationalistische und geschichtsrevisionistische Positionen vertreten. Mit der »Erfurter Resolution« von 2015, die sich gegen den damaligen Parteichef Bernd Lucke richtete, traten sie erstmals öffentlich in Erscheinung. In der »Erfurter Resolution« heißt es, die AfD solle sich als Partei der »Bewegung unseres Volkes gegen die Gesellschaftsexperimente der letzten Jahrzehnte« und als eine »Widerstandsbewegung gegen die weitere Aushöhlung der Souveränität und Identität Deutschlands« verstehen.[2] Mit der »Erfurter Erklärung« suchten die Unterzeichner den Schulterschluss zu Pegida und der Neuen Rechten.

»Der Flügel« wird von Thüringens AfD-Chef Björn Höcke und André Poggenburg aus Sachsen-Anhalt angeführt. Die »Patriotische Plattform« tritt darüber hinaus für einen Austritt Deutschlands aus der EU ein, für einen »Dexit«. Die »Brüsseler Diktatur« sei eine Art Fremdherrschaft und diene der »Amerikanisierung« Europas, heißt es auf der Webseite der »Patriotischen Plattform«. Ihr Sprecher ist der rumäniendeutsche Islamwissenschaftler Hans-Thomas Tillschneider. Aufgrund ihrer Verbindungen zu rechtsextremen Milieus der Burschenschaften und der »Identitären« erwägt der Verfassungsschutz, zumindest diesen Teil der Partei beobachten zu lassen. Für den Berliner Politologen Hajo Funke ist er ein »Kampfverband zur Durchsetzung rechtsradikaler Positionen in der AfD«.[3]

Durch die Wahlerfolge in Sachsen, Thüringen und in Brandenburg, mit denen die AfD im Jahr 2014 in die Landtage einzog, hat sich die Gewichtung in der Partei zugunsten der östlichen Landesverbände verlagert, in denen der völkische Flügel besonders stark ist. Das trug zum Rechtsruck der gesamten Partei bei. Seit 2015 trifft sich der rechte Flügel regelmäßig auf dem Kyffhäuser im Norden Thüringens.[4] Im Jahr 2017 nahm AfD-Chef Alexander Gauland an dem Kyffhäusertreffen teil und hielt eine Rede ganz nach dem Geschmack der Geschichtsrevisionisten. Darin verlangte er, die Deutschen sollten stolz sein auf die »Leistungen« deutscher Soldaten in zwei Weltkriegen, und forderte, bei der Auseinandersetzung mit der NS-Vergangenheit einen »Schlussstrich« zu ziehen. Damit griff Gauland nicht zum ersten Mal die Schlagworte aus dem Wortschatz der NPD auf. Er ging sogar über das hinaus, was in Kreisen der Neuen Rechten sonst so üblich ist. Denn die drücken sich gerne zurückhaltender aus, auch wenn sie das Gleiche meinen.

Spiritus Rector der Neuen Rechten und des völkischen Flügels der AfD ist der Verleger und Publizist Götz Kubitschek. Der Ex-Bundeswehrsoldat besitzt in Schnellroda in Sachsen-Anhalt ein altes Rittergut, das er mit seiner Frau Ellen Kositza und den gemeinsamen Kindern bewohnt. Seit dem Jahr 2000 betreibt er dort eine rechte Denkfabrik mit dem hochtrabenden Namen »Institut für Staatspolitik« und einen Kleinverlag namens »Antaios« (Altgriechisch: »Ich trete dir entgegen«). Seit 2003 gibt Kubitschek die Zeitschrift *Sezession* heraus, ein dünnes Zweimonatsheft. Es ist, wie der gleichnamige Blog, ein Sammelbecken für Salonfaschisten. Die Auflage der *Sezession* ist klein, etwas mehr als 2000 Hefte verschickt Kubitschek alle zwei Monate an seine Abonnenten. Auf YouTube wendet sich seine Gattin Ellen Kositza über den »Kanal Schnellroda« mit Buchbesprechungen an ihre Fans. Viele sind es nicht, der Kanal verzeichnet gerade mal ein paar Tausend Abonnenten. Außerdem entsteht seit 2004 in Schnellroda mit der *Blauen Narzisse* eine Art rechtes Jugendmagazin, das auch in überschaubarer Auflage erscheint.

Kubitschek und Björn Höcke sind Weggefährten und alte Duzfreunde, die sich seit vielen Jahren kennen. Höcke bezeichnete die Pamphlete aus Schnellroda einmal als sein »geistiges Manna«, gibt der *Sezession* demonstrativ Interviews und trat Ende 2015 am »Institut für Staatspolitik« auf, wo er in einer eindeutig rassistischen Rede (er sprach von unterschiedlichen biologischen »Ausbreitungsytpen«) gegen Einwanderung aus anderen »Kulturräumen« polemisierte. Der Auftritt war eine bewusste Provokation auch für die eigene Parteiführung. Denn Kubitschek und seine Frau hatten kurz zuvor einen Antrag auf Aufnahme in die AfD gestellt, den der damalige Bundesvorstand ablehnte: Es war ihm zu heikel. Bis heute ruht der Aufnahmeantrag. Kubitscheks Einfluss, speziell auf die ostdeutschen AfD-Verbände, schmälerte das jedoch nicht.

In Kubitscheks Antaios-Verlag sind Übersetzungen von Star-Autoren der französischen, völkischen »Nouvelle Droite« erschienen, von Renaud Camus (*Revolte gegen den Großen Austausch*) und Jean Raspail (*Heerlager der Heiligen*). Beide Autoren fantasieren von einer »Invasion« und einem »Austausch« der »europäischen Stammvölker« durch »außereuropäische Einwanderer«: Es ist dasselbe Leitmotiv, das bei Kubitschek und anderen Autoren der *Sezession* immer wieder anklingt. Die verbalen Gewaltfantasien, die sich hinter Vokabeln wie »Widerstand« und »Notwehr« verbergen, muss man auf der Folie realer rechter Gewalt gegen Migranten und Muslime, Flüchtlinge und deren Helfer lesen.

Im Oktober 2015 veröffentlichte die *Sezession* das juristische Traktat »Zum politischen Widerstandsrecht der Deutschen« des rechtsextremen Juristen Thor von Waldstein.[5] Dieser berief sich auf Artikel 20 Absatz IV des Grundgesetzes, den sogenannten Widerstandsparagraphen, und schlug Sabotageaktionen vor, um die Unterbringung von Asylbewerbern zu verhindern. Man könne die Busse lahmlegen, um Flüchtlinge – in seinen Augen schlicht »Illegale« – auf dem Weg zu ihren Unterkünften aufzuhalten und die Zufahrtsstraßen oder die Strom- und Wasserzufuhr blockieren. Wenige Monate später blockierte ein grölender Mob die Zufahrtsstraßen zu einem Flüchtlingsheim im sächsischen Clausnitz und versuchte, die verängstigten Fahrgäste am Aussteigen zu hindern. Die Bilder sorgten für Empörung, aber nur wenige bemerkten, dass die Täter damit nur das in die Praxis umsetzten, was ihnen die *Sezession* empfohlen hatte.[6]

Auch der türkischstämmige Krawallautor Akif Pirinçci hat bei Antaios eine neue publizistische Heimat gefunden. Nachdem dieser mit einem Blogbeitrag für die »Achse des Guten« 2013 für Aufsehen gesorgt hatte, weil er von einem heimlichen Bürgerkrieg der Migranten gegen die einheimische Bevölkerung deliriert hatte, kam er beim rechten Manuscriptum-Verlag unter. Seine Bücher wie *Deutschland von Sinnen* und *Die große Verschwulung* wurden trotz – oder gerade wegen – ihres obszön-rüpelhaften Tons zu Bestsellern. An weiteren Elaboraten wie *Akif auf Achse* oder *Umvolkung* sicherte sich Antaios die Rechte. Die anderen Autoren der *Sezession* vermeiden solch plumpe Hetze, drücken sich eher gestelzt aus und werfen vornehm mit Zitaten von Heidegger, Nietzsche und Carl Schmitt um sich. Doch ihr Denken ist nicht weniger antidemokratisch und rassistisch als das des Pöblers Pirinçci.

Antaios schärft damit sein Profil als führender Verleger der völkischen Rechten. Kubitscheks erster Auftritt bei der Frankfurter Buchmesse 2017, bei dem er seinen Freund Björn Höcke stolz über das Messegelände führte, geriet gleich zu einer Machtdemonstration. Dass ein Auftritt des »Identitären« Martin Sellner und des Ex-Neo-nazi Mario Müller wegen Gegendemonstranten in Tumulten unterging, wusste Götz Kubitschek in einen Sieg zu verwandeln. Einerseits freute er sich, dass sein Verlag »in Relation zur Standfläche die meiste Aufmerksamkeit« erhalten habe, wie er meinte.[7] Andererseits konnte er sich wieder lauthals als Opfer angeblicher Ausgrenzung gerieren.

Ein Coup gelang dem Verlag auch mit dem postum veröffentlichten Buch *Finis Germania* des Historikers Rolf Peter Sieferle, der im Alter immer kulturpessimistischer und radikaler geworden war und sich schließlich 2016 das Leben genommen hatte. Dass ein *Spiegel*-Redakteur das Buch auf eine Empfehlungsliste der »Sachbücher des Monats« vom NDR und der *Süddeutschen Zeitung* hievte, indem er ihm regelwidrig alle zu vergebenden Punkte gab, sorgte in der Branche für einen Skandal. Der Fall zeigte, dass es auch in vermeintlich linksliberalen Verlagshäusern versteckte Sympathien für rechtsradikales Gedankengut gibt. Denn Sieferles postume Sammlung von Polemiken und Glossen trieft vor völkischen, revisionistischen und antisemitischen Mustern, wenn er beispielsweise den Holocaust als »Mythos« bezeichnet und raunt, der Völkermord sei wie »der Multikulturalismus« zu einer »Staatsreligion« geworden, die verhindere, dass Deutschland seine eigenen Interessen verfolge und sich vor angeblich drohender »Überfremdung« schütze. Da liegt das unter Rechtsextremisten beliebte Wort vom »Schuldkult« nicht mehr fern.

Sieferle käute damit die Standardthesen der Neuen Rechten wieder. Diese leugnen den Holocaust nicht mehr, sie relativieren ihn aber und schmähen die deutsche Erinnerung an die NS-Zeit als einen Masochismus, der dem Entstehen einer »selbstbewussten Nation« im Wege stehe. Die völkisch-nationalistischen Vordenker der Weimarer Zeit wie Carl Schmitt und Oswald Spengler werden davon freigesprochen, der nationalsozialistischen Diktatur und dem Völkermord an den Juden den Weg bereitet zu haben. Stattdessen wird mit der »Phantasmagorie einer konservativen Revolution«, wie es der Historiker Volker Weiß nennt, an der »Legende einer bedeutenden, dem Nationalsozialismus gegenüber unempfänglichen Strömung innerhalb der deutschen Rechten« gestrickt.[8] Bewusst stellt sich diese »neue«, völkische Rechte in die Tradition des konservativen und nationalistischen Widerstands gegen Adolf Hitler. Davon zeugt die

»Wirmer-Flagge«, die bei Demonstrationen von AfD und Pegida häufig geschwenkt wird: Das schwarze Kreuz auf rot-goldenem Grund ist ein Entwurf des katholischen Juristen und Widerstandskämpfers des 14. Juli 1944, Josef Wirmer, und ist für die Neue Rechte heute Symbol eines besseren, »Geheimen Deutschlands«.

Mit einem vermeintlich hohen intellektuellen und elitären Anspruch sucht man, sich von den »tumben« Neonazis mit ihren Hakenkreuzen und Reichskriegsflaggen abzugrenzen. Das Konzept des »Ethno-Pluralismus« soll vor dem Vorwurf des Rassismus schützen. Denn statt die biologische Überlegenheit einer angeblichen »Herrenrasse« zu propagieren, geben die Wortführer der Neuen Rechten vor, von einer prinzipiellen Gleichwertigkeit der Völker auszugehen, die aber bitte in ihren »angestammten Lebensräumen« bleiben sollen. Mit dem Glauben an ethnisch homogene »Völker«, die sie mit bestimmten geographischen »Kulturräumen« verbunden sehen, steht aber auch die Neue Rechte ganz in einer völkisch-rassistischen Denktradition, die Individualismus und kulturelle Vielfalt ablehnt.

Antaios ist freilich nicht der einzige Verlag, der das neurechte Spektrum bedient. Der gediegen rechtsradikale Verlag Manuscriptum brachte kurz darauf ein weiteres Buch von Rolf Peter Sieferle mit dem Titel *Das Migrationsproblem* heraus, das er umgehend mit der Aura des angeblichen »Verbotenen« bewarb. Ansonsten verlegt der Verlag des »Manufactum«-Versandhaus-Gründers und Ex-Grünen Thomas Hoof noch Bücher der AfD-Publizisten Michael Klonovsky, Alexander Gauland und Nikolaus Fest, des ehemaligen brandenburgischen CDU-Innenministers Jörg Schönbohm und des wie Hoof selbst von links nach rechts gewanderten Schriftstellers Frank Böckelmann.

Böckelmann wiederum verantwortet die Zeitschrift *Tumult*, in deren Förderkreis Hoof sitzt. Die Zeitschrift war in den Siebzigerjahren einmal von Autoren des Merve Verlags gegründet worden, der maßgeblich dazu beitrug, Philosophen wie Michel Foucault, Jacques Derrida und Jean Baudrillard in Deutschland bekannt zu machen. Böckelmann öffnete seine Zeitschrift zuletzt jedoch für neurechte Autoren wie Rolf Peter Sieferle und gab ihr 2013 den Beinamen »Vierteljahresschrift für Konsensstörung«. Andere Autoren kündigten bald darauf ihre Mitarbeit auf, es kam zur Spaltung. »Offensichtlich war im Lauf der Jahrzehnte der Drang zur Dekonstruktion einem massiven Bedürfnis nach Restauration gewichen«, kommentiert der Historiker Volker Weiß Böckelmanns Werdegang.[9] Der ehemalige 68er Böckelmann sieht das selbst ähnlich: »In den sechziger Jahren war das Überschreiten von Grenzen wichtig«, rechtfertigt er seinen Rechtsschwenk. Heute sei es maßlos geworden. »Da kommt die Sehnsucht nach Zugehörigkeit auf.«[10]

Fragt sich nur: Zugehörigkeit zu was? Die Liste der Thesen, die im Heft abgehandelt werden: Feminismus ist Totalitarismus; Flüchtlinge sind Verbrecher; der deutsche Staat versagt, vor allem in Bezug auf die Flüchtlinge; Achtundsechziger sind (die eigentlichen) Faschisten; Deutschland muss wieder deutsch werden, und die AfD wird gemobbt. Das Heft sei »eine dicke rechte Konsenssuppe«, schreibt der Autor Michalis Pantelouris, »eine mit großen, komplizierten Worten geladene Kanone neurechter Gedankenspielchen«.[11]

Diese Thesen und den völkischen Duktus findet man schon seit Jahrzehnten in der *Jungen Freiheit*. Sie ist das Leitmedium der gar nicht mehr so neuen Rechten. 1986 in Freiburg gegründet, sammelten sich hier zunächst junge, völkisch gesinnte Autoren aus dem Milieu von Burschenschaften und Universitäten, die ernst machen wollten mit jener »geistig-moralischen Wende«, die Helmut Kohl bei seinem Antritt als Bundeskanzler 1982 versprochen hatte, ohne dieses Versprechen wirklich einlösen zu können. Verleger, Chefredakteur, Chefkolumnist und Übervater der *Jungen Freiheit* ist ihr Gründer Dieter Stein, Jahrgang 1967.

Seit 1995 erscheint die *Junge Freiheit* als Wochenzeitung in Berlin. Für Kritiker bildet sie »unter dem Deckmantel des Konservatismus ein Scharnier zwischen Rechtsextremismus und demokratischem Spektrum«, sagt der Potsdamer Politologe Gideon Botsch.[12] Lange galt die *Junge Freiheit* in bürgerlich-liberalen Kreisen als nicht salonfähig. In den Neunzigerjahren wurde sie vom Verfassungsschutz beobachtet, und wer ihr ein Interview gab, musste mit heftiger Kritik rechnen. Zahlreiche ultrakonservative Professoren und prominente Rechtskatholiken wie der Dominikanerpater Wolfgang Ockenfels und die fundamentalistische Abtreibungsgegnerin Gabriele Kuby schrieben dennoch regelmäßig für das Wochenblatt.

»Ich habe die Zeitung immer als Teil einer politischen Entwicklung verstanden, die das Ziel hat, publizistisch die Gewichte zugunsten der konservativen Seite zu verschieben«, sagte Dieter Stein einmal.[13] Das ist ihm offensichtlich gelungen. »Das im Verbindungsmilieu angesiedelte Studentenblatt entwickelte sich im Laufe von 30 Jahren zum wichtigsten Organ der Neuen Rechten«, resümiert Volker Weiß.[14] Inzwischen hat sich die *Junge Freiheit* zur inoffiziellen Parteizeitung der AfD entwickelt. Der AfD-Übervater Alexander Gauland verlieh ihr einmal sogar höchste Weihen: »Wer die AfD verstehen will, muss die *Junge Freiheit* lesen.«[15]

Mehrere ehemalige Autoren der *Jungen Freiheit* sind heute Abgeordnete oder Sprecher bei der AfD. Mit dem Aufstieg der AfD stieg auch die Auflage der *Jungen Freiheit* steil an. Die geprüfte Auflage der Wochenzeitung lag 2017 bei 27 000 Exemplaren. Mit ihren gut zwei Dutzend Mitarbeitern soll sie zuletzt 3,5 Millionen Umsatz und einen Gewinn von mehr als 100 000 Euro gemacht haben.[16]

Parallel zur Spaltung der AfD in eine eine rechtspopulistische und eine völkisch-radikale Strömung kam es zum Bruch zwischen der *Jungen Freiheit* und Götz Kubitschek.

Während der Herausgeber der Zeitschrift Dieter Stein und der Historiker Karl-Heinz Weißmann, der als intellektueller Vordenker der Neuen Rechten gilt und einst mit Kubitschek das »Institut für Staatspolitik« gegründet hatte, einen realpolitischen Kurs bevorzugen, hat sich Kubitschek radikalisiert. Stein beklagte öffentlich den zunehmend aggressiven Stil der *Sezession* und des »Instituts« in Schnellroda und warf Kubitschek vor, er grenze sich nicht genug von Neonazis ab. Kubitschek wiederum findet, dass sich die *Junge Freiheit* zu sehr an den liberalen Mainstream anpassen würde. Während sie sich an die eher bürgerlichen Galionsfiguren der AfD – zuerst Bernd Lucke und heute Jörg Meuthen und Beatrix von Storch – hält, bekennt Kubitschek sich zu Björn Höcke und André Poggenburg und sympathisiert mit der »Identitären Bewegung« sowie italienischen Neofaschisten. Dieter Stein warnt zwar, dass dies bürgerliche Wähler abschrecken und den Erfolg der AfD gefährden könnte, der Dissens scheint aber eher strategischer Natur zu sein. Denn auch wenn sich der Ton der *Jungen Freiheit* gemäßigt hat: »Sie bleibt entschiedenes Sprachrohr einer radikal nationalistischen Opposition, der es um eine fundamentale Veränderung der gesellschaftlichen, politischen und kulturellen Verhältnisse in Deutschland geht«, wie Gideon Botsch vom Moses Mendelssohn Zentrum für europäisch-jüdische Studien der Universität Potsdam warnt.[17]

Aus dem Dunstkreis der *Jungen Freiheit* geht auch das Magazin *Cato* hervor, das seit September 2017 alle zwei Monate erscheint und den Anspruch erhebt, ein bürgerlich-rechtskonservatives Publikum zu erreichen. Chefredakteur ist der Literaturwissenschaftler und studierte Philosoph Andreas Krause Landt, der sich nun Andreas Lombard nennt. Zuvor arbeitete er bei Manuscriptum, nun betreibt er einen eigenen Verlag. Ihm steht der Historiker Karl-Heinz Weißmann als Berater zur Seite, der intellektuelle Kopf der *Jungen Freiheit*. Es ist eine Mischung aus einem Coffee-Table-Magazin für Liebhaber konservativer Essayistik und einer Hochglanz-Ausgabe des AfD-Programms. Der Tonfall des Heftes »sei geeignet, sämtliche Zielgruppen vom unzufriedenen Bildungsbürger bis zum verschwörungstheoretisch angehauchten Rechtsaußen zufrieden zu stellen«, urteilte die *ZEIT* nach der Lektüre.[18] Für die Befriedigung rechter Ressentiments bürgen notorische Krawallpublizisten wie der AfD-Politiker Nikolaus Fest und Matthias Matussek, die zu den ersten Autoren des noch jungen Blattes gehören.

Seit 2004 vergibt die *Junge Freiheit* einen mit 5 000 Euro dotierten Preis, den sie nach dem 2002 verstorbenen, stramm antikommunistischen ZDF-Journalisten Gerhard Löwenthal benannt hat. Gewöhnlich wird der Preis an Autorinnen und Autoren vergeben, die im eigenen Blatt schreiben. Auch *Cato*-Chefredakteur Andreas Lombard gehört zu der Riege der neurechten Preisträger. Manche davon sind insbesondere im christlich-fundamentalistischen Kreisen populär, so wie die Rechtskatholikin und Antifeministin Birgit Kelle. Kelle bekam den Preis im Jahr 2013. Damit schlägt die *Junge Freiheit* eine Brücke zu fundamentalistischen Christen, die auch in der AfD eine Heimat haben.

Die »Zivile Koalition« von Beatrix von Storch, der stellvertretenden Bundesvorsitzenden der Partei, ist das christlich-fundamentalistische Standbein, auf dem die AfD gründet. Das Netzwerk propagiert ein erzkonservatives Familien- und Rollenbild und war von Anfang an ein wichtiger Bündnispartner der AfD-Gründer, wie der Soziologe Sebastian Friedrich betont.[19] Es führt Kampagnen gegen die »Ehe für alle« und gegen Sexualaufklärung in der Schule an und zieht gegen die rechtliche Gleichstellung von Homosexuellen und Frauen sowie »Gender-Mainstreaming« zu Felde. Nach eigenen Angaben beteiligte sich das Netzwerk an der »Demo für Alle«, die sich seit 2015 gegen den Bildungsplan der grün-roten Regierung in Baden-Württemberg richtete. Und es nimmt am »Marsch für das Leben« teil, bei dem radikale Abtreibungsgegner mit weißen Kreuzen durch deutsche Großstädte ziehen. Beide Aktionen haben breite Resonanz im christlichfundamentalistischen Milieu gefunden. Dabei handelt es sich bei der »Zivilen Koalition« im Grunde um einen Familienbetrieb: Alle sieben Gründungsmitglieder gehören zur Familie von Beatrix von Storch, dem Haus Oldenburg, wie die *FAZ* recherchierte.[20]

Mit ihrem Ehemann, dem deutsch-chilenischen Kaufmann Sven von Storch, betreibt die AfD-Politikerin seit 2009 unter anderem den Blog »Freie Welt«. »Auf freiewelt.net traf sich das Vor-AfD-Milieu und wagte Provokationen und Polemiken, die kein seriöses Medium publiziert hätte«, schrieb der *Spiegel* einmal. »Hier pflegten Eurogegner ihre Angst vor dem Zerfall der Währung, hier schrieben Abtreibungsgegner und Antifeministen gegen den vermeintlichen Niedergang der traditionellen Familie an.«[21] Daran hat sich bis heute nicht viel geändert. Auch Atomkraft-Lobbyisten, die am wissenschaftlichen Konsens zu Klimawandel und Erderwärmung zweifeln, finden auf freiewelt.net ein Forum.

Neuerdings produziert Beatrix von Storch mit »Freie Welt TV« eine eigene Sendung, die auf YouTube verbreitet wird. Ein Massenpublikum erreicht sie damit nicht: Der Sender hat nur 2 000 Abonnenten, das meist gesehene Video verzeichnet dabei gerade mal 30 000 Aufrufe. Der Name der Sendung, »Das ganze Bild«, erinnert aber nicht zufällig an die Sendung »Der fehlende Part« des russischen Staatssenders »Russia Today Deutsch«. Er suggeriert, dass hier eine breitere Perspektive als in den »Mainstream-Medien« präsentiert würde. Es sollte aber wenig verwunderlich sein, dass das Gegenteil der Fall ist, denn Beatrix von Storch lädt nur Gleichgesinnte ein: den libanesischen Islamhasser Imad Karim, den britischen Rechtspopulisten Nigel Farage, den Putin-Apologeten Thomas Fasbender oder den Publizisten Matthias Matussek, der seit seinem unrühmlichen Abgang aus der *Welt* über seine früheren Arbeitgeber herzieht.

Bis 2016 schrieb auch die von der *Jungen Freiheit* gefeierte Antife-ministin Birgit Kelle Beiträge für die »Freie Welt«. Bekannt wurde sie 2013 mit ihrem Artikel »Dann mach doch die Bluse zu!«, der in dem Online-Portal »The European« erschien. Damit reagierte Kelle auf die #Aufschrei-Debatte um Alltagssexismus, welche die *Stern*-Journalis-tin Laura Himmelreich nach anzüglichen Bemerkungen des FDP-Po-litikers Rainer Brüderle ausgelöst hatte. Ihr und anderen Frauen warf Kelle vor, übersensibel zu sein, während sie die Männer zu den ei-gentlichen Opfern weiblichen Machtmissbrauchs erklärte. Der Arti-kel fand im Netz große Verbreitung und bescherte Kelle Einladungen in diverse Talkshows, von Maybrit Illner über Sandra Maischberger bis zu Markus Lanz. Zugleich trat Kelle seit 2014 mehrfach bei der »Demo für Alle« in verschiedenen Städten als Rednerin auf, um an der Seite von Evangelikalen und Rechtskatholiken gegen die »Ehe für alle« und gegen die Sexualaufklärung an Schulen zu polemisieren.

Verheiratet ist Birgit Kelle mit dem konservativen Publizisten und Medienunternehmer Klaus Kelle, der seine Karriere bei Zeitungen wie dem *Westfalen-Blatt* und der *Hamburger Morgenpost* begann. Heute schreibt Klaus Kelle Kolumnen und Kommentare für konserva-tive Medien wie die *Welt am Sonntag*, »Focus Online«, die *Rheinische Post* sowie für das private rechtskatholische und rechtspopulistische Online-Portal »kath.net«. Bis zur Bundestagswahl 2017 betrieb er au-ßerdem ein knappes Jahr den kurzlebigen Internet-Blog »The Ger-manz«, mit dem er nach eigener Aussage der angeblich »schweigen-den Mehrheit« eine Stimme geben wollte.

Ein Renegat ist dagegen der Publizist Jürgen Elsässer, der einen bemerkenswerten Werdegang »von schrill links nach schrill rechts« (Volker Weiß) hingelegt hat. Von 1975 bis 2008 schrieb er in linken Medien wie der *Jungen Welt*, *Jungle World*, *konkret* und *Neues Deutschland* und vertrat linksradikale und antiamerikanische Posi-tionen. Im Jugoslawien-Konflikt stellte er sich strikt auf die serbische Seite, das Massaker von Srebrenica lehnte er ab, als Völkermord an-zuerkennen, und schimpfte die Bemühungen in diese Richtung »Lüge« und »Mythos«. Ab 2009 begann er, den Schulterschluss mit der Neuen Rechten zu suchen. Selbst vor der Annäherung an das NPD-Milieu schreckte er nicht zurück.

2010 gründete Elsässer das ultrarechte Magazin *Compact*, das sich mit der Zeit immer mehr zum Sprachrohr von Pegida und der AfD entwickelte, und wurde dessen Chefredakteur. Er selbst trat 2015 als Redner bei Pegida und dem Leipziger Ableger Legida auf. Das Leitmotiv seines »Magazins für Souveränität« lautet: Die USA, »die Zionisten« (um nicht zu sagen: »die Juden«) und Angela Merkel hätten sich gegen das deutsche Volk verschworen. Feminismus, »Klima-Lüge«, »Masseneinwanderung« und »Islamisierung« seien die Mittel, um Deutschland kleinzuhalten und zu »zerstören«. Fraglos ist das *Compact*-Magazin ein Gewinner der Flüchtlingskrise und des Aufstiegs der AfD. Jede Ausgabe verkauft sich im Schnitt etwa 40 000 Mal. Die Facebook-Seite von *Compact* hatte im Mai 2018 rund 94 000 Fans, bei Twitter hatte das Magazin zur gleichen Zeit knapp 14 000 Follower. Auf YouTube produziert man den Wochenrückblick »Compact TV«, der von einer jungen Ansagerin namens Katrin Nolte moderiert wird.

Hass auf Muslime, Medien und Politik und Sympathien für Russlands Wladimir Putin sind der kleinste gemeinsame Nenner, auf den sich die redaktionelle Linie von *Compact* bringen lässt. Dazu kommen klassisch rassistische, homophobe und antisemitische Ausfälle. Je extremer die Formulierungen, desto besser, scheint das Motto des rechtsextremen Boulevardmagazins zu sein. Die plakativen Titelseiten in knalligem Schwarz und Rot, die Merkel mit Kopftuch, Fez, Kaiserkrone oder Hitlerbärtchen und Heiko Maas in Nazi-Uniform zeigen, sind oft schon Aussage genug. Die Bildmontage von Angela Merkel mit Kopftuch wurde auch bei Pegida-Aufmärschen spazieren getragen. Donald Trump, Wladimir Putin und AfD-Politiker wie Alice Weidel werden natürlich deutlich vorteilhafter dargestellt.

Mit dem russischen »Institut für Demokratie und Zusammenarbeit«, eine obskure, dem Kreml nahestehende Denkfabrik, organisierte Elsässer mehrere Konferenzen, für die er prominente Rechtspopulisten und Rechtsextreme als Redner einlud. Auf der *Compact*-Konferenz in Leipzig sprachen 2017 die AfD-Politiker Björn Höcke, der »Identitäre« Martin Sellner und der Pegida-Gründer Lutz Bachmann. Elsässer möchte gerne eine Brücke schlagen zwischen russischen und deutschen Nationalisten. Seine Bemühungen, eine »Querfront« zwischen links und rechts zu schmieden, hat er dagegen weitgehend aufgegeben.

Zu den unwahrscheinlichsten Profiteuren der »Flüchtlingskrise« zählt das mittlerweile nur noch online erscheinende Magazin *Epoch Times*. Das Medium wurde von Aktivisten der 1999 in China verbotenen »Falun Gong«-Bewegung gegründet. Das deutsche Online-Portal gibt es seit 2005 und wird von dem aus Hongkong stammenden Manyan Ng geleitet, der lange Zeit der deutschen Sektion von Falun Gong vorstand. Während des Sommers der Willkommenskultur ergriff das obskure Online-Medium die Chance, endlich schwarze Zahlen zu schreiben: Die *Epoch Times* veröffentlichte zahlreiche Negativnachrichten über Flüchtlinge – meist Agenturmeldungen, denen sie einen negativen Dreh gab. So avancierte sie »zum Leitmedium der Rechtspopulisten« (*Die ZEIT*), ja gar zur »Lieblingspostille der Lügenpresse-Rufer von Pegida« (*Wirtschaftswoche*).

Auf der Facebook-Seite von Pegida werden bis heute regelmäßig Beiträge des deutschen *Epoch-Times*-Ablegers geteilt. Die *Epoch Times* wiederum schaltete bis Ende 2016 einen Livestream von den Pegida-Demonstrationen. Nach eigenen Angaben beschäftigt das Online-Portal ein Dutzend Mitarbeiter und macht einen sechsstelligen Umsatz.[22] Im August 2017 verzeichnete die Seite fast vier Millionen Aufrufe – fast doppelt so viele wie der Internetauftritt der *Jungen Freiheit*.[23] Noch 2017 zählte sie in den sozialen Netzwerken zu den zehn erfolgreichsten Medien, gemessen an Likes, Kommentaren und Shares – noch vor den Online-Portalen von *FAZ*, »Tagesschau«, *Süddeutsche Zeitung* und *Stern*.

Ein weiteres Lieblingsmedium von Pegida & Co. bleibt die Webseite »Politically Incorrect«, kurz »PI-News«. Das Online-Portal, gegründet 2004 von dem Kölner Lehrer Stefan Herre, ist der Pionier unter den antimuslimischen Hetzseiten im Netz. Begonnen hatte es als stramm neokonservativer Blog, der sich im »Krieg gegen den Terror« auf die Seite des damaligen US-Präsidenten George W. Bush stellte. Nach eigener Darstellung »proamerikanisch« und »proeuropäisch«, hetzte *PI-News* vor allem gegen Muslime und »Gutmenschen«, die als Gefahr für den »freien Westen« dargestellt wurden. Man schmückte sich mit Säulenheiligen wie Oriana Fallaci, Ralph Giordano und Thilo Sarrazin und setzte Hoffnungen auf eine neue Rechtspartei wie »Pro Köln« oder »Die Freiheit«.

Das Aufkommen von Pegida war ein Wendepunkt für »PI-News«. Einerseits erfüllte sich damit der lang gehegte Traum einer antimuslimischen Massenbewegung, andererseits änderte »PI-News« daraufhin seinen Kurs. Der »freie Westen« wurde durch das »christliche Abendland« ersetzt, die Solidarität mit den USA durch den Schulterschluss mit Putins Russland, die demonstrativen »Stars and Stripes« auf der Startseite durch Schwarz-Rot-Gold, und an die Stelle einer radikalen Religionskritik, die ohnehin immer nur dem Islam gegolten hatte, traten immer mehr christlich-fundamentalistische Stimmen. Heute wirkt die Seite wie ein Gemischtwarenladen. Hauptthemen auf »PI-News« sind noch immer »Islamisierung«, »Masseneinwanderung« und Fälle von »Migrantengewalt«, die süffisant und mit zynischen Wortschöpfungen (»Rapefugees«, »Multikriminelle«, »Merkels Messer-Orks«) und Überschriften (»Nafris im Blutrausch«) kommentiert werden. Häufig werden auch Meldungen oder Artikel verlinkt, die von anderen Webseiten stammen, etwa von Akif Pirinçci und dessen Seite »der-kleine-akif.de«. Dazwischen werden Videos von Aktionen der »Identitären« eingestreut, von Henryk M. Broders Videokolumne, Live-Schaltungen zu Kundgebungen von AfD und Pegida oder Sendungen des radikal-evangelikalen Fernsehsenders »Al Hayat TV«, auf dem Konvertiten wie Sabatina James, Barino Barsoum und seit 2018 auch der libanesischstämmige Regisseur Imad Karim den Islam als blutrünstigen Irrglauben dämonisieren.

Wer genau heute »PI-News« betreibt, ist schwer zu sagen. Es gibt kein Impressum, der Server steht in den USA, nur wenige Autoren schreiben unter ihrem Klarnamen. Ein Stammautor ist aber schon seit Jahren der Rechtspopulist Michel Stürzenberger aus München. Bis 2011 war er Mitglied der CSU, dann trat er aus, um sich in der islamfeindlichen Partei »Die Freiheit« zu engagieren. Mehrere Jahre lang sammelte er mitten in München Unterschriften gegen ein geplantes Islam-Zentrum in der Stadt. Den Islam vergleicht er mit dem Nationalsozialismus, weshalb er sich allen Ernstes auf den Spuren der Geschwister Scholl wähnt. Das hielt ihn aber nicht davon ab, mit Neonazis gemeinsame Sache zu machen, um in München einen Zweig der Pegida zu gründen. Mehrfach wurde Stürzenberger wegen Volksverhetzung zu Geldstrafen verurteilt, unter anderem weil er den Islam als »Krebsgeschwür« bezeichnete oder sagte, jeder Muslim sei ein »potentieller Terrorist«.

Zu den regelmäßigen Autoren von PI-News zählen auch andere rechtspopulistische Lokalpolitiker wie Wolfgang Hübner oder Markus Wiener. Hübner saß kurzzeitig für die rechte Kleinstpartei »Bürger in Frankfurt« im Stadtparlament. Für Aufsehen sorgte er, als er vom Magistrat Auskunft über angebliche »Chemtrails« über Frankfurt verlangte. Der Ex-Burschenschaftler Markus Wiener wiederum war zeitweise Sprecher der Stadtrats-Fraktion von »Pro-Köln«.

Im »PI-News«-Fanshop kann man Mode der »Identitären Bewegung« von der Firma »Phalanx Europe« bestellen, Bücher aus dem Antaios- und dem Manuscriptum-Verlag, Poster mit Gothic-Motiven und Musik von rechten Neofolk- und Industrial-Bands. Denn rechter Populismus ist Lifestyle und ein gutes Geschäft.

Das weiß man auch in Rottenburg am Neckar, am Rande der Schwäbischen Alb. Dort, und nicht in Schnellroda, sitzt der führende Verlag für rechtspopulistische bis rechtsextreme Literatur. Der Kopp Verlag, benannt nach seinem Verleger Jochen Kopp, ist mit Ufo-Theorien groß geworden. Der ehemalige Polizist begann in den Neunzigerjahren damit, die Bücher des populären Schweizer Pseudowissenschaftlers und Bestseller-Autors Erich von Däniken zu vertreiben. Einen großen Teil seines Umsatzes macht er bis heute mit Naturheilbüchern (*Antibiotika aus der Natur*), Gesundheits-Ratgebern (*Wunderwurzel Kurkuma*) und Esoterik-Fibeln (*7 Botschaften des Himmels*). Daneben vertreibt er Bücher über Geheimbünde (*Der geheime Weltkrieg der Illuminaten*), darunter auch Werke des rechtsextremen Esoterikers Jan van Helsing alias Jan Udo Holey, der an angebliche Verschwörungen von Illuminaten, Juden und Freimaurern glaubt und dessen Buch über *Geheimgesellschaften und ihre Macht im 20. Jahrhundert* aufgrund seiner antisemitischen Inhalte 1996 wegen »Volksverhetzung« verboten wurde.

Sein Programm bewirbt der Kopp Verlag mit dem Slogan: »Bücher, die Ihnen die Augen öffnen«. Zu den Bestseller-Autoren des Verlags gehört unter anderen der 2017 verstorbene Publizist Udo Ulfkotte. Der ehemalige *FAZ*-Journalist machte sich ab 2001 als Autor alarmistischer und verschwörungstheoretischer Anti-Islam-Pamphlete (*SOS Abendland, Mekka Deutschland*) einen Namen und engagierte sich in diversen rechtspopulistischen bis antimuslimischen Kleinparteien wie der »Bürgerbewegung Pax Europa« und »Bürger in Wut«. Mit seinem Buch *Gekaufte Journalisten*, dass er 2015 beim Neujahrsempfang der AfD vorstellte, rechnete Ulfkotte mit seiner Branche und seinen ehemaligen Kollegen ab, denen er pauschal Käuflichkeit und Korrumpierbarkeit unterstellte. Das Buch landete unter den zehn bestverkauften Sachbüchern des Jahres.

Auch andere Kopp-Bücher handeln davon, wie Mächtige und Massenmedien den Menschen angeblich die Wahrheit verschweigen, denn das verkauft sich gut. Die Titel lauten wahlweise *Die geheime Migrations-Agenda, Verheimlicht. Vertuscht. Vergessen, GEZ-Zwangsgebühr* oder schlicht und einfach *Lügenpresse*. Nach eigenen Angaben hat der Verlag 60 Mitarbeiter und verschickt zwischen 10 000 und 25 000 Bücher pro Tag.[24]

Auf »Kopp Online« erschienen bis 2011, neben Artikeln der eigenen Autoren, auch Videoclips in Form einer Nachrichtensendung, die unter anderen von der Ex-»Tagesschau«-Sprecherin Eva Herman präsentiert wurden. 2016 verbreitete der Verlag auf seiner Webseite das Gerücht, auf deutschen Flughäfen würden insgeheim massenhaft Flüchtlinge in Chartermaschinen eingeflogen.

Im Jahr 2016 erschien im Kopp Verlag das Buch *Bild: Ex-Chefredakteur enthüllt die Wahrheit über den Niedergang einer einst großen Zeitung* von Peter Bartels. In den Siebziger- und Achtzigerjahren war Bartels Unterhaltungsschef der *Bild*-Zeitung, später arbeitete er bei Billig-Blättern wie *Super-Ilu* und *Revue*. In seinem Buch rechnet Bartels mit der *Bild* und speziell mit deren Ex-Chefredakteur Kai Diekmann ab, dem er die »Wir helfen«-Kampagne des Sommers 2015 übelnimmt. Bartels outet sich dabei als großer Fan von Udo Ulfkotte, aus dessen Buch *Mekka Deutschland* er ganze Absätze zitiert. Er übernimmt auch dessen Verschwörungstheorie, die Anwerbung von Gastarbeitern sei Teil eines gigantischen Umerziehungsplans gewesen, und erfindet neue dazu. So meint er unter anderem, die muslimische Unterwanderung Deutschlands sei daran abzulesen, dass einer von Helmut Kohls Söhnen sowie der ZDF-Intendant Thomas Bellut beide mit muslimischen Türkinnen verheiratet sind. Darum habe der Sender die sexuellen Übergriffe der Kölner Silvesternacht 2015/16 angeblich verschweigen wollen. Der Branchendienst meedia.de nannte das Pamphlet einem »Hasskommentar in Buchform«,[25] und der Medienjournalist Stefan Niggemeier befand: »Der Text liest sich wie ein nicht enden wollender Facebook-Eintrag, ein Wutauswurf, den vor dem Absenden natürlich niemand mehr Korrektur gelesen hat.«[26]

Zu den Kopp-Bestsellern der Jahres 2017 zählte auch das Buch *Kontrollverlust* von Thorsten Schulte, einem ehemaligen Investmentbanker und Unternehmensberater. Dieser verwirft die Finanz- und Flüchtlingspolitik der Bundesregierung als glatten »Rechtsbruch«, warnt vor der Abschaffung des Bargelds, gibt Anlagetipps (Silber!) und plädiert für das Recht auf privaten Waffenbesitz.

Mit seiner Angstpropaganda sorgt der Kopp Verlag dafür, dass die Menschen das Fürchten lernen. Deshalb kann man bei Kopp auch Pfefferspray, Elektroschocker, Schutzanzüge und »Panzer-Kekse«, die zehn Jahre lang haltbar sind, kaufen – alles, was das Herz der sogenannten »Prepper« begehrt, die sich für den Katastrophenfall rüsten. Die Produkte ergänzen die Verlagslinie perfekt.

Ein weiterer Player in Sachen Rechtspopulismus in Deutschland ist »RT Deutsch«, der deutsche Ableger des russischen Auslandssenders »Russia Today«. Der Staatssender unterhält 22 Büros in 19 Ländern, verfügt über ein Jahresbudget von umgerechnet etwa 250 Millionen Euro, beschäftigt mehr als 2 000 Mitarbeiter und will damit eine Alternative zu Nachrichtensendern wie »CNN International« und »BBC World« sein. Sein Auftrag: Er soll der Welt die »russische Sichtweise« nahebringen und den Einfluss des Kremls erhöhen. Die Chefredakteurin von RT, Margarita Simonjan, bezeichnete ihren Sender selbst einmal als »Waffe« im »Informationskrieg«.[27]

Wer den Verdacht hegt, dass der Kreml rechtspopulistische Kräfte fördert, um den liberalen Westen zu schwächen, findet sich beim Blick ins Programm von »RT Deutsch« schnell bestätigt. Schon die Webseite zeigt, dass Berichterstattung und politische Kommentierung dort stark verschwimmen. Ziel des Senders sei es, eine allgemeine Medienverdrossenheit zu fördern, indem es die Glaubwürdigkeit unabhängiger Medien in Frage stelle, meint Christian Mihr, der Geschäftsführer der deutschen Sektion von »Reporter ohne Grenzen« (ROG).[28] Zudem greife sich RT gezielt Themen aus, die westliche Demokratien in ein schlechtes Licht rückten.

»In seinen Sendungen prangert RT die Doppelzüngigkeit westlicher Politik an und stellt deren Werte infrage«, heißt es in einer Expertise der Organisation.

»Meinungsstark bis polemisch spricht der Kanal damit Verschwörungstheoretiker ebenso an wie Globalisierungskritiker und all jene, die sich in US-amerikanischen und europäischen Medien nicht mehr wiederfinden.«

Seit 2014 produziert »RT Deutsch« eigene Videobeiträge in einem Fernsehstudio in Berlin-Adlershof, die es auf der eigenen Webseite sowie auf YouTube veröffentlicht. Das halbstündige TV-Magazin »Der fehlende Part« ist das Aushängeschild, dessen junge Moderatorin Jasmin Kosubek das Gesicht des Senders. AfD-Politiker und andere Rechte wie Götz Kubitschek oder Martin Sellner kommen hier häufig und ausführlich zu Wort.

Auch Autoren rechter Verlage sind stets willkommen: der Kopp-Autor Thorsten Schulte war im Juli 2017 bei »RT Deutsch« zu Gast, der Manuscriptum-Autor Thomas Fasbender, im September 2017 und der Antaios-Autor Werner Bräuninger im März 2018. Auch gerne gesehen: Ex-Nato-Offiziere, türkische Nationalisten, medienaffine Börsenmakler oder linke Autoren, die den Westen kritisieren.

Prominenz ist nicht unbedingt nötig; es reicht, das Herz am rechten Fleck zu haben. Im Juni 2017 etwa traf Jasmin Kosubek den »Mann, der das Schweigen brach«. Gemeint war ein Berliner Grundschullehrer namens Nikolai N., der beim Evangelischen Kirchentag in Berlin im Mai 2017 eine Schweigeminute für ertrunkene Flüchtlinge störte, indem er wirre Parolen dazwischenrief. Im Januar 2018 wurde Nikolai N. vom Schuldienst freigestellt und ein Kündigungsverfahren gegen ihn eingeleitet, nachdem bekannt geworden war, dass er auf seinem YouTube-Kanal »Der Volkslehrer« unter anderem gegen Politiker hetzte und den Holocaust in Frage stellte. Darüber berichtete RT Deutsch dann nicht mehr.

Im Februar 2018 hatte »RT Deutsch« etwa 350 000 Fans bei Facebook und knapp 170 000 Abonnenten auf YouTube (Stand Juni 2018). Eigenen Umfragen zufolge setzen sich die Leser und Zuschauer des Senders vor allem aus Nichtwählern, Anhängern der Linkspartei und Wählern der AfD zusammen. [29]

Bemerkenswerterweise werden die Beiträge von RT Deutsch, einem Staatssender, von all jenen eifrig im Netz geteilt, die dem hiesigen öffentlich-rechtlichen Rundfunk gerne unterstellen, staatlich kontrolliert zu werden. Auch die Bücher des Kopp Verlags, die Artikel des *Compact*-Magazins und die Beiträge von »PI-News« werden offenbar weitgehend kritiklos goutiert und von vielen für bare Münze genommen, die den etablierten Medien misstrauen.. Diese mediale Parallelwelt ist ein sich selbst bestätigendes System, ein rechtes Perpetuum mobile. Bücher von Antaios, Manuscriptum oder Kopp werden in der *Jungen Freiheit* oder dem *Compact*-Magazin wohlwollend besprochen und die Autoren auf »RT Deutsch« als vermeintliche Experten interviewt. Online-Portale wie »PI-News« oder »RT Deutsch« weisen auf Kundgebungen von Pegida und Konsorten hin. Bei deren Kundgebungen wiederum treten die rechten Wortführer auf: Zum zweiten Jahrestag von Pegida 2016 sprachen Jürgen Elsässer vom *Compact*-Magazin und Michael Stürzenberger von »PI-News« in Dresden, beim dritten Jahrestag 2017 redete Götz Kubischek. Auch Udo Ulfkotte und Akif Pirinçci traten als Redner in Dresden auf.

Die Grenzen zur AfD sind dabei fließend. AfD-Politiker veröffentlichen Bücher in rechten Verlagen und Artikel auf rechten Blogs. Zugleich werden sie von diesen Medien und auf diesen Online-Portalen gefeiert. Es ist ein Geschäft auf Gegenseitigkeit und ein rechtes Zitierkartell, das gegenseitig auf sich selbst verweist.

Gegenüber einem Video-Reporter von »PI-News« äußerte sich AfD-Chefin Alice Weidel am Rande des Neujahrsempfangs der AfD-Fraktion im Landtag von Düsseldorf voller Lob: »Alternative Blogs wie Sie sorgen für mehr Transparenz.«[30] Online-Medien wie die »Achse des Guten«, »Tichys Einblick« und »PI-News« seien »ganz wichtige Strömungen für eine diversifizierte Meinungsbildung«. Auch Martin Sellner, der Kopf der »Identitären Bewegung« in Österreich, ist begeistert: »Vom Cicero über Achgut bis hin zur JF findet über viele Wege ein reger Ideenschmuggel ins Zentrum der Meinungsmacht statt«, schrieb er im Juni 2017 in der *Sezession*.[31] Das zeigt, wie weit der Resonanzraum der völkischen Rechten und Extremisten über ihre eigenen Medienszene hinausreicht.

9 Die Vorfeldmedien der AfD: Ein Aufstand alter Männer

In den vergangenen Jahren hat sich geradezu eine rechte Gegenöffentlichkeit zu den etablierten Medien gebildet, im Netz und am Kiosk. Deren Protagonisten richten sich gezielt an ein Publikum rechts von der Union – oder zumindest rechts von dem Unionsflügel, der dem Kurs von Angela Merkel folgt. Ihr Tenor: gegen Muslime und die »multikulturelle Gesellschaft«, gegen Flüchtlinge und eine Regierung, die ihnen angeblich zu großzügig Zuflucht gewährt. Die bisherige Politik und die Leitmedien lehnen sie ab. Sie ist euroskeptisch bis nationalistisch und eher wirtschaftsliberal als sozial. Manche ihrer eigenen Medien existieren nur im Netz als professionelle Blogs. Andere erscheinen, ganz klassisch, als Zeitschrift und liegen zumindest an Bahnhofskiosken aus. Gemein ist ihnen, dass sie von professionellen Journalisten gemacht werden, von denen nicht wenige aus etablierten Medien stammen. Sie sind selbst Teil jener »Lügenpresse« und »Systemmedien« gewesen, die sie heute verbissen bekämpfen.

Zu den Medien, die neu entstanden und erst in den letzten Jahren gegründet worden sind, gehören *Tichys Einblick* oder das *Compact Magazin*. Andere Publikationen wie die *Junge Freiheit* gibt es schon länger, und sie haben schon immer für sich beansprucht, ein rechtes, nationalkonservatives und neurechtes Milieu zu vertreten. Durch den Aufstieg und die Wahlerfolge der AfD sind sie stärker ins Zentrum der Aufmerksamkeit gerückt. Und dann gibt es Medien, die sich zwar auch schon immer als rechtes Korrektiv zu einem als zu linksliberal empfundenen Mainstream verstanden haben. Seit dem Aufkommen von Pegida und der AfD haben sie sich aber deutlich radikalisiert und in eine andere Richtung verändert als ursprünglich geplant. Dazu gehören das Monatsmagazin *Cicero*, aber auch rechtspopulistische Blogs wie »Die Achse des Guten« oder das radikalere »PI-News«. Diese Medien stehen der AfD nicht immer nahe, manche distanzieren sich offiziell vielleicht sogar von ihr. Aber sie alle bilden den Resonanzraum, indem die bevorzugten Themen und Thesen der AfD widerhallen. Sie sind damit in gewisser Weise die Vorfeldmedien der Rechtspopulisten.

Eines dieser Vorfeldmedien ist *Tichys Einblick*, das 2014 zunächst nur als Internet-Blog gegründet wurde. Dahinter steht der Wirtschaftsjournalist Roland Tichy, dem der Blog seinen Namen verdankt. Tichy war früher Chefredakteur der *Wirtschaftswoche* sowie, davor, der Wirtschafts-Magazine *Euro* und *Impulse*. Er saß im Planungsstab von Helmut Kohl, beriet den Vorstand von Daimler-Benz und machte sich für die »Agenda 2010« von Gerhard Schröder stark.

Tichy ist in den Fernseh-Talkshows des öffentlich-rechtlichen Rundfunks bis heute ein gern geladener Gast. Er ist ein Wirtschaftsliberaler alter Schule, die Energiewende und die Euro-Rettungspolitik unter Angela Merkel lehnt er vehement ab. Das verbindet er mit gesellschaftspolitisch konservativen bis reaktionären Ansichten, insbesondere zu Einwanderung, Integration und Islam. Aus diesem Holz sind auch die Autoren geschnitzt, die auf seinem Blog schreiben. Früher einmal, vor langer Zeit, veröffentlichte Tichy ein Buch mit dem Titel *Ausländer rein!*, in dem er für die Anwerbung von ausländischen Fachkräften warb.[1] Heute äußert er Verständnis für die Pegida-Demonstranten, die sich vor Einwanderern fürchten.

Nach sieben Jahren als Chefredakteur verließ Tichy 2014 die *Wirtschaftswoche*, weil der Verlag einen »publizistischen Neuanfang« wollte. Offenbar wurde seinen Herausgebern seine gesellschaftspolitische Schwarzmalerei zu viel. Man wolle »nicht Teil der nationalen Apokalypse-Industrie« sein, ließ einer der Chefs des Handelsblatt-Verlages, Gabor Steingart, damals verlauten.[2] Seitdem hat sich Tichy als Apokalypse-Unternehmer selbstständig gemacht, und das mit Erfolg. Ausgewählte Texte aus seinem Blog lässt er seit 2016 auch als Monatsmagazin drucken, das im gut sortierten Zeitschriftenhandel zu finden ist.

Unter jenen Autoren, die häufiger für *Tichys Einblick* schreiben, finden sich Schwergewichte wie Hugo Müller-Vogg. Der 1947 geborene Mannheimer ist ein Urgestein der konservativen Publizistik, er war von 1988 bis 2001 ein Mitherausgeber der *Frankfurter Allgemeinen Zeitung* und hat mehrere Bücher und Biografien geschrieben, unter anderem über Angela Merkel, Horst Köhler, Hartmut Mehdorn, Christian Wulff und Wolfgang Bosbach. Bis 2001 moderierte er außerdem beim »Hessischen Rundfunk« (HR) eine Talksendung. Nachdem er sich mit seinem damaligen *FAZ*-Kollegen Frank Schirrmacher im Blatt eine erbitterte Fehde über den Umgang mit dem damaligen Außenminister Joschka Fischer geliefert hatte, wurde Müller-Vogg als Herausgeber quasi über Nacht gekündigt. Seitdem schreibt er grantige Kolumnen – unter anderem für die *Bild*, die *Super-Illu* und »Focus-Online«. Gelegentlich ist er auch im »ARD-Presseclub« zu Gast, wo er bevorzugt gegen Merkel, Grüne und Muslime wettert. Den Satz »Rechts neben mir ist nur noch die Wand«, der ihm lange zugeschrieben wurde, will er aber so nie gesagt haben.

Persönliche Kränkungserfahrungen scheinen ein Motiv zu sein, das einige der Autoren von *Tichys Einblick* verbindet. So wie Müller-Vogg mit seinem Abgang bei der *FAZ*, so hadert der ehemalige ZDF-Journalist Wolfgang Herles mit seinem ehemaligen Arbeitgeber. Der 1950 in Niederbayern geborene Herles machte einst beim ZDF Karriere, bevor er sich bei Helmut Kohl und einigen konservativen Kollegen in seinem Sender unbeliebt machte, weil er die Wiedervereinigung kritisch sah. Diese Haltung kostete ihn 1994 wohl seinen Job als Leiter des ZDF-Büros in der damaligen Hauptstadt Bonn. Doch Herles fiel in den öffentlich-rechtlichen Strukturen weich: Er moderierte weiterhin eine Talkshow und leitete von 2000 bis zu 2015 das renommierte ZDF-Kulturmagazin »Aspekte«.

Nach seiner Pensionierung nahm Herles jedoch späte Rache: Ende 2015 veröffentlichte er das Buch *Die Gefallsüchtigen*, in dem er den öffentlich-rechtlichen Rundfunk für seinen »Konformismus« und »Quotenfetischismus« scharf kritisierte. So weit, so nachvollziehbar. Doch im Januar 2016 sorgte Herles für Aufsehen, als er im Deutschlandfunk erklärte, es gebe beim öffentlich-rechtlichen Rundfunk in politischen Fragen »Anweisungen von oben«. Man dürfe deshalb derzeit zum Beispiel »nichts Negatives über Flüchtlinge« sagen, behauptete er. Auch wenn er das später nicht so gemeint haben wollte, hatte er der »Lügenpresse«-Fraktion damit einen großen Dienst erwiesen – und seine sachliche und berechtigte Kritik an Missständen und Fehlentwicklungen des öffentlich-rechtlichen Rundfunks leider entwertet. Bei *Tichys Einblick* betreut Herles nun die Kulturthemen.

Zu seinen angeblichen »Top-Autoren« zählt das Magazin aber auch eine ganze Reihe präpotenter Krawallmacher wie Anabel Schunke, die sich als »Model und Journalistin« bezeichnet, den egomanen Braunschweiger Schriftsteller Alexander Wallasch oder Bettina Röhl, die Tochter von Ulrike Meinhof, die sich seit Jahrzehnten an der deutschen Linken und der 1968er-Generation abarbeitet. Der Tonfall der meisten Beiträge ist alarmistisch, reißerisch und populistisch. Nachdem ein Gastautor einmal »grün-linke Gutmenschen« als »geistig krank« bezeichnet hatte, musste sich Roland Tichy für diese Pathologisierung entschuldigen, und von seinem Nebenjob als Herausgeber des Nachrichtenportals der Job-Plattform »XING« zurücktreten. Nach eigenem Anspruch ein »liberal-konservatives Magazin«, ist *Tichys Einblick* von der Tendenz her eher rechtspopulistisch und nationalkonservativ. Doch das schadet ihm nicht. Angeblich klicken mehrere Hunderttausend Menschen im Monat den Internet-Blog an, und die Zeitschrift verkauft sich am Kiosk rund 10 000 Mal pro Ausgabe. Dazu kommen 6 000 Abonnenten. Sein Medium fülle »eine Lücke des Unbehagens«, meint Tichy. »Die füllt die AfD. Die füllt Seehofer. Die fülle ich.«[3]

Zu den Autoren, die gelegentlich für *Tichys Einblick* schreiben, gehört auch Matthias Matussek. Als Starreporter beim *Spiegel* berichtete Matussek nach dem Mauerfall aus den neuen Bundesländern, den USA, Brasilien und London, zwischenzeitlich leitete er das Kulturressort des Magazins. 2013 wechselte Matussek zur *Welt*, deren Chefredakteur Jan-Eric Peters sich vorab auf dessen »kraftvolle Texte« freute. Doch die Freude war nicht von Dauer. Schon früher vertrat Matussek antifeministische oder antimuslimische Positionen, kokettierte mit einem angeblich »entspannten« Nationalismus oder äußerte Sympathien für den erzkonservativen Katholizismus eines Papst Benedikt XVI. Doch mit der Zeit ist er immer weiter nach Rechtsaußen abgedriftet. Zunächst provozierte Matussek auch bei der *Welt* mit Beichten wie »Ich bin wohl homophob. Und das ist auch gut so«. Doch schnell hatte er den Bogen überspannt. Nachdem er in einem Facebook-Kommentar mit Zwinker-Smiley seine klammheimliche Freude über die Terroranschläge in Paris vom 13. November 2015 bekundet hatte, weil er sich davon zynisch eine Kehrtwende in der deutschen Haltung zu Flüchtlingen erhoffte, kam es zum Eklat. Kurz darauf bezeichnete der *Welt*-Chefredakteur Jan-Eric Peters seinen Kolumnisten nur noch als »durchgeknallt«.

Seit er die *Welt* verlassen hat, macht Matussek aus seiner Homophobie und seinem Hass auf Muslime sowie seinen Sympathien für die »Identitäre Bewegung« und das neurechte Milieu keinen Hehl mehr. Im März 2018 sah man ihn auf einer »Merkel muss weg«-Demo in Hamburg vor einem versprengten Häuflein »Widerstand, Widerstand« skandieren, ein bedauernswerter Anblick. Auf *Tichys Einblick* lässt man Matussek gerne weiterschreiben – zum Beispiel eine Rezension seines eigenen Buches, einer Autobiografie. Mehr Narzissmus und gekränkte Eitelkeit geht wohl nicht.

Als gehobenes Leitmedium der rechtspopulistischen Publizistik im Netz hat *Tichys Einblick* die »Achse des Guten« inzwischen abgelöst. Dass diese ihr hartnäckiges Schmuddel-Image nicht loswird, liegt auch an ihrer Galionsfigur Henryk M. Broder, der seinem Ruf als »Hassprediger« für die gebildeten Schichten immer wieder alle Ehre macht. Mal bezeichnet er den Journalisten Jakob Augstein als »antisemitische Dreckschleuder«, mal schreibt er, die Flüchtlinge brächten Krankheiten wie die »Krätze« mit. Und natürlich sieht Broder in fast jedem Muslim einen gefährlichen Islamisten und Judenhasser.

Mit der »Achse des Guten« hat sich der Publizist und Polemiker Henryk M. Broder, Jahrgang 1946, der schon lange zu Recht als notorische Nervensäge und Berufsprovokateur verschrien wird, ein eigenes Medium ganz nach seinem Geschmack geschaffen. Als der Blog 2004 gegründet wurde, bezog sich der Name auf eine Formulierung von George W. Bush, der von Nordkorea, dem Iran und dem Irak als einer »Achse des Bösen« gesprochen hatte. Tatsächlich stellte sich Broders Blog hinter den neoliberalen und neokonservativen Kurs der Bush-Regierung, verteidigte deren Nahost-Politik und selbst den Einmarsch im Irak. In Talkshows trat er zu dieser Zeit auch schon mal mit Stars-and-Stripes-Krawatte auf. Bis 2010 arbeitete Broder für den *Spiegel* und »Spiegel-Online«. Seit 2010 schreibt für die *Welt*.

Auf der »Achse des Guten« taten er und seine Mitautoren sich von Anfang an durch eine scharfe antimuslimische Polemik hervor. Seine beiden anderen Mitgründer, Dirk Maxeiner und Michael Miersch, konzentrierten sich darauf, Zweifel am Klimawandel zu streuen.

Für die »Achse des Guten« schreiben sehr unterschiedliche Personen, mit deren Namen sich das Internet-Portal gerne schmückt. Darunter sind einige, die wie Broder ursprünglich von links kommend, mittlerweile nach rechts konvertiert sind. Das gilt für seinen Mitherausgeber, den Wissenschaftsjournalisten Dirk Maxeiner, Jahrgang 1953, der über den *Stern* und die Zeitschrift *natur* als Autor zur *Welt* und zur »Achse des Guten« kam. Das gilt für Cora Stephan, Jahrgang 1951, die sich als ehemalige Redakteurin des linken Frankfurter Stadtmagazins *Pflasterstrand*, als freie Publizistin und Krimi-Autorin einen Namen gemacht hat. Schon lange hat sie mit der linken Szene gebrochen. Inzwischen kritisiert sie Angela Merkel dafür, dass sie angeblich zu weit nach links gerückt sei, und hat darüber ein Buch geschrieben. Auch die Ex-DDR-Bürgerrechtlerin Vera Lengsfeld, Jahrgang 1952, kann man zu den Renegaten zählen. Sie saß von 1990 bis 2015 im Bundestag: erst bei den Grünen und dann, nach 1996, für die CDU. Inzwischen schreibt sie auch für neurechte Medien wie das Monatsmagazin *eigentümlich frei*, die *Preußische Allgemeine Zeitung* oder die AfD-nahe Onlineseite »Die freie Welt«.

Wie Broder, Maxeiner und Stephan haben auch viele andere Autoren der »Achse« ihr ganzes Leben im Journalismus und in den »Mainstream-Medien« verbracht oder sind dort immer noch aktiv. Der Publizist Burkhard Müller-Ullrich etwa, Jahrgang 1956, schreibt nach eigenen Angaben seit vierzig Jahren »für fast alle großen Zeitungen im deutschsprachigen Raum sowie für sämtliche Radiosender, sofern sie Kulturthemen behandeln«. Er tritt auch im Deutschlandfunk und im SWR2 als Moderator auf, wie er stolz auf der »Achse« erklärt. Der *Bild*-Redakteur Ralf Schuler, Jahrgang 1965, leitet die Parlamentsredaktion des Boulevardblatts. Und der *Focus*-Redakteur Alexander Wendt, Jahrgang 1966, betreut bei dem konservativen Politikmagazin aus München die Wissenschaftsthemen. Im November 2017 startete er seinen eigenen Blog, »Publico«. Auch einige Pensionäre mischen bei der »Achse« mit: Rainer Bonhorst etwa, Jahrgang 1942, ehemaliger Chefredakteur der *Augsburger Allgemeinen Zeitung*. Hier hat sich der rechte Rand der etablierten Mainstream-Publizistik zusammengefunden.

Der stetige Rechtsruck der »Achse des Guten« lässt sich gut anhand der Abgänge rekapitulieren, die stets von einem großen Getöse begleitet sind. 2009 etwa flog der *Welt*-Redakteur Alan Posener nach einem kurzen Intermezzo wieder aus dem Internetblog. Der liberalkonservative Publizist hatte die antimuslimische Schlagseite des Blogs kritisiert. Über die Betreiber der »Achse« sagte Posener damals, er halte sie »für Leute mit einer stalinistischen Ader«, die »von den radikalsten Elementen des Islam auf die große Masse« schließen würden: »Das erinnert mich an die schlimmsten Zeiten des Kalten Krieges, als jeder, der nicht virulenter Antikommunist war, verdächtigt wurde, ein Kryptokommunist zu sein«, fügte er hinzu.

Vier Jahre später kehrte Tobias Kaufmann, hauptberuflich Redakteur beim *Kölner Stadtanzeiger*, der »Achse« den Rücken. Auslöser war die Veröffentlichung des Beitrags »Das Schlachten hat begonnen« von Akif Pirinçci, indem dieser über einen heimlichen Bürgerkrieg von jungen Muslimen gegen die Mehrheitsbevölkerung schwadronierte. Pirinçcis Text wurde nicht nur unter Rechtsextremen und rassistischen Verschwörungstheoretikern im Netz eifrig geteilt und gefeiert. Für Kaufmann war damit eine Grenze überschritten.

»Pirinçci verwendet all die Codes und Argumente, die Kern der NPD-Ideologie sind. Die sich selbst hassenden Deutschen, die duckmäuserisch jede politisch unkorrekte Äußerung vermeiden. Die Nazi-Keule, die uns zum Schweigen bringt. Der Migrant, der mehr wert ist, als der Einheimische«, analysierte Kaufmann treffsicher. »Sogar eine implizite Aufforderung zur Selbstjustiz. All das und noch viel mehr kommt in Pirinccis Text vor, und all das ist samt und sonders Standardrhetorik der NPD und anderer Neonazis.«

Der türkischstämmige Autor Pirinçci war ursprünglich durch Krimis bekannt geworden, in denen eine Katze die Hauptrolle spielte (*Felidae*). Zwischen 2012 und 2013 veröffentlichte er mehrere Texte auf der »Achse des Guten«, in denen er vulgär und brutal abfällig über muslimische Migranten herzog: ein Musterbeispiel dafür, wie sehr man sich als Migrant die rassistischen Vorurteile der Mehrheitsgesellschaft zu eigen machen kann.

Im Oktober 2015 trat Pirinçci als Gast der *Jungen Freiheit* bei der Frankfurter Buchmesse und kurz darauf als Redner bei Pegida in Dresden auf. Weil er dort Flüchtlinge pauschal als Vergewaltiger bezeichnet und von einer »Moslemmüllhalde« gesprochen hatte, wurde er wegen Volksverhetzung zu einer Geldstrafe verurteilt.

Im Januar 2015 verließ dann Mitbegründer Michael Miersch die
»Achse«. Als Grund gab er die fortwährende Rechtsverschiebung der
»Achse« und die Annäherung an das Pegida-Milieu an. Denn zum antimuslimischen Ressentiment waren mit der Zeit zunehmend anti-
westliche, nationalistische und homophobe Töne dazugekommen.
Einige Autoren der »Achse« sympathisierten ganz offen mit den
Zielen von Pegida, klagte Miersch. Dadurch würden »massenweise
Leser aus dem AfD-Pegida-Umfeld angezogen«, was sich im Kom-
mentarbereich deutlich bemerkbar mache. »Viele dieser Leser-Kom-
mentare können wegen ihrer Wortwahl und ihrem offenen zur Schau
getragenen Hass gar nicht erst veröffentlicht werden«, so Miersch.
»Sie verhöhnen Autoren wegen ihrer nicht Deutsch klingenden Namen und wüten gegen alles, was nicht in ihr geschlossenes Weltbild
passt.« Leider sei das aber wohl ein lukrativer Wachstumsmarkt. »Die
rapide steigenden Besucherzahlen der vergangenen Wochen zeigen:
Wutjournalismus hat eine weitaus größere Leserschaft als Nach-
denklichkeit«, so der Mitbegründer der »Achse«.

Schwer zu sagen, wie glaubhaft dieser Ausstieg war. Vielleicht war
es auch nur der Versuch, sich vom schmuddeligen Ruf der »Achse«
nicht weiter beschmutzen zu lassen. Die Erkenntnis, dass sich die
»Achse« zu einem Sammelbecken für antimuslimische Extremisten
und Menschenhasser entwickelt hat, kam jedenfalls reichlich spät.
Denn an der antimuslimischen Hetze hatte sich Miersch nicht gestört,
solange sie im Namen »westlicher Werte« und unter Berufung auf die
»Aufklärung« daherkam. Mierschs Haltung erinnert ein wenig an den
elitären »Vernunft-Antisemitismus«, mit dem sich die gehobenen und
gebildeten Schichten im Kaiserreich und in der Weimarer Republik
einst vom dumpfen »Radauantisemitismus« des Pöbels distanzieren
wollten, dessen grundsätzliches Ressentiment sie aber teilten.

Einen veritablen Rechtsruck hat auch das Magazin *Cicero* hingelegt. Wirklich liberal war das Monatsheft noch nie, schließlich wurde
es 2004 vom erzkonservativen Publizisten Wolfram Weimer gegründet, der es bis 2010 leitete. Ähnlich wie Tichy, verbindet auch Weimer
ausgeprägt wirtschaftsliberale Ansichten mit gesellschaftlich konservativen bis reaktionären Vorstellungen.

Nach einem kurzen Zwischenspiel unter dem ehemaligen SPD-Politiker und *ZEIT*-Herausgeber Michael Naumann übernahm Chris-

toph Schwennicke 2012 die Chefredaktion des Magazins. Schwennicke hatte zuvor das Hauptstadtbüro des *Spiegel* und davor, von 2005 bis 2007, das Parlamentsbüro der *Süddeutschen Zeitung* in Berlin geleitet. Er ist ein Hauptstadt-Journalist par excellence. Zum Einstand beim *Cicero* porträtierte er Angela Merkel als »Glucke der Nation« und fragte, wie lange sie noch Kanzlerin sein würde. Eine Frage, die ihn nicht loslässt, denn seitdem arbeitet er sich, scheinbar unermüdlich, an der Kanzlerin ab. Mit der Zeit wurde sein Tonfall dabei zunehmend alarmistisch und schrill.

Merkels Flüchtlingspolitik hält Schwennicke für »eine kolossale Fehlentscheidung« und »ein Unglück: für die CDU, für Deutschland und für Europa«. Merkels Satz »Wir schaffen das« sei ihr »verhängnisvollster« Fehler, greift er zu Superlativen. Und 2018 plädierte er gar für einen Bundestags-Untersuchungsausschuss zur Flüchtlingspolitik der Kanzlerin. Damit nährt er die rechtspopulistische Mär, Merkel habe mit ihrer Flüchtlingspolitik im Jahr 2015 deutsches Recht gebrochen. Liberale Gegenstimmen zu solchen Verschwörungstheorien findet man im Blatt kaum noch. Und über Brandanschläge auf Flüchtlingsheime und rechte Gewalt findet sich überaschenderweise praktisch auch nichts.[4]

Das *Cicero*-Titelbild vom Februar 2016 zeigte eine Kanzlerin, die in Ruhe ihren Tee trinkt, während im Fenster hinter ihr der Kölner Dom in Flammen steht – als sei sie eine moderne Wiedergängerin des römischen Kaisers Nero. Im September 2016 legte der *Cicero* mit der Schlagzeile »Merkels Marschbefehl« nach. Dieser alarmistische Kurs zahlt sich offenbar aus: Beide Hefte sollen laut den Chefredakteuren Schwennicke und Marguier die am besten verkauften Titel in der Geschichte des Magazins gewesen sein. Der Rechtsruck lohnt sich also schon rein geschäftlich.[5]

Im Februar 2016 übernahmen Christoph Schwennicke und sein Stellvertreter Alexander Marguier das Magazin vom Schweizer Ringier-Verlag. Sie publizieren seitdem auf eigenes Risiko und sparten am Personal. Nur allzu gern übernehmen sie dafür die Schlagworte der Neuen Rechten – beispielsweise, wenn Marguier über einen »sich selbst gleichschaltenden« öffentlich-rechtlichen Rundfunk und die in seinen Augen »linksideologischen Willkommens-Medien« schimpft.[6]

Im Interview mit dem *Cicero* darf dann auch der Plapper-Philosoph Peter Sloterdijk unwidersprochen von einer »Überrollung Deutschlands« durch Flüchtlinge sprechen und warnen, es gebe »keine moralische Pflicht zur Selbstzerstörung«.[7] Und der erzkonservative *Cicero*-Kulturchef Alexander Kissler schreibt von einer drohenden »Umstrukturierung der Bevölkerung Deutschlands«[8] und benutzt damit ein Synonym für den rechten Kampfbegriff von der »Umvolkung«. Das Ganze ist eine Mischung aus ökonomischem Kalkül und politischer Überzeugung: Es ist publizistischer Rechtspopulismus als Geschäftsmodell.

Man kann nur darüber spekulieren, was erfahrene Journalisten wie Tichy, Matussek & Co. dazu bewegt, sich in eine mediale Parallelwelt aus alternativen Fakten und gefühlten Wahrheiten zurückzuziehen. Vielleicht ist es eine Mischung aus Geltungsdrang und Altersradikalismus. Der Frust über einen persönlichen Bedeutungsverlust paart sich mit der Wut über einen vermeintlichen gesellschaftlichen Niedergang.

Tatsächlich haben die alten Alpha-Journalisten von einst an Deutungshoheit verloren. Die Medienlandschaft in Deutschland hat sich in den vergangenen Jahren verändert, sie ist jünger, weiblicher und vielfältiger geworden. Früher gab es auch in den Medien kaum Frauen in Führungsetagen, kaum Chefredakteurinnen und Intendantinnen. Das hat sich erst in den letzten Jahren verändert. Es ist Ausdruck eines Strukturwandels der politischen Öffentlichkeit in Deutschland. 2012 hat der Chefredakteur der *ZEIT*, Giovanni di Lorenzo, seinem Blatt das Ziel gesetzt, eine dreißigprozentige Frauenquote zu erreichen. Nicht nur in seinem Haus waren die wichtigen Ressorts wie Politik, Wirtschaft und Feuilleton bis dahin fast vollständig in Männerhand. Ein Umstand, der zuvor zur Gründung des Journalistinnenverbands »Pro Quote« geführt hatte.

Auch Journalistinnen und Journalisten mit Migrationshintergrund ließen sich in den deutschen Medien lange Zeit an einer Hand abzählen. Aber auch hier hat sich in den vergangenen Jahren einiges getan. Dennoch: Selbst wenn öffentlich-rechtliche Sender wie ARD und ZDF inzwischen sichtbar mehr Journalisten mit Migrationshintergrund vor ihre Kameras geschoben haben oder sie als Reporter oder als Moderatorinnen von Nachrichtenmagazinen zur Primetime einsetzen: In den Redaktionen, der Verwaltung und in den Chefetagen sieht das noch ganz anders und weniger vielfältig aus. Doch für die Tichys, Müller-Voggs, Matusseks und Broders ist das wohl schon zu viel an Vielfalt.

Die Moderatorin des TV-Magazins »Panorama«, Anja Reschke, und ihr Kollege, der iranischstämmige Moderator Michel Abdollahi haben einmal für »Panorama« und das Medienmagazin »Zapp« einen satirischen Sketch gedreht, in dem sie in ein fiktives Jahr 1957 zurückkreisen: Auf der Straße rauschen Cadillac-Limousinen vorbei, und Abdollahi wird von einem Fahrradfahrer mit Schiebermütze auf der Straße als »Itaker« beschimpft. Auf Jobsuche beim NDR schickt ihn der Pförtner gleich in gebrochenem Deutsch zum Putzen: »Schrubbi, schrubbi, aber nix klaui, klaui«.

Auch Anja Reschke kommt zum Vorstellungsgespräch, wird von allen hartnäckig als »Fräulein Anja« angeredet, und der leitende Redakteur interessiert sich mehr für ihr Aussehen als für ihre Zeugnisse. Frauen mussten damals noch ihren Mann um Erlaubnis fragen, ob sie arbeiten gehen dürfen, und auch in der Arbeitswelt war ihnen damals nur eine untergeordnete Rolle zugedacht. Eine Politiksendung wie »Panorama« zu moderieren war für Frauen noch unerreichbar, und Menschen mit Migrationshintergrund kamen damals bestenfalls in Unterhaltungssendungen voll rassistischer Klischees vor. Ja, die gute alte Zeit!

Das scheint die Zeit zu sein, nach der sich nicht nur viele Populisten zurücksehnen, sondern die offenbar auch so mancher Journalist vermisst.

10 Wortführer der Wutbürger: Von der Verführbarkeit der Intellektuellen

Der Fall Uwe Tellkamp ist ein Symptom. Anfang März 2018 legte der Dresdener Schriftsteller im Kulturpalast seiner Stadt einen bemerkenswerten Auftritt hin. Bei einer Diskussion über »Meinungsfreiheit in der Demokratie«, zu der auch sein Dresdener Dichterkollege Durs Grünbein geladen war, redete sich der preisgekrönte Autor des Romans *Der Turm* in Rage. Es war ein emotionaler Ausbruch des sonst eher öffentlichkeitsscheuen Autors.

Die meisten Asylbewerber – »95 Prozent«, so Tellkamps grobe, völlig aus der Luft gegriffene Schätzung – flöhen nicht vor Krieg und Verfolgung, sondern wollten nur in die deutschen Sozialsysteme einwandern. Würde man das Geld, das die Flüchtlinge kosten, »in die Rentenlöcher stecken«, so wäre dieses Problem »erledigt«, behauptete der Schriftsteller unter anderem. Außerdem passe der Islam nicht zu »unserer« Kultur. Wer das aber auszusprechen wage, werde in eine rechte Ecke gedrängt, beschwerte er sich. Denn in Deutschland gebe es einen »Gesinnungskorridor« zwischen »gewünschter« und »geduldeter« Meinung. Auch seine Meinung werde nur »geduldet«, aber »erwünscht« sei sie nicht, klagte Tellkamp trotzig. Dafür gab es im Dresdener Kulturpalast warmen Beifall. Das wird man ja wohl noch sagen dürfen! Der rechte Agitator Götz Kubitschek, der sich im Publikum befand, nutzte am Ende der Veranstaltung die Gelegenheit, um zu fordern, dass »der Riss« in der Gesellschaft noch größer, »die Sprache noch deutlicher« werde. Vielleicht so deutlich wie in seinen Schriften? Darin fordert Kubitschek dazu auf, aktiv »Widerstand« zu leisten gegen die angebliche »Zerstörung Europas«.[1]

Die Szene war symptomatisch für die Annäherung zwischen einem bürgerlich-konservativen Milieu, dem Tellkamp angehört, und den Scharfmachern der Neuen Rechten. Interessanterweise hatte der Schriftsteller Tellkamp sein Lamento damit eröffnet, dass er ein Sammelsurium an Kurzmeldungen vortrug, die er aus diversen Zeitungen und anderen, allgemein zugänglichen Quellen zusammengetragen hatte. Die »Achse des Guten« und die *FAZ* zitierte er dabei eher zustimmend, die *taz* eher zur Abschreckung. In seiner selektiven Aneinanderreihung fügten sich die Einzelteile zu einem Szenario, mit dem Tellkamp seine These illustrieren wollte, die Meinungsfreiheit in Deutschland sei in Gefahr. Dabei wurde deutlich, dass der Schriftsteller selbst seine Informationen und einen guten Teil seiner Weltsicht aus rechten Randmedien bezog. Nur in rechten Nischenmedien wie *Cicero, Cato,* der »Achse des Guten« und »Acta diurna« werde über das berichtet, beklagte sich Tellkamp, was er offenbar für Tatsachen hält. Letzteres ist der Blog von Michael Klonovsky, dem Referenten des AfD-Vorsitzenden Alexander Gauland.

Durs Grünbein resümierte den Abend danach in der *ZEIT*: »Was wir von Tellkamp zu hören bekamen, ist uns seit Jahren von den Teilnehmern der Pegida-Demonstrationen bekannt: Islamophobie, Furcht vor dem anderen, Verschwörungsfantasien, diffuse Sozialängste.«[2] Auch das aggressive Selbstmitleid, mit der die angebliche Unterdrückung der eigenen Meinung beklagt wird, die Verharmlosung rechtsextremer Gewalt und die Pauschalkritik an »den Medien« seien der Sound, den man von rechts außen höre.

Tatsächlich trug Tellkamp die versammelten Thesen der Wutbürger vor, wie man sie nur wenig gröber auch von Lutz Bachmann kennt. Im Kulturpalast bekannte er seine Angst vor einem radikalen Bevölkerungswandel und vor Muslimen, er bemühte dabei unrealistisch hohe Zahlen und unterstellte eine Art Verschwörung der Herrschenden gegen das Volk. Die Bundesregierung habe mit ihrer Flüchtlingspolitik das Recht gebrochen, behauptete Tellkamp. Merkels Entscheidung, im Sommer 2015 die deutschen Grenzen nicht zu schließen, sei »undemokratisch« gewesen. Dass die Union trotz ihrer Flüchtlingspolitik aus den letzten Bundestagswahlen als stärkste Kraft hervorging und Angela Merkel damit als Kanzlerin bestätigt wurde, überging er geflissentlich, denn das passt nicht in sein Bild vom angeblichen Verrat an der Demokratie.

Auch die mehrfache Verharmlosung rechter Gewalt und des Rechtsextremismus selbst war in Tellkamps Rede bemerkenswert. »Die Nazis, die vorher gar nicht da gewesen« seien, entstünden erst »durch Hass, Häme und In-die-Ecke-Schieben«, sagte er beispielsweise. Daran seien Politik und Medien schuld. Die ständige »Beleidigung« und »Herabwürdigung« von Ostdeutschen hätte zu einer »Verrohung« geführt, die er nicht billige, aber über die man sich nicht zu wundern brauche. Zu allem Überfluss behauptete Tellkamp noch: »Die Autos, die abgefackelt werden, sind nicht auf der linken Seite« – dabei waren erst einen Tag zuvor in Dresden die Mitglieder der rechtsradikalen »Gruppe Freital«, die unter anderem einen Sprengstoffanschlag auf das Auto eines Linken-Politikers verübt hatten, zu mehrjährigen Haftstrafen verurteilt worden. Das zeigt, mit welchem Tunnelblick Tellkampf auf die Welt schaut.

Dafür echauffierte sich Tellkamp über seinen Schriftstellerkollegen Daniel Kehlmann, weil der gesagt hatte, Rechtsextreme hätten kein vorgegebenes Recht, auf dem Campus einer Universität zu sprechen. Kehlmann hatte mit Blick auf die Auseinandersetzungen mit der »Alt Right«-Bewegung an Universitäten in den USA eingewandt, es gebe keine rechtliche Notwendigkeit, Nazis an die Uni einzuladen. »Rechtsextreme können ja in den USA ihre Meinung vertreten, keiner hindert sie. Aber sie müssen es nicht an Universitäten tun.«[3] Kehlmanns Argument: »Ähnlich wie eine Zeitung ist eine Universität ein kuratierter Ort. Professoren und Dozenten werden genau dafür bezahlt, dass sie entscheiden, womit die Studenten in ihren Seminaren konfrontiert werden sollen und womit nicht. Und in der Physik lädt man ja auch keine der vielen Wirrköpfe ein, die behaupten, die Relativitätstheorie sei eine Verschwörung.«[4]

Doch auf dieses Argument ging Tellkamp nicht ein. Er empfand es offenbar schon als unerhört, dass andere Menschen die Dinge anders sehen und anders entscheiden. Tellkamp scheint zu glauben, man müsse im Namen einer abstrakten »Meinungsfreiheit« über alles diskutieren und alles ertragen, und das überall.

Dass sich sein Verlag, Suhrkamp, nur wenige Tage später bemüßigt fühlte, sich von Tellkamps Äußerungen im Dresdener Kulturpalast zu distanzieren, dürfte den Schriftsteller in seiner Wahrnehmung bestätigt haben, er sei nur geduldet. »Die Haltung, die in Äußerungen von

Autoren des Hauses zum Ausdruck kommt, ist nicht mit der des Verlags zu verwechseln«, teilte der Verlag auf Twitter mit. Das stieß auch bei Durs Grünbein auf Kritik. Das sei ein »absolut falsches Signal«, sagte Grünbein der ZEIT. Suhrkamp stehe nun als »linksliberaler Spießerverein« da und habe so »das Vorurteil von der Gesinnungsdiktatur« bestätigt. Dieses Vorurteil kann allerdings nur hegen, wer jede kritische Distanzierung und jeden Widerspruch mit Zensur verwechselt, so wie es Tellkamp tut, und stattdessen ungeteilte Zustimmung oder zumindest wohlwollende Nachsicht erwartet.

Kurz darauf unterschrieb Uwe Tellkamp zusammen mit anderen Publizisten und Journalisten aus dem rechten bis ultrarechten Spektrum einen Aufruf, der zur Leipziger Buchmesse im Netz veröffentlicht wurde. Darin wandten sich die Unterzeichner gegen eine »illegale Masseneinwanderung«, durch die Deutschland angeblich »beschädigt« werde. »Wir solidarisieren uns mit denjenigen, die friedlich dafür demonstrieren, dass die rechtsstaatliche Ordnung an den Grenzen unseres Landes wiederhergestellt wird.« Wer das sein könnte, wurde durch die Bebilderung des Aufrufs verdeutlicht: Gezeigt wurde die Szene eines rechten »Frauenmarschs« im Februar 2018 in Berlin, den die AfD-Politikerin Leyla Bilge initiiert hatte und der von Gegendemonstranten blockiert worden war.

Zu den Erstunterzeichnern dieser »Erklärung 2018« gehörte neben Uwe Tellkamp die Ex-DDR-Bürgerrechtlerin Vera Lengsfeld und andere notorische Rechtspublizisten wie der Ex-Finanzsenator und Ex-Bundesbank-Vorstand Thilo Sarrazin, der Ex-Spiegel-Redakteur Matthias Matussek, sein Ex-Kollege Henryk M. Broder, die ehemalige »Tagesschau«-Sprecherin Eva Herman, die wegen fragwürdiger Aussagen zur NS-Vergangenheit bei der ARD in Ungnade gefallen war und zuletzt beim rechtsextremen Kopp-Verlag in Erscheinung trat, sowie der bereits erwähnte Ex-Focus-Redakteur Michael Klonovsky. Die Häufung der Vorsilbe »Ex« deutet an, dass die besagten Unterzeichner ihre besten Tage schon hinter sich haben könnten.

Nur Ellen Kositza, die Ehefrau von Götz Kubitschek, verschwand auf wundersame Weise von der Liste; offenbar erschien sie einigen der Erstunterzeichner dann doch nicht salonfähig genug, sodass ihr Name entfernt wurde. Nichtsdestotrotz mischten sich hier prominente Wortführer der aktuellen Wutbürger-Publizistik mit Veteranen der Neuen Rechten wie dem Chefredakteur der Wochenzeitung *Junge Freiheit*, Dieter Stein, und deren prominentestem Autor, dem Historiker Karl-Heinz Weißmann. Mit Ulrich Schacht und Heimo Schwilk waren zwei weitere Publizisten vertreten, die schon vor einem Vierteljahrhundert versucht hatten, mit dem Sammelband *Die selbstbewusste Nation* einen neuen deutschen Nationalismus salonfähig zu machen. Merkwürdig, dass ein Autor wie Uwe Tellkamp, der von sich sagt, nicht »in die rechte »Ecke« gedrängt werden zu wollen, sich in dieser ausgewiesen rechten Gesellschaft wohl fühlt.

Das war auch nicht der erste Ausrutscher. Schon ein halbes Jahr zuvor hatte Tellkamp eine Erklärung mit dem Titel »Charta 2017« unterzeichnet, die sich mit rechten Verlagen solidarisierte und eine angebliche »Willkür« auf der Frankfurter Buchmesse im Herbst 2017 beklagte. In dem Schreiben war dem Börsenverein des Deutschen Buchhandels als Veranstalter der Messe vorgeworfen worden, mit an den Tumulten schuld gewesen zu zu sein, weil er im Vorfeld zur »aktiven Auseinandersetzung« mit den rechten Verlagen vor Ort aufgerufen hatte. Die Vorkommnisse in Frankfurt zeigten nun, so die Erklärung, dass man in Deutschland »nicht mehr weit von einer Gesinnungsdiktatur entfernt« sei.

Die »Charta 2017« war von der Dresdener Buchhändlerin Susanne Dagen initiiert worden, die im gehobenen Stadtteil Loschwitz mit ihrem Mann Michael Bormann eine namhafte Autoren-Buchhandlung betreibt. Uwe Tellkamp ist dort häufiger Gast. Dagen sympathisiert offen mit Pegida und gibt inzwischen freimütig zu, bei der letzten Bundestagswahl die AfD gewählt zu haben. Auch die Bücher aus dem Verlag von Götz Kubitschek führt man dort, wie Bormann einem Reporter der *NZZ* im März 2018 nicht ohne Stolz vorführte.[5]

Der Name der »Charta 2017«, mit der sich die Unterzeichner mit rechten Verlagen wie *Antaios* oder dem *Compact*-Magazin solidarisieren, spielt bewusst auf die »Charta 77« an, mit der tschechische Dissidenten wie Václav Havel, Jiří Hájek und andere einst gegen das kommunistische Regime opponierten. Die »Charta 77« war ein Meilenstein auf dem Weg zum Mauerfall von 1989. Daran wollte die Unterschriftenliste anknüpfen, deren Urheber sich allen Ernstes auf dem Weg in eine »Meinungsdiktatur« wähnten. Vera Lengsfeld, Michael Klonovsky, Heimo Schwilk und Ulrich Schacht waren schon

2017 mit von der Partie. Die »Erklärung 2018« stellt quasi die Fortsetzung dieser »Charta 2017« dar.

Die »Erklärung 2018« zeigt nun aber auch: Dieses Wutbürgertum, das die Schlagworte von Pegida und der AfD im Munde führt, ist kein rein ostdeutsches Phänomen, und es findet Resonanz. Dass es sich bei den Erstunterzeichnern vorwiegend um »Publizisten, Künstler, Wissenschaftler und andere Akademiker« handelte, wie die Urheber betonten, mag etwas hoch gegriffen sein; die akademischen Meriten von Tellkamp, Broder, Matussek, Lengsfeld, Sarrazin oder Herman halten sich doch in engen Grenzen.

Doch die Urheber der »Erklärung 2018« haben Ambitionen. Schon wenige Tage nach ihrer Veröffentlichung kündigten sie an, die »Erklärung« für weitere Unterstützer zu öffnen und gar in eine Petition an den Bundestag verwandeln zu wollen. Das reichte, um die meisten Leitmedien darüber berichten zu lassen, die ARD-Tagesthemen zur besten Sendezeit.

Aufschlussreich ist der soziale Hintergrund derjenigen, die sich der Unterschriftenliste anschlossen und dabei meist auch ihre Berufe angaben. Darunter finden sich Geisteswissenschaftler, Autoren und Filmemacher, Ärzte und Architekten, Ingenieure, Psychoanalytiker und Anwälte – kurz, ein Querschnitt durch die Berufe der gehobenen Mittelschicht. »Soziologisch gesehen, wird diese Massenpetition also von Leuten getragen, die eher der »Elite« und dem »Establishment« nahestehen, als dem »kleinen Mann« und dem »Volk«, in dessen Namen die Fundamentalkritik an der Flüchtlingspolitik der Bundesregierung so häufig erfolgt«, stellte die *Süddeutsche Zeitung* fest.[6]

Diese bürgerliche »Elite« lebt offenbar in einem geistigen Paralleluniversum. Denn die »Erklärung 2018« suggeriert nicht nur, es gebe eine »illegale Masseneinwanderung«, die bis heute von der Bundesregierung nicht nur geduldet, sondern gefördert werde. Sondern auch, dass eine »rechtstaatliche Ordnung an den Grenzen unseres Landes wiederhergestellt« werden müsse. Geht es nach dem Willen der Urheber, sollte diese Forderung den Weg in den Petitionsausschuss des Bundestags finden, in dem die Petenten ein Rederecht haben. Den Urhebern der »Erklärung« schwebt die Einsetzung einer Kommission vor, die nachforschen soll, wie Einwanderung besser kontrolliert und das Asylrecht überarbeitet werden könnte. Was die

Besetzung dieser Kommission angeht, machten die Urheber der Petition sogar konkrete Vorschläge: Etwa den ehemaligen Verfassungsrichter Udo di Fabio oder die »islamkritischen« Publizisten Seyran Ateş und Hamed Abdel-Samad könne man sich vorstellen, hieß es gönnerhaft.

Die »Erklärung 2018« ist von einem anmaßenden Ton, von falschen Prämissen und populistischen Schlagworten geprägt. Dass sie trotzdem so viel Zuspruch gefunden hat, zeigt, wie viele Angehörige der gehobenen Mittelschicht offenbar dafür empfänglich sind. Sie lassen sich ihr Weltbild von den Echokammern rechter Medien bestätigen, während andere Facetten der Realität offenbar nicht mehr zu ihnen durchdringen können. Die Grenzen dieses konservativen Bürgertums zu AfD und Pegida und zu den Vordenkern der Neuen Rechten dagegen lösen sich auf.

Diese Entwicklung hatte sich schon im Flüchtlingssommer 2015 angedeutet. Anders, als es im Rückblick häufig dargestellt wird, herrschte in den Medien damals keineswegs einhellige Begeisterung über die Entscheidung der Bundeskanzlerin, für die über Ungarn nach Deutschland kommenden Flüchtlinge die Grenze offen zu halten.

Kritische Stimmen kamen durchaus zu Wort, auch an prominenter Stelle. Dass die Leitmedien gegenüber Merkels flüchtlingspolitischem Kurs völlig unkritisch oder gar auf Regierungslinie gewesen seien, ist ein Mythos, der von rechter Seite immer wieder verbreitet wird. Das Gegenteil ist der Fall: Es waren die vielen skeptischen Stimmen in den Leitmedien, die dazu beigetragen haben, dass die Stimmung in kürzester Zeit ziemlich schnell wieder kippte und die Abwehrhaltung überwog.

Noch bevor der bayerische Ministerpräsident Horst Seehofer und Teile ihrer eigenen Partei offen Stellung gegen Merkel bezogen, waren es die angeblich linksliberalen Leitmedien gewesen, die einen skeptischen Ton setzten. »Weiß sie, was sie tut?«, fragte die *ZEIT* am 16. September 2015 auf ihrer Titelseite und unterstellte Merkel damit quasi Unzurechnungsfähigkeit. Und der *Spiegel* portraitierte sie am 19. September 2015 auf dem Titel als barmherzige Mutter Teresa, raunte von »Abenteuer« und warf ihr vor, Europa zu spalten – wohlgemerkt Angela Merkel und nicht der ungarische Staatschef Victor

Orbán, der die Fraktion jener osteuropäischen Länder anführte, die am liebsten überhaupt keine Flüchtlinge aufnehmen wollten.

Man hätte ja auch stolz sein können darauf, dass die Kanzlerin mit ihrer humanitären Geste eine Debatte angestoßen, eine moralische Führungsrolle in Europa übernommen und andere Regierungen in Europa unter Druck gesetzt hatte, selbst mehr Flüchtlinge aufzunehmen. Das wäre angesichts der globalen Verantwortung für die Flüchtlinge eigentlich nur konsequent gewesen. In vielen europäischen Ländern, von Polen bis Großbritannien, sahen sich linke, liberale und kirchliche Kräfte von der deutschen Flüchtlingspolitik unter Merkel ermutigt. Vor allem im Ausland wurde Merkel als visionäre »Flüchtlingskanzlerin« gefeiert. Zu Hause wandten sich konservative Kommentatoren und Intellektuelle dagegen mit Grauen ab.

Der Historiker Heinrich August Winkler etwa deutete den Kurs der Bundeskanzlerin in der *FAZ* als Ausdruck einer »moralischen Selbstüberschätzung« und meinte, bei manchen Verteidigern einer humanitären Flüchtlingspolitik einen »fast nationalistischen Pathos« zu erkennen. »Soll am geläuterten Wesen wenn schon nicht die Welt, so zumindest Europa genesen?«, fragte er polemisch, und warnte vor einem deutschen »Alleingang«.[7] Auch der *Spiegel*-Kolumnist Jan Fleischhauer raunte bereits am 15. September 2015 auf Spiegel-Online vor einem deutschen Sonderweg in der Flüchtlingsfrage und sah »Chauvinismus« und einen »Imperialismus des Herzens« am Werk. Dass die Deutschen »diesmal nicht in Kampfstiefeln, sondern in Birkenstock-Sandalen den Nachbarn Mores lehrten«, mache die Sache nicht besser, formulierte er es in dem ihm eigenen Zynismus – als ob es zwischen dem Einmarsch der Wehrmacht in Polen und dem Einsatz für Flüchtlinge keinen Unterschied gäbe. Beide, Winkler wie Fleischhauer, befanden sich damit ganz auf einer Wellenlänge mit Ungarns Staatschef Victor Orbán, der den Deutschen »moralischem Imperialismus« vorwarf. So wenig Nationalstolz war unter deutschen Konservativen selten, so viel deutscher Selbsthass noch nie spürbar.

Die Angstbilder aus den Islamdebatten der vergangenen Jahre tauchten auch in der Flüchtlingsdebatte rasch wieder auf. Die Angst vor einer »Islamisierung«, die auch viele Intellektuelle schon lange plagte, paarte sich nun mit der Furcht vor dem Kontrollverlust. Die üblichen Verdächtigen mussten sich da natürlich wieder zu Wort melden. Der ehemalige, für seine Schwarzmalereien bekannte Bezirksbürgermeister von Berlin-Neukölln, Heinz Buschkowsky, fantasierte im Fernsehen von zehn Millionen Flüchtlingen, deren »muslimische Weltsicht« mit »dem demokratisch-westlichen Wertekanon nicht kompatibel« sei. Noch nie habe es »in so kurzer Zeit einen so großen Zustrom an Menschen aus anderen Kulturkreisen gegeben«, sagte er im Oktober 2015 dem *Focus*. Das werde unsere Gesellschaft »vielleicht auch überfordern«.[8]

Der Muslimhasser Thilo Sarrazin durfte in der *ZEIT* im Geiste »Schiffe versenken« spielen. Der *Hamburger Wochenzeitung* erklärte er, was er tun würde, wenn er Chef der europäischen Grenzschutzagentur Frontex wäre: »Ich würde jedes Schiff aufbringen. Und wenn es kein Handelsschiff ist, würde ich die Insassen an exakt dem Punkt an der afrikanischen Küste absetzen, wo sie gestartet sind, und das Boot zerstören. Sie können sicher sein: Nach sechs Wochen bricht keiner mehr auf, und es wird auch keine toten Bootsflüchtlinge mehr geben.«[9] Das habe er aus dem Studium der Militärgeschichte gelernt.

Auch der reaktionäre Dorfdichter Botho Strauß, durfte im *Spiegel* Anfang Oktober 2015 wieder einmal düstere Untergangsstimmung verbreiten.[10] Ganz im Duktus der Neuen Rechten warnte er vor einer »Flutung des Landes mit Fremden« und der angeblich drohenden »Auslöschung« der Deutschen durch Muslime. Sein Traktat gipfelte in dem paranoiden Ausruf »Palmyra, auch hier«, womit er allen Ernstes die Situation in Deutschland im Flüchtlingssommer 2015 mit der Zerstörung der antiken Ruinenstadt in Syrien durch IS-Milizen verglich und damit Einwanderung mit barbarischer Kulturzerstörung gleichsetzte. Sich selbst halluzinierte Strauß dabei als »letzten Deutschen«, der durch die Trümmer irrt und noch die geistige Verbindung zu den Vorfahren hält. Auch andere Stimmen von rechts raunten zunehmend lauter von »Völkerwanderung«, »Invasion«, »Bevölkerungsaustausch« oder gar »Umvolkung«.

Als besonderer Scharfmacher tat sich im Flüchtlingssommer 2015 nicht zuletzt der Historiker und Osteuropa-Experte Jörg Baberowski hervor. »Die Integration von mehreren Millionen Menschen in nur kurzer Zeit unterbricht den Überlieferungszusammenhang, in dem wir stehen und der einer Gesellschaft Halt gibt und Konsistenz verleiht«, orakelte er Mitte September 2015 in der *FAZ*.[11] Und in der *Neuen Zürcher Zeitung* beklagte er kurz darauf, eine Spur schärfer, die Kanzlerin breche europäisches Recht, forciere eine »unkontrollierte Masseneinwanderung« und führe Deutschland in eine »Katastrophe«, denn das Land werde sich durch die Flüchtlinge »bis zur Unkenntlichkeit verändern«. Zugleich klagte er, man dürfe dies nicht öffentlich sagen, denn abweichende Meinungen würden in Deutschland nicht mehr toleriert.[12] Außer natürlich in der *FAZ*. »Wer gegen die Konventionen der Tugendrepublik verstößt, wird nach Dunkeldeutschland verbannt«, behauptete Baberwoski.[13] Die tausendfach geäußerte These von der »Meinungsdiktatur«, da war sie wieder, an prominenter Stelle vorgetragen.

Baberoskis Forderung lautete: Merkel müsse zurücktreten. Das sahen Roland Tichy, Betreiber des Onlineportals *Tichys Einblick* sowie der *Welt*-Kolumnist Henryk M. Broder ähnlich. Broder warf Merkel nicht weniger als »Untreue im Amt« vor, habe sie doch einen Eid geschworen, Schaden vom deutschen Volk abzuwenden. Nun aber tue sie das Gegenteil, indem sie die Flüchtlinge ins Land ließe. Von hier war es nicht mehr weit zu den »Volksverräterin«-Rufen und dem Pegida-Galgen für Merkel.

In diese Phalanx der prominenten Kritiker der deutschen Flüchtlingspolitik reihte sich zuletzt auch Peter Sloterdijk ein, der mit dem Alter immer konservativer geworden ist. In einem Interview im *Cicero* verbreitete der Philosoph im Februar 2016 gepflegte Ressentiments gegen Politik und Medien und jonglierte dabei routiniert mit stark bildhaften Metaphern. Er warnte vor einer »Überrollung Deutschlands«, wenn Merkel ihre Politik des »Souveränitätsverzichts« nicht beende, und beklagte einen »surrealen Modus der Grenzvergessenheit«. Der Flüchtling sei nun »der Souverän«, und »Terrorerreger« dürften »in Realzeit einreisen«, schimpfte Sloterdijk. Die deutsche Gesellschaft erlebe dagegen einen »Rückfall in die Wehrlosigkeit«, wie die Silvesternacht von Köln gezeigt hätte.

Nicht minder hart ging er mit den Medien ins Gericht. Dort trete die »Verwahrlosung« und die »zügellose Parteinahme allzu deutlich hervor«, denn »der Lügenäther ist so dicht wie seit den Tagen des Kalten Krieges nicht mehr«, formulierte er, und kam damit den »Lügenpresse«-Parolen der AfD und der Dresdner Pegida-Demonstranten ziemlich nahe.

Bis 2015 leitete Sloterdijk die Staatliche Hochschule für Gestaltung in Karlsruhe, an der von 2003 bis 2015 auch der heutige AfD-Bundestagsabgeordnete Marc Jongen als wissenschaftlicher Mitarbeiter lehrte und Sloterdijk als Assistent diente. Mit Jongen will Sloterdijk heute nichts mehr zu tun haben, öffentlich distanzierte er sich von seinem Quasi-Ziehsohn. Dafür zeigte Sloterdijk sich selbst früher durchaus auch von völkischen Fantasien durchdrungen, als er davon schwadronierte, »in den kommenden zwanzig Jahren« würden »mehrere hundert Millionen junge Männer« Europa überrennen. Die »Elendsfruchtbarkeit« der arabischen Länder führe zu »Kampffortpflanzungen«, die sich in eine »Bevölkerungswaffe der Islamisten« verwandeln könne, raunte er apokalyptisch in seinem 2016 erschienenen Buch *Was geschah im 20. Jahrhundert?*.[14] Der Essay-Sammelband ist übrigens bei Suhrkamp erschienen, wie die meisten seiner Bücher.

Auf die scharfe Kritik an seinem *Cicero*-Interview, die von Intellektuellen wie Herfried Münkler, Richard David Precht und Armin Nassehi geäußert wurde, reagierte Sloterdijk verschnupft. Statt sich mit ihren Argumenten auseinanderzusetzen, warf er ihnen »Beißwut, Polemik und Abweichungshass« vor. Ein Philosoph auf dem Feldherrnhügel.

Man könnte die völkischen Volten der Sloterdijks, Tichys, Baberowskis, Sarrazins, Straußens, Buschkowskys und Winklers als einen Aufstand gekränkter, alter Männer abtun, die unter Altersradikalismus leiden. In diese Richtung argumentierte Armin Nassehi, als er Sloterdijk antiliberales Denken vorwarf. Aber die prominenten Publizisten dienten sich damit als Stichwortgeber für rechte bis rechtsextreme Kreise an. Jörg Baberowski wurde Anfang Oktober zu einem CSU-Kongress in Erding geladen, seine Thesen wurden aber auch in den Reihen der NPD mit Begeisterung geteilt. Thilo Sarrazin trat ungefähr zur gleichen Zeit als Gast in Österreich bei der rechtspopulistischen FPÖ auf. Mit deren Parteichef Heinz-Christian Strache war er sich einig, dass Europa seine Grenzen schließen müsse.

Die Parolen vom Verrat der Kanzlerin an ihrem Treueeid fanden aber auch auf der Straße ihren Widerhall. »Merkel muss weg«, skandierten Tausende AfD-Demonstranten im Herbst 2015 in Erfurt und Magdeburg. Und Götz Kubitschek, ein Vordenker der Neuen Rechten, rief bei Pegida in Dresden die Deutschen zum »Widerstand« gegen eine angeblich drohende »Auflösung unseres Volkes« auf.

Auch die Schriftstellerin Monika Maron, Jahrgang 1941, sah vor ihrem geistigen Auge »vorwiegend junge, muslimische Männer«, die »unkontrolliert nach Deutschland« strömten, wie sie in der *Welt* zu Protokoll gab, und erschauderte.[15] Sie macht aus ihrem Abscheu vor Muslimen schon lange keinen Hehl. Als Pegida im Spätherbst 2014 aufkam, fuhr sie nach Dresden und äußerte Verständnis für die Bewegung. In der *FAZ* kritisierte sie 2016 die »kopflose« Flüchtlingspolitik von Angela Merkel und warnte indirekt vor einem »kollektiven Selbstmord«.[16] Und in der *NZZ* bekannte sie im Juni 2017 ihre Sympathien für den österreichischen Bundeskanzler Sebastian Kurz, der sich selbst rühmt, »die Balkanroute geschlossen« zu haben.[17]

Einen Geistesverwandten hat Maron in dem Autor und Literaturwissenschaftler Rüdiger Safranski, der sich selbst als einen »Konservativen« bezeichnet. In einem Interview, das im September 2015 in der *Welt* erschien, warf der Fernsehphilosoph der Kanzlerin vor, Deutschland zu »fluten«. Außerdem meinte er, in diesem Zusammenhang daran erinnern zu müssen, dass die Verfassung über dem Koran stehe.[18]

Zweieinhalb Jahre später äußerte sich Safranski im *Spiegel* zu Uwe Tellkamp. Dem Dresdener Schriftsteller attestierte er zwar »Weinerlichkeit«, weil dieser sich von Sprachverboten umzingelt sehe. Zugleich urteilte Safranski aber in vielen Dingen ähnlich. Während er sich auch auf Nachfrage nicht zu einer echten Verurteilung der rassistischen Ausfälle von AfD-Politikern durchringen konnte, warf er dem *Spiegel* wiederum »Hetze« gegen die AfD vor. Die etablierten Parteien würden den »Fehler« begehen, »die AfD zu einer rechtsradikalen Partei zu machen«. Das sei sie in seinen Augen nicht, sondern sie franse nur am rechten Rand aus. Linke und rechte Gewalt stellte Safranski dabei auf eine Stufe – als ob es keinen Unterschied macht, ob man Eigentum beschädigt, wie beim G20-Gipfel in Hamburg geschehen, oder Flüchtlingsheime anzündet.

Nicht zuletzt warnte Safranski vor einer Überforderung durch »riesige Migrantenströme« und einen »politischen Islam«. Die »Vorstellung eines dauerhaften friedlichen Nebeneinanders der Kulturen« sei »politischer Kitsch«. Kulturen könnten sich nur »bis zu einem gewissen Grad« mischen, und es gebe »keine Pflicht zur Fremdenfreundlichkeit«. Es sei eine »Selbstverständlichkeit«, dass es so etwas wie »Völker« gebe, und er forderte »Artenschutz« für kulturelle Unterschiede. Vor allem natürlich für Unterschiede auf deutscher Seite.

Der Soziologe Armin Nassehi, der sich viel mit dem Denken der Neuen Rechten beschäftigt hat, antwortete Safranski eine Woche später im Feuilleton des *Spiegel*. Dort stellte er fest: »Der AfD-Politiker Marc Jongen redet ähnlich wie Safranski.«[19] Wie dieser sei auch Safranski gefangen in der Vorstellung eines Kulturkampfs und der Idee von Völkern, die er als »anthropologisches Faktum« und nicht bloß als kulturell-historische Tatsache begreife. Nassehi warnte vor solchen nationalromantischen Fantasien: »Wer weiter so tut, dass alles gut werden kann, wenn man sich nur darauf verlässt, dass das Zugehörigkeitsproblem im »Wir« einer Kulturgemeinschaft gelöst wird, lebt in einer Welt, die es schon längst nicht mehr gibt.« Wer solchen reaktionären Träumereien nachhänge, habe keine Antworten auf die »Fragen, die mit der Komplexität unserer Gesellschaft zu tun haben, für die uns zum Teil noch die Begriffe fehlen«.[20]

Genau diesen Rückzug in Vorstellungswelten aus dem akademischen Elfenbeinturm und in eine nostalgisch verklärte Vergangenheit scheinen Teile des deutschen Bildungsbürgertums angetreten zu haben. Die wachsende Komplexität und Vielfalt unserer Gesellschaft verunsichern sie, darum zeigen sie sich anfällig für Schlagworte, Parolen und Deutungsmuster der Rechten. In Intellektuellen wie Uwe Tellkamp, Rüdiger Safranski und Monika Maron haben diese gebildeten Wutbürger ihre Wortführer gefunden.

11 Wut klickt gut: Wie Rechtspopulisten das Netz für ihre Zwecke nutzen

Für Populisten wie US-Präsident Donald Trump sind Plattformen wie Facebook und Twitter ein Geschenk des Himmels. Sie erlauben ihnen, direkt zu ihrem Publikum zu sprechen und dabei die etablierten Medien zu umgehen. Selbst ihm ohnehin schon gewogene Medien wie Fox News und Talk-Radio-Sender brauchte Trump in seinem Wahlkampf nicht mehr unbedingt. Außerdem passt das Medium Internet perfekt zu der Personalisierung von Politik, die zu den Wesensmerkmalen des Populismus gehören.

Rechte Populisten sind im Netz besonders erfolgreich. Unangefochtener Spitzenreiter ist Trump: Ihm folgten auf Twitter im Juni 2018 über 52 Millionen Menschen und 23 Millionen auf Facebook (Stand Mai 2018). Zum Vergleich: Hillary Clinton hatte auf Twitter zur gleichen Zeit nur 23 Millionen Follower und auf Facebook 9,8 Millionen, ihr innerparteilicher Rivale Bernie Sanders knapp acht Millionen auf Twitter und knapp 7,5 Millionen auf Facebook. Auch wenn man in Betracht zieht, dass unter den Trump-Followern womöglich viele Fake-Accounts sind und der Amtsbonus dazu führt, dass weltweit viele Menschen dem US-Präsidenten folgen, ist das ein beachtlicher Vorsprung.

In anderen Ländern sieht es oft ähnlich aus. In Frankreich liegt Marine Le Pen, die Frontfrau des rechtspopulistischen Front National, in den sozialen Medien weit vorne: 2,1 Millionen Menschen folgen ihr auf Twitter, 1,5 Millionen auf Facebook. Emmanuel Macron hat sie erst überholt, seitdem er Präsident ist. Im Juni 2018 kam er auf über drei Millionen Follower auf Twitter und 2,2 Millionen Fans auf Facebook. Dabei fällt die größere internationale Aufmerksamkeit, die er seinem Amt verdankt, natürlich auch ins Gewicht.

In Österreich liegt Heinz-Christian Strache, der Chef der rechtspopulistischen FPÖ und seit 2017 Vizekanzler, auf Facebook knapp vor seinem konservativen Koalitionspartner, dem jugendlichen Kanzler Sebastian Kurz. Der Rechtspopulist Strache gefällt dort über 775 000 Menschen, der Kanzler 750 000 (Stand Juni 2018). Der Ex-Kanzler und Sozialdemokrat Christian Kern gefällt, zum Vergleich, nur rund 240 000 Menschen.

In den Niederlanden liegt der Rechtspopulist Geert Wilders uneinholbar vorne. Fast eine Million Menschen folgt ihm im Juni 2018 auf Twitter, über 250 000 auf Facebook. Der radikale Islamhasser ist der im Ausland bekannteste niederländische Politiker und eine Galionsfigur der extrem rechten, islamfeindlichen Szene weltweit, das dürfte die Zahl mit nach oben treiben. Der niederländische rechtsliberale Regierungschef Mark Rutte hatte da gerade mal knapp über 100 000 Follower auf Twitter und 40 000 Fans auf Facebook. Selbst dem Shootingstar der holländischen Grünen, Jesse Klaver, folgen mehr Menschen, als dem Premier: fast 250 000 auf Twitter und mehr als 100 000 auf Facebook.

Auch in Großbritannien ist die konservative Regierungschefin abgeschlagen. Während der Rechtspopulist Nigel Farage von der »United Kingdom Independence Party« (UKIP) im Juni 2018 über rund 1,2 Millionen Follower auf Twitter und fast 800 000 Fans auf Facebook verfügte, folgten der Premierministerin Theresa May nur knapp 500 000 Fans auf Twitter und fast genauso viele auf Facebook. Überholt werden beide interessanterweise vom Oppositionsführer, dem Labour-Chef Jeremy Corbyn: Im Juni 2018 folgten ihm über 1,8 Millionen auf Twitter und 1,3 Millionen auf Facebook. Sowohl Nigel Farage als auch Jeremy Corbyn ziehen deutlich mehr Anhänger auf Facebook und Twitter an als ihre jeweiligen Parteien, sie sind ihre Zugpferde. Bei den regierenden Tories ist es umgekehrt: Die Partei ist auf Facebook beliebter als ihre Parteichefin.

In Italien ist die Lage unübersichtlich. Der Komiker, Politblogger und Politiker Beppe Grillo, Gründer der linkspopulistischen »Fünf-Sterne-Bewegung«, betreibt einen nach ihm benannten Blog, der täglich aktualisiert wird und in mehreren Sprachen erscheint. Zeitweise, etwa 2008, soll er einer der hundert am häufigsten besuchten Blogs weltweit gewesen sein, ermittelte die Blog-Suchmaschine Technorati damals. Außerdem zählt Grillo auf Twitter 2,5 Millionen Follower und auf Facebook zwei Millionen (Stand Juni 2018). Dem Ex-Premier Matteo Renzi folgten zur gleichen Zeit 3,4 Millionen Menschen auf Twitter und 1,1 Millionen auf Facebook, während Matteo Salvini, der Anführer der rechtspopulistischen Lega und seit Mai 2018 Italiens Innenminister, auf Facebook rund 2,4 Millionen Menschen »gefällt« und ihm auf Twitter über 750 000 Menschen folgen. Dem Ex-Premier und Medienunternehmer Silvio Berlusconi, dem immer noch mehrere Fernsehsender gehören und der lange Zeit der Inbegriff eines populistischen Politikers in Europa war, folgen auf Facebook nur eine Million und auf Twitter gerade keine 40 000 Menschen. Er hat den Sprung ins Internet-Zeitalter offenbar bisher verpasst.

Auch die AfD hat die Bedeutung von Facebook & Co. für sich erkannt. Schließlich wird Facebook auch in Deutschland immer wichtiger – wenngleich man von Verhältnissen wie in den USA noch weit entfernt ist. Derzeit sind 30 Millionen Deutsche bei Facebook, 23 Millionen davon nutzen die Plattform laut Angaben des Unternehmens jeden Tag (Stand September 2017).[1] Und immer mehr Menschen in Deutschland nutzen Facebook als ihre primäre Nachrichtenquelle.

Die AfD ist auf Facebook sehr aktiv und hat dort mehr Fans als CDU und SPD zusammen: Sie kann sich im Juni 2018 auf rund 400 000 Anhänger stützen. Auch wenn da womöglich ebenfalls viele Fake-Konten dabei sind, die sich leicht kaufen lassen, ist der Abstand zu SPD und CDU, die mit rund 180 000 Fans fast gleichauf liegen, doch recht deutlich. Nur die Satire-Partei »Die Partei« kommt mit über 300 000 Anhängern an sie heran. Auch die CSU ist recht aktiv und kommt auf 210 000 Fans, die Grünen kommen auf rund 180 000, und die FDP kommt auf 150 000 Anhänger. Das Feld ist in Deutschland also relativ ausgeglichen, aber die AfD ragt heraus. Das gilt auch für ihre Landesverbände, die, an der Zahl ihrer Facebook-Fans gemessen, in vielen Bundesländern vorne liegen.

Was die Popularität ihrer führenden Politiker angeht, ist die AfD allerdings nur Durchschnitt. Das unterscheidet sie von anderen Rechtspopulisten in Europa, bei denen es eine klare Führungsfigur gibt, die den Ton angibt. Die ehemalige AfD-Chefin Frauke Petry kommt noch im Juni 2018 auf knapp 200 000 Facebook-Fans und 57 000 Follower auf Twitter. Das neue weibliche Gesicht der Partei, die AfD-Spitzenkandidatin und Fraktionsvorsitzende Alice Weidel, kommt da nur auf knapp 180 000 Fans auf Facebook, ihre Parteikollegen Beatrix von Storch und Jörg Meuthen auf rund 90 000. Björn Höcke und andere rangieren weit dahinter, und Alexander Gauland ist gar nicht auf Facebook.

Zum Vergleich: Sahra Wagenknecht und Gregor Gysi, den beiden Stars der Linkspartei, folgen rund 430 000 beziehungsweise 480 000 Menschen auf Facebook, dem ehemaligen Spitzenkandidaten der SPD, Martin Schulz, im Juni 2018 immer noch rund 450 000 Menschen, und dem FDP-Chef Christian Lindner 250 000 – deutlich mehr als seiner Partei. Populärster Grüner ist Ex-Parteichef Cem Özdemir, mit mehr als 150 000 Fans. Ganz vorne liegt, auch aufgrund der größeren internationalen Bekanntheit, Angela Merkel mit 2,5 Millionen Facebook-Fans. Für Politiker bieten die sozialen Medien ein gutes Mittel, um sich zu profilieren. »Das ist schon etwas, worüber ich auch froh bin«, räumt Sahra Wagenknecht ein. »Da filtert mich keiner, da bin ich auch nicht darauf angewiesen, dass mich jemand etwas fragt. Da kann ich reinstellen, was ich für richtig halte.«[2]

Auf diesem Wege erreichen viele Politiker heute mehr Menschen als über so manche Qualitätszeitung oder andere Medien, wie der Politikberater und Autor Johannes Hillje feststellt: »Durch die Weiterverbreitung der Inhalte erreicht ein populärer Facebook-Beitrag der AfD bis zu vier Millionen Menschen. Damit kann sie es durchaus mit der »Tagesschau« aufnehmen und übertrumpft sogar die »heute«-Nachrichten an manchen Tagen.«[3] Das liege auch an der Logik des Facebook-Programms. »Je mehr Interaktionen ein Beitrag bekommt, desto höher wird dieser von Facebooks Algorithmus, dem Chefredakteur der Plattform, eingestuft. Und desto wahrscheinlicher ist es, dass der Beitrag im »Newsfeed« vieler Nutzer angezeigt wird.«[4]

Relevanter als die Anzahl der Fans ist deshalb die Zahl der Interaktionen: also Likes, Shares und Kommentare auf einen Beitrag. Mehrere Studien haben gezeigt, dass die AfD auf ihre Beiträge mehr Reaktionen erhält als andere Parteien. Das liegt daran, dass sie damit oft starke Emotionen auslöst. Mit ihren Beiträgen triggert sie starke Gefühle wie Wut und Angst. Das Wut-Emoji ist das Symbol, das AfD-Anhänger am häufigsten anklicken. Der AfD gelingt es dadurch, besonders viele Menschen zu erreichen. »Wut bringt Menschen zum

sandt worden. Verdächtige Päckchen sorgten daraufhin auch in Köln und Leipzig für Angst und Schrecken. Die Polizei sprach von bewusster Panikmache. Aber auch auf Facebook verbreiten sich Lügen sehr gut. Die meistgeteilte Meldung des Jahres 2017 war, dass Flüchtlinge 700 Euro Weihnachtsgeld erhalten sollen. Leider war diese Geschichte komplett erfunden.

Facebook spielte auch bei der Gründung von Pegida eine wichtige Rolle. Eine Untersuchung kam 2018 zu dem Ergebnis, dass es zwischen den Facebook-Aktivitäten der Pegida-Anhänger und den Teilnehmerzahlen bei ihren Aufmärschen einen direkten Zusammenhang gab.»Gab es in einer Woche besonders viele Kommentare und Likes, war auch die Teilnehmerzahl der folgenden Demonstration hoch«, so der Befund. Insgesamt zeigten sich die Pegida-Anhänger als besonders kommunikations- und kommentierfreudig, was wohl an der Aufladung des Themas liege. Die Facebook-Seite habe dazu beigetragen, das Identifikationsgefühl der Bewegung zu stärken.[11]

Die *Süddeutsche Zeitung* hat sich den AfD-Kosmos im Internet einmal genauer angesehen. Über Monate hinweg hatte sie mehr als eine Million öffentlich einsehbarer Likes von 5 000 Facebook-Nutzern analysiert, im April 2017 veröffentlichte sie ihre Auswertung. Demnach unterscheidet sich die Mediennutzung von AfD-Anhängern deutlich vom Rest der Bevölkerung. Es gibt Seiten, die fast ausschließlich bei Anhängern der AfD populär sind. Das Spektrum ist begrenzt: Es reduziert sich zu einem großen Teil auf ultrarechte Medien wie die *Junge Freiheit, Epoch Times, RT Deutsch* oder *Compact* sowie Blogs, die das eigene Weltbild bestätigen. Zwar ist die Tendenz, Medien und Informationen auszuwählen, die die eigene Meinung bestätigen, bei vielen Menschen zu finden. Bei AfD-Anhängern ist sie aber besonders ausgeprägt. Die Anhänger anderer Parteien rezipieren oftmals eine breite Palette an Medien und setzen sich durchaus mit anderen Argumenten und Meinungen auseinander. Sie interessieren sich auch mehr für Fußball, Konsum oder Satire. Das Umfeld der AfD sei dagegen»eine weitgehend humorfreie Zone«, so die *Süddeutsche Zeitung.*[12]

Niemand sonst ist auch so auf das Spitzenpersonal der eigenen Partei fixiert – was erstaunlich ist, wenn man bedenkt, wie oft dieses Personal gewechselt hat. Aber wer mit AfD-Politikern wie Jörg Meuthen, Beatrix von Storch oder Alice Weidel sympathisiert, der folgt auch oft den Facebook-Seiten von anderen Rechtspopulisten wie FPÖ-Chef Heinz-Christian Strache, Marine Le Pen vom Front National oder US-Präsident Donald Trump.

Der AfD-Kosmos definiert sich hauptsächlich über Ablehnung und Negation: Beliebte Gruppen heißen »Multikulti? Nicht mit uns« oder »Bürger sagen Nein«. Für etwas ist man nur, wenn es um Deutschland geht, etwa in Gruppen wie »Wir für Deutschland« oder »Ein Prozent für unser Land«. Die Rede von der »Filterblase« treffe deshalb eigentlich nur auf das AfD-Milieu zu, meinen die Autorinnen der SZ-Recherche, Katharina Brunner und Sabrina Ebitsch.[13] Der Internetaktivist Eli Pariser hat den Begriff von der Filterblase geprägt, um die Gefahr zu beschreiben, dass Menschen aufgrund der Algorithmen von Facebook & Co. nicht mehr mit anderen Sichtweisen als der eigenen konfrontiert werden. Doch offenbar sind es vor allem die Wähler der Rechtspopulisten, die sich isoliert in der Blase ihrer Weltanschauung abkapseln.

Im Netz setzt die AfD auch viel auf selbst produzierte Videoclips. Von wichtigen Ereignissen, wie dem Treffen der rechtspopulistischen Europafraktion in Koblenz, an dem Geert Wilders und Marine Le Pen teilnahmen, ließ sie eigene Video-Reporter berichten. Die Veranstaltung wurde live im Netz übertragen, echten Journalisten blieb der Zutritt versagt. Ganz ähnlich hielt es der AfD-nahe Ökonom Max Otte, als er am fünften Mai 2018 zu einem »Neuen Hambacher Fest« einlud, das an das historische Vorbild, dem Treffen liberaler Bürger, Studenten und Intellektueller im Jahre 1832, erinnern sollte. Die *Spiegel*-Redakteurin Melanie Ammann wurde demonstrativ von dieser Feier ausgeladen. Dafür veröffentlichte die AfD Gefälligkeitsinterviews mit Otte, Thilo Sarrazin und AfD-Chef Jörg Meuthen auf YouTube und anderswo. So behält die AfD die Kontrolle über alle Bilder und Töne, die nach außen dringen.

Twitter ist in Deutschland eher ein Nischenmedium, über das vor allem Politiker, Journalisten und andere Interessierte miteinander kommunizieren. Für AfD-Politiker wie Beatrix von Storch ist es ein Mittel, um in die Medien zu kommen. Am Abend des Attentats auf den Berliner Weihnachtsmarkt im Dezember 2016 twitterten sie und Frauke Petry um die Wette, aber das Rennen machte Marcus Pretzell:

Seine Formulierung »Es sind Merkels Tote« wurde 900 Mal retweetet und in zahlreichen Medien zitiert. Damit hatte der damalige Landesvorsitzende der AfD in Nordrhein-Westfalen sein Ziel erreicht. Pretzell selbst bekannte einmal, er nutze Twitter vor allem, um Journalisten zu »triggern«.

Doch das soll erst der Anfang sein. Die AfD möchte aus den USA lernen – zum Beispiel von Stephen Bannon, dem ehemaligen Chefideologen im Team von Donald Trump und Kopf des rechtspopulistischen Online-Portals »Breitbart-News«, mit dem sich Alice Weidel 2018 traf. Einen Vorgeschmack darauf, was Deutschland dadurch blüht, konnte man vor der Bundestagswahl erhalten. Kurz vor dem Wahltag tauchte im Netz eine Webseite mit dem Namen »merkeldieeidbrecherin.de« auf, auf der Angela Merkel als »Eidbrecherin« diffamiert wurde. Die Macher montierten unter anderem ein düster flackerndes Schwarz-Weiß-Bild von Merkel vor dem Hintergrund des Berliner Breitscheidplatzes, wo Ende 2016 ein Attentäter zwölf Menschen mit einem Lastwagen tötete und viele verletzte, und warfen ihr vor, für praktisch alle Tote des islamistischen Terrors in Europa verantwortlich zu sein. Die Seite wurde prominent auf der AfD-Website beworben und von diversen AfD-Accounts in den sozialen Netzwerken verbreitet. Erst bei einem genaueren Blick ins Impressum konnte man erkennen, dass die AfD selbst dahintersteckte: Die Spitzenkandidaten Alice Weidel und Alexander Gauland wurden im Kleingedruckten als Verantwortliche genannt.[14]

Weil die Anzeige auf Google nicht so zündete, wie von der AfD erhofft, fühlte sich die Partei von dem Unternehmen »sabotiert«.[15] Google selbst sprach von »technischen Problemen«. Zwei Mitarbeiter der US-Agentur »Harris Media« hatten der AfD bei dieser Schmutzkampagne geholfen. Die Agentur gehört dem Unternehmer Vincent Harris aus Texas, der schon diverse republikanische Präsidentschaftskandidaten und rechte Politiker beraten hat, von der britischen Brexit-Partei von Nigel Farage über Benjamin Netanjahu bis Marine Le Pen in Frankreich.

»Dirty Campaigning« ist damit auch in Deutschland angekommen. Dabei werden gegnerische Kandidaten und Parteien durch haltlose Anwürfe und Unterstellungen gezielt in ein schlechtes Licht gerückt.

Vom »negative Campaigning«, mit dem der Gegner bloß schlechtgemacht wird, unterscheidet sich diese Form der Kampagnenführung dadurch, dass sie die Grenze zum Rufmord fast schon überschreitet. In den USA hat diese Form der Negativwerbung, mit der politische Gegner herabgewürdigt werden, eine lange und ungute Tradition, in Europa weniger. In Österreich spielte sie im Wahlkampf 2017 allerdings bereits eine größere, wenn auch sehr undurchsichtige Rolle.[16]

12 Aus dem Wörterbuch der Wutbürger: Über die Sprache des Populismus

Es klang resigniert. Der SPD-Politiker Rudolf Dreßler, ein Sozialdemokrat der alten Schule, klagte im Februar 2018, seine Partei habe »den Kampf um die Sprache verloren«.[1] Mit Blick auf den Koalitionsvertrag meinte er, schon sprachlich habe die SPD-Parteiführung in den Koalitionsverhandlungen vor der Rhetorik von CDU und CSU kapituliert. Als Beispiele nannte er den Begriff der »subsidiär Schutzberechtigten«, den sich die SPD zu eigen gemacht hätte – dabei ginge es um »Menschen in Lebensgefahr, die wir aufnehmen wollen«, betonte Dreßler. Die SPD spreche außerdem von einer »Abschaffung der sachgrundlosen Befristung« statt von befristeten Beschäftigungsverhältnissen,»die mittlerweile Millionen von Menschen in völlige Unsicherheit hineingebracht« hätten. Und statt von Familienzusammenführung rede sie von »Familiennachzug«, was negativer klinge. Mit dieser blutleeren Bürokratensprache werde die SPD niemanden begeistern und unter 20 Prozent sinken, warnte Dreßler, und prophezeite:»Dann geht es weiter nach unten.« Seine Parteigenossen forderte er auf, den Koalitionsvertrag abzulehnen.

Der Koalitionsvertrag, den SPD und Union im Februar 2018 geschlossen haben, ist für liberale und linke Leser in der Tat eine ziemlich ernüchternde Lektüre. Er spiegelt schon rein sprachlich den Stimmungswandel wider, der sich seit dem sogenannten »Sommer der Hilfsbereitschaft« im Jahr 2015 vollzogen hat. In einer semantischen Analyse des Migrationskapitels konstatiert der Autor- und Politikberater Johannes Hillje, die Sprache der AfD habe Eingang in den Koalitionsvertrag gefunden. Statt den Geist von »Willkommenskultur« und »Wir schaffen das« zu atmen, verströmt das Papier den Angstgeruch von Überforderung und den Wunsch nach Begrenzung.

»Die deutsche Einwanderungsgesellschaft hat heute keine eigene Sprache«, resümiert Hillje. »Umso mehr hat die gesellschaftliche Spaltung eine Sprache – und die ist omnipräsent.«[2]

Diese gesellschaftliche Spaltung zeigt sich nicht erst seit der humanitären Krise des Sommers 2015, die als »Flüchtlingskrise« in die Geschichtsbücher einging. Das Wort von der »Flüchtlingskrise« ist selbst schon fragwürdig, weil es impliziert, die Flüchtlinge seien das Problem, welches erst eine Krise ausgelöst habe. Dabei sind die meisten dieser Menschen vor Krieg, Gewalt und Not geflohen. Sie suchten ein festes Dach über dem Kopf und eine Perspektive für ihre Zukunft. Für so einen Fall ist das Wort von der »humanitären Katastrophe« angemessener. Wenn es an Kindergartenplätzen oder guten Schulen mangelt, spricht man ja auch eher von einer Kindergarten-Krise oder einer Bildungskatastrophe und nicht von einer Kinder- oder Schülerkrise.

»Framing« nennt es die Kommunikationswissenschaft, wenn an bestimmte Begriffe ein bestimmter Deutungsrahmen gekoppelt ist. Worte schaffen Bilder und beeinflussen unser Denken, sagt die Neurolinguistin und Kognitionswissenschaftlerin Elisabeth Wehling: Diese »Frames« prägen und verändern die Wahrnehmung. Darum komme es in der politischen Debatte sehr auf die richtige Wortwahl an, denn der politische Streit sei immer ein moralischer Streit und Ausdruck ganz unterschiedlicher Weltanschauungen. Das spiegele sich in der Sprache wider.[3]

Die in den Neunzigerjahren verbreitete Wortschöpfung »Asylant«, die mit ihrer Endsilbe an negativ konnotierte Begriffe wie »Querulant« und »Simulant« erinnert, ist in Deutschland inzwischen aus der Mode geraten. Wehling aber meint, schon das althergebrachte Wort »Flüchtling« sei problematisch, weil das Suffix »ling« bei Menschen negativ behaftet sei, was sich an Worten wie »Schreiberling«, » Eindringling« und »Schönling« zeige. Außerdem gibt es das Wort nur in der männlichen Form, was Frauen und Kinder unterschlage. Es stütze damit semantisch das Bild vom starken, aggressiven oder gar gefährlichen Eindringling.

Auch das Wort »Obergrenze« sei lediglich eine sprachliche Variation der Frage: »Wann ist das Boot voll?« Es sei eine »relativ subtile Weise, letztlich dasselbe gedankliche Schema zu bedienen«, meint

Wehling.[4] Auch wenn es weniger dramatisch klinge, werde damit das Bild eines begrenzten Raums gezeichnet, der nicht zur Aufnahme aller Schutzsuchenden ausreiche. Es ist eine Neuauflage der alten »Das Boot ist voll«-Metapher, die in den Neunzigerjahren sehr beliebt war. Ein vorherrschendes »Framing« spiegelt sich aber auch schon in der Art und Weise, wie in Deutschland über die Realitäten einer Einwanderungsgesellschaft gesprochen wird. Schon seit geraumer Zeit haben sich verschiedene Sprechweisen eingebürgert, wenn es um unterschiedliche Bevölkerungsgruppen geht. Über Minderheiten wird anders gesprochen als über Angehörige der Mehrheitsgesellschaft. Das zeigt schon die Floskel von der »Integration«. Nach landläufiger Vorstellung sind es nur Einwanderer, die sich in diese Gesellschaft mit ihren Normen und Gesetzen zu »integrieren« haben. Bei der Mehrheit wird implizit vorausgesetzt, dass sie sich mit den Werten, Gesetzen und Normen dieses Landes nicht so schwertut – was beileibe nicht immer der Fall ist. Lutz Bachmann spricht aber merkwürdigerweise niemand ab, »integriert« zu sein.

Wenn zum Beispiel von »Parallelgesellschaften«, »Hasspredigern« oder »Integrationsverweigerern« die Rede ist, dann ist meist klar, dass es um Einwanderer oder Muslime geht. Vor dem geistigen Auge des Publikums tauchen dann zottelbärtige Salafisten oder andere Fundamentalisten auf, die sich in ihre Moscheen zurückziehen und nur schlecht Deutsch sprechen. Dabei könnte man auch die Besserverdienenden, die in geschlossenen Luxusquartieren leben und ihre Kinder auf elitäre Privatschulen schicken, als »Parallelgesellschaft« bezeichnen. Die Wutbürger von Pegida, die sich in ihre antidemokratische Parallelwelt zurückgezogen haben, könnte man aus ebenso guten Gründen »Integrationsverweigerer« nennen – und deren Anführer, Demagogen wie Lutz Bachmann oder Akif Pirinçci, könnte man mit gutem Recht als »Hassprediger« titulieren. Das passiert aber nur selten, denn diese Bilder sind nicht so verknüpft.

Ein doppelter Maßstab zeigt sich auch, wenn nur Morde von Einwanderern als »Ehrenmorde« bezeichnet werden, während vergleichbare Straftaten von Angehörigen der Mehrheit als »Morde aus Eifersucht« oder »Familiendrama« abgetan werden. Zwar ist es richtig, dass Morde an Geschwistern in Europa eher unter Einwanderern vorkommen. Aber es ist es ein Klischee, dass solche Täter aus Loyalität zu ihrer Familie oder Sippe oder aus archaischen Beweggründen handeln. Was sie mit Männern hiesiger Herkunft verbindet, die ihre Ex-Frauen oder Freundinnen ermorden, ist, dass sie ihre Frauen als Besitz betrachten, der ihren Regeln zu folgen hat. Es ist ein patriarchales Denken, das es in allen Kulturen gibt. Wenn Frauen sich diesen ungeschriebenen Regeln widersetzen, dann fühlt sich nicht nur mancher Einwanderer in seinem »Ehrgefühl« verletzt.

Nicht anders ist es beim Umgang mit politisch motivierter Gewalt. Während jeder Anschlag eines Muslims schnell als »Terroranschlag« eingestuft wird, gehen vergleichbare Taten öfter mal als vermeintlich unpolitischer »Amoklauf« durch.[5] Doch nicht jeder muslimische Attentäter hat ein politisches Motiv. Und nicht jeder »Amokläufer« ist nur psychisch gestört. Meist ist es eine Mischung aus beidem, aus psychischer Störung und übergeordnetem Motiv, die zu solchen Hassverbrechen führt. Das Wort »Amoklauf« ist ohnehin fragwürdig, weil es sich in den meisten dieser Fälle eben nicht um spontane »Ausraster« handelt, wie der aus dem malaiischen stammende Begriff »Amok« nahelegt, sondern um sorgfältig geplante und vorbereitete Attentate.

Die Beispiele zeigen, dass Sprache nicht unschuldig und oft mit Macht verknüpft ist. Wer die Definitionsmacht hat, kann auch die politische Deutung und Perspektive bestimmen, mit der sein Publikum die Wirklichkeit sieht. Der gesellschaftliche Rechtsruck zeigt sich deshalb auch in dem Maße, in dem rechte Kampfbegriffe, » Frames« und Formulierungen in den allgemeinen gesellschaftlichen Mainstream eingesickert sind.

An der Liste der »Unwörter des Jahres« lässt sich diese Entwicklung gut ablesen. Jedes Jahr wählt eine ehrenamtliche Jury von Sprachforschern ein Wort aus, das ihrer Meinung nach symptomatisch für negative Entwicklungen steht. Im Jahr der Pegida-Gründung, 2014, war es das Wort »Lügenpresse«, im Jahr 2015 das Wort »Gutmensch« und ein Jahr darauf »Volksverräter.«

Mit dem Begriff »Gutmensch« oder, noch hämischer, »Bahnhofsklatscher«, werden all jene diffamiert, die sich angesichts der humanitären Krise in Europa seit dem Sommer 2015 meist ehrenamtlich für geflüchtete Menschen engagierten. »Gutmensch« sei ein »Kampfbegriff gegen Andersdenkende« und wurde ausgewählt, weil er Hilfsbereitschaft pauschal als naiv, dumm und weltfremd diffamiere – so begründete die Jury ihre Entscheidung, es zum Unwort des Jahres 2015 zu küren.

Die AfD und ihre Anhänger haben ihre eigene Sprache entwickelt, die auf den öffentlichen Diskurs abfärbt und ihre Spuren hinterlässt. Für ihre Gegner haben die Rechtspopulisten nur Verachtung übrig. Bemühungen um eine weitere Gleichstellung von Männern und Frauen werden von ihnen als »Genderwahn«, »Genderismus« oder gleich »Gender-Gaga« verulkt, das politische System als »Meinungsdiktatur« diffamiert, die etablierten Parteien werden als »Altparteien« verächtlich gemacht. Der öffentlich-rechtliche Rundfunk wird zum »Staatsfunk« gestempelt, der durch eine »Zwangsgebühr« finanziert werde. Die Erinnerung an die Verbrechen der Nazi-Zeit wird als »Schuldkult« verunglimpft.

Sich selbst stilisieren sie dagegen sprachlich zum Opfer eines quasi-totalitären Regimes: Angela Merkel wird zur »Kanzlerdiktatorin« erklärt, und wer nicht bei der AfD oder Pegida mitmarschiert, der wird der verhassten Antifa, der »Merkeljugend« oder anderen »Systemlingen« zugerechnet.

Die eigene sprachliche Gewalt wird konsequent verharmlost. Rassistische Hetze wird mit Verweis auf das Recht auf Meinungsfreiheit zur bloßen »Meinung« geadelt, Hetze gegen Muslime zur »Islamkritik« erklärt, Hass auf Flüchtlinge als »Asylkritik« oder »Asylskepsis« verharmlost. Rechte Gewalt wird zum »Widerstand«, zur »Verteidigung« oder zur »Notwehr« erklärt und bagatellisiert. Schon die Selbstbezeichnung als lediglich »besorgte Bürger« ist ein Euphemismus, der zu Recht ironisiert und zu einem geflügelten Wort geworden ist. Die Verharmlosung ist offensichtlich.

Die beiden Journalisten Sebastian Pertsch (*Tagespiegel*) und Udo Stiehl (WDR) haben 2014 das Projekt »Floskelwolke« ins Leben gerufen, um zu analysieren, wie häufig bestimmte Floskeln, Phrasen und Schlagworte in den etablierten Medien auftauchen. Die Ergebnisse veröffentlichen sie im Netz, auf ihrer Webseite und in sozialen Netzwerken. Demnach sind die Kampfbegriffe rechtspopulistischer Strömungen wie »Altparteien« und »Asylkritiker« längst in die mediale Alltagssprache eingesickert. Seit Pegida auf die Straße ging und die AfD in die Parlamente einzog, haben rechte Kampfbegriffe wie »Lügenpresse« und »Überfremdung« zunehmend ihren Weg in den Mainstream gefunden.

Die Leipziger CDU-Politikerin Bettina Kudla sorgte 2016 mit einem Tweet für Aufsehen, indem sie in bester Nazidiktion schrieb, die »Umvolkung« Deutschlands habe »längst begonnen«. Und nach dem Wahlabend im September 2017 konnte man sogar in der ARD hören, viele hätten die AfD wohl aus »Angst vor Überfremdung« gewählt – und nicht, weil sie Einwanderer und Geflüchtete schlicht ablehnen.

Ein Leipziger Autorenkollektiv hat in einem *Wörterbuch des besorgten Bürgers* einige der gängigsten Phrasen und Formulierungen der Rechten aufgelistet, eine ebenso amüsante wie beklemmende Sammlung. »Mit Umdeutungen, Erfindungen und rhetorischem Nebel entwickeln sie Denk- und Sprachmuster, in denen so manches umgekehrt und gegen den Strich gelesen wird: Da ist Deutschland Opfer, Diktatur oder GmbH, bilden geflüchtete Menschen eine Armee oder droht der Volkstod«, schreiben die Leipziger Autorinnen und Autoren in ihrem Vorwort.[6]

Geläufige Begriffe werden von Rechten umgedeutet. Wurde im Vorfeld der Fußball-WM 2006 davor gewarnt, dass manche Regionen im Osten Deutschlands zu No-go-Areas geworden seien, weil Menschen mit dunkler Hautfarbe dort Gefahr liefen, auf aggressive Rechtsradikale zu treffen, so wird der Vorwurf jetzt einfach umgedreht und behauptet, manche Einwandererviertel in deutschen Großstädten seien für Menschen mit deutscher Herkunft und heller Hautfarbe oder selbst für die Polizei nicht mehr betretbar. Und waren es einst die Kinder von Einwanderern, die darüber klagten, »fremd im eigenen Land« zu sein, weil sie trotz deutschem Pass immer noch als »Ausländer« ausgegrenzt würden, so haben sich Nazis und andere Rechte diesen Slogan schon lange angeeignet, um über eine angebliche »Überfremdung« und »Umvolkung« zu jammern.

Wenn Rechte dagegen Worte wie »Wahrheit«, »Demokratie«, »Freiheit« und »Werte« im Mund führen, dann meinen sie damit etwas ganz anderes, als diese Begriffe eigentlich bedeuten. »Wahrheit« ist für sie das, was Leser des verschwörungstheoretischen und rechten *Compact-Magazins* (Slogan: »Mut zur Wahrheit«) für richtig halten, allen Fakten zum Trotz. »Demokratie« ist das, was Pegida will, weil sie sich für das wahre »Volk« halten, während die meisten Repräsentanten der Demokratie für sie nur »Volksverräter« sind. Die eigene »Freiheit« gilt es, gegen Muslime und Einwanderer zu verteidigen. Diese Freiheit endet aber rasch dort, wo anders gedacht wird, als es das »Volk« von AfD und Pegida gerne möchte. Und »Werte« sind nicht etwa moralische Tugenden wie Toleranz und Nächstenliebe, sondern eher so etwas wie bindende Vorschriften und Hausordnungen. Die offizielle Rhetorik in Politik und Medien wird gerne verballhornt. Weil es im Sommer 2015 aus Kreisen der Wirtschaft hieß, die geflüchteten Menschen könnten dazu beitragen, das Problem fehlender Fachkräfte zu lösen, werden jene von Pegida-Anhängern und anderen Menschenfeinden als »Fachkräfte« oder gleich in obszöner Volte als »Ficki-Ficki-Fachkräfte« verhöhnt. Weil Kirchen und Politiker gerne betonen, die Begegnung von Menschen unterschiedlicher Kulturen würde beide Seiten bereichern, werden insbesondere kriminelle Einwanderer gerne als »Kulturbereicherer« tituliert.

Den politischen Gegner mit Schmutz in Verbindung zu bringen, ist ein weiteres beliebtes Mittel von Populisten, den eigenen autoritären Säuberungsfantasien sprachlich Ausdruck zu verleihen. Deshalb tönte Alice Weidel im April 2017, die »politische Korrektheit« gehöre »auf den Müllhaufen der Geschichte«. Deshalb sagte AfD-Chef Jörg Meuthen einem »links-rot-grün verseuchten 68er-Deutschland« den Kampf an, und AfD-Chef Alexander Gauland hetzte, er werde die damalige Integrationsbeauftragte der Bundesregierung, Aydan Özoguz, nach Anatolien »entsorgen«, als wäre sie Abfall oder Atommüll. Das sind keine zufälligen Entgleisungen, sondern ein kalkuliertes Werfen mit Dreck. Irgendetwas davon wird im Unterbewusstsein des Publikums schon hängen bleiben, so das Kalkül.

Wer diese Demagogie kritisiert, fängt sich allerdings schnell den Vorwurf ein, »Sprachpolizei« spielen zu wollen und der »politischen Korrektheit« zu huldigen. Neben »Gutmensch« ist die »politische Korrektheit« einer der zentralen Kampfbegriffe, mit denen rechte Schlechtmenschen ihre Gegner schmähen. Er erlaubt es ihnen, sich zum Opfer einer nicht existenten Gesinnungspolizei zu stilisieren und somit jede Kritik abzuwehren. Paradoxerweise verhalten sich Rechtspopulisten oft selbst wie Mimosen, wenn sie genauso hart angegangen werden, wie sie austeilen. Als die Satire-Sendung »Extra 3« über Alice Weidels vollmundige Ankündigung, die »politische Korrektheit« entsorgen zu wollen, mit einem spöttischen »Recht hat sie, die Nazi-Schlampe!« konterte, reagierte Weidel sehr dünnhäutig: Sie zog dagegen vor Gericht – und verlor. Das Gericht erkannte die Aussage in diesem Zusammenhang als Satire an.

Die Klage darüber, dass man angeblich gar nichts mehr sagen dürfe, ohne an den Pranger gestellt zu werden, ist so alt wie der Begriff »politische Korrektheit«. Schon 1994 behauptete der Schriftsteller Martin Walser im *Spiegel*, der »Tugendterror der political correctness« mache die freie Rede »zum halsbrecherischen Risiko«.[7] Darüber, dass man nichts mehr sagen dürfe, klagte es sich schon immer am besten auf großer Bühne oder in Zeitungen und Zeitschriften mit Millionenauflage.

Dabei sind bestimmte Topoi, welche die Rechte für sich reklamiert, auch im Mainstream verbreitet. Hetze gegen eine religiöse Minderheit und die Diffamierung ihres Glaubens wird auch in manchen seriösen Medien bis heute als bloße »Islamkritik« verharmlost. Viele Heroen der Rechtspopulisten, von Thilo Sarrazin über Akif Pirinçci bis Matthias Matussek, haben ihre Ergüsse in etablierten Medien publiziert, bevor sie sich radikalisierten. Und schon 2007 – also lange, bevor Pegida dagegen auf die Straße ging – warnte der *Spiegel* auf seinem Titel vor einer angeblich drohenden, stillen »Islamisierung«, und ließ vor einem dunklen Himmel über dem Brandenburger Tor in Berlin einen Halbmond erstrahlen. Auch manche etablierte Politiker und Medien haben der Rechten die Stichworte für ihren Kulturkampf geliefert.

Die AfD lebt von solchen Ängsten, deshalb verstärkt sie sie auch gerne. Panikmache ist bei Rechtspopulisten Prinzip. Das TV-Magazin »Panorama« hat einmal die Rhetorik der rechten Populisten analysiert und mit Auszügen aus Reden von Geert Wilders, Alexander Gauland, Marine Le Pen, Donald Trump und Heinz-Christian Strache deren Sprache beispielhaft illustriert. Die Parallelen sind verblüffend, denn die Dramaturgie folgt dem immer gleichen Muster. Sie erinnere an Hollywood-Filme, meint die »Panorama«-Moderatorin Anja Reschke.[8]

Zuerst wird Angst geschürt, indem Vergleiche zu Naturkatastrophen gezogen werden. Flüchtinge werden entmenschlicht und zum »Tsunami«, zum »Strom«, zur »Flut«, zur »gigantischen Migrantenwelle«, zur »Lawine« oder zum »Asyl-Orkan« erklärt, der »über Europa hinwegfegt« (Björn Höcke). Dann wird der vermeintliche Notstand ausgerufen. Die Zeit sei knapp, eine Zeitbombe ticke, ein »Desaster« wird prophezeit. Eine »feindliche Landnahme« oder das »Abgleiten in den Bürgerkrieg« drohe, wenn nicht sofort gehandelt werde, und es werden abwegige historische Vergleiche mit der »Völkerwanderung« und dem Untergang des weströmischen Reiches gezogen, als »die Barbarenstämme den Limes überrannten« (Alexander Gauland bei einer AfD-Demo im November 2015).[9]

Erst vor diesem Hintergrund können sich Rechtspopulisten zu jenen Helden stilisieren, die für Erlösung und Rettung sorgen können, weil sie es angeblich als Einzige wagen, die Wahrheit auszusprechen. »Dieses Land braucht uns dringend«, behauptet Alexander Gauland. »Wir werden den Islam besiegen«, verspricht Geert Wilders. »Ich habe Hoffnung, dass wir unser Heimatland und Europa retten werden vor dem Untergang«, verkündet Heinz-Christian Strache. »Wir werden dem amerikanischen Volk mit der Wahrheit dienen«, lügt Donald Trump.

Die Verdrehung von Fakten und Fiktion gehört zum Standardrepertoire von Rechtspopulisten. Wichtiger als die Realität sind gefühlte Wahrheiten. Denn Wählen sei eine Bauchentscheidung, sagt Stefan Petzner, der ehemalige Berater des 2008 tödlich verunglückten, österreichischen Rechtspopulisten Jörg Haider. Darum gelte es, den Bauch anzusprechen und nicht den Kopf. Und darum zählten Emotionen viel mehr als die nackten Tatsachen.[10]

Die Inszenierung von Bedrohungsszenarien ist dabei elementar, sagt auch die österreichische Linguistin Ruth Wodak. Dabei könne alles, was von »außen« komme, zur Gefahr stilisiert werden, vor der es die als homogen gezeichnete, eigene Nation oder Kultur zu beschützen gelte. Diese Spaltung in »Wir« und »Die« sowie die ständige Beschwörung des vermeintlich Eigenen – »unsere Kultur«, »unser Territorium«, »unsere Nation«, »unser Abendland« – sei für Populisten essentiell. Das zeige sich schon an Formulierungen wie »echte Österreicher«, »true americans« oder sogar Parteinamen wie »Die wahren Finnen«. Ruth Wodak sagt: »Wenn man Viktor Orbán und Heinz-Christian Strache zuhört, ist völlig klar, welches Ziel diese Rhetorik verfolgt: Grenzen dichtmachen, Schulklassen segregieren, die Muttersprache forcieren. Das ist der Versuch, die Nation des 19. Jahrhunderts – imaginiert als homogenen Volkskörper – zu retten.«[11] Diese verbale Ausgrenzung begünstigt reale Gewalt. Mit der rhetorischen Eskalation schon vor dem Sommer 2015 stieg die Zahl der gewalttätigen Übergriffe auf Unterkünfte von Geflüchteten in Deutschland steil an. Doch erst seit bei den Pegida-Demonstrationen Galgen für Politiker wie Angela Merkel und Sigmar Gabriel spazieren getragen wurden und sich die tätlichen Angriffe auf Politiker und Journalisten häuften, warnen Politiker vor einer »Verrohung der Sprache«. Der damalige Innenminister Thomas de Maizière (CDU) bekannte im August 2015, die »Verrohung der Sprache« mache ihm Sorgen. Auch der Bayerische Lehrerverband mahnte kurz darauf, Politiker hätte eine Vorbildfunktion, und veröffentlichte ein »Manifest« für ein respektvolles Miteinander. Die Art und Weise, wie die Debatte um die Flüchtlingspolitik in Deutschland geführt werde, habe Auswirkungen auf Kinder und Jugendliche, warnte die Präsidentin des Lehrerverbands, Simone Fleischmann. Sie sei »geprägt von schrillen Tönen, versteckter und offener Ablehnung, Vorurteilen, Hetze und leider auch von Gewalt«. Auch Frank-Walter Steinmeier kritisierte in seinem ersten Interview nach seinem Amtsantritt als Bundespräsident 2017 die »Verrohung der Sprache«, etwa im Internet.

Doch das Problem ist nicht auf das Netz beschränkt. Auch Publizisten und Politiker etablierter Parteien tragen ihren Teil zur Verrohung der Debatte bei, wenn sie, wie der CSU-Politiker Alexander Dobrindt, nach einer verhinderten Abschiebung eines Flüchtlings, von einer »Anti-Abschiebe-Industrie« sprechen. Dobrindt kopierte damit die Wortwahl der AfD, die schon lange vor einer angeblichen »Asyl-Industrie« warnt. Die Asyl-Industrie lautete auch der Titel eines Buchs des Verschwörungstheoretikers Udo Ulfkotte. So finden die Schlagworte von rechts außen den Weg in die Mitte der Gesellschaft, wo sie in den Medien breit diskutiert werden. »Was ist dran an Dobrindts Asyl-Vorwurf?«, fragte etwa die »Tagesschau« in ihrem Faktencheck. Das hat Folgen: Der Anwalt des Mannes aus Togo, der sich in Ellwangen gegen seine Abschiebung gewehrt hatte, wurde nach den Äußerungen Dobrindts mit Hassbotschaften, anonymen Briefen und Drohanrufen überschüttet. In der Betreffzeile der Wutmails stand meistens: »Anti-Abschiebe-Industrie«.

»Aktuell spielen alle Parteien der AfD in die Hände, weil sie ständig darüber diskutieren, was die AfD will oder nicht will«, warnte die Linguistin Elisabeth Wehling schon 2016.[12] Das Problem sei aber, dass man die »Frames« des politischen Gegners nicht einfach negieren könne. Selbst wenn man widerspreche und sage, es gäbe gar keine »Asyl-Industrie«, setze sich der Begriff trotzdem in den Köpfen fest. Auch in der Negation verstärke man das Framing. Stattdessen müsse man eine eigene Sprache finden, die den eigenen Werten Ausdruck verleiht. Wehling meint: Dass es den sozialdemokratischen Parteien in Europa an wertebasierten Frames mangele, die sie der rechtspopulistischen Rhetorik entgegensetzen könnten, sei »vermutlich einer der Hauptgründe für den gedanklichen Abbau sozialdemokratischer Weltsicht in Europa in den vergangenen Jahren«.[13]

In der Tat. Auch die SPD hat schließlich ihren Teil zur Verrohung der Sprache beigetragen. Der Bielefelder Soziologe Wilhelm Heitmeyer sieht dabei die Einführung von Hartz IV als einen entscheidenden Wendepunkt und legt das Augenmerk auf die semantische Degradierung der Unterschichten. Heitmeyer leitete bis 2013 das von ihm gegründete Institut für interdisziplinäre Konflikt- und Gewaltforschung an der Uni Bielefeld. Über zehn Jahre lang ging er dem von ihm vermuteten Zusammenhang zwischen ökonomischen und sozialen Verhältnissen und Vorurteilen gegenüber gesellschaftlichen Minderheiten in Deutschland nach. Die einzelnen Bände seiner Langzeit-Studie erschienen zwischen 2002 und 2011 unter dem Titel »Deutsche Zustände« im Suhrkamp-Verlag. Seit 2002 warnte er vor der Gefahr eines entstehenden Rechtspopulismus. 2017 stellte er resigniert fest, AfD und Pegida hätten es nun »geschafft, die individuellen Ohnmachtsgefühle in kollektive Machtgefühle zu verwandeln«.[14]

Durch die »Agenda 2010« wurde unter Gerhard Schröder die Arbeitslosenhilfe abgeschafft, die Sozialbehörden wurden mit den Arbeitsämtern zusammengelegt und Zeitarbeit und Minijobs ausgeweitet. Das habe, meint Heitmeyer, nicht nur die unteren Schichten unter Druck gesetzt, sondern auch die Mittelschicht verunsichert und deren Abstiegsängste gefördert. Das habe zu neuen Mustern der Abwertung geführt – gegen niedrig qualifizierte Einwanderer, Langzeitarbeitslose, Behinderte und Obdachlose.

Auch sprachlich, so Heitmeyer, habe die SPD damals die Solidarität mit den unteren Einkommensschichten der Gesellschaft aufgekündigt. Statt von Arbeitslosen spricht man seitdem von Hartz-IV-Empfängern, was schon sprachlich einen Perspektivwechsel bedeutet: weg vom arbeitenden Menschen, der mit dem Verlust der Arbeit auch einen Verlust an Würde zu beklagen hat, hin zum bloßen »Empfänger« von staatlichen Almosen. Wo vorher der Rechtsanspruch auf Unterstützung im Mittelpunkt stand, gelten die Zuwendungen nunmehr als einseitige »Leistungen«, die von der Gnade des Staates und der Gesellschaft abhängig sind und die auch »missbraucht« werden können. Diese Brutalität fand Ausdruck in dem beispiellos hässlichen Bürokratenwort Hartz IV, das sich seitdem in unzähligen grammatikalischen Formen wie dem Verb »hartzen« oder dem Nomen »Hartzer« durchgesetzt hat.

Parallel zur Einführung von Hartz IV fanden in der *Bild*-Zeitung und in den Talkshows regelrechte Kampagnen gegen die »Faulen« und die »Schnorrer«, die »Sozialbetrüger« und »Sozialschmarotzer« statt. Die Stichworte dafür kamen auch aus Ministerien, die von Sozialdemokraten geführt wurden. In einer 2005 erschienenen Broschüre des Bundesministeriums für Arbeit und Wirtschaft wurden sogenannte »Sozialbetrüger« an einer Stelle sogar mit Parasiten verglichen.[15] Die Broschüre trug den Titel »Vorrang für die Anständigen – Gegen Missbrauch, ›Abzocke‹ und Selbstbedienung im Sozialstaat«, das Vorwort steuerte der damalige Arbeitsminister Wolfgang Clement bei. Der Paritätische Wohlfahrtsverband warf Clement daraufhin eine »üble Kampagne gegen Arbeitslose« vor, mehrere Initiativen von Arbeitslosen zeigten den Minister wegen »Volksverhetzung« an.

Heitmeyer hat dafür den Begriff der »rohen Bürgerlichkeit« geprägt: Ein Bürgertum, das andere soziale Gruppen ausschließlich nach den Maßstäben der kapitalistischen Nützlichkeit, der Verwertbarkeit und Effizienz beurteile und einen »semantischen Klassenkampf« von oben gegen »die Unterschicht« führe. Die oberen Einkommensgruppen seien »rasch bereit, die Hilfe und Solidarität für schwache Gruppen aufzukündigen«, hat der Soziologe beobachtet. Sie sähen sich selbst als Opfer, weil sie in ihren Augen zu wenig vom Wachstum profitieren würden, und würden deshalb andere Gruppen abwerten. Desintegrationstendenzen sah Heitmeyer dabei früh nicht nur bei Migranten, sondern auch in Teilen der Mehrheitsgesellschaft – insbesondere bei den Über-Sechzigjährigen und in einer »elitären Parallelgesellschaft der Wohlhabenden«, die kein Interesse an einer Lösung gesellschaftlicher Probleme hätten und sich nach unten abschotten würden.

Vorreiter für den »Jargon der Verachtung«, der mit einem strikt ökonomistischen Menschenbild einhergeht, ist der ehemalige Berliner Finanzsenator und SPD-Politiker Thilo Sarrazin. Arbeitslosen warf er in seiner Amtszeit vor, es »gerne warm« zu haben, und empfahl ihnen, kalt zu duschen, öfter mal einen warmen Pullover anzuziehen und auf Alkohol und Zigaretten zu verzichten, um über die Runden zu kommen. In einem 2009 in der *Lettre International* erschienenen Interview urteilte er über in Berlin lebende Türken und Araber, sie hätten »keine produktive Funktion, außer für den Obst- und Gemüsehandel« und würden »Kopftuchmädchen produzieren«, statt sich um die Ausbildung ihrer Kinder zu sorgen, ihre Mentalität sei »aggressiv und atavistisch«.

Anzeigen wegen Volksverhetzung wurden von der Staatsanwaltschaft Berlin nicht aufgenommen, so wie zuvor schon die Anzeigen gegen Wolfgang Clement zurückgewiesen wurden. Die Staatsanwaltschaft Berlin sah darin »keinen Angriff auf die Menschenwürde«. Das ist vermutlich ein Teil des Problems.

13 Populisten an der Macht: Die Aushöhlung der Demokratie

Wer wissen will, was passiert, wenn Populisten an die Macht kommen, der muss nur die Türkei anschauen. Dort bestimmt Recep Tayyip Erdoğan seit der Jahrtausendwende die Geschicke des Landes. Zuerst als Ministerpräsident und später als Präsident krempelte er das politische System der Türkei um, ersetzte das früher säkulare Selbstverständnis durch ein zunehmend religiöses und drückte dem Land seinen Stempel auf. Und er hat noch ehrgeizigere Pläne: Bis zum hundertsten Geburtstag der Republik Türkei im Jahr 2023 soll das Land zu den zehn größten Volkswirtschaften der Welt gehören und eine »Führungsnation sein«. Das ist seine Agenda 2023.

Kaum zu glauben, dass Erdoğan mal als Reformer begann, der versprach, sein Land zu demokratisieren. Seine 2001 von konservativen Muslimen gegründete »Adalet ve Kalkınma Partisi« (AKP, zu Deutsch: »Partei für Gerechtigkeit und Aufschwung«) gewann 2002 mit einem herausragenden Sieg auf Anhieb die absolute Mehrheit. Eine schwere Wirtschaftskrise hatte die etablierten Parteien zuvor diskreditiert. Die AKP wurde anfangs von vielen Beobachtern als konservative Volkspartei eingestuft, vergleichbar mit der CDU.[1] In ihren ersten Regierungsjahren sorgte sie für eine spürbare Liberalisierung: Die Folter wurde abgeschafft, das früher allmächtige Militär entmachtet, die Kulturszene blühte auf, die Wirtschaft boomte, und auch außenpolitisch setzte ihre Regierung auf Entspannung. Doch das ist lange vorbei. Spätestens seit 2011 hat Erdoğan eine Kehrtwende vollzogen und einen autoritären Kurs eingeschlagen. Politische Gegner und Kritiker lässt er heute ins Gefängnis werfen. Nirgendwo sonst in der Welt sitzen mehr Journalisten in Haft.

Nach einem gescheiterten, dilettantischen Putschversuch von Teilen des Militärs im Juli 2016 hat Erdoğan die Zügel noch fester angezogen. Ein landesweiter Ausnahmezustand wurde verhängt, die Grundrechte wurden eingeschränkt. Er hat die Armee, die Verwaltung und das Bildungssystem von mutmaßlichen Gegnern »gesäubert«, Zehntausende verloren ihren Job. Die Justiz und die Medien seines Landes hat er unter seine Kontrolle gebracht, die privaten TV-Sender gehören Freunden, und von den verbliebenen unabhängigen Zeitungen ließ er fast alle schließen. Alles hört jetzt auf sein Kommando. Seine Rhetorik wurde immer nationalistischer, aggressiver und paranoider.

Per Referendum peitschte Erdoğan 2017 eine Verfassungsänderung durch, um ein Präsidialsystem einzuführen, das ihm noch mehr Vollmachten verleiht. Dafür hat sich seine AKP mit der ultranationalistischen »Milliyetçi Hareket Partisi« (MHP, »Partei der Nationalistischen Bewegung) zu einer »Volksallianz« zusammengeschlossen. Die Religion benutzt er für seine Zwecke. Mehrfach hat er in den vergangenen Jahren erklärt, er wolle eine »fromme Generation« heranziehen. Die Schülerzahlen an religiösen Prediger-Schulen, an denen Mädchen und Jungen getrennt voneinander unterrichtet werden, hat stark zugenommen. Das Kopftuch, das lange Zeit im öffentlichen Dienst verboten war, wurde nicht nur zugelassen, sondern wird jetzt als Norm propagiert. Werbung für Alkohol wurde verboten und der Verkauf eingeschränkt. Erdoğans Regierung steht für ein ultrakonservatives Familienbild. Der Islam habe für Frauen die Mutterolle vorgesehen, erklärte er einmal. Frauen sollten mindestens drei Kinder bekommen, fordert er und bezeichnet Abtreibungen als »Mord«.

Der offizielle Islam stand in der Türkei schon immer unter staatlicher Aufsicht. Daneben entwickelte sich ein fundamentalistischer Islam, der sich nun mit dem Staat verwoben hat. Unter Erdoğan zeigt sich die Religionsbehörde jedenfalls zunehmend konservativer. Wie sehr sie der Regierung hörig ist, wurde in der Nacht des Putschversuchs 2016 deutlich, als sich Moscheen im ganzen Land seinem Aufruf anschlossen und von den Minaretten zum Widerstand gegen die Putschisten aufriefen. So etwas hatte es in der Geschichte der Republik zuvor nicht gegeben.

Auch das Geschichtsbild ist reaktionär: Die Vergangenheit, in der man am Bosporus noch über ein Großreich herrschte, wird verklärt, das Osmanische Reich glorifiziert. Der Balkan, insbesondere Bosnien und Albanien, wird wieder als Einflusssphäre betrachtet, und auf griechische Inseln und Gebiete im Nordirak werden Ansprüche erhoben. Im Januar marschierte die türkische Armee im Norden Syriens ein – offiziell, um kurdische Milizen zu bekämpfen. Aber es steht im Einklang mit den neoosmanischen Großmachtfantasien, die Erdoğan nachgesagt werden.

Erdoğan wird häufig vorgeworfen, er wolle sich zu einem neuen Sultan aufschwingen. Sein Vorbild ist aber wohl eher der »Putinismus« – das autokratische System, das Russlands Präsident Wladimir Putin geschaffen hat. Seit Wladimir Putin vor fast zwanzig Jahren an die Macht kam, gilt er als neuer »Zar«, der Russland nach dem Ende der Sowjetunion und einer chaotischen Zeit des Umbruchs wieder in ein autoritäres, aber stabiles Korsett gezwängt habe. In Wirklichkeit ist sein Autoritarismus keine antiquierte Monarchie, sondern ein modernes Herrschaftssystem, das auf dem Prinzip der Führerdemokratie beruht, in dem die Zustimmung des Volkes durch Einbindung von Mitläufern und Zwang von oben erzeugt wird.[2] Der politische Kurs ist pragmatisch auf Sicherung der Macht ausgerichtet, wozu die ständige Beschwörung innerer und äußerer Feinde dient. Allzu ideologisch gefestigt ist dieser Kurs aber nicht.

Im März 2018 ließ sich Putin für weitere sechs Jahre zum Präsidenten wählen. Sein Wahlsieg galt als gesichert, denn zu den Wahlen werden in Russland stets nur ausgewählte Gegenkandidaten zugelassen, und mancherorts werden sie auch manipuliert. Angeblich sollen sechzig Prozent der Wähler ihre Stimme abgegeben haben. In Ermangelung anderer Kriterien wird die Höhe der Wahlbeteiligung in Russland als Indiz für den Rückhalt in der Bevölkerung gewertet.

Seit dem Jahr 2000 führt Putin sein Land als Präsident (und zwischendurch als Premierminister). Als Nachfolger von Boris Jelzin gelangte er einst in sein Amt, er wurde aus den engsten Zirkeln des Kremls und ehemaliger KGB-Kader ausgewählt. In seinen ersten Jahren profilierte sich Putin als Garant für Stabilität und Ordnung. Mit harter Hand griff er gegen die Rebellen in Tschetschenien durch und bekämpfte den Terror, als dieser auf russische Städte übergriff. Die chaotischen Wendejahre nach dem Zusammenbruch der Sowjetunion sind vielen Russen als Zeit der Unsicherheit und massiver Verarmung, grassierender Kriminalität und hemmungsloser Bereicherung einiger weniger Oligarchen in Erinnerung. Unter Putin erholte sich die Wirtschaft wieder, und es ging bergauf. Wie Erdoğan in der Türkei, wird Putin von vielen Russen mit wirtschaftlichem Aufschwung, Wohlstand und der Rückkehr zu einstiger Größe in Verbindung gebracht.

Kurz nach seinem Amtsantritt als Präsident räumte Putin unter den Oligarchen auf, sortierte seine Gegner aus, ließ deren Konzerne und private TV-Sender zerschlagen und brachte diese unter staatliche Kontrolle. Fernsehen ist immer noch das wichtigste Medium in Russland. Manchmal zeigt es Putin, wie er einen Bürokraten entlässt oder einen Funktionär zusammenstaucht, das demonstriert Entschlossenheit. Über das Fernsehen spricht Putin auch zu seinem Volk. Jedes Jahr beantwortet er in der Sendung »Der direkte Draht« mehrere Stunden lang ausgesuchte Fragen von ausgesuchten Untertanen.

Im russischen Parlament, der Duma, verfügt seine Regierungspartei »Jedinaja Rossija« (»Einiges Russland«) über eine überwältigende Mehrheit. Diese sei gar keine Partei im eigentlichen Sinne, meint der Moskauer Politologe und Putin-Biograf Stanislaw Belkowski, sondern »ein Club von Businessmen und Beamten mit dem einzigen Ziel, Zugang zu den Fleischtöpfen des Kreml zu bekommen«.[3] Die Oppositionsparteien haben nur eine dekorative Funktion, sie üben keinen ernsthaften Widerspruch. Russland ist eine Fassadendemokratie, ein zentral gelenktes Regime. Echte Dissidenz wird mit Willkür und Repression beantwortet. Demonstrationen und spontane Proteste werden von der Polizei unterdrückt, die Medien berichten nicht darüber. Putins Gegner leben gefährlich. Ob Journalistinnen oder Oppositionelle, sie können sich ihres Lebens nicht sicher sein.

Putin gibt sich gerne religiös und zeigt sich bei Gottesdiensten. Die russisch-orthodoxe Kirche weiß er an seiner Seite. Kyrill I., Patriarch von Moskau und das Oberhaupt der orthodoxen Kirche, pries Putin einmal als »Wunder Gottes« und rief offen zu seiner Wahl auf. Bei wichtigen Anlässen ist der Patriarch immer dabei. Diese Allianz von Staat und Religion brachte die Aktivistinnen der Punkband »Pussy Riot« so auf, dass sie 2012 einen Protest-Gig vor dem Altar in der Christus-Erlöser-Kathedrale in Moskau organisierten. Dafür wurden die Musikerinnen wegen angeblicher »Anstiftung zum religiösen Hass« verurteilt, zwei von ihnen mussten fast zwei Jahre in einem Straflager verbringen.

Putin stützt sich auf die orthodoxe Kirche, weil sie seiner Politik einen göttlichen Segen verleiht. Wenn er von russischen Werten spricht, füllt die Kirche diese Floskel mit Inhalten. Sie predigt Vaterlandsliebe, Treue zur Familie und konservative Werte: Frauen sollten zu Hause bei ihren Kindern bleiben, Abtreibung ist Sünde, der Feminismus »gefährlich« und Homosexualität ein »Teufelswerk«. Als in westlichen Ländern die »Ehe für alle« eingeführt wurde, sah Kyrill I. das als Zeichen für den bevorstehenden Weltuntergang, wie er in einer Predigt sagte.

Im Januar 2018 nahm Putin medienwirksam ein rituelles Eisbad im Seligersee nordwestlich von Moskau, beim historischen Nilow-Kloster, er bekreuzigte sich, an einer Halskette prangte ein Kreuz auf seiner nackten Brust. Das Bad im von Geistlichen gesegneten Wasser soll von Sünden reinigen. Der alte Brauch zum russisch-orthodoxen Dreikönigstag erfreut sich im heutigen Russland wieder zunehmender Beliebtheit und hat sich zu einem Massenspektakel entwickelt. Die Religion ist zum gesellschaftlichen Kitt geworden. Nur eine kleine Minderheit geht regelmäßig in die Kirche, aber zwei Drittel der Russen bezeichnen sich als religiös. Fast genauso viele meinen, man müsse orthodox sein, um als Russe gelten zu können.

Unter Putin ist der Einfluss der orthodoxen Kirche gewachsen. Tausende Kirchen und Klöster wurden in seiner Amtszeit wiedereröffnet, an russischen Schulen wurde ein Religionsunterricht eingeführt und ein Blasphemie-Gesetz erlassen, das Haftstrafen für die »Beleidigung religiöser Gefühle« vorsieht. Im gleichen Jahr unterzeichnete Putin ein »Gesetz gegen Homosexuellen-Propaganda«, das »positive Äußerungen« zu Homosexualität in den Medien oder im Beisein von Minderjährigen unter Strafe stellt. Der Hass auf Schwule und Lesben hat seitdem zugenommen.

Auch die Sowjetzeit darf wieder verklärt werden. Die alte sowjetische Hymne wurde, mit neuem Text, wieder eingeführt, und in russischen Schulbüchern wird Josef Stalin wieder gelobt. Der Personenkult um Putin erinnert ebenfalls ein wenig an sowjetische Zeiten – nur, dass er heute kommerziell betrieben wird. Putins Konterfei gibt es auf T-Shirts, Tassen und Souvenirs zu kaufen. Dabei gibt es Kontinuitäten: Ein großer Teil der russischen Staatselite soll noch heute der sowjetischen Nomenklatur entstammen. Nur von den sozialen Errungenschaften der Sowjetzeit ist nichts übrig: Der Sozialstaat wurde abgebaut, die medizinische Versorgung ist eine Frage des Geldbeutels geworden, und in der Gesellschaft gilt das Recht des Stärkeren. Den Zusammenbruch der Sowjetunion bezeichnete Putin einmal als »größte geopolitische Katastrophe des 20. Jahrhunderts«. Deren alte Einflusssphäre versucht er, wiederaufzubauen.

Auf dem Balkan sucht Russland die Nähe zu den christlich-orthodox geprägten Ländern wie Serbien, Mazedonien und Montenegro, um sie auf ihrem EU-Kurs aufzuhalten. Mit den ehemaligen Sowjetrepubliken Kasachstan und Weißrussland gründete es 2015 die »Eurasische Wirtschaftsunion«, die eine Art Gegenmodell zur »Europäischen Union« bilden soll.

Ursprünglich sollte auch die Ukraine dabei sein. Deren Assoziationsabkommen mit der EU wollte Putin aufhalten, was ihn in Konflikt mit dem Westen brachte, der eigene Interessen verfolgte. Nach dem Umsturz in der Ukraine ging Putin mit der Annexion der Krim 2014 endgültig auf Konfrontation mit dem Westen, im Osten der Ukraine herrscht seitdem Krieg. Wie schon bei der früheren militärischen Intervention in Georgien unterstützen große Teile der russischen Bevölkerung Putins Außenpolitik der starken Hand, denn sie steigert ihr Selbstwertgefühl. Die rund 50 000 Menschen, die 2014 in Moskau gegen die Intervention und für Frieden demonstrierten, beschimpfte Putin dagegen persönlich als »nationale Verräter«.

Zum Westen ist Putin immer mehr auf Distanz gegangen. Heute betrachtet er China, den Iran und die Türkei als strategische Partner. 2015 griff Russland im Syrien-Krieg ein, und stärkte dem syrischen Präsidenten Assad den Rücken. Die USA unter Obama und Trump lassen ihm dabei mehr oder weniger freie Hand. Vom Ziel eines Regimesturzes ist der Westen längst abgekommen.

Nun lässt sich einwenden, dass die Türkei und Russland nie echte Demokratien waren, sondern nur defekte. Aber auch Länder der EU, die zwischenzeitlich demokratische Standards erreicht hatten, fallen nun wieder dahinter zurück. Das Vorbild Putin findet in Osteuropa Nachahmer. Der eifrigste findet sich in Budapest.

In Ungarn hat Viktor Orbán sein Land seit dem Jahr 2010, als seine Partei erstmals mit einer satten Zweidrittelmehrheit ins Parlament einzog, Schritt für Schritt in eine »illiberale Demokratie« verwandelt: ein Ziel, zu dem er sich 2014 in einer programmatischen Rede ganz offen bekannt und das er inzwischen erreicht hat.

Gleich zu Beginn ließ er den öffentlich-rechtlichen Rundfunk gleichschalten und wandelte ihn zu einem Propagandaorgan seiner Regierung um. Mehrfach ließ Orbán die ungarische Verfassung ändern. Das Wahlgesetz begünstigt seine Partei »Fidesz«. Die Kompetenzen des Verfassungsgerichts ließ er beschneiden, Verwaltung und Justiz, aber auch Theater, Museen und andere Kulturinstitutionen wurden mit Parteigängern besetzt, der freien Kunst- und Kulturszene die Gelder gestrichen.

Orbán will innerhalb der EU einen Gegenpol zu den liberalen Demokratien des Westens bilden, denen er »falsche Toleranz«, Dekadenz, Atheismus und »Selbstaufgabe« vorwirft. Lieber orientiert er sich an »Erfolgsnationen« wie Russland, China, Indien und der Türkei, bekannte er 2015 in einer Rede.

Für Kritik gibt es keinen Platz mehr. Die privaten Fernsehsender sind meist in den Händen regierungsnaher Unternehmer. Traditionsblätter wie *Népszabadság* und *Magyar Netzet* wurden geschlossen. Die Reichweite der verbliebenen unabhängigen Medien ist begrenzt. Sie erhalten kaum Werbeanzeigen, schon gar nicht von staatlicher Seite. Doch nur dort erfährt man etwas über die Korruptionsskandale der Regierung. In vielen ländlichen Gegenden gibt es dafür regierungsnahe Tageszeitungen, Fernsehkanäle und Radiosender, die lieber über »Einwandererkriminalität« und Terror in Westeuropa berichten. 2018 wurde bekannt, dass Orbáns Regierung »schwarze Listen« unliebsamer ungarischer und ausländischer Journalisten führt.

Menschenrechtsgruppen und Nichtregierungsorganisationen (NGOs), die letzten unabhängigen Instanzen, sind seiner Regierung ein Ärgernis. Ihre Mitarbeiter werden pauschal als »bezahlte politische Aktivisten« diffamiert. 2017 wurde ein Gesetz erlassen, dass sie zwingt, ihre Finanzquellen und mehr offenzulegen. Für das Anti-NGO-Gesetz wären ganze Paragraphen aus dem russischen Gesetz kopiert worden, urteilen die Politologen Péter Krekó und Patrik Szicherle von Budapester Think-Tank »Political Capital«.[4] Die »Open Society Initiative« von George Soros verlegte daraufhin 2018 ihren Hauptsitz nach Berlin. Auch die von ihm mitfinanzierte »Central European University« in Budapest steht unter Druck und spielt mit dem Gedanken, nach Wien umzuziehen. Im Juni 2018 erließ Ungarns Regierung dann ihr »Stop Soros« genanntes Gesetzespaket, mit dem Organisationen, die Flüchtlingen helfen, kriminalisiert und ihre Mitarbeiter mit Haftstrafen bedroht werden.

Ungarn besitzt die mitunter strengsten Strafgesetze in Europa. Seit 2011 müssen Sozialhilfeempfänger, unter denen viele Roma sind, im Straßenbau arbeiten oder Grünflächen pflegen, um weiterhin Geld zu erhalten. Das Ziel sei, eine »Arbeitsgesellschaft« aufzubauen, begründete Orbán den Schritt. Bürgerwehren wurden zugelassen und Regeln, die Selbstjustiz verhindern, gelockert. Auch die Rechte von Homosexuellen und religiösen Minderheiten wurden eingeschränkt. Obdachlosigkeit wurde 2018 einfach »verboten«: Wer kein Dach über dem Kopf hat, macht sich strafbar.

Im Zentrum der Rhetorik von Viktor Orbán stehen Familienwerte, Nation und Christentum. Die EU, von der sein Land großzügige Fördermittel erhält, ist der Feind. Brüssel wird wahlweise als »Besatzer« oder »neues Moskau« diffamiert, gegen das Ungarn einen »Freiheitskampf« führe. Gemeinsam mit der UN und George Soros plane die EU, die »christliche und nationale Identität« Ungarns und Europas durch »Massenzuwanderung« von Muslimen zu »vernichten«, so die paranoide Vorstellung.

In Ungarns Verfassung ließ Orbán die Liebe zu Gott, Vaterland und ungarischer Krone festschreiben, ebenso die Begriffe Christentum, Glaube und Familie. In seinen Reden beschwört er den »tausendjährigen ungarischen Staat« und das »Großungarn« aus der Zeit vor 1918. Den ungarischen Minderheiten in Nachbarländern wie Rumänien gewährte seine Regierung den ungarischen Pass und das Wahlrecht. Das sind 2,5 Millionen Menschen, was einem Viertel der Bevölkerung Ungarns entspricht, und für Viktor Orbán eine wichtige und treue Wählerbasis. Ungarn sei inzwischen eine »gelenkte Demokratie«, meint der ungarisch-amerikanische Politologe Charles Gati. Sie sei »autoritär, chauvinistisch, xenophob und rechtsextrem«.[5]

Im Sommer der Flucht 2015 profilierte sich Orbán als starker Mann. An der Grenze zu Serbien und zu Kroatien ließ er einen Stacheldrahtzaun errichten, an dem Soldaten, Polizisten und Bürgerwehren patrouillierten, und er verhängte den Ausnahmezustand, der bis 2018 verlängert wurde. Wer es dennoch als Flüchtling über die Grenze nach Ungarn schafft, wird wieder abgeschoben oder in den Westen geschafft. 2017 beschloss die Regierung, alle Flüchtlinge in Haftlager zu sperren. Es kommt aber kaum noch jemand, Ungarn lässt kaum Asylanträge zu, das Asylrecht ist praktisch abgeschafft.

Auch im Vorfeld der Parlamentswahl 2018 wurden die Bilder aus dem Flüchtlingssommer 2015 wieder ausgepackt, und die Regierung wetterte im Fernsehen, auf Plakaten und im Internet gegen die angeblich geplante »Ansiedlung fremder Völker« in Ungarn. Mit der Realität hatte das natürlich nichts zu tun: Nach der geplanten EU-Quote müsste Ungarn 1 300 Flüchtlinge aufnehmen – einen auf 9 000 Einwohner. Doch die Propaganda verfängt: 2018 wurde Orbán zum vierten Mal in Folge ins Amt gewählt, seine Partei erlangte wieder eine absolute Mehrheit. Zweitstärkste Kraft im Parlament wurde die rechtsradikale Jobbik-Partei, die offen antisemitische und antiziganistische Agitation betreibt. Die demokratische Opposition ist dezimiert und zerstritten.

Nach dem Wahlsieg tönte Viktor Orbán großspurig, das liberale Zeitalter sei vorbei. Eine weitere Vertiefung der EU-Beziehungen lehnt er ab, die Idee der »Vereinigten Staaten von Europa« sei ein »Alptraum«.[6] Mit diesem Schlagwort hatte in Deutschland etwa der SPD-Kandidat Martin Schulz in seinem Wahlkampf für eine stärkere europäische Integration und Zusammenarbeit der Mitgliedstaaten geworben. Solchen Plänen erteilt Viktor Orbán eine deutliche Absage. Dafür hofiert er Russlands Präsident Wladimir Putin. Aus Russland bezieht Ungarn einen Großteil seines Energiebedarfs, Öl und vergünstigtes Erdgas. In der ungarischen Kleinstadt Paks baut der russische Staatskonzern »Rosatom« Ungarns einziges AKW, das noch aus Sowjetzeiten stammt, mit Hilfe eines Milliardenkredits aus. Im Gegenzug hilft Ungarn dem Kreml, wo es kann, und spricht sich etwa gegen die Sanktionen der EU wegen der Annexion der Krim aus.

Polen folgt Ungarn auf der Spur. Wie in Ungarn, hatte die rechtskatholisch-nationalistische PiS-Partei schon einmal eine kurze Amtszeit regiert (von 2005 bis 2007 war sie an einer Minderheitenregierung beteiligt, Orbán hatte von 1998 bis 2002 eine Fidesz-Regierung angeführt). Wie Fidesz in Ungarn eroberte sie bei ihrem Comeback auf Anhieb mit 37,6 Prozent eine absolute Mehrheit. Wie in Ungarn, machte sich die Regierung als Erstes daran, den öffentlich-rechtlichen Rundfunk per Gesetz unter ihre Kontrolle zu bringen. Und wie in Ungarn versuchte sie im nächsten Schritt, direkten Einfluss auf die Justiz zu nehmen.

Durch eine Justizreform will die Regierung die Richter des Obersten Gerichts entlassen und deren Nachfolger selbst bestimmen. Das Vorgehen sorgte für eine Verfassungskrise, die auch drei Jahre später ungelöst war. Opposition und Intellektuelle wehrten sich, die EU protestierte, im Mai 2018 schlug Polens Präsident Andrzej Duda als Ausweg vor, über die Verfassungsreform abstimmen zu lassen.

Die Partei für »Recht und Gerechtigkeit« wurde im Jahre 2001 gegründet – von Jarosław Kaczyński und dessen Zwillingsbruder Lech Kaczyński, der als Präsident später bei dem Flugzeugabsturz von Smolensk ums Leben kam. Sie profilierte sich im Wahlkampf 2015, indem sie den »kosmopolitischen«, »korrupten« und »potentiell landesverräterischen Eliten« des postkommunistischen Establishments sowie angeblich immer noch aktiven Verschwörern aus kommunistischen Zeiten den Kampf ansagte. Ihnen stellte sie ein »solidarisches Polen« und das »einfache Volk« entgegen, als dessen Stimme sie sich empfahl.

»Fremden Einflüssen« und einem angeblich drohenden »Ausverkauf« an liberale, kosmopolitische und globale Eliten hat die PiS den Kampf angesagt. Sie vertritt konservativ-katholische Werte, spricht sich gegen Abtreibungen, die »Ehe für alle« sowie die Legalisierung der Sterbehilfe aus.

Im Wahlkampf 2015 schürte die Partei irrationale Ängste vor einer unkontrollierten Massenzuwanderung nach Polen. Jarosław Kaczyński warnte, Muslime würden »Scharia-Zonen« einrichten und Kirchen zu Aborten machen. Außerdem warnte er, die Flüchtlinge brächten Cholera, Ruhr und verschiedenartige Parasiten mit. Auch Polens Präsident Andrzej Duda warnte vor eingeschleppten Epidemien.[7] In der Flüchtlingspolitik steht Polen fest an der Seite Ungarns, eine Verteilung per Quote auf EU-Länder lehnt Warschau strikt ab.

Die neuen Grundpfeiler der polnischen Kulturpolitik seien die Vermittlung von Patriotismus, Stolz und Glauben, verkündete die Regie-

rung. Für polnische Schulen wurde ein neuer offizieller »Literaturka-
non« eingeführt, aus dem Werke von Ryszard Kapuściński oder
Joseph Conrad verbannt wurden. Deutsche Übersetzer und Verleger
protestierten, der Hanser-Verleger Jo Lendle nannte das eine »Kulturrevolution von oben«.[8]

Die PiS-Regierung will eine nationale Geschichtsschreibung und ein
nationales Kulturverständnis etablieren. Der Chef des Museums des
Zweiten Weltkriegs in Danzig und die Leiterin des polnischen Filmin-
stituts mussten deshalb gehen. Mit dem »Holocaust-Gesetz« von 2018
wird offiziell Geschichtsklitterung betrieben. Wer Polen eine Mitschuld an den Verbrechen der NS-Zeit gibt, oder Begriffe wie »polnische Vernichtungslager« benutzt, soll bestraft werden. Dabei hat der
polnische Historiker Jan Tomasz Gross, der mittlerweile in den USA
lebt, die polnische Mitverantwortung am Holocaust in seinen Büchern nachgewiesen. Unter der Besatzung und sogar nach dem Krieg
kam es in Polen zu Pogromen an Juden. Doch in Polen will man davon heute nichts wissen. Die weltweite Kritik am Holocaust-Gesetz
verursachte dort massive antisemitische Reaktionen.[9]

Einige PiS-Abgeordnete wollen am liebsten auch Pornographie
verbieten, weil sie einen »schlechten Einfluss auf die Gesundheit«
habe und die »Wurzel vieler Probleme« sei.[10] Auch eine geplante Verschärfung des Abtreibungsrechts war geplant, scheiterte aber 2016.
Nachdem über 100 000 Frauen und Männer landesweit dagegen auf
die Straße gegangen waren, fand das Gesetz keine Mehrheit mehr.

Durch ein neues Wahlgesetz, das die Briefwahl einschränken und
die bisher unabhängige Wahlaufsicht unter die Kontrolle des Innenministers bringen soll, will die Regierung ihre Befugnisse auswei-
ten.[11] Die paramilitärischen Verbände und Bürgerwehren, die insbesondere im Osten Polens seit der Ukraine-Krise regen Zulauf
verzeichnen, hat die PiS-Regierung in ihre Pläne für die Landesver-
teidigung eingebunden. Als »Heimatschutzverbände« sollen sie im
Fall der Fälle helfen, einen russischen Angriff abzuwehren. Seine Kritiker teilte Kaczyński einmal in eine gute und eine »schlechtere Sorte
Polen« ein. Letztere würden Hand in Hand mit ausländischen Kräften
gegen die Regierung agitieren, sie hätten »den Verrat in ihren Ge-
nen«. Der polnische Senatspräsident Stanisław Karczewski rief Polen

im Ausland 2018 dazu auf, alle »antipolnischen Äußerungen« bei ihren Auslandsvertretungen zu melden: ein unverhohlener Aufruf zur Denunziation. Der Rechtsruck findet auf der Straße ein Echo. Anfang 2018 zogen Tausende Nationalisten und Rechtsradikale am polnischen Nationalfeiertag durch Warschau. Redner riefen zum Kampf gegen Liberale und zur Verteidigung des Christentums auf, es wurden Slogans wie »Gott, Ehre, Vaterland« skandiert. Die PiS-Regierung lässt diesen Gruppen freie Bahn; sie hat das Recht auf Gegendemonstrationen eingeschränkt. Zu einer rechten Protestwelle war es erstmals im Herbst 2017 gekommen. Die Vorgängerregierung der PiS hatte sich damals auf Brüsseler Druck hin bereit erklärt, 7 000 Flüchtlinge aufzunehmen. Im ganzen Land gingen Hunderte Nationalisten dagegen auf die Straße. Die konservativen Medien folgten damals der Rhetorik von Jarosław Kaczyński, der die Flüchtlinge als Bedrohung darstellte, und auch im Netz entlud sich der Volkszorn.[12]

Die katholische Kirche in Polen zeigte sich in der Flüchtlingsfrage gespalten. Offiziell sind mehr als neunzig Prozent der Polen katholisch, und die PiS pflegt eine besondere Nähe zur katholischen Kirche. Als Papst Franziskus aber im September 2015 dazu aufrief, jede Gemeinde und jedes Kloster solle eine Flüchtlingsfamilie aufnehmen, folgten in Polen nur wenige seinem Appell. Der Posener Erzbischof Stanisław Gądecki rief aktiv zur Hilfsbereitschaft auf und verurteilte Angriffe auf Flüchtlinge als »kranken Nationalismus«. Die Mehrheit der Bischöfe in Polen fiel jedoch durch lautstarkes Schweigen auf, schob die Zuständigkeit auf den Staat oder machte selbst Stimmung gegen muslimische Flüchtlinge. Der Krakauer Bischof Tadeusz Pieronek stellte sie beispielsweise pauschal unter Terrorverdacht. Lieber sollte Polen nur christliche Flüchtlinge aufnehmen, forderten er und der Warschauer Bischof Henryk Hoser damals.[13]

Nicht anders war es in Ungarn, wo über die Hälfte der Bevölkerung offiziell Katholiken und rund zwanzig Prozent Protestanten sind. Zwar engagierten sich auch dort viele Bürger ehrenamtlich für die Flüchtlinge im Land. Die meisten Bischöfe aber duckten sich weg und kritisierten den harten Kurs ihrer Regierung nur verhalten. Das hat nicht zuletzt finanzielle Gründe, denn die Kirchen in Ungarn hängen von staatlichen Fördergeldern ab. Einige stellten sich aber auch ganz auf Orbáns Seite. Der Bischof László Kiss-Rigó aus der Stadt Szeged im Süden von Ungarn sprach von einer »Invasion« und meinte, die Flüchtlinge wollten Ungarn »erobern«. Sie bräuchten auch keine Hilfe, sondern hätten meist Geld und seien »arrogant und zynisch«. Papst Franziskus »kenne die Situation nicht«, widersprach er seinem geistlichen Oberhaupt ganz offen.[14]

Die EU sah der Entwicklung in Ungarn und Polen lange tatenlos zu. Weil sich Ungarn, Polen und Tschechien weigern, die vereinbarten EU-Quoten für die Aufnahme von Flüchtlingen zu akzeptieren, wurde eine Klage in die Wege geleitet. Wegen der polnischen Justizreform hat die EU-Kommission erstmals in ihrer Geschichte ein Sanktionsverfahren eingeleitet, durch das Polen seine Stimmrechte in der EU verlieren könnte. Viktor Orbán hat aber bereits angekündigt, dagegen ein Veto einzulegen. Gegen sein eigenes Land läuft bereits ein Verfahren wegen des NGO-Gesetzes, das Universitäten und zivilgesellschaftliche Gruppen knebelt.

Der amerikanische Politologe und Publizist Paul Hockenos nennt es eine »grimmige Ironie«, dass ein Vierteljahrhundert nach dem Ende des Kalten Krieges innerhalb der Europäischen Union ein »neuer Ostblock« entstanden ist.[15] Anders als die westlichen Staaten Europas, hätten Polen und Ungarn, welche die nationalistischen, euroskeptischen Regierungen in Osteuropa anführen, eine klare Vision von der Umgestaltung der EU: Ein »Europa der Nationen«, wie es diesen Regierungen und ultrarechten Gruppen auf dem gesamten Kontinent vorschwebt, sollte aus souveränen, christlichen Staaten bestehen, die ihre Ablehnung des Islam und des Liberalismus eint. Europa wäre dann nur noch eine Konföderation unabhängiger Nationalstaaten und eine Freihandelszone.

Russland sei man freundlich gesinnt, weil dessen autoritärer und nationalistischer Regierungsstil vielen Osteuropäern näher sei als der Pluralismus der liberalen Demokratien in Westeuropa, meint Hockenos. Putin wirbt aber auch im Westen für sein Modell. Ganz offen unterstützt er dort rechtspopulistische Parteien und Bewegungen. Spitzenpolitiker der AfD, der FPÖ, der UKIP, der italienischen »Lega« und des Front National pilgerten in den vergangenen Jahren nach Moskau und sangen ein Loblied auf dessen starken Mann. Mit seiner Partei »Einiges Russland« haben einige von ihnen sogar offizielle Verträge abgeschlossen.[16] Sie alle verteidigten die Annexion der Krim und plädieren dafür, die EU-Sanktionen aufzuheben. Eine russische Bank, die einem Putin-Vertrauten gehört, gewährte dem Front National 2014 außerdem einen Millionenkredit. Im Gegenzug lobte Marine Le Pen Wladimir Putin in den höchsten Tönen als Verteidiger des »christlichen Erben der europäischen Zivilisation« und dafür, dass er sich nicht der »internationalen Homo-Lobby« beuge.[17]

Eine wichtige Rolle als Propagandist antiliberaler und antiwestlicher Überzeugungen spielt Alexander Dugin. Der Publizist, der von 2010 bis 2014 an der Lomonossow-Universität in Moskau lehrte, gilt als Kultfigur der extremen Rechten und ist ein gern gesehener Gast auf deren Konferenzen. Dugin sieht sich als Vordenker einer »Eurasischen Bewegung«, träumt von einem großrussischen Reich »Novorussija« und einer tripolaren Weltordnung unter der Führung Russlands, Amerikas und Deutschlands. Diese neue Ordnung entstehe durch die Rückbesinnung auf einen »metaphysischen« Glutkern Europas, den es wieder gegen die »liberalistische Dekadenz« zu entfachen gelte. Ein »geistiger Patriotismus« solle den Gegenpol zum »Sumpf« globalistischer Eliten bilden. Mit seiner »Vierten Politischen Theorie« will Dugin nichts weniger als »die drei totalitären Ideologien Kommunismus, Faschismus und Liberalismus« ablösen. Die Neue Rechte in Europa saugt seine Ideen heute genauso begierig auf wie einst die völkischen Theorien des »Ethnopluralismus« ihres französischen Vordenkers Alain de Benoist.

Unklar ist, welche Rolle Dugin in Russland spielt. Er ist Mitglied im »Isborsker Klub«, dem bekannte russische Journalisten, Wissenschaftler und Politiker angehören.[18] Sie alle sind glühende Anhänger der Krim-Annexion. Sein Buch über »Grundlagen der Geopolitik« soll angehenden Generalstabsoffizieren in Russland als Lehrbuch dienen. Manchen gilt er als Präsidentenberater oder gar Chefideologe des russischen Präsidenten, was Dugin selbst aber abstreitet.

Claus Leggewie bezeichnet ihn als Putins »Reisekader«: In der DDR bezeichnete man so Personen, die in offiziellem Auftrag im Ausland unterwegs waren.[19] Auffällig ist jedenfalls, dass Dugin im März 2018, kurz nach dem russischen Außenminister Sergej Lawrow, den Balkan bereiste, wo er in Belgrad und Skopje eine »slawische Bruderschaft« beschwor und vor einem EU-Beitritt dieser Länder warnte.[20]

Doch egal, wie sich Serbien, Mazedonien und Montenegro am Ende entscheiden: Der serbische Politologe Srđan Cvijić, der am Open Society European Policy Institute arbeitet, warnt, dass man in den Staaten auf dem Balkan interessiert verfolge, wie Viktor Orbán auch innerhalb der EU einen Ein-Partei-Staat aufgebaut habe. Er fürchtet, andere könnten sein Beispiel kopieren, so oder so.»Für Balkan-Politiker, die ihm nacheifern, ist das Muster klar: Lass deine Freunde rechtzeitig die Medien kaufen, bringe das Big Business, die Gerichte und die Justiz unter deine Kontrolle. Tausche Universitätsrektoren, Schuldirektoren und Leiter kultureller Institutionen gegen treue Parteifreunde aus. Und um verbleibende unabhängige Stimmen zu vertreiben, eignen sich Gesetze russischen Stils, die das Betreiben einer NGO zum Risiko machen.«[21]

Mit anderen Worten: Populismus und Autoritarismus sind ansteckend. Es droht ein Domino-Effekt.

14 Der Westen rückt nach rechts: Was Rechtspopulisten schon erreicht haben

Sie wolle »nicht in einen Wettbewerb eintreten, wer Flüchtlingen das unfreundlichste Gesicht zeigt«, sagte Angela Merkel im Oktober 2015, als sie in der Talksendung von Anne Will ihre Flüchtlingspolitik verteidigte. Kritiker hatten ihr vorgeworfen, sie habe eine »unkontrollierte Zuwanderung« zugelassen und die Menschen aus Syrien und Afghanistan quasi nach Deutschland eingeladen – als ob sich die Flüchtlinge in jenem Jahr allein wegen eines Selfies mit der Kanzlerin auf den Weg nach Europa gemacht hätten.

Den Wettbewerb um das unfreundlichste Gesicht gab es da schon längst, und das europaweit. Ende August 2015 hatte Deutschland das »Dublin-Verfahren« für syrische Flüchtlinge ausgesetzt, um vor allem die Länder im Süden Europas nicht mit den vielen Flüchtlingen alleinzulassen.[1] Seitdem hält sich die Legende, Merkel habe im Sommer 2015 »die Grenze geöffnet«, weil sie die Flüchtlinge, die zu Fuß auf dem Balkan unterwegs waren und in Ungarn festsaßen, nach Deutschland kommen ließ. Dabei sprach sich auch Merkel selbst schon damals für eine stärkere Kontrolle der europäischen Außengrenzen und für mehr Geld für die Flüchtlingscamps im Nahen Osten und in der Türkei aus, um den Menschen vor Ort zu helfen. Spürbare Kürzungen der Lebensmittelrationen in den Flüchtlingslagern im Libanon und in Jordanien waren schließlich einer der Gründe gewesen, warum sich so viele Menschen auf den Weg nach Europa gemacht hatten.[2] Merkel sprach außerdem bereits damals von »illegaler Migration« und kündigte eine »massive Kraftanstrengung« an, um abgelehnte Asylbewerber abzuschieben.

Doch vielen ihrer Parteifreunde ging das schon damals nicht weit genug. Speziell in der CSU wollten einige die Flüchtlinge am liebsten direkt an der Grenze abweisen und eine »Obergrenze« für Asyl einführen. Horst Seehofer warf Merkel sogar einen angeblichen »Rechtsbruch« vor und wollte Verfassungsklage einreichen, verzichtete dann aber. Daraufhin reichte die AfD eine Klage in Karlsruhe ein. Die humanitäre Krise des Sommers 2015 machte auch deutlich, wie zerrissen Europa ist. Die meisten europäischen Staaten reagierten auf die Not und das Leid der Geflüchteten mit Abwehr. In der Region von Calais strandeten Tausende, die weiter nach Großbritannien wollten, in provisorischen Zeltlagern, die 2016 von der Polizei geräumt wurden. Der ungarische Premierminister Viktor Orbán überließ die Menschen, die zu Fuß über den Balkan marschiert waren, am Bahnhof in Budapest und anderswo sich selbst. Nur durch das Engagement vieler ehrenamtlicher Helfer gelang es diesen Menschen, die Situation durchzustehen, sich in Sicherheit zu bringen und Zuflucht zu finden.

Das europäische Asylsystem kam im Sommer 2015 an seine Grenzen. Die Länder Südeuropas, die die Hauptlast zu tragen hatten, zeigten sich überfordert. Doch die Einführung eines Quotensystems, um Länder wie Griechenland und Italien zu entlasten und Flüchtlinge, die eindeutig Schutz benötigen, auf andere Staaten zu verteilen, scheiterte an der Blockade von Polen, Ungarn, der Slowakei und Tschechien. Stattdessen löste Ungarn mit seinem Bau eines Grenzzauns eine Kettenreaktion aus. Die Länder des Balkans folgten dem Beispiel und zogen innerhalb Europas neue Mauern und Zäune hoch. Andere führten Grenzkontrollen ein, um Pässe und Visa zu überprüfen. Als erstes Land legte Österreich im Januar 2016 eine symbolträchtige »Obergrenze« für Asylanträge fest und rühmte sich wenig später, im Verbund mit den Visegrád-Staaten die »Balkan-Route geschlossen« zu haben.

Seit die EU mit der Türkei ein Abkommen geschlossen hat, das diese zur Rücknahme von Flüchtlingen verpflichtet, kommen weniger Flüchtlinge nach Europa. Seitdem versucht die EU, auch mit afrikanischen Ländern solche Abkommen zu schließen. Italien kündigte 2017 an, Schiffe mit Geretteten nicht mehr in seinen Häfen anlegen zu lassen, sollten die dort ankommenden Flüchtlinge nicht innerhalb der EU verteilt werden. Viele Länder haben außerdem ihre Anstrengungen verstärkt, abgelehnte Asylbewerber wieder abzuschieben, sogar in Kriegsgebiete wie Afghanistan – darunter auch Deutschland. Die Bundesrepublik hat auch, wie viele andere Länder, ihr Asylrecht verschärft und die Familienzusammenführung eingeschränkt.

Doch auch wenn seit 2015 deutlich weniger Flüchtlinge nach Europa kamen: Die Debatte gab überall in Europa den rechtspopulistischen Parteien Auftrieb. Diese wiederum sorgen dafür, dass die Debatte um Asyl und Flüchtlinge nicht abreißt. Ein Ende dieses Teufelskreises war auch im Jahr 2018 nicht abzusehen.

Nach dem Brexit-Votum in Großbritannien und dem Wahlerfolg von Donald Trump in den USA im Jahr 2016 wurden die Wahlsiege von Mark Rutte in den Niederlanden, Emmanuel Macron in Frankreich und, zumindest etwas, auch von Sebastian Kurz in Österreich 2017 von vielen Beobachtern als Erfolge der politischen Mitte verbucht. Der Siegeszug des Rechtspopulismus schien noch einmal aufgehalten worden zu sein, denn Geert Wilders und Marine Le Pen wurden geschlagen. Aber stimmt das wirklich?

Rutte, Macron und Kurz gehören einer neuen Politikergeneration an, die Pragmatismus mit Tatkraft kombinieren. Sie sind bei urbanen und jungen Wählern beliebt, weil sie Modernität ausstrahlen, und geben sich als Erneuerer. Das Prinzip des Populismus, nach dem sich Parteien einer einzigen Führungsfigur unterordnen, hat allerdings auch auf diese Politiker abgefärbt. Mit seiner erst 2016 gegründeten, ganz auf seine Person zugeschnittenen Sammlungsbewegung »En Marche« hat Emmanuel Macron all jene angesprochen, die von den Sozialisten unter François Hollande und der bürgerlichen Mitte enttäuscht waren. Überraschend deutlich setzte er sich in den Vorwahlen gegen die Konkurrenz durch und wurde 2017, damals 39 Jahre alt, zum französischen Präsidenten gewählt. Sebastian Kurz ließ seine altehrwürdige, konservative Österreichische Volkspartei (ÖVP) ganz auf seine Person trimmen und unter dem Listennamen »Liste Sebastian Kurz – die neue Volkspartei« antreten. Mit 31 Jahren wurde er 2017 zum jüngsten Kanzler Österreichs gewählt. Der 1967 geborene Mark Rutte ist nicht nur der älteste der drei, sondern auch der am zweitlängsten amtierende Regierungschef der EU, nach Angela Merkel. Er kam schon 2010 an die Macht, indem er seine damalige Regierung vom Rechtspopulisten Geert Wilders tolerieren ließ. Wie Sebastian Kurz, zeigte er wenig Berührungsängste nach rechts.

Von allen dreien steht nur Emmanuel Macron für eine dezidiert proeuropäische und gesellschaftspolitisch halbwegs liberale Politik. Rutte verfolgt einen milde europaskeptischen und gesellschaftspolitisch konservativen Kurs, er ist eine Art »Geert Wilders light«. Nicht anders Kurz, der sogar eine Koalition mit der rechtspopulistischen FPÖ eingegangen ist. Wirtschaftspolitisch neoliberal sind sie alle drei. Der Rechtsruck in Europa zeigt sich schon daran, dass ihre Wahlerfolge trotzdem für ein allgemeines Aufatmen gesorgt haben. Das war vielleicht verfrüht. Denn die Rechtspopulisten, die vielen Regierungen in Westeuropa im Nacken sitzen (wenn sie nicht gleich, wie in Österreich, Norwegen und Italien, mit am Tisch sitzen), treiben die Rückkehr zum Nationalismus voran. Das hat die Zentrifugalkräfte innerhalb der EU verstärkt – und könnte die Europäische Union sprengen. Mit seinen Reformvorschlägen, zu denen ein europäischer Finanzminister oder ein Eurozonen-Haushalt zählen, hat Emmanuel Macron es schwer. Auch wenn viele Deutsche seine sprichwörtliche »ausgestreckte Hand« ergreifen und die deutsch-französische Zusammenarbeit verstärken wollen, bremsen viele andere Länder ab.

Mark Rutte setzte sich im März 2018 an die Spitze jener Länder, die weniger Geld nach Brüssel zahlen und eine »schlankere Union« wollen. Dazu gehören Dänemark, Schweden, Finnland, Irland und die baltischen Staaten. Großbritannien verfolgt weiter seinen Austritt aus der EU, und die osteuropäischen Visegrád-Staaten wollen zwar nicht auf die Finanzhilfen und Fördergelder aus Brüssel verzichten, aber ihnen schwebt ein »Europa der Vaterländer« vor, das ihnen die volle Souveränität zurückgibt, keine vertiefte Union.

Die Fronten in der EU verlaufen quer. In finanzpolitischen Fragen stehen die zentraleuropäischen Länder Deutschland, Großbritannien, die Benelux-Staaten, Schweden, Finnland, Frankreich und Italien als Hauptnettozahler gegen die osteuropäischen Länder, die südeuropäischen Krisenstaaten Spanien, Portugal und Griechenland sowie Irland, die Empfänger. In der Flüchtlingsfrage verlaufen die Fronten etwas anders. Da sind es Griechenland und Italien, die auf mehr Solidarität pochen und eine gerechtere Verteilung wünschen, während vor allem die osteuropäischen Länder blocken. Nur auf eine stärkere Abwehr von Flüchtlingen und eine Abschottung an den Außengrenzen können sich alle einigen.

Doch auch nach innen schotten sich viele Länder immer stärker ab. Mark Rutte etwa hatte in seinem Wahlkampf 2017 gefordert, wer sich nicht »normal« verhalte, der solle die Niederlande verlassen. In ganzseitigen Zeitungsanzeigen erklärte er, was seiner Ansicht nach »normal« sei: sich die Hand zu geben, sich zurückzunehmen und »normale« Leute nicht als Rassisten zu bezeichnen. Das war an die Adresse von Einwanderern und deren Kinder gerichtet. Ruttes Partei warb mit dem Slogan »Sei normal«, einer typisch niederländischen Redewendung. Seine Regierung hatte zuvor Einwanderer darauf verpflichtet, einen Vertrag zu unterschreiben, in dem sie versprechen, »niederländische Kernwerte« zu respektieren. Wenn nicht, drohen ihnen Hunderte Euro Strafe. Rutte habe »einen nichtssagenden Nationalismus« befördert, meint der junge niederländische Journalist Caspar Thomas, und »das liberale Erbe der Niederlande verspielt« – oder das, was nach zwei Jahrzehnten rechtspopulistischer Agitation davon übriggeblieben war.[3]

Auch Macron fährt in Sachen Immigration einen strikten Kurs. Im November 2017 ließ er ein neues Antiterrorgesetz verabschieden. Es trat an die Stelle des Ausnahmezustands, der nach dem Anschlag im Pariser Musikclub »Bataclan« zwei Jahre zuvor verhängt und bis dahin sechsmal verlängert worden war. Rund 4500 Wohnungen wurden auf dieser Grundlage durchsucht, über 750 Personen unter Hausarrest gestellt, alles ohne Anordnung eines Richters. Außerdem wurden mehr als 150 Demonstrationen untersagt oder massiv behindert. Für größere Debatten sorgte das in Frankreich allerdings nicht. Nur dass die Regierung den Ausnahmezustand dazu nutzte, um bei den Protesten gegen die Arbeitsrechtsreform oder am Rande des Pariser Klimagipfels im Dezember 2015 hart gegen Demonstranten vorzugehen, sorgte für etwas Empörung.

Im Prinzip hat Macron den Ausnahmezustand zur Regel gemacht. Mit dem Gesetz wurden die Befugnisse des Innenministers wie auch der regionalen Präfekten auf Dauer erweitert. Sie können nun ohne richterliche Anordnung die Bewegungsfreiheit von Verdächtigen einschränken oder umfangreiche Polizeikontrollen an Bahnhöfen oder Flughäfen anordnen – und zwar insbesondere gegenüber »Personen, deren ausländische Nationalität sich von objektiven äußerlichen Elementen ableiten lässt«. Indem das Gesetz Polizeikontrollen nach

Hautfarbe nun explizit erlaubt, geht es sogar über die bis dahin geltenden Regeln zum Ausnahmezustand hinaus.[4] Das Antiterrorgesetz verschärft die Diskriminierung der arabischen und muslimischen Bevölkerung. In einer immer strikteren Auslegung des »Lazismus«-Gebots, der Trennung von Staat und Religion, wurden in Frankreich mit der Zeit das Tragen von Kopftüchern an Schulen und öffentlichen Einrichtungen sowie von Ganzkörperschleiern auf der Straße verboten. Das Kopftuch sorgt in Frankreich verlässlich für Hysterie: Weil manche Modefirmen Kollektionen mit Kopftuch produzieren, riefen französische Feministinnen 2016 zum Boykott dieser Marken auf. Zuletzt wurde diskutiert, das Kopftuch an Universitäten und im Einzelhandel zu verbieten. Auch wenn sich solche Gesetze offiziell pauschal gegen alle »religiösen Symbole« richten, sind Muslime damit gemeint und besonders betroffen. Im Sommer 2016 verhängten mehrere Badeorte an der Côte d'Azur sogar ein Verbot des »Burkinis«, eines Ganzkörperbadeanzugs für muslimische Frauen. Erst ein Gerichtsurteil stoppte sie.

Andere Länder, insbesondere Belgien, sind dem französischen Beispiel gefolgt und haben Verbote für Kopftücher und Gesichtsschleier verhängt. Auf Einwände, die Ausgrenzung könnte die Radikalisierung von Muslimen befördern, reagiert die französische Öffentlichkeit gereizt. Als ein US-amerikanischer Think-Tank, die »Brookings Institution«, einen Zusammenhang zwischen den vielen Kopftuch-Verboten und der hohen Zahl an islamistischen Terroristen in Frankreich herstellte, sorgte das für Empörung.[5]

Statt auf Akzeptanz des Islam setzt man in Frankreich lieber auf Repression. Bereits während des Ausnahmezustands wurden neunzehn Moscheen und Gebetsräume geschlossen. Dafür bedarf es mit dem neuen Antiterrorgesetz auch jetzt keiner richterlichen Anordnung mehr. Die französische Strafrechtsprofessorin Christine Lazerges kritisiert: Den meisten Franzosen fehle das Gefühl dafür, dass der ständige Ausnahmezustand die Gesellschaft spalten und »zur Stigmatisierung eines Teils der Bevölkerung führen könnte – besonders der muslimischen Bevölkerung«.[6]

Im Februar 2018 ließ Macron außerdem das Asylrecht verschärfen. Wer sich ohne gültige Papiere in Frankreich aufhält und arbeitet, dem drohen Freiheitsstrafen von bis zu fünf Jahren und Geldbußen bis zu 75 000 Euro. Das könnte bis zu eine Million Menschen betreffen, die sich illegal im Land aufhalten. Asyl erhalten in Frankreich ohnehin nur ganz wenige – von 100 000 Anträgen wurden im Jahr 2017 nur 9 000 positiv beschieden. Schon seit 2015 weist Frankreich Flüchtlinge an der Grenze zu Italien zurück.

Ein Vorreiter auf dem Gebiet der Abschreckung von Flüchtlingen und der Diskriminierung von Einwanderern ist allerdings Dänemark. Kein Land in Europa hat so strenge Asyl- und Ausländer-Gesetze wie das kleine skandinavische Land, das seit Januar 2016 an der Grenze zu Deutschland wieder demonstrativ Grenzkontrollen eingeführt hat. Das hat mit dem Druck der rechtspopulistischen Dänischen Volkspartei zu tun, auf deren Stimmen die Minderheitenregierung in Kopenhagen angewiesen ist. Seit zwei Jahrzehnten lässt sich die Partei ihre Zustimmung zu Gesetzen regelmäßig mit neuen Verschärfungen der dänischen »Ausländerpolitik« belohnen.

Im Wahlkampf wetteifern alle Parteien in Dänemark seit Jahren schon darum, sich mit immer neuen Verschärfungen zu überbieten. Den Rechtspopulisten hat das nur genutzt. Bei der Parlamentswahl im Jahr 2015 erreichten die Europakritiker und Einwanderungsfeinde der Dänischen Volkspartei mit 21 Prozent ihr bis dahin bestes Ergebnis und sitzen nun als zweitstärkste Kraft im Parlament in Kopenhagen. Damit können sie die anderen Parteien erst recht vor sich hertreiben.

Das Klima hat sich dadurch weiter verschärft. Nach der Wahl hat Dänemark die Sozialleistungen für Flüchtlinge halbiert, die Familienzusammenführung massiv eingeschränkt, die Aufenthaltserlaubnis befristet und die Hürden für den Erwerb der dänischen Staatsbürgerschaft deutlich erhöht. Die Botschaft lautet Abschreckung, und sie wirkt; es kommen kaum noch Flüchtlinge nach Dänemark. Das entspricht ganz dem bisherigen Kurs der dänischen Ausländerpolitik: Nur wer Geld hat und aus einem westlichen Land kommt, der genießt volle Bürgerrechte. Wer als Einwanderer nur Büros putzt, als Paketkurier oder in einem Pflegeheim arbeitet, der ist Einwohner zweiter Klasse.

Als Hardlinerin tat sich die Ausländerministerin Inger Støjberg von der rechtsliberalen »Venstre«-Partei hervor. Sie verfügte, Flüchtlingen bereits an der Grenze Geld oder Schmuck abzunehmen, als »Gegenleistung« für ihre Versorgung. Lieber ließ sie Zeltstädte aufbauen, als Flüchtlinge in leerstehenden Gebäuden unterzubringen. Auf Facebook postete sie die berüchtigte Mohammed-Karikatur, die den Propheten als Terroristen mit Bombe im Turban darstellt. Stolz feierte sie die fünfzigste Verschärfung des Ausländerrechts in ihrem Land 2017 mit einer Torte. Selbst die *Bild*-Zeitung sprach von »Populismus auf Kosten von Migranten«.[7]

Doch ein Ende ist nicht abzusehen. Im Mai 2018 stellte die dänische Regierung ihren »Ghetto-Plan« vor. Gemeint sind die Wohnviertel, in denen mehr als die Hälfte der Einwohner aus nicht-westlichen Ländern stammen und in denen die Arbeitslosigkeit und die Kriminalitätsrate besonders hoch sind. Täter, die in solch einem Viertel wegen Vandalismus oder Drogenhandel verhaftet werden, sollen nach dem Willen der dänischen Regierung doppelt so hart bestraft werden wie anderswo. In diesen Vierteln soll es Zuzugssperren geben und für Kinder, die kein Dänisch können, eine Kindergartenpflicht. Damit werden diese Viertel stigmatisiert und für ihre Einwohner Sonderregeln eingeführt.[8]

Im Juni 2018 legte die dänische Regierung zudem Pläne vor, abgelehnte Asylbewerber künftig an einem »nicht sonderlich attraktiven« Ort in Europa unterzubringen, möglichst außerhalb der EU. Die Flüchtlinge sollten ihre Asylanträge außerhalb Europas stellen und erst nach deren Bewilligung einreisen dürfen. Diese Idee hat Dänemarks Ministerpräsident Im Prinzip setzten sie sich damit beim EU-Gipfel Ende Juni in Brüssel durch.[9]

Sebastian Kurz hatte in seinem Wahlkampf versucht, die FPÖ rechts zu überholen. So versprach er, islamische Kindergärten schließen zu lassen. Zu den ersten Amtshandlungen seiner Regierungskoalition mit den Rechtspopulisten gehörte es, Asylbewerbern die Leistungen zu kürzen und für sie ein »umfassendes Arbeitsverbot« zu erlassen. Außerdem sollen sie nur noch Sachleistungen statt Bargeld erhalten und auch nicht mehr individuell untergebracht werden. FPÖ-Innenminister Herbert Kickl sprach im Januar 2018 davon, er wolle Asylbewerber »konzentriert« an einem Ort »halten«. Wie schon in Dänemark, müssen Geflüchtete bei ihrer Einreise in Österreich jetzt ihr Geld und ihre Handys abgeben. Straffällig gewordene Asylbewerber sollen elektronisch überwacht und schneller abgeschoben werden.

Dass die räumliche Trennung und Verarmung per Gesetz die Integration von Flüchtlingen erschwert, nehmen Rechtspopulisten nicht nur billigend in Kauf – es liegt sogar in ihrem Interesse, denn sie betreiben eine Desintegrationspolitik. Sie wollen gar nicht, dass die Integration von Einwanderern oder Flüchtlingen gelingt. Sie stützen sich vielmehr genüsslich auf jedes Beispiel einer angeblich gescheiterten Integration, um immer wieder die Notwendigkeit eines härteren Durchgreifens begründen zu können. Das ist ihre Raison d'Être. Darum legen sie Einwanderern und Flüchtlingen immer neue Steine in den Weg.

Dass die rechtspopulistische FPÖ nach der Wahl das Innenministerium, das Verteidigungsministerium und das Außenministerium übernommen hat, gibt ihr die Möglichkeiten, ihre »Law and Order«-Fantasien auszuleben. Gerne hätte sie noch mehr durchgesetzt. »Hätten wir nur die absolute Mehrheit, könnten wir es machen wie der Orbán!«, sagte FPÖ-Chef Heinz-Christian Strache vor Anhängern im Januar 2018.[10]

In der Wirtschafts- und Sozialpolitik hat sich dagegen der neoliberale Sebastian Kurz durchgesetzt: Das Arbeitslosengeld wurde gekürzt, die zulässige Höchstarbeitszeit auf zwölf Stunden und die wöchentliche Arbeitszeit auf sechzig Stunden ausgeweitet. Steuern wurden gesenkt und Einwanderer in den ersten fünf Jahren von vielen Sozialleistungen ausgeschlossen. Das Kindergeld für EU-Bürger, die in Österreich arbeiten, wurde gekürzt. Nur die Mindestpension für österreichische Rentner wurde erhöht. Der *Tagesspiegel* sprach von einer »Melange aus der deutschen Agenda 2010 und Plänen für die Festung Europa«.[11]

Mit dem öffentlich-rechtlichen Rundfunk, dem ORF, steht die FPÖ seit jeher auf Kriegsfuß. Seit sie an der Regierung ist, droht sie offen Konsequenzen für unliebsame Berichterstattung an. Weil ihm die Ungarn-Berichte des ORF nicht gefielen, kündigte der FPÖ-Politiker Norbert Steger an, Stellen für Auslandskorrespondenten streichen zu lassen. Da die Regierungsparteien im höchsten Aufsichtsgremium des ORF, dem Stiftungsrat, eine bequeme Mehrheit haben, war das keine leere Drohung.[12] FPÖ-Chef Heinz-Christian Strache sagte schon bei seinem Amtsantritt, man wolle »Optimierungen vornehmen, was die Objektivität betrifft«. Ein anderer FPÖ-Politiker sagte im Juni 2018, man wolle den ORF »neutralisieren«.

Beide Parteien haben sich außerdem auf den Ausbau der »direkten Demokratie« in Österreich geeinigt. In Zukunft sollen Volksabstimmungen aus der Bevölkerung heraus erzwungen werden können, deren Ergebnisse sollen dann bindend sein. Weil es für dieses Vorhaben im Parlament aber eine Zweidrittelmehrheit braucht, wurde das Projekt auf das Ende der Legislaturperiode vertagt, um bis dahin mehr Unterstützer anzuwerben. FPÖ-Chef Strache orientiert sich dabei am Vorbild der Schweiz. Auch die AfD in Deutschland möchte gerne Volksentscheide nach dem »Schweizer Modell« einführen. »Ohne Zustimmung des Volkes darf das Grundgesetz nicht geändert und kein bedeutsamer völkerrechtlicher Vertrag geschlossen werden«, so steht es in ihrem Parteiprogramm. Sogar über vom Parlament bereits beschlossene Gesetze will die AfD abstimmen lassen. Und: »Das Volk soll auch die Möglichkeit erhalten, eigene Gesetzesinitiativen einzubringen und per Volksabstimmung zu beschließen.«[13]

Dass sich Rechtspopulisten so gerne auf das Vorbild der Schweiz berufen, ist kein Zufall. Dort ist es der rechtspopulistischen Schweizer Volkspartei (SVP) gelungen, mit dem Mittel der Volksabstimmung die Politik ihres Landes immer weiter nach rechts zu verschieben. »Mit einer Vielzahl von Initiativen, finanziert von vermögenden Parteimitgliedern, gelang es der SVP, seit den Neunzigerjahren die politische Agenda zu prägen und die Schweiz in einen permanenten Wahlkampf zu versetzen«, bilanziert der Schweizer Journalist Simon Marti.[14] Mehrfach wurde mittels einer Volksabstimmung in der Schweiz das Asylrecht, das Ausländerrecht oder die Religionsfreiheit für Muslime eingeschränkt. 2005 verhinderte ein Referendum die erleichterte Einbürgerung von Einwandererkindern, 2006 wurde das Asylrecht verschärft. 2007 fand eine schnellere Abschiebung straffällig gewordener Ausländer eine Mehrheit, 2009 ein »Minarettbauverbot«. Eine Mehrheit fand dieser Volksentscheid nicht in den Großstädten, in denen die meisten Schweizer Muslime leben, sondern in den ländlichen Regionen. Im gesamten Land gab es zu diesem Zeitpunkt ganze vier Moscheen mit Minarett. 2014 stimmte eine knappe Mehrheit der Schweizer dafür, die Zuwanderung auch aus EU-Staaten zu begrenzen. Die Initiatoren hatten von einer »Massenzuwanderung« fantasiert und mit einem »Dichtestress« argumentiert, der die

Schweizer angeblich plage, und dabei auch Ressentiments gegen Zuwanderer aus der Bundesrepublik geschürt.

All diesen Abstimmungen vorausgegangen waren stets äußerst plakative Angstkampagnen, in die die rechtspopulistische SVP viel Geld investierte und für die sie ihre ganze Medienmacht mobilisierte. Über die Grenzen der Schweiz hinaus bekannt geworden ist das Plakat, auf dem ein weißes Schaf ein schwarzes Schaf über die Grenze tritt. Berühmt geworden ist auch das Plakat ihrer Anti-Minarett-Kampagne: Es zeigte die Silhouette einer vollverschleierten Frau, hinter ihr Minarette, die wie Raketen aus dem Boden einer zerberstenden Schweizer Fahne schießen. Das Motiv wurde von anderen Rechtspopulisten in ganz Europa übernommen und abgewandelt. Erst in letzter Zeit hat die SVP erste Pleiten zu verzeichnen. 2016 fiel ihre Forderung durch, die Abschiebung von straffällig gewordenen Ausländern zu einem Automatismus zu machen und das Ausländerrecht damit weiter zu verschärfen. 2018 scheiterte ihre Kampagne für die Abschaffung der Rundfunkgebühren, die den öffentlich-rechtlichen Rundfunk der Schweiz in existenzielle Schwierigkeiten gebracht hätte. Das bürgerlich-liberale Lager hatte sich hier erfolgreich dagegen zur Wehr gesetzt.

Der Volksentscheid kann sehr schnell zu einem Einfallstor werden, mit dem reiche und publizistisch mächtige Lobbygruppen und Personen ihre Interessen durchsetzen können. Dass Volksabstimmungen in der Schweiz strukturell dazu beitragen können, die Freiheiten einer Minderheit zu beschneiden, lässt sich schon an ihrer Geschichte ablesen. Die erste Volksinitiative in der Schweiz erzwang 1893 ein Schächtungsverbot. Zuvor hatten Schweizer Tierschutzvereine eine Kampagne gegen jüdische Metzger angeführt, die stark von stark antisemitischen Motiven geprägt war. Das Schächten wurde als Zeichen der Rückständigkeit und Brutalität der Juden dargestellt, die als »Fremdlinge aus dem Osten« diffamiert wurden. Die Kampagne setzte auf Ängste christlicher Bürger vor einem Zuzug von Juden aus dem Ausland und einer wirtschaftlichen Konkurrenz. Die Parallelen zu Angstkampagnen von heute sind offensichtlich.

In der Schweiz dienen Volksabstimmungen als Ersatz für eine parlamentarische Opposition, die es im speziellen, stark konsensorientierten politischen System des Landes so nicht gibt. Sie sollen es dem

Wahlvolk ermöglichen, direkten Einfluss auf die aktuelle Politik zu nehmen. Schon eine einfache Mehrheit der abgegebenen Stimmen entscheidet darüber, ob eine Gesetzesvorlage angenommen oder abgelehnt wird. Erst 1971 stimmten die Schweizer zu, auch Frauen das Wahlrecht zu gewähren. Im Kanton Appenzell Innerrhoden dauerte es etwas länger: Dort musste das Frauenwahlrecht 1990 auf juristischem Wege durchgesetzt werden. Wenn Gesetzesinitiativen, die zur Abstimmung gestellt werden, gegen internationale Vereinbarungen oder das Völkerrecht verstoßen, stört das deren Urheber nicht. Für die Umsetzung sind schließlich andere zuständig. Das öffnet der populistischen Instrumentalisierung Tür und Tor.

Populisten weltweit lieben Referenden, weil sich komplexe Fragen damit auf ein simples Ja oder Nein reduzieren lassen. In den Niederlanden stimmte im April 2016 eine Mehrheit in einem Referendum gegen das EU-Assoziierungsabkommen mit der Ukraine, das zuvor von allen übrigen 27 Mitgliedsstaaten der EU ratifiziert worden war. Der niederländische Rechtspopulist Geert Wilders feierte das Ergebnis als »Misstrauensvotum gegen die Elite in Brüssel und Den Haag«. Mit dem Brexit-Votum gelang es den britischen EU-Gegnern wenig später, sich ihren lang gehegten Traum zu erfüllen und damit nicht nur ihr Land, sondern den gesamten Kontinent zu spalten. Ungarns Premier Viktor Orbán ließ im gleichen Jahr die Ungarn über die geplanten Flüchtlingsquoten der EU abstimmen. Im Vorfeld wurden Tausende Poster mit Anti-Flüchtlings-Parolen plakatiert, und die Staatsmedien warnten tagtäglich vor der »Migrantenflut«. Die Abstimmung scheiterte nur, weil weniger als die Hälfte der Wahlberechtigten daran teilnahm. Der türkische Präsident Recep Tayyip Erdoğan setzte 2017 auf ein Referendum, um die Verfassung seines Landes zu ändern, ein Präsidialsystem einzuführen und das Parlament zu entmachten.

Das Präsidialsystem ist das Lieblingsmodell von Populisten. Dass alles auf die Person an der Spitze zuläuft, in dessen Händen sich möglichst alle Macht bündelt, entspricht ihrer Vorstellung von Politik. In diesem Modell ist der Präsident meist zugleich Staatsoberhaupt und Regierungschef. Diese starke Stellung braucht als Gegengewicht ein starkes Parlament. Denn ohne Kontrolle eines starken Parlaments, unabhängiger Gerichte und Medien droht die Gefahr, dass ein Präsident der Versuchung der Macht erliegt und sich zum Alleinherrscher aufschwingt, zum Autokraten oder gar zum Diktator.

Mit der Direktwahl des Präsidenten hat das politische System der USA ein stark plebiszitäres Element: Der Präsident verdankt sein Amt dem Votum des Volkes und keiner Partei. Präsidentschaftswahlen in den USA entwickeln sich deshalb regelmäßig in Voten gegen das vermeintliche Establishment. Mit Kampagnen gegen angeblich abgehobene Eliten in Washington lassen sich Wähler in den USA immer wieder mobilisieren, von allen politischen Lagern. Präsidialsysteme begünstigen die Karrieren von Seiteneinsteigern in die Politik. Das kommt politischen Unternehmern zugute, die auf eigenes Risiko handeln und keinen großen Parteiapparat im Rücken haben. Allerdings macht sie das auch anfällig für Korruption, Lobbyismus und Nepotismus. Gerade das Beispiel der USA zeigt, dass Großspender erheblichen Einfluss auf die politischen Absichten von Kandidaten nehmen können.

»Die Unabhängigkeit von Parteigremien kaschiert die eher problematischere Abhängigkeit von Geldgebern nur«, meinen die Göttinger Politologen Robert Lorenz und Matthias Micus.[15] Gerade in den USA sei der Einfluss der Wirtschaftslobby auf Präsident und Parlament, der sich der demokratischen Kontrolle entziehe, mittlerweile zu einem massiven Problem geworden. Das politische System komme außerdem »ressourcenstarken Sozialtypen« entgegen, Angehörige höherer Gesellschaftsschichten würden »eindeutig privilegiert«. »Gerade solche Personen, die außerhalb der Politik zu Reichtum, Prestige und Einfluss gelangt sind, haben die größten Erfolgschancen«, schrieben die Politologen bereits 2009, als hätten sie den Aufstieg von Donald Trump vorhergesehen. Anders als etwa im deutschen Parteiensystem, würden gesellschaftliche Ungleichheiten durch solche Seiteneinsteiger nicht kompensiert, sondern reproduziert.

Durch Dekrete (»executive orders«) könnten US-Präsidenten am Kongress vorbeiregieren. Auch Barack Obama und andere haben von dieser Möglichkeit ausgiebig Gebrauch gemacht. Donald Trump nutzt dieses Mittel, um viele Entscheidungen seines Vorgängers rückgängig zu machen und seine Wahlversprechen einzulösen. Allein mit seiner Unterschrift hat er das transpazifische Handelsabkommen TTIP gestoppt und den Freihandel eingeschränkt, Obamas

Gesundheitsreform ausgehebelt, den Bau einer Mauer an der Grenze zu Mexiko beschlossen und Einreiseverbote für Menschen aus muslimischen Ländern verhängt. Seinen Anhängern dürfte das imponieren.

Die Dekrete sind zwar zeitlich begrenzt. Gerichte können überprüfen, ob sie gegen gültige Gesetze oder die Verfassung verstoßen, und die beiden Parlamentskammern im Kongress können den Präsidenten mit einer Zweidrittelmehrheit überstimmen, oder ihm das Geld für die Umsetzung eines Dekrets verwehren. Trump muss vom Kongress aber wenig Gegenwehr befürchten, solange seine Partei, die Republikaner, in beiden Kammern über komfortable Mehrheiten verfügt. Die meisten Dekrete halten zumindest bis zum Ende der Amtszeit des jeweiligen Präsidenten. Das umstrittene Einreiseverbot für Menschen aus mehrheitlich muslimischen Ländern wurde, in abgeschwächter Form, vom Obersten Gericht in den USA genehmigt. Auch wenn 2018 noch mehrere Klagen anhängig waren, blieb den meisten Bürgern aus dem Tschad, Iran, Libyen, Somalia, Syrien und Jemen damit erst einmal die Einreise in die USA verwehrt.

Seine plebiszitäre Legitimation sei »eine reiche Autoritätsquelle des Präsidenten«, heißt es dazu in einem Lehr- und Handbuch zum Regierungssystem der USA.[16] Jeder US-Präsident versuche, die öffentliche Meinung für seine Politik zu mobilisieren, um auf diesem Wege den Kongress unter Druck zu setzen. Das führe zum »permanent campaigning«, zur Verschmelzung von Regierungsarbeit und Wahlkampf. Trumps ständiger Aktionismus zielt darauf, seine Anhänger bei Laune zu halten. Doch das Spektakel um seine ständigen Tweets, die absurden Äußerungen seiner Mitarbeiter und seine ständigen Umbildungen des Kabinetts verstellen den Blick auf die strukturellen Veränderungen, die er vornimmt. Es ist auch ein Ablenkungsmanöver.

Dabei lassen sich in seiner Politik klare Linien erkennen. Zu Trumps ersten Amtshandlungen gehörte es, ausländischen Organisationen die Entwicklungshilfe zu streichen, wenn sie Abtreibungsberatung anbieten. Beim »March of Life« fundamentalistischer Christen vor dem Weißen Haus ließ er sich 2018 als erster Präsident zuschalten und versprach, sich für eine Verschärfung des Abtreibungsrechts starkzumachen. Ärzte, Pfleger und Angestellte in den USA sollen »aus

Gewissensgründen« die Behandlung oder Versorgung von Frauen, die abtreiben wollen, verweigern dürfen.

Trump kippte auch ein Programm, das die Söhne und Töchter illegaler Einwanderer vor der Abschiebung geschützt hatte. Zudem ordnete er die Ausweisung von über 300 000 Menschen aus Haiti, El Salvador und Honduras an, die schon seit einer Generation in den USA gelebt hatten. Weil der Bau der von ihm versprochenen Mauer stockte, schickte er im April 2018 die Nationalgarde an die Grenze zu Mexiko. Gegen Menschen, die illegal über die Grenze in die USA gekommen waren, lässt er mit voller Härte vorgehen: Eltern werden von ihren Kindern getrennt und ins Gefängnis gesteckt, die Kinder in Heime oder Pflegefamilien gebracht, Tausende in Lagern oder Supermärkten interniert. An der Grenze werden ihnen all ihre Habseligkeiten abgenommen. Rechtsextreme fühlen sich von Trumps Politik und seiner Rhetorik ermutigt; die Zahl rechtsextremer Gewalttaten in den USA ist drastisch angestiegen.

Zugleich senkte Trump die Steuern für Unternehmer und Gutverdiener und deregulierte den Bankensektor, allen Risiken zum Trotz, um US-Banken gegenüber der Konkurrenz einen Wettbewerbsvorteil zu verschaffen. Naturschutz und Klimapolitik sind für ihn nur Wettbewerbsnachteile. Wie kein Präsident vor ihm, ließ er Naturschutzgebiete verkleinern und die Ölförderung und den Abbau von Steinkohle und Uran ausbauen. Er strich Auflagen zum Umwelt- und Verbraucherschutz und hob das Einfuhrverbot für Elfenbein und Löwentrophäen auf. Die Einfuhrbeschränkungen für Stahl und Aluminium aus Europa sowie Strafzölle für chinesische Waren und Produkte sollen dagegen die Unternehmen in den USA schützen. Damit provoziert Trump einen Handelskrieg. Viele US-Bürger dürften es spüren, wenn Waren durch Strafzölle teurer werden.

Außenpolitisch stärkte Trump die Autokraten in Saudi-Arabien und Syrien und das Regime in Nordkorea, dessen Machthaber Kim Jong-un er durch ein Treffen in Singapur aufwertete und dem er ein Ende der Sanktionen und Sicherheitsgarantien versprach, wenn er seine Atomwaffen abrüste. Vorbehaltlos stellte Trump sich auf die Seite der ultrarechten Regierung in Israel. Dass er 2018 ankündigte, aus dem Atomabkommen mit dem Iran auszusteigen, war ganz in deren Sinne. Die feierliche Verlegung der US-Botschaft nach Jerusalem war aber auch ein Geschenk an seine evangelikalen Wähler zu Hause, die sich das schon lange gewünscht hatten.

Mit seiner Bombardierung eines syrischen Flughafens im April 2018 hat Donald Trump gezeigt, dass er keine Rücksprache mit dem Kongress oder mit verbündeten Staaten sucht, bevor er militärische Angriffe befiehlt. Trumps konfrontationsfreudige Außenpolitik mag seine Wahlversprechungen widerlegen, die USA aus Kriegen und Konflikten im Ausland herauszuhalten. Aber es war für US-Präsidenten schon immer verführerisch, militärische Stärke zu demonstrieren, um in der Öffentlichkeit zu punkten.

Trump hat außerdem den Drohnenkrieg ausgeweitet, für den Barack Obama viel kritisiert wurde. Er gab CIA und Militär mehr Befugnisse, die Zahl der Drohnenangriffe hat seitdem stark zugenommen. Die Drohnen werden im Jemen, in Somalia, Libyen, Mali und dem Niger eingesetzt. Die Opfer sind meist Zivilisten.[17]

Keine zwei Jahre nach Trumps Amtsübernahme ist die Welt ein deutlich unsicherer Ort geworden. Der deutsche Publizist Paul Hockenos meint sogar, die Lage sei »gefährlicher als zum Höhepunkt des Kalten Krieges oder kurz nach dem 11. September 2001«.[18] Das liege daran, dass Trump vor allem auf die Hardliner und den rechten Rand innerhalb des militärischen Establishments der USA und im Pentagon höre.

Trump baut aber auch für die Zukunft vor. Mit Hilfe des Senats konnte er zahlreiche Richterposten mit konservativen Kandidaten neu besetzen, darunter einen vakanten Posten am Obersten Gericht der USA. Neil Gorsuch gilt als ein Richter, der die Interessen von Unternehmen traditionell über die Interessen von Arbeitern und Verbrauchern stellt.

Weitgehend unbemerkt von einer breiten Öffentlichkeit, hat Trump im Januar 2017 außerdem mit Ajit Pai einen neuen Leiter der Rundfunkregulierungsbehörde FCC berufen, der ein erklärter Gegner der Netzneutralität ist und dem das Kartellrecht relativ gleichgültig ist. Das dürfte der Sinclair-Mediengruppe entgegenkommen, die schon 2018 die meisten Fernsehsender der USA besaß und damit einen großen Teil aller US-Haushalte erreichte. Wie »Fox News« ist Sinclair ein »konservativer Mediengigant« (*New York Times*), der vor allem lokale Nachrichtensender besitzt, denen in den USA ein großes

Vertrauen entgegengebracht wird, weil sie hauptsächlich über Lokalnachrichten und Geschichten aus der Nachbarschaft berichten. Sinclair ist allerdings für Falschmeldungen, politisch einseitige Kommentare und Panikmache berüchtigt. Das Unternehmen versteht sich erklärtermaßen als Gegengewicht zu einer als »links« wahrgenommenen Medienlandschaft und treibt seit der Ära von George W. Bush eine rechte Agenda an.[19] Im Wahlkampf 2016 stellte sich die Sendergruppe auf die Seite von Donald Trump und strahlte fünfzehn »exklusive«, unkritische und unkommentierte Interviews mit ihm aus, vorzugsweise in Swing states – und kein einziges mit seiner Konkurrentin, Hillary Clinton.

Nach der Wahl wurde im April 2017 ein ehemaliger Kampagnenmanager von Donald Trump, Boris Epshteyn, als Chef-Kommentator der Sendergruppe eingestellt. Die Kommentare werden in der Zentrale produziert und an alle über 170 Tochtersender gesendet. Außerdem erhalten die Nachrichtenmoderatoren von der Zentrale Skripte, die sie wörtlich ablesen müssen. Sie werden damit zu Sprechpuppen einer politischen Propaganda degradiert, deren Absender nicht deutlich ist. Im Mai 2017 wurde bekannt, dass Sinclair ein weiteres Unternehmen übernehmen will. Der Kauf würde Sinclair zur größten Sendergruppe der USA machen. Die guten Beziehungen zum Weißen Haus dürften dem Unternehmen helfen, die Kartellgesetze zu umgehen. Umgekehrt könnten Donald Trump die guten Beziehungen zum Sender nützlich sein, um seine Wiederwahl zu garantieren. 2017 hat Sinclair außerdem eine neue Webseite namens »Circa« gestartet, die langfristig als Alternative zu »Breitbart News« dienen könnte.

Der Siegeszug des Populismus setzt die etablierten Demokratien des Westens einem Stresstest aus. Das damit verbundene Comeback des Nationalismus schwächt internationale Organisationen wie die UNO, die NATO und die EU. Er führt zur inneren Spaltung und Lähmung der Gesellschaften und entfremdet langjährige Partner und Verbündete voneinander.

Die Populisten spielen sich dabei gegenseitig die Bälle zu. Recep Tayyip Erdoğan provoziert westliche Länder mit seinem autokratischen und undemokratischen Gebaren, seinen Alleingängen und seinen Ausfällen gegen europäische Politiker und Regierungen. Dort reagiert man mit Auftrittsverboten für türkische Politiker. Dass Mark

Rutte 2017 kurz vor den Wahlen im eigenen Land im populistischen Überschwang den türkischen Außenminister an der Landung in Den Haag hinderte und Erdoğans Familienministerin, die mit dem Auto angereist war, zur Grenze begleiten ließ, bot Erdoğan einen willkommenen Anlass, angeblich »faschistische Methoden« und »Nazi-Praktiken« der Europäer zu geißeln und dem Westen zu verbieten, ihm Lektionen in Sachen Demokratie zu erteilen.

Dass Sebastian Kurz und sein rechter Koalitionspartner sich für den Abbruch der EU-Beitrittsgespräche mit der Türkei starkmachen und im Juni 2018 öffentlichkeitswirksam ein paar Moscheen schließen und Imame aus Österreich ausweisen ließen, gab Erdoğan erneut Gelegenheit, sich als Opfer europäischer Arroganz zu gerieren. Wladimir Putin wiederum nutzt den Vorwurf, sein Geheimdienst sei für geheimnisvolle Giftanschläge in Großbritannien verantwortlich, um sich als Opfer falscher Anschuldigungen darzustellen. Und Donald Trump nahm die nachvollziehbare Kritik des kanadischen Premiers Justin Trudeau an seinem rüpelhaften Auftritt beim G-20-Gipfel in Kanada als Steilvorlage, um dem Gastgeber fehlende Größe und ein unfaires Verhalten vorzuwerfen.

Die Opferrolle ist eine bevorzugte Machtstrategie von Populisten wie Erdoğan, Putin und Trump. Sie stilisierten sich zu Opfern, um dann umso härter zuschlagen zu können, meint der Berliner Feuilletonist Harry Nutt.[20] Nationale und persönliche Kränkungen verschmelzen im Körper des Anführers zu einem. Das macht die Auseinandersetzung mit ihnen so schwierig. Jede Kritik an der Führungsfigur wird von dessen Anhängern als Angriff auf das nationale Kollektiv empfunden. Spott und Satire nehmen sie persönlich – und reagieren darauf erst recht sehr dünnhäutig.

15 Das Volk auf den Barrikaden: Ist linker Populismus die Antwort?

Die Erfolge rechtspopulistischer Parteien haben den Ruf nach einem »linken Populismus« als Antwort darauf lauter werden lassen.[1] Die belgische Politologin Chantal Mouffe, die in London an der Westminster-Universität lehrt, vertritt diesen Standpunkt schon lange.[2] Politik funktioniere nun einmal durch einen konfrontativen Gegensatz zwischen »Wir« und »Sie«. Weil es in vielen Demokratien eine Art »Oligarchie« gebe, die der Verwirklichung demokratischer und ökologischer Ziele im Wege stehe, seien klare politische Alternativen und neue progressive Allianzen notwendig. Deshalb plädiert sie für einen »linken Populismus« – und hat damit ein breites Echo gefunden.

Bereits 1985 schrieb Chantal Mouffe zusammen mit ihrem Ehemann, dem 2014 verstorbenen, argentinischen Polit-Theoretiker und Populismus-Vordenker Ernesto Laclau ein Buch über *Hegemonie und radikale Demokratie*, das viele linke Aktivisten beeinflusst und Protestparteien wie die spanische »Podemos« (Deutsch: »Wir können«) oder »Syriza« in Griechenland inspiriert hat.[3] Chantal Mouffe selbst hat diese beiden Parteien 2015 in einem Interview einmal als »Musterbeispiele für radikale Politik« bezeichnet, weil sie »eine ideale Verbindung zwischen sozialen Bewegungen und Parteien« darstellen würden.[4] Ein guter Grund, diesen real existierenden Linkspopulismus etwas näher zu betrachten.

Der griechischen Syriza gelang in kürzester Zeit der Sprung von einer randständigen Nischenpartei zur Regierungspartei, die seit 2015 in Athen den Ministerpräsidenten stellt. Dieser beispiellose Erfolg ist nur vor dem Hintergrund der dramatischen Umwälzung der Parteienlandschaft in Griechenland zu verstehen, die auf den fast völligen Vertrauensverlust der beiden bis dahin dominierenden Parteien, der konservativen »Nea Dimokratia« (ND) und der sozialdemokratischen »Pasok«, zurückzuführen ist.

Das Linksbündnis Syriza konnte sich als »neue Kraft« gegen ein »altes System« behaupten, weil sie sich in der schweren Finanzkrise von diesen Parteien absetzen konnte. Für ein dringend benötigtes Kreditpaket hatte sich die griechische Regierung der sozialdemokratischen Pasok von Andreas Papandreou mit einem Dreiergespann aus Europäischer Zentralbank, Europäischer Kommission und dem Internationalem Währungsfond, der »Troika«, auf ein Reformpaket geeinigt, das Strukturreformen und harte Sozialkürzungen vorsah. Mit ihrer strikten Ablehnung dieser Sparauflagen, denen die griechische Regierung 2010 zugestimmt hatte, um die außer Kontrolle geratene Staatsverschuldung abzubauen und den Staatsbankrott abzuwenden, konnte sich Syriza profilieren – insbesondere, nachdem die konservative ND im November 2011 der Vereinbarung zugestimmt und eine Koalition mit der Pasok geformt hatte.

Von 2010 an setzte sich Syriza an die Spitze der Proteste gegen das Sparprogramm, die von einer »Bewegung der empörten Bürger« in vielen Städten getragen wurde. Auf dem »Platz der Verfassung« vor dem griechischen Parlament in Athen und anderswo versammelten sich regelmäßig Bürger aus allen Bevölkerungsschichten, um ihren Abscheu vor dem als Diktat empfundenen Austeritätskurs zu bekunden. Der junge und charismatische Alexis Tsipras diente sich ihnen als Sprachrohr an und führte seine Partei 2012 zu ihrem ersten großen Wahlerfolg, mit dem Syriza zur führenden Oppositionspartei im griechischen Parlament aufstieg.

Im Wahlkampf 2012 plakatierte Syriza den schlichten Slogan »Wir gegen Sie« und gerierte sich als Vertreterin des »reinen Volkes« gegen die »korrupten Eliten«. Dabei appellierte die Partei an einen linken Nationalismus, der in Griechenland traditionell tief verwurzelt ist, und bezog sich auf das historische Erbe des Widerstands gegen die deutsche Besatzung im Zweiten Weltkrieg. Syriza stellte sich in die Tradition der Nationalen Befreiungsfront, die von 1941 bis 1944 gegen die deutschen und italienischen Besatzungstruppen kämpfte, und beschimpfte ihre Gegner als »Germanotsoliades«, wie damals die griechischen Kollaborateure genannt wurden. Dieser Rückbezug wurde durch die prominente Widerstands-Ikone Manolis Glezos beglaubigt, der sich Syriza anschloss, die Bewegung mittlerweile aber wieder verlassen hat. Außerdem verlangte die Partei deutsche Entschädigungszahlungen für die Kriegsschulden des Zweiten Weltkrieges.[5] Die Wut richtete sich insbesondere gegen die deutsche Kanzlerin Angela Merkel und den damaligen deutschen Finanzminister Wolfgang Schäuble: Griechische Boulevardmedien und populäre Fernsehsender bildeten beide in Nazi-Uniformen und mit Hakenkreuz ab.[6]

Mit der Zeit beanspruchte Syriza, Regierungsverantwortung zu übernehmen, und entwickelte sich immer mehr von einer Bewegungspartei zu einer von oben gesteuerten Organisation, deren Fokus auf einem charismatischen Anführer liegt. Tsipras inszenierte sich als junger Held, der das alte Europa herausfordert, und punktete mit dem populistischen Versprechen einer Neuverhandlung des Sparprogramms, das er durch einen »Nationalen Wiederaufbauplan« ersetzen wollte. Indem er prominente Wirtschaftswissenschaftler auf seine Seite zog, vermittelte seine Partei den Anschein von Kompetenz. Mangelnde politische Erfahrung wollte sie durch ihre »Ehrlichkeit« ausgeglichen sehen.

Diese Strategie, gepaart mit einer Blockadepolitik gegenüber den etablierten Parteien, mit denen man jede Zusammenarbeit verweigerte, führte im Januar 2015 zu einem herausragenden Sieg, mit dem Syriza an die Macht gelangte. Sofort verständigte sich Tsipras zu aller Überraschung ausgerechnet mit der rechtspopulistischen Partei ANEL (kurz für »Anerxatiti Helleni«, »Unabhängige Hellenen«) auf eine Koalition. Mit seinen vollmundig angekündigten Plänen, die Auflagen der EU neu auszuhandeln, scheiterten er und sein damaliger Finanzminister Yannis Varoufakis jedoch auf ganzer Linie. Im Juni 2015 setzte Tsipras kurzfristig eine Volksabstimmung an, um über das von der Troika vorgelegte Hilfs- und Sparprogramm abzustimmen, und warb für ein entschiedenes »Nein«. Doch trotz der überwältigenden Ablehnung der Vereinbarung von über sechzig Prozent der Wähler setzte er kurz darauf seine Unterschrift unter das Abkommen und akzeptierte die Auflagen von EU, EZB und IWF. Das Referendum entpuppte sich im Rückblick als Farce.

Dass diese abrupte Kehrtwende Tsipras politisch nicht das Genick brach, liegt einzig und alleine daran, dass es zu diesem Zeitpunkt schlicht keine andere Partei mehr gab, die gegen den Austeritätskurs opponiert hätte. Während ein knappes Drittel seiner eigenen Fraktion ihm die Gefolgschaft verweigerte, stimmten die anderen Parteien dafür. Da der Widerstand damit gebrochen war, konnte Syriza das Thema erfolgreich abhaken. Der linke Flügel von Syriza spaltete sich zwar ab, aber Tsipras überstand bald darauf fast unbeschadet die von ihm angesetzten Neuwahlen und erneuerte seine Koalition mit der rechtspopulistischen ANEL. Mit der Behauptung, immer noch eine neue,»ehrliche« und »moralische« Kraft zu sein, kehrte er in sein Amt als Regierungschef zurück.

Für den Politologen Cas Mudde ist schon die Koalition mit den rechtspopulistischen »Unabhängigen Hellenen« der Beweis dafür, dass Syriza, die sich selbst als »patriotische Linke« bezeichnet, schon immer mehr eine nationalistische als eine linke Partei war.[7] Manche mutmaßten anfänglich, Syriza seien die Rechtspopulisten als Koalitionspartner willkommen, um auf Forderungen nach einer stärkeren Trennung von Staat und Kirche, welche die Macht der orthodoxen Kirche beschneiden würde, oder die »Ehe für alle« verzichten zu können – Forderungen, die zwar im Parteiprogramm von Syriza stehen, aber nicht mehrheitsfähig sind.[8]

Der Nationalismus von Syriza lässt sich schon an ihrer Rhetorik ablesen. Die »Wiederherstellung der Würde« und »Rückkehr zu nationaler Souveränität« sind Schlüsselbegriffe der Partei. Als die Partei noch in der Opposition war, wurden politische Gegner routiniert als »Verräter» und »fünfte Kolonne Deutschlands», als »Kollaborateure» und »Merkelisten« diffamiert und die EU, der IWF und Deutschland als »ausländische Feinde« und »Besatzungsmächte« gebrandmarkt. Syriza weckte die falsche und übersteigerte Hoffnung, es gäbe eine Alternative zur Austeritätspolitik, ohne die Eurozone oder die EU verlassen zu müssen. In Wirklichkeit stand ein Ausstieg aus dem Euro für sie nie zur Debatte. Syriza sei lediglich eine pragmatische sozialdemokratische Partei wie viele andere, meint der Politologe Cas Mudde, nur ihre Rhetorik habe das überdeckt.[9]

Tatsächlich verlief die Umsetzung der Reformauflagen von EU, EZB und IWF seit dem Sommer 2015 relativ reibungslos. Unter Syriza wurden Löhne, Renten und Sozialleistungen gekürzt, weitgehende Privatisierungen beschlossen und unternehmensfreundliche

Gesetze für ausländische Investoren erlassen. 2016 beschloss die Regierung den Verkauf der Wasser- und Gaswerke, gegen den Tsipras in der Opposition immer gewettert hatte. Der Hafen von Piräus wurde an eine chinesische Reederei verpachtet, die regionalen Flughäfen gehören heute dem deutschen Fraport-Konzern, und die deutsche Telekom ist inzwischen Hauptaktionär bei der ehemals staatlichen griechischen Telekom, OTE. Von einer »neuen Politik« kann also keine Rede sein.

Zudem verfolgt Tsipras eine irrlichternde Außenpolitik, die mit dem Programm von Syriza nicht viel zu tun hat, aber von griechischer Eigenständigkeit künden soll. Einerseits besuchte er auf seiner ersten Auslandsreise Russlands Präsident Wladimir Putin und knüpfte an die historisch und religiös begründete Freundschaft zu Serbien an. Er lehnt auch die EU-Sanktionen gegenüber Russland ab, die wegen der russischen Besetzung der Krim verhängt wurden. Andererseits suchte er in geopolitisch-militärischer Hinsicht die Annäherung an Israel und sogar zu Donald Trump.[10]

Im August 2018 sollte das mit der Troika vereinbarte, dritte Hilfspaket auslaufen. Das Datum ist für Tsipras wichtig, weil es für die »Rückkehr zur Souveränität« steht. Doch Geldgeber zeigten sich im Vorfeld misstrauisch, ob Tsipras weiter an seiner Haushaltsdisziplin festhalten würde, wenn er auf keine Hilfskredite mehr angewiesen ist. Die *FAZ* warnte außerdem, unter Syriza würden Korruption und Nepotismus wie zuvor blühen. Tsipras sei in seiner Partei unangefochten, weil er alle potentiellen Konkurrenten mit Posten versorgt und alle Schlüsselpositionen im Staat mit Parteigängern und deren Angehörigen besetzt habe.[11]

Die spanische Partei Podemos konnte sich nicht auf vergleichbare Weise entzaubern – vielleicht nur, weil sie bislang nicht in Verlegenheit geraten ist, Regierungsverantwortung zu übernehmen. Ansonsten gibt es aber viele Parallelen. Wie bei Syriza vollzog sich auch der Aufstieg von Podemos vor dem Hintergrund einer wirtschaftlichen und politischen Krise, die das gesamte Establishment und das Parteiensystem ihres Landes in Verruf brachte. Sie zerstörte das Vertrauen in Politik und Wirtschaft, ja sogar in das spanische Königshaus. Prominente Korruptionsfälle und der Umgang mit der Finanzkrise, die in Spanien viele um ihre Ersparnisse gebracht, eine Rezession und eine

Immobilienkrise verursacht und zu hoher Arbeitslosigkeit geführt hatte, trieben im Mai 2011 viele Menschen auf die Straße. Auf zentralen Plätzen ihrer Städte forderten sie mehr Demokratie. In dieser Protestbewegung der »Indignados«, der »Empörten«, hat Podemos seine Wurzeln.

Wie Syriza lieh Podemos dem Unmut breiter Bevölkerungsschichten eine Stimme. Wie Syriza appellierte die Partei an »das Volk« und sagte der »Kaste« der einheimischen wie europäischen Eliten, der »Diktatur der Finanzmärkte« sowie der vorherrschenden Austeritätspolitik den Kampf an. Und wie Syriza verfügt Podemos über einen charismatischen Anführer, den Politikwissenschaftler und Fernsehkommentator Pablo Iglesias Turrión. Podemos ist quasi am Reißbrett entstanden: Am Anfang stand 2014 ein Manifest von rund dreißig Wissenschaftlern, Journalisten und Aktivisten, das eine andere Wirtschafts- und Sozialpolitik forderte und zur Gründung einer neuen Partei aufrief. Als deren Spitzenkandidat wurde Pablo Iglesias auserkoren.

Beeinflusst von Chantal Mouffes Hegemonietheorie verfolgte Podemos das Ziel einer neuen nationalen Einigung unter linken Vorzeichen, um von Zwangsräumungen bedrohte Bürger und mittelständische Unternehmer, die um die Wettbewerbsfähigkeit Spaniens fürchteten, gleichermaßen anzusprechen. Die strategischen Überlegungen dazu lassen sich in einem Gesprächsband nachlesen, das Podemos-Vordenker Íñigo Errejón 2016 gemeinsam mit Chantal Mouffe verröffentlichte.[12] Podemos definierte sich anfänglich als »weder links noch rechts«, sondern sprach nur von »unten gegen oben« und nutzte die sozialen Medien, um ein Netzwerk zu knüpfen. Podemos verbinde eine partizipative Vision und Rhetorik mit einer vernetzten Struktur, die aber stark zentralisiert sei, meinen die beiden Politikwissenschaftlerinnen Hara Kouki und Joseba Fernández González. Die Partei kombiniere »Teile einer innovativen Bewegungspartei mit klassischen Elementen einer klassischen Volkspartei«.[13] Mit der Zeit habe sich »eine zunehmende Top-Down-Struktur« herausgebildet, und ihr politisches Programm habe sich »nach und nach zu einem klassischen sozialdemokratischen Projekt« entwickelt.[14]

Einen ersten Erfolg konnte Podemos bei der Wahl zum EU-Parlament 2014 verzeichnen. In den sozialen Netzwerken überflügelte Podemos zu dieser Zeit bereits alle anderen Parteien, und Pablo Iglesias avancierte zu einem Medienstar, dessen TV-Auftritte den Sendern Traumquoten bescherten. Auch in den Umfragen erlebte die Partei zeitweise einen Höhenflug. Bei den spanischen Parlamentswahlen im Dezember 2015 kam Podemos auf zwanzig Prozent der Stimmen und zog mit 69 Mandaten erstmals in das Parlament in Madrid ein. Weil eine Regierungsbildung scheiterte, kam es im Juni 2016 zu vorgezogenen Neuwahlen, zu denen Podemos gemeinsam mit einer kommunistischen Liste antrat. Seitdem bildet »Unido Podemos« die drittstärkste Fraktion im Parlament in Madrid. Von ihrem »national-populistischen Kurs« hat sich die Partei inzwischen jedoch verabschiedet. Seit 2017 bezeichnet sich Podemos selbst als eine linke Partei. Viele derer, die diese neue Orientierung nicht teilen, haben seitdem ihre Posten verloren.

Ihr Ziel, das althergebrachte Zweiparteiensystem in Spanien zu sprengen, hat Podemos erreicht – die Regierungsverantwortung zu übernehmen, bislang noch nicht. Die spanischen Sozialisten der »Partida Socialista Obrero Espanol« (POES) versuchen, die lästige Konkurrenz kleinzuhalten – bislang mit Erfolg. Von 2016 bis 2018 tolerierten sie eine Minderheitsregierung des konservativen Premiers Mariano Rajoy, nach einer Korruptionsaffäre seiner Partei stürzten sie ihn mit einem Misstrauensvotum. Podemos hatte diesen Misstrauensantrag unterstützt und dafür eine Regierungsbeteiligung verlangt. Doch der Sozialisten-Chef Pedro Sánchez, der kurz darauf zum neuen Premier vereidigt wurde, ging darauf nicht ein. Stattdessen kündigte er an, bald vorgezogene Neuwahlen abhalten zu wollen.

Podemos war derweil mit internen Querelen beschäftigt. Ihr Generalsekretär Pablo Iglesias und seine Lebenspartnerin Irene Montero, die Fraktionssprecherin der Partei, handelten sich heftige Kritik ein, als bekannt wurde, dass sie sich für 600 000 Euro ein Luxus-Landhaus mit riesigem Grundstück und Swimmingpool kaufen wollten. Das Paar erwartete Zwillinge und gab zur Begründung an, dass es seinen Kindern dort »eine möglichst normale Kindheit« bieten wolle. Aufgrund der massiven Ablehnung stellten sich beide anschließend einer Basisabstimmung, in der sie in ihren Ämtern bestätigt wurden. An der Abstimmung beteiligten sich über ein Drittel der 500 000 Parteimitglieder – so viele wie bei keiner internen Entscheidung zuvor. Aufgrund der starken Fixierung von Podemos auf die Person von Pablo Iglesias stand nichts weniger als die Glaubwürdigkeit der Partei auf dem Spiel. Iglesias selbst hatte einem konservativen Politiker, dem ehemaligen Wirtschaftsminister und späteren Vorstand der Europäischen Zentralbank Luis de Guindos, einst einen ähnlich teuren Wohnungskauf vorgeworfen. »Würdest du die Wirtschaftspolitik des Landes jemandem anvertrauen, der 600 000 Euro für eine Wohnung mit Dachterrasse ausgibt?«, hatte er 2012 polemisch auf Twitter gefragt. Das fiel nun auf ihn zurück.

Der britische Politologe Christopher Bickerton bezeichnet Podemos als eine »techno-populistische Expertenpartei« mit einem moralischen Politikverständnis und vergleicht sie mit »MoVimento 5 Stelle«, der Fünf-Sterne-Bewegung in Italien.[15] Auch die hat einen charismatischen Kopf, der lange Zeit das Gesicht der Bewegung war. Gegründet wurde die Bewegung von dem Komiker und Kabarettisten Beppe Grillo. Der hatte bis in die frühen Neunzigerjahre mehrere erfolgreiche TV-Shows moderiert, bis er es sich im wahrsten Sinne des Wortes mit den Mächtigen verscherzt hatte. Zu oft hatte er sich in seiner Sendung über die Selbstbedienungsmentalität italienischer Politiker lustig gemacht. Nachdem er seine Auftritte auf Theaterbühnen und in Arenen verlegt hatte, begann Grillo zu Beginn des neuen Jahrtausends, einen politischen Blog zu betreiben und politisch gegen die Korruption und die Wirtschaftsskandale der Berlusconi-Ära anzukämpfen. In ganzseitigen Artikeln in italienischen Zeitungen forderte er, dass Vorbestrafte für keine Ämter mehr kandidieren und dass politische Mandate auf zwei Legislaturperioden beschränkt werden sollten. Um diese Forderung zu bekräftigen, rief Grillo 2007 den so genannten »V-Day« ins Leben – wobei das V für das vulgäre Schimpfwort »vaffanculo« steht, das etwa so viel wie »Verpiss dich« bedeutet. Das richtete sich an die Adresse etablierter Politiker aller Parteien, insbesondere aber an die von Silvio Berlusconi, den Grillo schon mal als »psychotischen Zwerg« beschimpfte.

2009 rief Grillo dann die Fünf-Sterne-Bewegung ins Leben: Der Name bezieht sich auf die fünf Leitthemen der Bewegung: Umweltschutz, Entwicklung, freier Zugang zu Wasser, freies Internet sowie Ausbau der Infrastruktur.[16] Seit 2009 tritt die Partei bei Wahlen an, mit wachsendem Erfolg. 2012 eroberte sie das Rathaus von Parma, seit 2016 stellt sie in Rom und Turin die jeweiligen Bürgermeisterinnen, insgesamt regierte sie 2018 bereits in 45 Rathäusern. Ihre besten Ergebnisse erzielte sie zuletzt im Süden Italiens, insbesondere in Sizilien und Neapel. Dort, wo die Jugendarbeitslosigkeit bei über vierzig Prozent liegt, kommt das Versprechen eines bedingungslosen Grundeinkommens und mehr politischer Transparenz sowie der Befreiung von der Mafia gut an. Aufgrund ihrer guten Ergebnisse im Süden wurde die Fünf-Sterne-Bewegung bei den italienischen Parlamentswahlen 2018 erstmals stärkste Kraft. Die Bewegung punktete mit dem Slogan »Ehrlichkeit vor Erfahrung«, und das kann man wörtlich nehmen: Fast zwei Drittel der Abgeordneten, die 2017 für die »Fünf Sterne« ins Parlament in Rom einzogen, sind Neulinge in der Politik.

Beppe Grillo hält sich inzwischen im Hintergrund, Spitzenkandidat war der 31-jährige Luigi Di Maio. Grillo hält aber noch immer die Fäden in der Hand und tritt zu Wahlkampfzwecken gerne auf den Plätzen ausgewählter italienischer Städte auf, wo er sein komödiantisches Talent voll ausspielen kann. Auch auf seinen diversen Blogs, auf Twitter und Facebook ist er sehr präsent. Die großen Tageszeitungen und das staatliche Fernsehen boykottiert er, weil diese in seinen Augen nur Sprachrohre der Regierung sind. Zu Journalisten pflegt seine Partei ein äußerst zwiespältiges Verhältnis, sie werden von ihr schon mal als »Lügner«, »Lakaien« oder »Huren des Systems« beschimpft. Dass die Bewegung trotzdem, ohne Fernsehsender, Tageszeitung, Verlagshaus oder Bank im Rücken zur stärksten Partei Italiens aufsteigen konnte, ist umso bemerkenswerter. Es lässt sich nicht zuletzt durch den Vertrauensverlust in die etablierten Medien erklären, den die Jahre der »Mediokratie« unter Silvio Berlusconi befördert haben.

Allerdings sind die Informationen, die auf den Blogs von Beppe Grillo zirkulieren, auch nicht immer sehr vertrauenswürdig. Verschwörungstheorien über »Chemtrails«, den Mossad und von Impfgegnern werden auch von prominenten Mitgliedern der Fünf-Sterne-Bewegung geteilt.[17] Der italienische Journalist Alberto Nardelli wies Ende 2016 auf ein Netz von Online-Portalen hin, auf denen Verschwörungstheorien und Falschmeldungen verbreitet wurden, die dann von offiziellen Accounts der Fünf-Sterne-Bewegung und von

Beppe Grillo auf dessen Blog aufgegriffen wurden. Quelle dieser Geschichten war nicht selten das russische Propaganda-Portal Sputnik, das vom Kreml gesteuert wird.

Alle Mandatsträger der Fünf-Sterne-Bewegung müssen sich verpflichten, einen großen Teil ihres Gehalts der Partei zu spenden.[18] Beppe Grillo selbst nimmt kein politisches Mandat an, weil er wegen eines Autounfalls, bei dem 1981 drei Menschen starben, vorbestraft ist. In dieser Hinsicht bleibt er den Prinzipien seiner Partei treu. 2008 wurde aber bekannt, dass er über ein zu versteuerndes Einkommen in Millionenhöhe verfügt. Dass er daraufhin die Veröffentlichung seiner Steuerdaten verhindern wollte, kam bei seinen Anhängern, die auf mehr Transparenz und Rechenschaftspflicht von Politikern pochen, nicht so gut an. Wenig transparent ist auch das Verfahren, mit dem die Kandidaten seiner Partei ausgewählt werden. Offiziell geschieht das durch eine Online-Abstimmung, für die jeder Bewerber nur seinen Lebenslauf und ein Vorstellungsvideo hochladen muss. Die Kandidaten stammen aber meist aus dem Kreis der ersten Parteimitglieder. So auch der Spitzenkandidat Luigi Di Maio: Mitglied seit Anbeginn, ging er 2017 als klarer Sieger aus einer Online-Abstimmung der Partei hervor, an der sich aber mit rund 37 000 nur rund ein Viertel der mehr als 140 000 registrierten Mitglieder des Parteiblogs beteiligt hatten.[19]

Undurchsichtig ist auch die Rolle, die der Internetunternehmer Davide Casaleggio in der Sache spielt. Sein Vater Gianroberto Casaleggio, der 2016 verstarb, hatte mit Grillo einst dessen Blog und die Partei aufgebaut. Er war ein Visionär, der von einer digitalen Demokratie träumte: Das politische Programm, die Auswahl der Kandidaten, alles sollte basisdemokratisch über das Netz entschieden werden. Die gewählten Vertreter sollten nur den direkten Willen ihrer Crowd vollstrecken. Ein wenig erinnert das an die Idee einer »liquid democracy«, der auch die deutsche Piratenpartei einmal anhing.

Heute betreibt der Sohn die Internet-Firma »Casaleggio Associati«, die mit Web-Consulting, Internet-Portalen und Online-Werbung ihr Geld verdient. Er betreibt auch die Internetplattform mit dem Namen Rousseau, das Herz der Partei, über das alle Abstimmungen laufen und alle Daten ihrer Mitglieder gespeichert sind.[20] Beide, der 1948 geborene Grillo und der 1976 geborene Casaleggio, sind quasi die Eigentümer der Fünf-Sterne-Bewegung und besitzen die Markenrechte an ihr. Weil es in Italien kein Parteirecht gibt, müssen Parteien weder demokratische Strukturen aufweisen noch ihre Bilanzen veröffentlichen. Casaleggio und Grillo haben alles unter Kontrolle, und diese Macht spielen sie aus. Innerparteiliche Kritiker werden entweder ausgeschlossen oder still und leise ausgesiebt, manche öffentlich an den Online-Pranger gestellt. Die Bewegung gleicht heute mehr einer digitalen Fassadendemokratie. Das Schweizer Online-Magazin »Republik« nannte Beppe Grillo gar einen »digitalen Diktator.«[21]

Politisch versteht sich die Fünf-Sterne-Bewegung als weder links noch rechts. Auch wenn sie von vielen eher links stehenden Menschen gewählt wird und soziale Positionen vertritt, hat sie wenig Berührungsängste nach rechts außen. Beppe Grillo sorgte für Aufsehen, als er einmal sagte, ihm seien auch Leute aus der neofaschistischen Bewegung »CasaPound« willkommen. Für rassistische und antisemitische Witze ist er sich nicht zu schade. Über Londons muslimischen Bürgermeister scherzte er einmal, dieser werde sich vielleicht mit einer Bombe in Westminster in die Luft sprengen, und von Flüchtlingen meinte er ganz im Ernst, sie schleppten bloß Krankheiten ins Land. Luigi Di Maio stellte sich auch offen gegen die Organisationen, die Flüchtlinge aus dem Mittelmeer retten. Zudem blockierte die Partei im italienischen Parlament die Pläne des ehemaligen Premiers Matteo Renzi, das Staatsbürgerschaftsrecht zu reformieren und durch ein gemäßigtes »ius soli« (Geburtsortsprinzip) nach deutschem Modell zu ersetzen, um den rund 800 000 in Italien geborenen oder aufgewachsenen Kindern ausländischer Abstammung die Einbürgerung zu erlauben. Die Reform hätte rund 80 Prozent der Kinder mit Migrationshintergrund in Italien geholfen. Die Kirche und Fußballstars wie Mario Balotelli setzten sich dafür ein, einige Abgeordnete traten dafür sogar in den Hungerstreik. Vergeblich.

Im Europaparlament bildet die Fünf-Sterne-Bewegung seit 2014 eine gemeinsame Fraktion mit den britischen Rechtspopulisten von der United Kingdom Independence Party (UKIP) – angeblich nur, weil diese auch für mehr direkte Demokratie seien. Ein geplanter Fraktionswechsel ins liberale Lager scheiterte 2017 kläglich. So war es nicht überraschend, dass die Fünf-Sterne-Bewegung nach ihrem

Sieg bei den Parlamentswahlen im Mai 2018 mit der rechtspopulistischen Lega koalierte. Der Hass auf die sozialdemokratische »Partito Demokratico« überwog bei den fünf Sternen zuletzt sogar die Abneigung gegen die rechte Lega, die mindestens ebenso zum Establishment gehört und lange Jahre zu Berlusconis loyalsten Koalitionspartnern zählte.

Fünf-Sterne-Bewegung und Lega haben sich angenähert. Beide Parteien hatten im Wahlkampf versprochen, Flüchtlinge abzuschieben, ohne zu erklären, wie und wohin das genau geschehen soll. Die Euroskepsis ist der andere Nenner, der beide Parteien verbindet. Einstige Forderungen nach einem Austritt aus dem Euro oder gleich aus der EU und nach einem radikalen Schuldenschnitt haben sie nach dem Wahlsieg zwar erst einmal zu den Akten gelegt. Aber sie haben angekündigt, in der Finanzpolitik und der Flüchtlingspolitik auf Konfrontation zu gehen und mit der EU nicht nur den Stabilitäts- und Fiskalpakt, sondern auch das Dublin-Abkommen zum Asyl in der EU neu verhandeln zu wollen. Es erinnert ein wenig an den Übermut, mit dem Alexis Tsipras und sein damaliger Finanzminister Yannis Varoufakis im Januar 2015 glaubten, die EU überzeugen zu können, das Rettungspaket für Griechenland noch einmal vollkommen neu verhandeln zu können. Der Politologe Piero Ignazi hält das für naiv. »Die Neuankömmlinge denken, bloß weil sie jetzt da sind, würde sich in Europa alles ändern.« Das trage »infantile Züge«. [22]

In der Wirtschaftspolitik liegen beide Parteien dagegen weit auseinander. Die Lega will eine pauschale Steuersenkung, eine »flat tax«. Davon würden die Menschen mit mittleren und hohen Einkommen profitieren, die vor allem im reichen Norden des Landes leben, der Heimat der »Lega«. Die Fünf-Sterne-Bewegung dagegen will ein »Bürgereinkommen«, das an die deutsche Hartz-IV-Regelung erinnert: 780 Euro für alle, vom Arbeitslosen bis zum Kleinrentner. Voraussetzung für den Bezug soll die Bereitschaft sein, Job-Vorschläge anzunehmen, Fortbildungen zu besuchen oder gemeinnützige Arbeiten zu übernehmen. Beide Forderungen sind schwer vereinbar und zusammen unbezahlbar. Durch die »flat tax« würden pro Jahr etwa fünfzig Milliarden Euro an Steuereinnahmen wegfallen, das »Bürgereinkommen« und die Rentenreform würden etwa 43 Milliarden Euro zusätzlich kosten. [23] Dabei trägt Italien schon jetzt einen rekordverdächtigen Schuldenberg vor sich her. Als Ministerpräsident wählten beide Parteien den Jura-Professor Giuseppe Conte aus Florenz. Obwohl die Verfassung es anders vorsieht, war er weder an den Koalitionsverhandlungen noch bei der Auswahl seines Kabinetts beteiligt. Beide Parteichefs, Luigi Di Maio und Matteo Salvini, die ihm als Vizepremiers zur Seite stehen, haben ihm eher eine ausführende Rolle zugedacht.

Die Beispiele Griechenland und Italien zeigen, dass linker und rechter Populismus zwei Seiten einer Medaille sein können, die sich ergänzen. Syriza und die Fünf-Sterne-Bewegung sowie ihre rechten Koalitionspartner stehen für eine Re-Nationalisierung der Politik. Sie berufen sich auf »das Volk« und darauf, die »nationale Souveränität« zu verteidigen. Grenzüberschreitende Zusammenarbeit in globalen Fragen wie Umweltschutz oder Schutz von Flüchtlingen stehen nicht oben auf ihrer Agenda. Da schließt sich der Kreis zu den Rechtspopulisten, die ebenfalls das »Unsere Nation zuerst« propagieren.

Entsprechend ernüchternd fällt die Bilanz des real existierenden Linkspopulismus in Europa aus. Zwar ist das Mobilisierungspotential in manchen Ländern des Südens beachtlich, aber es hat mit den besonderen Verhältnissen und der wirtschaftlich schwierigen Lage zu tun und lässt sich nicht auf die Länder des Nordens übertragen. Im besten Fall verwandeln sich Linkspopulisten, wie das Beispiel Podemos zeigt, in relativ konventionelle Parteien mit einem sozialdemokratischen Programm. Im schlechtesten Fall nähern sie sich dem neoliberalen Mainstream an wie Syriza – oder rücken nach rechts wie die Fünf-Sterne-Bewegung. Einwanderer gehören in Italien meist nicht zum Wahlvolk – und für die Populisten damit nicht zum Volk. In allen bisher gezeigten Fällen wird der Kurs der Partei von oben bestimmt. Die innerparteiliche Mitbestimmung bleibt auf der Strecke, das Versprechen von mehr Demokratie bleibt uneingelöst.

Chantal Mouffe meint, mit der Forderung, unsere Gesellschaft wieder »radikal demokratisch« zu gestalten, könne man mehr Menschen erreichen als mit sozialistischen Forderungen. Das mag sein, aber es ist ein taktisches Argument. Und ist die radikale Demokratie ein Wert an sich? Die Beispiele Syriza, Podemos und die Fünf-Sterne-Bewegung zeigen, dass sich das Versprechen nach mehr »direkter Demokratie« nicht so einfach einlösen lässt – und dass das Ergebnis oft zu wünschen übriglässt. Die Mehrheit hat auch nicht immer recht, und wünscht sich nicht immer eine gerechtere Gesellschaft für alle.

Chantal Mouffe meint, dass hinter dem Aufstieg rechter Populisten »legitime Forderungen« stünden. »Wenn ein linker Populismus dies versteht und diese Menschen nicht einfach als Rassisten abtut, dann kann es gelingen, dieser Unzufriedenheit eine andere Form von Aussage zu geben«, formulierte sie einmal in einem Interview.[24] Doch hier irrt sie: Der Erfolg der Populisten gründet vor allem darauf, dass sie eine liberale, pluralistische Gesellschaft ablehnen und die Uhr gerne zurückdrehen würden,

Der Politologe Jan-Werner Müller warnt deshalb, linker Populismus sei ein »Irrweg«, denn einen »guten Populismus« gebe es nicht. Kritik an den herrschenden Eliten sei nicht per se populistisch. Sich in einer einfachen und allgemein verständlichen Sprache an die Wähler zu richten und sich volksnah zu geben, auch nicht. Und »mehr Leidenschaft« zu fordern, sei »eher trivial: Gute Politiker wissen, wie sie die Stimmungen und Gefühle der Bürger ansprechen«. Das Problem am Populismus sei nicht dessen Form oder dessen konkrete politische Inhalte, sondern seine illiberale Tendenz, einen moralischen Alleinvertretungsanspruch zu erheben.[25]

Die Advokaten eines linken Populismus glauben, dass die Menschen, die rechtspopulistische Parteien wählen, einfach nur fehlgeleitet sind. »Unser Gegner sind nicht Migranten, sondern die politischen und ökonomischen Kräfte des Neoliberalismus«, ruft Chantal Mouffe diesen Menschen zu. Nur scheinen die Wähler rechtspopulistischer Parteien das anders zu sehen. Mouffe ist überzeugt: Wenn linke Parteien diesen Wählern ein besseres Angebot machten, dann könnten sie diese Menschen zurückgewinnen. Aber diese Position ist paternalistisch: Sie nimmt die Motive dieser Menschen nicht ernst. Sie glaubt, diese Wähler würden sich insgeheim nach mehr sozialer Sicherheit und einer gerechteren Gesellschaft sehnen, aber machten ihr Kreuz mangels Alternative an der falschen Stelle. Für manche mag das ja stimmen. Aber Mouffe entlässt die Wähler dieser Parteien aus ihrer Verantwortung dafür, dass sie eine rassistische Partei wählen. Daraus spricht der Dünkel linker Intellektueller, die schon immer glaubten, besser zu wissen, was gut für das Volk ist und was es will, als dieses selbst. Ein wenig schwingt da noch die alte marxistische Vorstellung vom »falschen Bewusstsein« der Massen mit. Dabei hat Mouffe in manchem recht. Sie meint, man könne Menschen besser gegen konkrete Ziele wie etwa Privatisierungen oder Freihandel mobilisieren als gegen abstrakte Ziele wie den Neoliberalismus. Das ist sicher richtig. Und sie meint, Menschen müssten emotional angesprochen werden, denn ohne »affektives Element« komme Politik nicht aus. Auch da hat sie recht. Außerdem glaubt sie, die herkömmlichen »Mitte-Links-Parteien« trügen eine zu große Mitschuld an der »neoliberalen Hegemonie«, um noch glaubwürdig für eine Alternative stehen zu können. Darum brauche es neue, linkspopulistische Parteien, die sich mit Bewegungen verbünden.

Paradoxerweise sind es aber zwei Politiker aus etablierten Mitte-Links-Parteien, die am ehesten für das stehen, was sie einfordert: Jeremy Corbyn und Bernie Sanders. Beiden bezeichnen sich als »demokratische Sozialisten«, und beiden ist es gelungen, in ihren Parteien von linken Außenseitern zu Hoffnungsträgern aufzusteigen. Nur den großen Erfolg an der Wahlurne haben sie noch nicht errungen.

Jeremy Corbyn hat sich, gegen den erbitterten Widerstand von Ex-Premier Tony Blair und dem Establishment der britischen Labour-Party, an deren Spitze behauptet. 2015 wurde er zum Parteichef gewählt, ein Jahr später ging er aus einer Kampfabstimmung gestärkt hervor. Unterstützt wird er von einer im gleichen Jahr gegründeten Basisbewegung namens »Momentum«, die sich um soziale Projekte wie Initiativkindergärten oder Mietervereinigungen bemüht, vor allem aber Anhänger und Wähler gesammelt hat. Gegründet wurde sie vom linken Labour-Politiker Jon Lansman, um Corbyn zu stärken. »Momentum« wird von jungen Aktivisten getragen und ist in den sozialen Medien sehr aktiv. Mit Erfolg: Seit Corbyn an der Spitze steht, hat sich die Mitgliederzahl der Labour-Partei fast verdoppelt.

Der linke Traditionalist Jeremy Corbyn, Jahrgang 1949, ist ein unwahrscheinlicher Kandidat für einen linken Volkstribun. Aber er steht für eine Rückbesinnung auf sozialdemokratische Werte wie Solidarität, Gleichheit und Gerechtigkeit. Glaubwürdig verkörpert er den Bruch mit der Ära von Tony Blair, weil er dessen wirtschaftsfreundlichen »dritten Weg« und den Irakkrieg immer abgelehnt hat. Blair hatte 1999 behauptet: »Der Klassenkampf ist vorbei.« Corbyn dagegen fordert ein Ende der Austeritätspolitik, ein öffentliches Konjunkturprogramm und Investitionen in die Infrastruktur, höhere Steuern für Reiche und Unternehmen, den Rückkauf der Bahngesellschaft, die 1993 privatisiert worden war, mehr öffentlichen Wohnungsbau und die Abschaffung der Studiengebühren. Auch Post, Wasser und Energie sollen wieder in öffentliche Hände kommen. Es wäre eine 180-Grad-Wende weg von dem neoliberalen Kurs, der Großbritannien seit der Amtszeit von Margaret Thatcher geprägt hat. Damit trifft Jeremy Corbyn einen Nerv. Bei den vorgezogenen Unterhauswahlen 2017 schnitt seine Labour-Partei überraschend gut ab. Mit dem Slogan »For the Many, not the Few« und einer emotionalen Kampagne, die für Zusammenhalt in einer vielfältiger gewordenen Gesellschaft warb, konnte Labour deutlich an Stimmen und Mandaten dazugewinnen. Diesen Erfolg hatten viele dem Vegetarier, Fahrradfahrer und Pazifisten nicht zugetraut, zumal die Medien wie das Parteien-Establishmenv ihm nach wie vor mit großer Skepsis begegnen.

Nicht anders erging es Bernie Sanders, Jahrgang 1941, dem parteilosen Abgeordneten aus dem nordwestlichen, landschaftlich reizvollen US-Bundesstaat Vermont. Als Sanders sich in der Vorwahl der Demokraten, in deren Fraktion im US-Senat er sitzt, für die Präsidentschaftswahl 2016 bewarb, begeisterte er überraschend viele junge und linke Wähler, die er über die sozialen Netzwerke, über Facebook und Instagram erreichte. Sein hohes Alter hinderte sie nicht daran, sich mit ihm zu identifizieren, im Gegenteil. Sanders war in der Vergangenheit schon gegen den Irakkrieg und das Freihandelsabkommen TTIP eingetreten, das verschaffte ihm Glaubwürdigkeit. Er verteidigt das Recht auf Abtreibung und hält den »Krieg gegen die Drogen« für gescheitert. Auch sonst vertritt er klassisch linke Positionen: Studiengebühren abschaffen, Renten erhöhen, Gesundheitsversorgung und Kinderbetreuung verbessern. Seinen Wahlkampf finanzierte Sanders hauptsächlich aus Kleinspenden, weil er das Polit-Sponsoring durch Großkonzerne oder Großbanken ablehnte. Das hob ihn von seiner Konkurrentin Hillary Clinton ab, die sich von reichen Gönnern und Lobbygruppen unterstützen ließ. Dass über die Enthüllungs-Plattform Wikileaks kurz vor dem Nominierungsparteitag der Demokraten bekannt wurde, dass deren Parteizentrale Clinton bevorzugt hatte, empörte seine Anhänger und schadete Hillary Clinton. Sanders unterstützte sie später trotzdem im Wahlkampf. Viele glauben aber, er hätte die Wahl gegen Trump gewinnen können. Die Soziologin Arlie Hochschild, die unter Trump-Wählern und »Tea Party«-Anhängern in Lousiana unterwegs war, berichtet, nicht wenige von ihnen hätten sehr wohlwollend von Bernie Sanders gesprochen. Das ist paradox, denn anders als Trump und die »Tea Party« es propagieren, will Sanders ja den Sozialstaat ausbauen, statt ihn abzuschaffen. Das deckt sich mit den bereits geschilderten Beobachtungen des französischen Soziologen Didier Eribon. Dieser ist weit entfernt davon, das französische Arbeitermilieu von früher zu verklären. Aber er sagt: Kein Mensch habe nur eine Identität und gehöre nur einer Gruppe an. Man könne sich als Arbeiterklasse verstehen und als Teil der Linken oder eben als Franzosen, die sich gegen Einwanderer und Flüchtlinge abgrenzen. Die Rolle von Parteien bestehe nicht darin, einen diffusen Volkswillen zu vollstrecken, sondern ein Angebot zu machen, wie man die soziale Welt betrachten kann. »Niemand wählt eine Partei, weil er mit ihr in jedem Punkt übereinstimmt«, sagt Eribon. »Wir wählen Parteien, weil wir in dem Weltbild, dass sie vor Augen haben, selbst vorkommen. Und viel mehr wollen die Arbeiter auch nicht.«[26] Mit anderen Worten: Interessen und Identitäten sind nicht in Stein gemeißelt. Wenn eine Partei es richtig anstellt, kann sie Wähler auch wieder für ganz andere Programme gewinnen.

Den Linkspopulismus mit seiner Rhetorik sieht Eribon sehr kritisch. Er sieht darin einen Rechtsruck und einen »grassierenden Konservatismus« in Teilen der Linken. Es sei gefährlich, wenn die Linke von »Volk« und »Nation« spreche, und die Rückkehr zum Nationalismus sei keine Lösung. Der Idealisierung des Dörflichen, des Gemeinsamen, der Heimat, des öffentlichen Interesses oder des »commun« kann er nichts abgewinnen.

Er plädiert für eine Wiederentdeckung des »Internationalismus« und wünscht sich eine linke Partei, die genauso für die Rechte der Arbeiter einstehe wie für Einwanderer und die LGBT-Community.[27]

Gewählt hat Eribon bei den französischen Präsidentschaftswahlen 2017 dann am Ende den linkspopulistischen Kandidaten Jean-Luc Mélenchon, aber ohne große Begeisterung. Zu dieser Entscheidung reichte er eine lange Begründung nach, denn er hatte Mélenchon im Vorfeld mehrfach dafür kritisiert, dass er das gleiche Vokabular wie die Rechtsextremen verwende, wenn er Worte wie »Volk«, »Nation« und »Vaterland« im Mund führe.

Mélenchon verfolgt einen linksnationalistischen Kurs: In der Vergangenheit hatte er mit einem Ausstieg Frankreichs aus dem Euro und der EU kokettiert. Im Fall seines Wahlsiegs kündigte er an, die europäischen Verträge neu aushandeln zu wollen. Bei seinen Auftritten forderte er zum demokratischen »Umsturz« mittels Wahlen auf und stellte sich in die Tradition der Französischen Revolution von 1789. Sein Ton ist oft polemisch und aggressiv – einmal twitterte er, Merkel solle »ihr Maul halten«, nachdem die Kanzlerin von Frankreich mehr Reformeifer angemahnt hatte. Er spielt, wie Beppe Grillo in Italien, gerne auf der Klaviatur alter Ressentiments gegen Deutschland.

Wenn Mélenchon von der französischen Politik spricht, redet er oft von einer »Oligarchie« und einer »Kaste«. Dabei hat er eine lange Parteikarriere bei den Sozialisten hinter sich und war, wie sein Kontrahent Emmanuel Macron, selbst einmal Minister in einer Regierung – wenn auch nur für kurze Zeit, unter Lionel Jospin von 2000 bis 2002. Bald darauf kehrte der Ex-Trotzkist seiner Partei nach drei Jahrzehnten den Rücken, beklagte deren Rechtsruck und gründete 2008, nach dem Vorbild der deutschen Linkspartei, erst die »Parti de Gauche« und, vier Jahre später, eine neue Sammlungsbewegung mit dem martialischen Namen »La France insoumise« (»Das unbeugsame Frankreich«). An deren Spitze steht unangefochten nur eine Person: er selbst. In Einwanderungsfragen äußert sich Mélenchon seither reservierter als zuvor. Zwar legte er im Wahlkampf einmal eine Schweigeminute für im Mittelmeer ertrunkene Flüchtlinge ein. Im Europaparlament behauptete er aber auch schon mal, Einwanderer würden »dem Arbeiter vor Ort das Brot wegnehmen«, und Angela Merkel kritisierte er dafür, die Grenzen für syrische Flüchtlinge »geöffnet« zu haben. Gegenüber Russland zeigt er sich konziliant, in der Ukraine-Krise hielt er sich zurück, und er begrüßte das Eingreifen der russischen Armee in Syrien.[28]

Bei den französischen Präsidentschaftswahlen erreichte Mélenchon in der ersten Runde fast 20 Prozent und blieb damit nur knapp hinter Marine Le Pen und dem konservativen Kandidaten François Fillon. Bei den jungen Wählern schnitt er am besten ab, aber viele Wähler des Front National konnte er nicht auf seine Seite ziehen. Sein Erfolg beruhte vor allem darauf, dass er ehemalige Wähler der Sozialistischen Partei, die von der Amtszeit von François Hollande enttäuscht waren, für sich gewinnen konnte. Zur Stichwahl gab er keine Wahlempfehlung, weder für Emmanuel Macron noch für Marine Le Pen. Das ist nur konsequent, denn zumindest ein Ziel teilt er mit der Rechtspopulistin: die Schwächung der EU zugunsten vermeintlicher französischer Interessen und eine Kampfansage an Deutschland.

Der Blick nach Frankreich ist auch für die deutsche Debatte relevant. Denn Mélenchon ist mit Oskar Lafontaine befreundet, der viele seiner Positionen teilt. Zum »politischen Jahresauftakt« der linken Bundestagsfraktion lud Lafontaine den Freund im Januar 2018 nach Berlin ein, wo Mélenchon eine flammende Rede hielt.[29] Das war kein Zufall, denn Oskar Lafontaine möchte nach französischem Vorbild eine neue »linke Sammlungsbewegung« gründen, »eine Art linke Volkspartei, in der sich Linke, Teile der Grünen und der SPD zusammentun«, wie er es in einem Interview formulierte.[30] Aber auch der AfD will er gemeinsam mit Sahra Wagenknecht Wähler abspenstig machen, daraus machen sie kein Geheimnis.

Mit linkem Populismus hatte Lafontaine schon einmal Erfolg: 2009 erreichte die Linkspartei unter seiner Federführung bundesweit fast zwölf Prozent, ihr bislang bestes Ergebnis bei Bundestagswahlen. Mit der Forderung nach einer »neuen Wirtschafts- und Sozialordnung« und »Widerstand gegen den Sozialabbau« und mit simplen Parolen wie »Hartz IV muss weg« und »Raus aus Afghanistan« punktete sie vor allem im Osten Deutschlands.[31] Doch mit der Regierungsbeteiligung der Linkspartei in mehreren Bundesländern dämpfte sie ihren Ton, und der Nimbus als Protestpartei ging wieder verloren. Die Bundestagswahl 2017, in der die Linkspartei bei einer jungen und urbanen Wählerschaft zulegte, aber bei Arbeitern verlor, sorgte wieder für Debatten über die Orientierung. Wagenknecht und Lafontaine plädieren ganz klar für einen Konfrontationskurs. »Wir wollen höhere Löhne, bessere soziale Leistungen und eine friedliche Außenpolitik« und »Wir machen Politik für die Mehrheit, nicht für

Millionäre!«, »Finanzmafia entmachten« und »Riester-Schwachsinn stoppen« sind die kernigen Parolen, die sie dafür ausgeben.

In der SPD ist man ebenfalls auf der Suche nach einem neuen Kurs. Nach der enttäuschend verlaufenen Bundestagswahl, bei der die SPD nach einem kurzen Höhenflug in den Umfragen auf nur zwanzig Prozent der Stimmen kam, forderte der ehemalige SPD-Vorsitzende und Ex-Außenminister Sigmar Gabriel seine Partei dazu auf, neue Prioritäten zu setzen. In einem Gastbeitrag für den *Spiegel* schrieb er, Sozialdemokraten und Progressive hätten sich zu oft »wohlgefühlt in postmodernen liberalen Debatten«[32] und nannte konkrete Beispiele: Umwelt- und Klimaschutz der SPD sei manchmal wichtiger als der Erhalt der Industriearbeitsplätze gewesen, Datenschutz wichtiger als innere Sicherheit, die »Ehe für alle« wichtiger als Mindestlöhne, Rentenerhöhungen oder die Sicherung fair bezahlter Arbeitsplätze.

Man kann sich fragen, ob das den bisherigen Kurs der SPD richtig beschreibt. Aber Sigmar Gabriel ist dieser Meinung: Um wieder Anschluss an die traditionellen Milieus zu finden, dürfe man Begriffe wie »Leitkultur« und »Heimat«, wie es so schön heißt, »nicht den Rechten überlassen«. Der Rechtspopulismus sei ein Aufstand gegen die »Postmoderne«, behauptete Gabriel, und mahnte: »Wer die Arbeiter des Rust Belt verliert, dem werden die Hipster in Kalifornien auch nicht mehr helfen.«

Gabriels Analyse scheint in der SPD geteilt zu werden. Seine Nachfolgerin Andrea Nahles sagte bereits im September 2017, die SPD habe es versäumt, die negativen Seiten der Globalisierung zu thematisieren, und verlernt, den Kapitalismus zu kritisieren. Im gleichen Interview sagte sie, Einwanderer, die sich »nicht an die Regeln halten«, müssten »mit harten Konsequenzen rechnen«.[33] Mit Blick auf die Flüchtlingsfrage verkündete sie im Mai 2018: »Wir können nicht alle bei uns aufnehmen.« Deswegen sei es richtig, die Länder des Maghreb pauschal zu »sicheren Herkunftsstaaten« zu erklären und abgelehnte Asylbewerber rascher abzuschieben. Als Nahles dafür harsche Kritik aus den eigenen Reihen erntete, sprang ihr der SPD-Politiker Karl Lauterbach zur Seite. Auch Sigmar Gabriel lobte Nahles für ihren Kurswechsel. Seine Partei sei in der Flüchtlingsfrage »naiv« gewesen, kritisierte er rückblickend.[34]

Noch deutlicher wird der SPD-Politiker Nils Heisterhagen, Grundsatzreferent der SPD-Landtagsfraktion in Rheinland-Pfalz. In seinem Buch *Die linke Illusion*, das 2018 erschienen ist, plädiert er für einen »linken Realismus«, womit er vor allem mehr Härte gegenüber Flüchtlingen meint. Linke Parteien hätten sich einseitig auf »Multikulti« und Minderheiten fokussiert, behauptet er, und eine »Vielfaltseuphorie« verbreitet. Statt auf das »Bio-Bürgertum« und eine »selbstgerechte postmoderne Bourgeoisie« zu schielen, statt zu »moralisieren« und zu »belehren«, sollten sie wieder mehr auf die »kleinen Leute« hören und sich auf ihre sozialen Kernthemen konzentrieren.

Die SPD scheint auf diesem Kurs zu folgen. Frühere Positionen bei den Themen Einwanderung, Asyl und Europa hat sie in den Koalitionsverhandlungen mit der Union stillschweigend geräumt, Abschiebungen selbst nach Afghanistan und einer starken Einschränkung der Familienzusammenführung stellte sie sich nicht entgegen. Ihre eigene Integrationsbeauftragte Aydan Özoguz, die der AfD-Vorsitzende Alexander Gauland entsorgen wollte, hat sie fallen gelassen.

So verständlich der Wunsch der Linken ist, wieder Massen zu bewegen, und der SPD, wieder Volkspartei zu werden: Für Flüchtlinge und Einwanderer, aber auch für Frauen, Schwule und Lesben verheißt das nicht unbedingt etwas Gutes. Für Europa auch nicht.

16 Die AfD in uns. Warum Populisten so populär sind

Der niederländische Politologe Cas Mudde nennt den Rechtspopulismus eine »pathologische Normalität«. Damit meint er, dass er keine Abweichung von der Norm ist, sondern der gesellschaftlichen Mitte sehr viel näher steht, als dieser bewusst ist. Denn der Populismus spiegelt einen gesellschaftlichen Zeitgeist wider.

In ihren alle zwei Jahre erscheinenden »Mitte-Studien« spüren die Konfliktforscher Andreas Zick, Beate Küpper und ihr Team regelmäßig diesem Zeitgeist nach. Für das Jahr 2016 stellten sie fest, dass die Vorurteile gegen Flüchtlinge im Vergleich zur Studie zwei Jahre zuvor deutlich angestiegen waren.[1] Ein gutes Drittel der Befragten stimmte der Aussage zu, der deutsche Staat kümmere sich mehr um Flüchtlinge als um hilfsbedürftige Deutsche. Mehr als ein Drittel fand: »Durch die vielen Muslime hier fühle ich mich manchmal wie ein Fremder im eigenen Land.« Und: »Es leben zu viele Ausländer in Deutschland.«

Besonders stark sind solche Einstellungen in Sachsen verbreitet. Das geht aus dem »Sachsen-Monitor« hervor, der 2017 zum zweiten Mal im Auftrag der sächsischen Landesregierung erstellt wurde.[2] Mehr als die Hälfte stimmten der Aussage zu, dass Deutschland »durch die vielen Ausländer in einem gefährlichen Maß überfremdet« sei. Über vierzig Prozent der befragten Sachsen meinten: »Was Deutschland jetzt braucht, ist eine einzige starke Partei, die die Volksgemeinschaft insgesamt verkörpert.« Und 62 Prozent stimmten der These zu: »Was unser Land heute braucht, ist ein hartes und energisches Durchsetzen deutscher Interessen gegenüber dem Ausland.«

Mit ihren autoritären Einstellungen stehen diese Sachsen in Europa nicht allein. Einige Jahre zuvor hatten Andreas Zick und sein

Team in acht europäischen Ländern eine vergleichende Studie durchgeführt.[3] Dabei kam heraus, dass sich in Polen mehr als sechzig Prozent einen starken Mann an der Spitze wünschten. Selbst in Großbritannien und Frankreich waren es mehr als vierzig Prozent, in Deutschland damals jeder Dritte.

Auffallend einig waren sich die Befragten über ganz Europa hinweg in ihrer Ablehnung von Einwanderern und Muslimen. Rund die Hälfte aller Europäer war der Ansicht, es gebe in ihrem Land zu viele Einwanderer – egal, wie viele dort tatsächlich lebten, und ob die Zahl zuletzt zugenommen hatte oder nicht. Ebenso viele sahen »den Islam« extrem kritisch und wünschten sich, als Einheimische in Krisenzeiten bei der Jobsuche bevorzugt zu werden.

Was Vorbehalte gegen Juden und Homosexuelle angeht, zeigten sich innerhalb Europas jedoch deutliche Differenzen. In Polen meinten über 70 Prozent, Juden würden versuchen, aus ihrer Verfolgung in der Nazi-Zeit Vorteile zu ziehen. In den Niederlanden sahen das nur siebzehn Prozent so. Und 88 Prozent der Befragten in Polen, aber nur siebzehn Prozent der Niederländer lehnten gleiche Rechte für Homosexuelle ab. Die Rechtspopulisten dieser Länder spiegeln die unterschiedlichen Mentalitäten wider. Geert Wilders gibt sich philosemitisch und als großer Freund Israels, und er umwirbt die LGBT-Community in seinem Land. Unter Polens Regierungspartei PiS dagegen haben Homophobie und Antisemitismus deutlich Auftrieb erhalten.

Rechtspopulisten haben Rückenwind, weil ihre Positionen populär sind, und zwar weit über die Wählerschaft dieser Parteien hinaus. Laut einer Studie des britischen Instituts YouGov, die 2016 in zwölf EU-Ländern durchgeführt wurde, teilen 78 Prozent der Polen, 63 Prozent der Franzosen und 55 Prozent der Niederländer populistische Einstellungen.[4] Als populistische Positionen definierten die Forscher eine ablehnende Haltung zur EU, Vorbehalte gegen Einwanderer, Skepsis gegenüber der Idee universeller Menschenrechte sowie Sympathien für eine robuste, auf nationale Interessen ausgerichtete Außenpolitik. In Deutschland teilten nur 18 Prozent alle diese Haltungen, so wenig wie in keinem anderen großen EU-Land.[5]

Einer anderen YouGov-Umfrage nach bringt aber auch mehr als die Hälfte der Deutschen der EU wenig positive Gefühle entgegen.

Mehr als die Hälfte verbindet mit ihr die Angst vor dem Verlust ihrer sozialen Sicherheit, und genauso viele finden, Deutschland zahle zu viel Geld nach Brüssel. 45 Prozent fürchten wegen der Europäischen Union um einen Verlust nationaler Identität und Kultur. EU-Skepsis ist mehrheitsfähig.

Auch Verschwörungsdenken ist in Deutschland kein Randphänomen. Zwischen zehn und zwanzig Prozent der deutschen Bevölkerung hängen einer Verschwörungstheorie an, hat eine Mainzer Studie aus dem Jahr 2016 ergeben. Viele Menschen glauben zum Beispiel, dass sie durch chemische Substanzen, die aus Flugzeugen versprüht werden – sogenannte »Chemtrails« –, gefügig gemacht würden. Verschwörungstheorien fußen auf drei Grundannahmen: Nichts ist Zufall. Nichts ist so, wie es scheint. Und: Alles ist auf geheimnisvolle Weise miteinander verbunden. Das sagt der Tübinger Amerikanist Michael Butter, der schon seit Jahren zum Thema forscht.[6]

Laut Butter ist die Idee einer »Islamisierung« oder »Umvolkung« die im deutschsprachigen Raum derzeit populärste Verschwörungstheorie. Ihre Anhänger glauben, dass Muslime Europa gezielt unterwandern würden. Aufgrund niedriger Geburtenraten der einheimischen Bevölkerung und eines massiven Zuzugs von Muslimen würde die deutsche Bevölkerung allmählich verdrängt. Für viele Anhänger dieser Idee bilden sogar die Europäische Union und die Bundesregierung einen Teil dieses Komplotts.

Gefährlich sind solche Theorien, wenn sie sich gegen Minderheiten richten oder in Gewalt umschlagen – wie etwa bei Reichsbürgern, die auf Polizisten schießen. Oder bei Islamhassern, die Attentate auf Moscheen begehen oder Frauen mit Kopftuch angreifen. Ein militanter Anhänger antimuslimischer Verschwörungsideen war der Attentäter Anders Breivik, der in Norwegen 77 Menschen ermordete, die meisten davon Jugendliche.

Der Glaube an antisemitische Verschwörungstheorien, die durch Pamphlete wie *Die Protokolle der Weisen von Zion* weite Verbreitung fanden, hat zur Katastrophe des Völkermords an den europäischen Juden geführt. In der Türkei und Osteuropa, wo das Vertrauen in staatliche Institutionen schwach ausgeprägt ist, seien Verschwörungstheorien heute noch stark verbreitet, meint Michael Butter.

Aber auch in Westeuropa hat ihre Verbreitung in den letzten Jahren wieder zugenommen. Das liegt an den sozialen Netzwerken im Internet, über die sich diese Theorien rasch verbreiten und die es ihren Anhängern ermöglichen, sich weltweit zu vernetzen.

Mit wissenschaftlichen Fakten ist Verschwörungstheoretikern schwer beizukommen, sagt der Mainzer Sozialpsychologe Roland Imhoff. Ein obskures YouTube-Video ist für sie genauso glaubwürdig wie eine wissenschaftliche Studie. Verschwörungstheoretiker machen zwischen Laien und Experten keinen Unterschied. Das unterscheidet sie vom Rest der Bevölkerung, der Wissenschaftlern, Experten oder Qualitätsmedien mehr Vertrauen entgegenbringt. Letztlich bliebe einem in komplexen Informationsgesellschaften wie der unseren auch gar nichts anderes übrig, als bestimmten Quellen zu vertrauen, weil wir uns über viele Themen gar keine eigene Meinung bilden können, sagt Imhoff. Er spricht von einem »Gesellschaftsvertrag des Wissens«, dem sich Verschwörungstheoretiker verweigern.[7]

Anhänger von Verschwörungstheorien finden sich in den besten Kreisen. Die Idee einer drohenden Islamisierung wird auch von Intellektuellen und Literaten geteilt. Der französische Schriftsteller Michel Houellebecq etwa stellte in seiner Dankesrede zur Verleihung des Frank Schirrmacher-Preises 2016 in Berlin klar, dass er seinen Roman »Unterwerfung« gar nicht so satirisch und hintergründig gemeint hatte, wie er vor allem vom deutschen Feuilleton verstanden worden war. Eine »tragische Satire« hatte ihn die *ZEIT* genannt, eine »Komödie« die *FAZ*. Völlig ernst verkündete Houellebecq jedoch in seiner Rede, Europa stehe vor dem Selbstmord. Der Grund? Das Vordringen des Islam habe gerade erst begonnen, weil er die Demografie auf seiner Seite habe. Europa dagegen habe aufgehört, Kinder zu bekommen.[8] Angesichts dieser Gefahr sei es doppelt selbstmörderisch, dass Frankreich nach Schweden das zweite Land sein könnte, das die Kunden von Prostituierten bestraft, meinte Houellebecq. Die Prostitution abschaffen hieße, »eine der Säulen der sozialen Ordnung abzuschaffen«. Denn ohne Prostitution keine Ehe, und ohne Ehen keine Kinder, so seine Logik – »und das ist für die europäischen Gesellschaften einfach Selbstmord«.

Zur Prostitution hat die Altfeministin Alice Schwarzer eine grundsätzlich andere Haltung als Houellebecq. Aber wenn es um den Islam geht, sind beide gar nicht so weit voneinander entfernt. Seit Jahren wird Schwarzer nicht müde, vor einer angeblichen islamistischen Unterwanderung zu warnen. Die Islamverbände würden versuchen, »die Scharia in unser Rechtssystem zu infiltrieren«, behauptet Schwarzer etwa.[9] Nach den sexuellen Übergriffen in der Silvesternacht von Köln fühlte sie sich in ihren Warnungen bestätigt: Die Täter seien »entwurzelte, brutalisierte und islamisierte junge Männer« und »fanatisierte Anhänger des Scharia-Islam« gewesen, glaubte sie zu wissen. »Initiiert und organisiert durch eine Handvoll Hintermänner«, hätten sie sich verabredet, um Frauen und den deutschen Staat gezielt zu demütigen. In der *Emma* warnte sie vor einem »blauäugigen Import von Männergewalt« und fragte bangend: »Befinden wir uns in einem neuen Stadium des »Krieges« der Islamisten gegen den Westen?«[10]

Dass die Übergriffe wohl eher einer Mischung aus krimineller Energie, Gruppendynamik und der günstigen Gelegenheit des Augenblicks geschuldet gewesen sein könnten, kommt für sie nicht in Betracht. In der Realität waren viele der Täter der Silvesternacht gewöhnliche Kleinkriminelle, die neben sexuellen Übergriffen profane Diebstähle begingen. Für Alice Schwarzer musste jedoch eine Verschwörung dahinterstecken. Im Abendtalk bei Markus Lanz mutmaßte sie, radikale Islamisten, gar der sogenannte »Islamische Staat« (IS), könnten für die Silvester-Übergriffe verantwortlich gewesen sein.[11] In ihrem Buch *Der Schock. Die Silvesternacht von Köln* schreibt sie von einer »Horrornacht«, einem »Inferno« und gar »Terror« und von einem »Dschihadismus von unten«.[12]

Den Medien wirft Schwarzer »übertriebene Political Correctness« und »falsche Toleranz« vor. Sie hätten ein »Schweigekartell« gebildet und »Denkverbote« verhängt, sagte sie der *Basler Zeitung*, die der rechtspopulistischen SVP nahesteht.[13]

Alice Schwarzer ist bereits mehrfach durch Sympathien für Rechtspopulisten aufgefallen. Im Januar 2015, als die Pegida-Bewegung schon seit Wochen auf die Straße ging, attestierte sie der Anti-Islam-Bewegung ein »berechtigtes Unbehagen«. Und nach den ersten großen Wahlerfolgen der AfD schrieb sie: »Es war falsch, die Partei zu dämonisieren. Denn die AfD-Wählerinnen sind nicht die Anderen – es sind wir selber.«[14]

Da hat sie vielleicht gar nicht so unrecht. Noch im Dezember 2014, wenige Wochen zuvor, hatte fast die Hälfte der Bundesbürger in einer Umfrage Verständnis für die Demonstranten geäußert, die in Dresden gegen eine vermeintliche »Islamisierung des Abendlandes« auf die Straße gingen.[15] Erst als deren Motive deutlicher wurden und Medien und Politik auf Distanz gingen, nahm dieses Verständnis rapide ab. Fast drei Viertel der Bundesbürger gaben in der gleichen Umfrage an, die Ausbreitung des radikalen Islam mache ihnen Sorge.

Die Ängste vor islamistischen Terrorgruppen mischen sich in vielen westlichen Ländern mit diffusen Vorbehalten gegenüber Muslimen, die stark verbreitet sind. Vielen fällt es schwer, zwischen der friedlichen Mehrheit der Muslime und den Extremisten zu unterscheiden. In einer Umfrage im März 2018 fanden siebzig Prozent der Deutschen, der Islam gehöre nicht zu Deutschland. In vielen europäischen Ländern ist das Stimmungsbild vergleichbar.

Das liegt auch daran, dass Muslime in vielen westlichen Ländern sichtbarer geworden sind. In vielen europäischen Ländern ist die Bevölkerung vielfältiger geworden, und die Gesellschaft hat sich in Teilmilieus aufgespalten. Aber die Sorgen vor einer »Islamisierung« und einer »Überfremdung« durch Muslime sind völlig übertrieben: Muslime sind in Westeuropa eine Minderheit und werden es auch auf Dauer bleiben. Die Mehrheit der Muslime in den Einwanderungsländern Europas ist auch nicht besonders gläubig, sondern weitgehend säkularisiert. Die Debatten um den Islam, die in vielen europäischen Ländern seit Jahren geführt werden, sind vielmehr Ausdruck eines diffusen Unbehagens gegenüber gesellschaftlichen Veränderungen, für die Kopftücher und Moscheebauten in Europa zu einem Symbol geworden sind.

Gerade in den europäischen Metropolen ist dieser Wandel besonders sichtbar. In deutschen Großstädten wie Frankfurt, Stuttgart oder Hamburg besitzt schon eine Mehrheit der nachwachsenden Generation statistisch gesehen einen Migrationshintergrund, weil zumindest ein Elternteil aus dem Ausland zugewandert ist. Diese Entwicklung betrachten nicht wenige mit gemischten Gefühlen. Manche fürchten sich vor einem vermeintlichen Kulturverlust oder glauben, durch den demographischen Wandel könnten die Deutschen »aussterben«. Eine dramatisierende Medienberichterstattung über »Parallelgesellschaften« und eine angeblich gescheiterte Integration bestärkt diese Befürchtungen.

Nicht nur »besorgte Feministinnen« wie Alice Schwarzer, die beispielsweise das Kopftuch aus Prinzip ablehnt, sind dafür anfällig, sondern auch andere Gruppen, die sich früher weit weniger für rechtspopulistische Sirenentöne empfänglich gezeigt hätten. Die Ängste vor der Ausbreitung eines fundamentalistischen Islams in Europa treiben zum Beispiel auch einige Schwule und Lesben um – und sie werden von Rechtspopulisten gezielt angefacht.

Geert Wilders etwa verbreitete schon vor Jahren das Gerücht, Schwule würden im »einstmals toleranten Amsterdam« heute »fast ausschließlich« von Muslimen zusammengeschlagen. Diese Behauptung ist zwar durch nichts belegt. Sich selbst pries Wilders jedoch als Schutzmacht für Homosexuelle an, und erzielte damit unter manchen homosexuellen Wählern einen gewissen Erfolg.

Marine Le Pen hat von ihm gelernt. Schon 2010 raunte sie in einer Rede, in bestimmten Vierteln in Frankreich sei es nicht von Vorteil, eine Frau, homosexuell, jüdisch oder auch nur Französisch und weiß zu sein.[16] Das war ein wichtiger Schritt, um ihre Partei vom Ruch der Homophobie zu befreien und zu »entdämonisieren«. Zudem brachte Marine Le Pen eine Zeit lang so viele schwule Politiker in hohe Positionen ihrer Partei, dass Kritiker schon von einer »Homo-Lobby« im Front National munkelten. Einer ihrer Vertrauten war Florian Philippot, Vizepräsident der Rechtspartei, der 2014 von einer Zeitschrift geoutet wurde. Philippot bestimmte den Kurs der Partei bis zur Präsidentschaftswahl 2017. Als er für Marine Le Pens Niederlage verantwortlich gemacht wurde, verließ er den Front National und gründete seine eigene Partei, »Les Patriotes«.

Doch die Strategie der Öffnung zahlte sich aus. Französischen Umfrageinstituten zufolge hat der Zuspruch für Marine Le Pen unter homosexuellen Wählern zugenommen, und zwar besonders unter homosexuellen Paaren, die von der Einführung der »Ehe für alle« unter François Hollande profitiert und geheiratet haben.[17] Dabei steht im Programm des FN immer noch, dass er die »Ehe für alle« abschaffen will. Doch Marine Le Pen hielt sich auffällig fern von den Demonstrationen gegen die »Ehe für alle«, die nach deren Einführung 2013 in ganz Frankreich stattfanden. Ihr Vater nannte Homosexualität noch

»eine biologische und soziale Anomalität«, und wollte Aids-Kranke in Lager stecken. Aber viele homosexuelle Wähler von heute sind zu jung, um sich an diese Zeiten zu erinnern.

Auch Donald Trump versuchte sich nach dem Attentat auf einen von Homosexuellen besuchten Nachtclub in Orlando als Anwalt von Schwulen und Lesben in Szene zu setzen. Der schwule Blogger und »Breitbart«-Redakteur Milo Yiannopoulos rührte eifrig die Werbetrommel für ihn. Allerdings soll Trump unter homosexuellen Wählern so schlecht abgeschnitten haben wie kein republikanischer Kandidat seit sehr langer Zeit.[18] Und natürlich bedeutete sein erstes Amtsjahr einen Rückschlag für die Rechte von Schwulen, Lesben und Transgender-Personen. Angefangen beim Vizepräsidenten Mike Pence, der an die »Heilung« von Homosexuellen glaubt, brachte Trump viele evangelikale Christen und andere Homophobe in einflussreiche Positionen.[19]

Auch in der AfD gibt es eine »Bundesinteressengruppe Homosexuelle«, deren Mitglieder sich mehr vor einer vermeintlichen »Überfremdung« fürchten als vor der handfesten Homophobie, die viele Politiker ihrer eigenen Partei vertreten. Die AfD besitzt sogar eine lesbische Vorsitzende an ihrer Spitze. »Homonationalismus« wird diese Verbindung aus offen gelebter Homosexualität und nationalistischen, meist antimuslimischen Überzeugungen genannt.

Ein Pionier in Sachen »Homonationalismus« in Deutschland ist der schwule Theologe David Berger. Bekannt wurde er einst durch scharfe Kritik an ultrakatholischen Kreisen, denen er selbst lange angehörte. In seinem Buch *Der heilige Schein*, das 2010 erschien, ging Berger mit »Opus Dei« und den Piusbrüdern hart ins Gericht und kritisierte die Bigotterie der katholischen Kirche gegenüber Homosexuellen. Papst Benedikt warf er einmal vor, homosexuell veranlagt zu sein. Das war für einen Skandal gut.

Seit 2014 hat Berger aber ein anderes Feindbild gefunden und führt seitdem einen Kreuzzug gegen »den Islam«. Auf seinem Online-Blog »Philosophia perennis« hetzt er gegen Muslime und eine angeblich drohende »Islamisierung«. Warf er Papst Benedikt einst vor, zu homophob zu sein, kritisiert er Papst Franziskus nun dafür, sich an den Islam »anzubiedern«. Hatte er 2013 noch dafür plädiert, »Homo-Hasser« von Talkshows auszuschließen, so verteidigte er nur zwei

Jahre später die homophobe Hetze von Akif P in dessen Buch *Die große Verschwulung* gegen Kritiker und machte sich für dessen »Meinungsfreiheit« stark. Weil seine eigenen rechtspopulistischen Aussagen ebenfalls auf Kritik stoßen, fühlt Berger sich von deutschen Medien »verfemt«. Vor der Bundestagswahl 2017 outete er sich als Anhänger der AfD.

Antisemitische Übergriffe durch Einwanderer in Deutschland und die islamistisch motivierten Anschläge in Frankreich, die sich teilweise gezielt gegen Juden richteten und mehrere Menschen das Leben kosteten, haben auch manche Juden verunsichert.

Der Präsident der Europäischen Rabbinerkonferenz, Pinchas Goldschmidt ging im Mai 2018 sogar so weit zu behaupten, für Juden in Europa gehe eine »größere Gefahr von muslimischen Antisemiten als von Rechtsradikalen« aus, wie er in einem Interview sagte.[20] Zugleich lobte der Oberrabbiner von Moskau die starke Hand des russischen Präsidenten. »Putin hat die Macht, die Sicherheit der Juden in Russland zu garantieren«, sagte er. »Das hat damit zu tun, dass die Autorität der Regierung in Russland viel stärker ist als im Westen.«

Der Historiker Michael Wolffsohn hatte kurz zuvor fantasiert, der gewalttätige Antisemitismus in westeuropäischen Ländern sei »ein rein muslimisches Phänomen«. Die offizielle Kriminalitätsstatistik, wonach neunzig Prozent aller antisemitischen Straftaten in Deutschland noch immer einen rechtsextremen Hintergrund haben, hält Wolffsohn für »irreführend«.[21] Das Problem liege alleine bei Muslimen, die antijüdische und antizionistische Ressentiments aus ihren Herkunftsländern mitbringen würden, meint er.

Umgekehrt sind antimuslimische Vorurteile allerdings auch unter Juden verbreitet. Prominente Publizisten wie Henryk M. Broder und der 2014 verstorbene Ralph Giordano gehörten zu den Pionieren einer scharfen antimuslimischen Polemik. Von rechten Online-Portalen wie »PI-News« wurden sie dafür stets gefeiert. Ihre jüdische Herkunft wurde als Beweis dafür gesehen, dass ihre antimuslimische Hetze nicht rassistisch sein könne.

Die AfD versucht heute ebenfalls gezielt, sich jüdischer Gewährsleute zu bedienen, um ihrer Agenda einen respektableren Anstrich zu verleihen. Anfang Februar 2018 lud sie zu einer Konferenz »gegen Antisemitismus« in den Bundestag ein. Dafür hatte sie zwei rechte

Politiker aus Israel und den früheren Berliner Gemeinderabbiner Chaim Rozwaski gewinnen können. Dass sie in ihren eigenen Reihen notorische Antisemiten wie den Holocaust-Relativierer Wolfgang Gedeon duldet, kam dabei natürlich nicht zur Sprache. Es gibt sogar jüdische Politiker, die in der AfD sind. Einer von ihnen ist Wolfgang Fuhl aus dem badischen Lörrach, er war lange Funktionär der Jüdischen Gemeinde. Ein anderer ist der aus der Ukraine stammende Kaufmann Alexander Beresowski aus Stuttgart. Beide traten bei der Landtagswahl in Baden-Württemberg 2016 an. Es dürfte seine Gründe gehabt haben, dass der Zentralrat der Juden in Deutschland vor der Bundestagswahl 2017 seine Mitglieder ausdrücklich davor warnte, die AfD zu wählen. [22]

Dass sich Rechtspopulisten um jüdische Wähler bemühen, ist nichts Neues. In den Niederlanden gibt sich Geert Wilders als großer Freund Israels aus und ist dort häufig zu Gast. Für seine Partei sitzt der israelischstämmige Unternehmer Gidi Markuszower im Senat. Auch die FPÖ schmückt sich mit einem jüdischen Abgeordneten, David Lasar. Juden fallen als Wählergruppe zahlenmäßig zwar nicht besonders ins Gewicht. Aber sie dienen Rechtspopulisten als angeblicher Beweis dafür, dass sie selbst gar nicht so antisemitisch und rassistisch sein können, wie ihnen oft vorgeworfen wird.

Marine Le Pen hat ihre Partei, die zweifelsohne rechtsextreme Wurzeln hat, mehrfach als Schutzmacht für Frankreichs Juden gegen die islamistische Gefahr angepriesen. Jüdische Gesichter dienten ihr dafür als Aushängeschild. 2015 warb der Front National mit einem Plakat, auf dem eine bis auf die Augen voll verschleierte Frau neben einem jungen Mädchen mit modischen, blau-weiß-roten Streifen auf den Wangen abgebildet war. Der Slogan lautete: »Wählt eure Vorstadt«. Die junge Frau auf dem Foto war Kelly Betesh. Die junge Jüdin sei das Gesicht der »Entdämonisierungs«-Strategie des Front National, schrieb das »Vice-Magazin« über sie. [23] Den russischstämmigen Juden David Rachline, der 2014 mit gerade 26 Jahren für den Front National zum Bürgermeister des Badeorts Fréjus an der Côte d'Azur gewählt wurde, ernannte Le Pen im Präsidentschaftswahlkampf sogar zu ihrem Sprecher. Die Strategie hatte Erfolg: Bereits 2012 sollen dreizehn Prozent der jüdischen Franzosen im ersten Wahlgang für den Front National gestimmt haben. [24]

Europaweit geben sich die Rechtspopulisten große Mühe, die noch immer vorhandenen antisemitischen Tendenzen unter ihren Anhängern vergessen zu machen. Sie propagieren die Vorstellung eines »christlich-jüdischen Abendlands«, das es zwar nie gegeben hat, aber dessen romantische Anrufung auch in bürgerlichen Kreisen populär ist. Ihr antimuslimischer Forderungskatalog, vom Schächtverbot bis zum Verbot religiöser Kopfbedeckungen, läuft zwar darauf hinaus, auch jüdische Religiosität einzuschränken. Dafür geben sie sich aber stramm pro-israelisch und pilgern gerne mal nach Jerusalem, um ihre »Solidarität« zu demonstrieren. Bei manchen säkularen Juden, denen die zu Treue zu Israel über religiöse Gefühle geht, kommt das an.

In Israel selbst gibt es zudem Stimmen aus dem rechten Lager, die einem Schulterschluss mit rechtspopulistischen Parteien in Europa das Wort reden. Der rechte Politologe Amiel Ungar etwa plädiert offen dafür, mit Marine Le Pen zusammenzuarbeiten, ihren noch immer geschichtsrevisionistischen Tönen zum Trotz. Westeuropäische Länder bräuchten mehr Selbstbewusstsein, um den Kampf gegen die mutmaßliche »Islamisierung« zu bestehen, schrieb er in einem Beitrag für die israelische Zeitung *Haaretz*.[25] Die israelische Regierung hat solchen Lockrufen bislang aber weitgehend widerstanden.

Die große Mehrheit der Juden in Deutschland ist aus der ehemaligen Sowjetunion zugewandert, und die meisten von ihnen würden wohl nie AfD wählen. Aber auch andere Einwanderer in Deutschland fühlen sich zu den Rechtspopulisten hingezogen – unter anderem, weil sie sich das Deutschland »von früher« zurückwünschen.

Zu ihnen gehört der Deutsch-Kongolese Serge Menga, der 1982 als Flüchtlingskind mit seinen Eltern nach Deutschland kam. Der gelernte Industriemechaniker und LKW-Fahrer wurde nach der Silvesternacht von Köln durch ein Video bekannt, dass er mit seinem Handy aufnahm und auf Facebook stellte. »Packt doch eure Sachen und geht nach Hause!«, forderte er die Straftäter von Köln darin auf. Der Clip mit seiner Wutrede verbreitete sich rasend und wurde Millionen Mal angeklickt. Seine plötzliche Berühmtheit brachte Menga einen Empfang beim Oberbürgermeister seiner Heimatstadt Essen und ein Treffen mit dem damaligen SPD-Vorsitzenden und Vizekanzler Sigmar Gabriel ein.

Seitdem versuchte sich Menga relativ erfolglos an einer politischen Karriere als unabhängiger Kandidat. Eine Aufnahme in die AfD scheiterte 2016 an unterschiedlichen Erwartungen. Trotzdem trat Menga im Wahlkampf bei AfD-Veranstaltungen auf und gratulierte ihr nach der Bundestagswahl zu ihrem Erfolg. Wie sie, ist auch er für stärkere Grenzkontrollen und härtere Strafen. In einem Interview sagte er einmal:»In Deutschland muss Ordnung herrschen, man muss sich hier sicherer fühlen können. Wenn Fremde hier hinkommen, dann sollen sie sich auch wie Gäste benehmen und keine Parallelgesellschaften bilden.«[26]

Das sieht Achille Demagbo genauso. Geboren und aufgewachsen im westafrikanischen Benin, kam er 2004 zum Studium nach Deutschland. Heute ist er Parteichef der AfD in Kiel. Er bezeichnet sich als wertkonservativ und verbindet damit»vor allem Ordnung und Disziplin«. Rassismus habe er nie erlebt, behauptet er. Aber er findet, die traditionelle Familie müsse geschützt werden, und»Multikulti« sei gescheitert. Der *FAZ* sagte er, er fürchte, dass die Errungenschaften Deutschlands»auf dem politischen Altar zugunsten linker politischer Experimente geopfert« würden. Und er klagte:»Das ist nicht mehr das Land, von dem ich geträumt habe, das ich so geliebt habe.«[27]

Demagbo wohnt im Kieler Stadtteil Gaarden, der als sozialer Brennpunkt gilt. Mit seinen Nachbarn komme er»wunderbar klar«, sagte er der *FAZ*. Als Beispiele für gescheiterte Integration fielen ihm eher Duisburg-Marxloh und Berlin-Marzahn ein. Die Ironie will es, dass Letzteres eine Hochburg der AfD ist. Nicht integriert sind eben immer die anderen.

Es ist der Eisenbahnabteil-Effekt: Wenn jemand das Zugabteil betritt, wird er von denen, die schon länger darinsitzen, oft misstrauisch beäugt. Aber wenn er einmal Platz genommen hat, und jemand Neues kommt herein, verhält er sich oft genauso abweisend wie die anderen zuvor. Er fühlt sich dann den Alteingesessenen zugehörig. Dieses Phänomen lässt sich auch bei Einwanderergruppen und -generationen beobachten. Bei manchen Einwanderern läuft das auf eine starke Überidentifikation mit Deutschland hinaus – und auf eine Nostalgie für ein Deutschland, dass es so nicht mehr gibt. Daneben spielt auch schlichter Neid eine Rolle: Viele Einwanderer mussten sich anfänglich gegen Widerstände und Anfeindungen behaupten. Die im Sommer 2015 offiziell propagierte »Willkommenskultur« erweckte den Anschein, als hätten es Flüchtlinge heute leichter. Hinzu kommt, dass es, wenn überhaupt, meistens die gering qualifizierten Einwanderer sind, die mit den Neuankömmlingen um Arbeit und Wohnraum konkurrieren. Und nicht zuletzt kommen Vorurteile ins Spiel, von denen auch Einwanderer nicht frei sind, und die sie oft aus ihrer alten Heimat mitgebracht haben.

In Freiburg sollen bei der baden-württembergischen Landtagswahl 2016 laut einer Studie im Auftrag der Stadt 34 Prozent der AfD-Wähler einen Migrationshintergrund besessen haben – ein höherer Anteil als bei allen anderen Parteien.[28] Ihren Höchstwert erzielte die AfD mit 22 Prozent im Stadtteil Landwasser, einer Hochhaussiedlung, in der viele Spätaussiedler und Russlanddeutsche leben. An solchen Orten verteilt die AfD ihre Wahlwerbung eigens auf Russisch.

Rund dreieinhalb Millionen Menschen, die selbst oder deren Eltern aus der ehemaligen Sowjetunion nach Deutschland gekommen sind, leben heute in der Bundesrepublik. Sie bilden eine der größten Einwanderergruppen. Konservative Familienwerte oder die Abneigung gegenüber Homosexualität und der deutschen Flüchtlingspolitik sind die Gründe, die manche von ihnen zur AfD treiben. Außerdem wirbt die AfD für ein Ende der Sanktionen gegen Russland und zeigt Sympathien für Wladimir Putin. In der AfD gibt es sogar ein eigenes Netzwerk für Russlanddeutsche. Gegründet hat es Aleksandr Lejbo, der 1987 aus Russland nach Deutschland kam und 2014 der Partei beitrat.

Dennoch wäre es falsch, die Russlanddeutschen pauschal als besonders anfällig für rechtspopulistische Verführer anzusehen. Vorbehalte gegen Muslime mögen unter ihnen nicht selten sein, wie eine Studie 2013 ergab.[29] Aber das hebt sie nicht von der Mehrheit der deutschen Bevölkerung ab. Und Hochhaussiedlungen, in denen viele Spätaussiedler leben, sind nicht unbedingt repräsentativ für Russlanddeutsche allgemein. Bei den Wahlen schnitt die AfD unter den Russlanddeutschen mit fünfzehn Prozent auch nur wenig besser als im Rest der Bevölkerung ab. 21 Prozent von ihnen stimmten für die Linkspartei.[30]

Tatsächlich trifft die AfD nicht nur bei Osteuropäern und Russlanddeutschen einen Nerv. Die hessische AfD warb sogar mit der Behauptung für sich, sie sei eine Zuwandererpartei. In einem Werbevideo der Partei erzählte ein Shoresh Mohammadi, er sei vor fast dreißig Jahren mit seinen Eltern aus dem Iran geflohen und gebe nun der AfD seine Stimme, weil er sich auch in Deutschland vor einer angeblichen Islamisierung fürchte.

Bei Einwanderern aus muslimischen Ländern sind es zum Teil persönliche Erfahrungen und Ängste vor einer realen Islamisierung, wie sie in manchen islamisch geprägten Ländern durch radikale Bewegungen und autoritäre Regimes befördert wurde, die sie heute in ihrer neuen Heimat an die Seite von Rechtspopulisten treibt. Ein anschauliches Beispiel dafür bietet der Orientalist Bassam Tibi. 1944 in Damaskus geboren, kam er als 18-Jähriger zum Studium nach Frankfurt. Von 1973 bis 2009 war er Professor für Internationale Beziehungen in Göttingen und prägte Begriffe wie »Euro-Islam« und »Leitkultur«. Tibi vertritt einen sehr konservativen und statischen Kulturbegriff, der auf Denker wie Oswald Spengler und Arnold Toynbee zurückzuführen ist. Mit zunehmendem Alter wurde der Ton seiner Bücher, in denen Tibi das Paradigma von einem »Konflikt der Zivilisationen« vertritt, immer alarmistischer. Heute schreibt Tibi gelegentlich für den rechtspopulistischen Blog »Die Achse des Guten« und meldet sich immer mal wieder mit schwer kulturpessimistischen Beiträgen zu Wort.

Im Sommer 2016 behauptete er, seine Heimatstadt Göttingen gleiche inzwischen einem Flüchtlingslager. »Da laufen die Gangs, ob afghanisch oder eritreisch, durch die Straßen, und man bekommt es mit der Angst«, sagte er dem Magazin *Cicero*. Die Stadt werde in Kriminalität und Chaos versinken, prophezeite er – »und das verdanken wir Frau Merkel«. Das wurde von rechten Medien, von der *Jungen Freiheit* bis »PI-News«, aufgegriffen und verbreitet. In Göttingen selbst war man über dieses Zerrbild entsetzt. [31]

Zwei Jahre später klagte Tibi in der *Neuen Zürcher Zeitung*, in Deutschland herrsche eine Atmosphäre der »Selbstzensur«, weil die Medien von einer links-grünen Minderheit »dominiert« würden. Mit Blick auf Flüchtlinge und Einwanderer befand er schroff: »Wer die Grundwerte nicht akzeptiert, soll gehen. Bitte, hier ist die Tür.«[32] In der *Basler Zeitung* schreibt Bassam Tibi regelmäßig Kommentare. Darin behauptet er, Europa stehe vor der Schicksalsfrage »Europäisierung des Islam oder Islamisierung Europas?«.[33] Und er warnt: »Wenn Europa so weitermacht, wird es zu Eurabia.«[34] Dabei zitiert er wortwörtlich die antimuslimische Verschwörungstheoretikerin Gisèle Littman, die in ihren Büchern unter dem Pseudonym »Bat Ye'or« (hebräisch für »Tochter des Nil«) von einem Komplott europäischer Eliten und fundamentalistischer Muslime fantasiert, die sich verabredet hätten, die europäische Kultur zu zerstören.

Noch radikaler als Tibi ist der deutsch-libanesische Filmemacher Imad Karim. Er stammt aus einer muslimischen Familie, bezeichnet sich selbst aber als »Agnostiker«. 1958 in Beirut geboren, kam er 1977 zum Studium nach Deutschland. Im August 2016 gründete er die Facebook-Gruppe »Deutschland mon amour«, die schon ein Jahr später über 27 000 Mitglieder hatte. In dieser Gruppe wurde hemmungslos gegen Muslime und Flüchtlinge gehetzt. Imad Karim sieht sich in Deutschland von »Islam-U-Booten« und »Kopftuchkriegerinnen« umzingelt und schrieb: »Wenn Millionen von Menschenhassern ein Land stürmen, dessen Bewohner mehrheitlich aus Selbsthassern bestehen, wird die Katastrophe nicht mehr aufzuhalten sein.«

Im April 2017 wurde seine Facebook-Seite kurzzeitig gelöscht, was zu einer großen »Solidaritätswelle« von rechts führte. Rechte Blogs wie die »Achse des Guten«, »PI-News« und *Epoch Times* setzten sich für Imad Karim ein und sprachen von »Zensur«. Auch *Cicero* veröffentlichte auf seiner Online-Seite einen Artikel von Imad Karim, den dieser zuvor für das Magazin geschrieben hatte.[35]

In diesem Artikel verbreitete Karim die absurde Verschwörungstheorie, schon 2014 hätten sich »Massen von echten und falschen Syrern« im Libanon, in Ägypten, den Golfstaaten oder dem Sudan »auf die Auswanderung nach Europa und vor allem in die Bundesrepublik« vorbereitet. Medien und Politik hätten dies der deutschen Bevölkerung jedoch bewusst verschwiegen und gemeinsam mit Saudi-Arabien daran gearbeitet, diese Menschen nach Deutschland zu lotsen. Diese Menschen seien aber »fast zu neunzig Prozent keine Flüchtlinge«, sondern »Wirtschaftsmigranten«, die »das westliche Lebensmodell regelrecht verachten« würden und den Islam verbreiten wollten, behauptet Karim. Es sind vermutlich solche Quellen, aus denen Uwe Tellkamp später seine Zahlen bezog.

Während Tibi einen »europäischen Islam« propagiert, wobei keine Auslegung außer seiner eigenen seinen Ansprüchen genügt, hält Karim den Islam grundsätzlich nicht für reformierbar. Muslime seien »in ihren Heimatländern zivilisatorisch gescheitert«, sagte er einmal. Wer den Islam reformieren wolle, könne das in einem muslimischen Land tun. Es sei nicht Aufgabe Deutschlands, diese Menschen zu »resozialisieren«.

Bei Karim und Tibi mischt sich bildungsbürgerlicher Dünkel mit antimuslimischen Ressentiments der Mehrheitsgesellschaft, die sie sich einfach angeeignet haben. Der Kolonialismus-Theoretiker Frantz Fanon schrieb in seinem Buch *Schwarze Haut, weiße Masken* über die schizophrene Situation von Minderheiten, die in Gesellschaften leben, die von der eigenen Überlegenheit gegenüber dieser Minderheit überzeugt sind. Fanon schreibt, dass die »schwarze Person« eine »weiße Maske« tragen müsse, um in einer solchen Welt anerkannt und ernst genommen zu werden. Das lässt sich zum Teil auf die Situation von Menschen aus muslimischen Ländern übertragen, die in den christlich-säkularen Ländern des Westens leben. Assimilation bedeutet, sich einfach den Habitus und die herrschenden Vorurteile gegenüber ihrer Herkunftskultur anzueignen und sie zu internalisieren. Assimilation ist auch das Modell, das Intellektuelle wie Bassam Tibi anderen Einwanderern empfehlen. Es widerspricht aber einem liberalen Rechtsstaat.

Die AfD berief Imad Karim, zusammen mit David Berger, 2018 ins Kuratorium ihrer »Desiderius-Erasmus-Stiftung«, welche sie nach dem Vorbild anderer Parteien als Parteistiftung gründen will. Dort sitzen auch der neurechte Vordenker Karlheinz Weißmann, die Dresdener Buchhändlerin Susanne Dagen, der Ökonom Max Otte und der katholische Sozialethiker Wolfgang Ockenfels. Die AfD will damit zeigen, dass sie eine Partei ist, deren Anhänger aus allen Schichten und Teilen der Bevölkerung stammen.

Eine rasante Karriere in AfD-Kreisen hat auch die selbsternannte »Frauenrechtlerin« Leyla Bilge gemacht, ein weiterer Fall von Überassimilation. Angeblich will sich die Deutschkurdin einmal als Flüchtlingshelferin engagiert haben. Doch seit sie auf AfD-Veranstaltungen auftritt, zieht sie über Flüchtlinge her. 2017 moderierte sie eine Konferenz des ultrarechten *Compact*-Magazins von Jürgen Elsässer in

Leipzig, seit der Bundestagswahl arbeitet sie als Referentin für einen AfD-Abgeordneten.

Bekannt wurde Leyla Bilge durch ihre außerparlamentarischen Aktivitäten. 2018 rief sie über Facebook zu einem »Frauenmarsch« auf, um gegen Gewalttaten von Geflüchteten zu demonstrieren. »Achtzig Prozent« der männlichen Flüchtlinge seien eine »Horde unkontrollierter, muslimischer Männer«, behauptete sie.[36] Zum ersten Aufmarsch dieser Art in Berlin im Februar 2018 kamen neben Imad Karim und David Berger auch Pegida-Gründer Lutz Bachmann, und überhaupt liefen auffällig viele Männer mit. Weil Gegendemonstranten den Aufmarsch blockierten, kam er jedoch nicht vom Fleck. Zu ihrer zweiten Kundgebung im Juni kamen gerade mal 300 Teilnehmer, die mit Holzkreuzen und Deutschlandfahnen vor das Brandenburger Tor zogen.

Betrachtet man Biografien wie die von Bassam Tibi, Leyla Bilge und Imad Karim, so muss man feststellen, dass sie sich in der Tat vorbildlich integriert haben. Sie haben sich nur leider in eine rechte Parallelgesellschaft integriert. Wenn sich Einwanderer mit Populisten aus ihren Herkunftsländern identifizieren, gelten sie dagegen als »desintegriert«. Das gilt insbesondere für Einwanderer aus der Türkei, die sich für den türkischen Präsidenten Erdoğan begeistern. Aber stimmt das Klischee überhaupt? Und unterscheiden sich Türken in Deutschland wirklich so stark von anderen Einwanderergruppen?

Die Journalistin Anna Prizkau hat sich für die *FAZ* einmal mit jungen Einwanderern getroffen, die in Deutschland leben, aber den starken populistischen Anführern in ihren Herkunftsländern zugetan sind.[37] Da ist der junge Tugay, der in Hannover gegen Türkenhass demonstriert und für Erdoğan schwärmt. Da ist Kolja, den sie am russischen Nationalfeiertag am Mahnmal der gefallenen Rotarmisten in Berlin trifft und der Putin bewundert. Und da ist Katerina, die seit fünfzehn Jahren in Deutschland lebt und ihr erzählt, dass sie wegen Jarosław Kaczyński zurück nach Polen gehen will. Werte wie Familie und Glauben würden in Deutschland nicht mehr zählen, meint sie. Stattdessen würden die Flüchtlinge verhätschelt: »Wir mussten alles selbst erarbeiten, ohne irgendein Willkommensschild. Und die kommen und bekommen jetzt Geschenke.«

Der Nationalismus vieler Polen, den die PiS geweckt habe, bliebe in Deutschland unbemerkt, »weil sie ihre Gefühle kaum auf Straßen zeigen«, schreibt Anna Prizkau. Das unterscheidet sie von vielen Türken in Deutschland, die ihre Sympathien für Erdoğan, den starken Mann der Türkei, deutlich zeigen. Zehntausende demonstrierten in den vergangenen Jahren immer mal wieder in deutschen Städten für Erdoğan, oder nahmen an seinen Auftritten in deutschen Hallen teil. Nach seinem Wahlsieg im Juni 2018 kam es in einigen europäischen Städten sogar zu Autokorsos seiner Anhänger. Doch das sind nicht »die Deutschtürken«. In Deutschland leben rund drei Millionen Menschen, die Wurzeln in der Türkei haben, sie bilden die größte Einwanderergruppe. Knapp die Hälfte von ihnen besitzt den türkischen Pass und ist wahlberechtigt. Wiederum die Hälfte von ihnen nahm 2017 beim Referendum über eine neue türkische Verfassung und 2018 an der Präsidentschaftswahl teil, bei der Erdoğan im Amt bestätigt wurde. Die Wahlbeteiligung in Deutschland lag unter der Wahlbeteiligung in der Türkei – die Zustimmung für Erdoğan in Deutschland aber lag über dem Zuspruch in der Türkei. Über sechzig Prozent der türkischen Wähler in Deutschland stimmten 2017 für die Verfassungsänderung und 2018 für Erdoğan als Präsidenten, jeweils über 400 000.

Schon das Ergebnis des Referendums sorgte 2017 in Deutschland für Debatten um eine angeblich »gescheiterte Integration«. Sogar linksliberale Kritiker wie Sonia Mikich und Jakob Augstein stellten deswegen die doppelte Staatsbürgerschaft für Deutschtürken in Frage. Allerdings besitzt nur eine kleine Minderheit von rund einer halben Million Menschen in Deutschland neben dem türkischen auch den deutschen Pass. Und diese Menschen identifizieren sich meist eher mit den Werten des Grundgesetzes als mit Erdoğan. Das meint zumindest der Essener Politologe Achim Goerres, der das Wahlverhalten von Deutschtürken und Russlanddeutschen bei der Bundestagswahl verglichen hat. Dabei zeigte sich, dass die Deutschen mit türkischem Migrationshintergrund den türkischen Präsidenten eindeutig negativ sehen. Sofern sie über die doppelte Staatsbürgerschaft verfügten, hatten sie zuvor auch mit großer Mehrheit gegen die Verfassungsreform gestimmt.[38]

Viele türkischstämmige Einwanderer in Deutschland fühlen sich ausgegrenzt, weil sie in den Augen der Mehrheit als »fremd« wahrgenommen und nicht als Deutsche anerkannt werden. Dagegen fühlen sich viele Russlanddeutsche durchaus als richtige Deutsche, aber trotzdem fremd hierzulande. »Deutschland ist nicht mehr deutsch genug«, meint Kolja, mit dem Anna Prizkau sprach. Diese Auffassung teilen viele Russlanddeutsche, doch es gibt noch einen Unterschied: Wenn Einwanderer aus der Türkei sich für Erdoğan begeistern, dann stehen sie damit weitgehend allein. Wenn Russlanddeutsche Sympathien für Wladimir Putin hegen, dann nicht. Laut einer Umfrage des Pew Research Centers in Washington D.C. genießt Putin in Deutschland weit höhere Sympathiewerte als der US-Präsident Donald Trump. Jeder vierte Deutsche bringt Russlands Präsident Vertrauen entgegen, Trump dagegen nur jeder neunte.

Eine der Ersten, die nach dem russischen Einmarsch auf der Krim für Putin Partei ergriff, war übrigens Alice Schwarzer. Auf ihrer Webseite veröffentlicht sie einen Text, mit dem sie sich klar auf seine Seite stellte.[39] Putin stehe zwar »im Verdacht, nicht profeministisch zu sein«, stapelte Schwarzer tief. Aber er werde »dämonisiert«, die deutschen Medien seien »quasi gleichgeschaltet«. Dem Westen warf sie eine Doppelmoral vor, weil er das »störungsfrei« abgelaufene Autonomie-Referendum auf der Krim nicht anerkenne, aber bei der Loslösung des Kosovo von Serbien doch genau so verfahren sei.

Nun kann man mit guten Gründen die Rolle des Westens im Ukraine-Konflikt kritisieren. Man kann auch von Doppelmoral sprechen, weil die USA und ihre Verbündeten selbst mehr als einmal das Völkerrecht gebrochen haben – im ehemaligen Jugoslawien, im Irakkrieg oder 2011 mit ihrer militärischen Intervention in Libyen. Es überrascht aber schon, wenn sich Alice Schwarzer deshalb so nonchalant über das Völkerrecht hinwegsetzt. Statt für universelle Prinzipien einzutreten, zeigte sie in der Ukraine-Krise großes Verständnis für das Recht des Stärkeren. Auch das verbindet sie mit der AfD, die ganz offen dafür eintritt, die russische Annexion der Krim einfach anzuerkennen.

Rechtspopulisten spitzen Haltungen zu, die weithin geteilt werden. Das ist Ausdruck jener pathologischen Normalität, von der Cas Mudde spricht.

17 Was tun? Antworten auf den Rechtspopulismus

Rechtspopulisten zwingen die Gesellschaft dazu, sich ihrer grundlegenden Werte zu vergewissern, denn sie stellen viele Grundwerte in Frage. Wenn Donald Trump Menschen, die in den USA ein besseres Leben suchen, an der Grenze zu Mexiko ins Gefängnis werfen und von ihren Kindern trennen lässt, wenn Italiens Innenminister Salvini von der rechten Lega ankündigt, die Roma in seinem Land zählen zu lassen, und Schiffen mit geretteten Flüchtlingen aus dem Mittelmeer verbietet, in Italiens Häfen anzulegen, oder wenn Ungarns Premier Viktor Orbán Flüchtlingshelfer kriminalisiert, dann widerspricht das nicht nur den Werten des Christentums, auf die sie sich diese Politiker bei jeder Gelegenheit gerne berufen, sondern auch den universellen Menschenrechten. Nichts davon ist überraschend. Diese rechten Populisten haben nicht immer wortwörtlich angekündigt, was sie dann in die Tat umsetzen. Aber schon aus ihren Reden konnte man deutlich heraushören, welche Absichten sie hegten. Keiner kann sagen, er habe davon nichts gewusst. Man musste nur hinhören.

1. Wir müssen über Werte reden

Ausgerechnet zum Tag des Grundgesetzes 2018 tönte Beatrix von Storch in einer Videobotschaft, »wir« müssten »unsere Werteordnung« verteidigen. Dazu führte sie aus: Es gebe »ein deutsches Volk« und nur »zwei Geschlechter«, eine Ehe bestehe aus Mann und Frau und eine Familie aus Vater, Mutter und Kind. Das Asylrecht sei »kein Instrument der Massenmigration«, und Religionsfreiheit werde nur

»auf der Grundlage unserer Werteordnung« gewährt, womit sie Muslime implizit ausschloss.

Rechtspopulisten beanspruchen, für bestimmte Werte zu stehen: Sie halten das Volk, die Nation, das traditionelle Familienmodell und althergebrachte Hierarchien und Ordnungen hoch. Wenn sie aber für den Vorrang des Christentums gegenüber anderen Religionen, für die Bevorzugung von Alteingesessenen gegenüber eingebürgerten Einwanderern oder für völkische Überzeugungen eintreten, dann widerspricht das den Werten des Grundgesetzes, das die Gleichberechtigung aller Menschen unabhängig von ihrer Herkunft, Religion und sexuellen Orientierung einfordert. Der Staat hat neutral zu sein und soll keine Gruppe zu bevorzugen. Für das traditionelle Familienmodell oder das Christentums kann man auch eintreten, ohne andere Gruppe zu diskriminieren.

Rechtspopulisten fehlt die Achtung vor gesellschaftlicher Vielfalt und politischer Pluralität, vor der Vielfalt der Familienmodelle, der Lebensstile und der sexuellen Identitäten, ihnen fehlt der Respekt für die Rechte von Andersdenkenden, von religiösen Minderheiten und von Flüchtlingen. Von christlichen Werten wie Barmherzigkeit und Nächstenliebe oder Werten der Aufklärung, zu denen Freiheit und Gleichheit, Toleranz und Demokratie gehören, sind Rechtspopulisten denkbar weit entfernt. Wenn sie von »Werten« sprechen, dann sind das reine Worthülsen – und ein Mittel zur Ausgrenzung. Denn zu den Grundwerten liberaler Demokratien zählen die Toleranz gegenüber Minderheiten, die Achtung der Menschenwürde und der Rechte anderer.

Demokraten und Humanisten sind aufgefordert, diese Werte zu verteidigen und mit Leben zu füllen. Welchen Stellenwert die Menschenrechte in einer Gesellschaft haben, zeigt sich an ihrem Umgang mit den Schwächsten in besagter Gesellschaft – mit Einwanderern, Flüchtlingen, religiösen und sexuellen Minderheiten, aber auch mit den Verlierern der Gesellschaft, mit Alten und Armen, mit Langzeitarbeitslosen und Obdachlosen.

2. Wer ist das Volk?

Populisten behaupten von sich, für das eigentliche Volk zu sprechen und es gegen vermeintliche Eliten zu vertreten. Demokratie verstehen sie als »Herrschaft der Mehrheit«, Gewaltenteilung und Rechtsstaat betrachten sie als lästiges Beiwerk, das sie nur daran hindert, den direkten Willen des Volkes umzusetzen. Aber wer ist das Volk?

Rechtspopulisten definieren ihre Gesellschaften als »Volksgemeinschaft«, oder zumindest als Kulturgemeinschaft der Alteingesessenen, die sie scharf gegen vermeintliche oder echte Neuankömmlinge, »Fremde« oder andere abgrenzen. Sie sind sehr geschickt, die Rechte deutscher Frauen oder einheimischer Obdachloser gegen Flüchtlinge in Stellung zu bringen, oder Einwanderer gegen deutsche Arbeiter auszuspielen, um im nächsten Schritt dann deutsche Frauen, Obdachlose und Arbeiter gegenüber angeblichen »Leistungsträgern« abzuwerten.

Rechtspopulisten berufen sich auf den »Willen des Volkes«, um eine meist nationalistische, völkische oder autoritär-autokratische Herrschaft zu rechtfertigen. Im »Namen des Volkes« verfolgen sie eine Politik, die grundlegenden rechtsstaatlichen und demokratischen Prinzipien widerspricht. Demokraten und Humanisten sollten dieses Spiel nicht mitmachen. Sie müssen deutlich machen, dass Demokratie mehr ist, als einen starken Mann (oder eine starke Frau) an die Spitze zu wählen, der (oder die) verspricht, die eigenen Interessen durchzusetzen.

Zur Demokratie gehört der Pluralismus und die Achtung von Grundrechten. Zwischen den Rechten der Minderheiten und dem Willen der Mehrheit besteht ein Spannungsverhältnis. Deswegen braucht es ein System der Gewaltenteilung, um Regierungen zu kontrollieren und dafür zu sorgen, dass eine Demokratie nicht in eine Tyrannei der Mehrheit abgleitet. Mit dem »Willen des Volkes« lässt sich sonst auch die Willkürherrschaft einer Mehrheit über Minderheiten rechtfertigen.

Wenn selbst linke Autoren und Politiker heute ein Loblied auf die »lokale Gemeinschaft«, die »Heimat«, auf »Patriotismus« und »Leitkultur« singen, dann sollten sie das stets bedenken. Denn es kommt ganz entscheidend darauf an, wie man diese »lokale Gemeinschaft«

oder »Heimat«, der man sich verpflichtet fühlt, definiert und was man unter Patriotismus und Leitkultur versteht. Von der Antwort auf diese Frage leitet sich ab, wem Bürgerrechte und Zugang zu Sozialleistungen gewährt werden, wer gefördert und wer diffamiert wird, wer gleiche Rechte in Anspruch nehmen darf und wem Pflichten und Schikanen aufgebürdet werden.

3. Was sind progressive Werte?

Auch manche Politiker und Autoren, die sich als links verstehen, schimpfen heute über vermeintliche »Weltbürger«, »Kosmopoliten« und liberale Eliten, die mit ihrem »Moralismus«, ihrer Besserwisserei und einer angeblichen »Bevormundungspolitik« (Nils Heisterhagen) die Menschen in die Arme von Rechtspopulisten treiben würden. Als wären diese Menschen unmündig und hätten keine andere Wahl.

Sahra Wagenknecht etwa kritisiert, dass Weltoffenheit, Antirassismus und Minderheitenschutz »Wohlfühl-Label« geworden seien, mit denen eine grobe Umverteilungspolitik von unten nach oben kaschiert worden sei.[1] Während in Deutschland die »Ehe für alle« und Frauenquoten eingeführt und staatliche Antidiskriminierungsbeauftragte eingesetzt wurden, seien Teile der Bevölkerung in Niedriglöhne, prekäre Beschäftigungsverhältnisse und Armut abgedrängt worden. Das, glaubt Wagenknecht, sei ein Grund für die Aggressivität, mit der Teile der Gesellschaft progressive liberale Werte heute wieder ablehnen würden. Damit begründet sie, warum es in Deutschland eine linke Sammlungsbewegung brauche.

Es mag richtig sein, dass sozialdemokratische Parteien bestimmte Gruppen von Arbeitern vernachlässigt und sich mit einer neoliberalen Politik gemein gemacht haben. Aber es sind auch die Veränderungen der Arbeitswelt, die Digitalisierung und die Globalisierung, die neue Gruppen von »Abgehängten« und prekär Beschäftigten produziert haben. Darauf eine Antwort zu finden, ist für linke Politik eine Herausforderung.

Es ist allerdings ein Denkfehler, die Interessen von Minderheiten gegen die Interessen der vermeintlich »Abgehängten« oder der »kleinen Leute« auszuspielen. Denn auch »kleine Leute« und »Abgehängte« können Minderheiten angehören. Im Niedriglohnbereich und in prekären Arbeitsverhältnissen arbeiten oft Menschen aus Einwandererfamilien, und diese sind häufiger von Armut betroffen. Ebenso finden sich Schwule und Lesben in allen Schichten der Gesellschaft. Und alleinerziehenden Müttern ist es nicht nur wichtig, finanziell über die Runden zu kommen, sondern auch, nicht als Frau diskriminiert zu werden. Es gibt viele »kleine Leute« und »Abgehängte«, denen Antirassismus und eine diskriminierungsfreie Gesellschaft wichtig sind.

Menschen wählen auch nicht bloß nach ökonomischen Kriterien, sondern haben oft ein ganzes Bündel an Motiven. Deshalb ist es fraglich, ob linke und sozialdemokratische Parteien jene Wähler, die zu rechten Parteien abgewandert sind, allein mit dem Versprechen auf mehr soziale Gerechtigkeit erreichen können. Einen Teil von ihnen vielleicht. Aber wenn Arbeiter und »Abgehängte« rechtspopulistische Parteien wählen, tun sie das ja nicht unbedingt, weil sie glauben, diese würden ihre ökonomische Situation verbessern. Sondern weil diese Parteien ihnen versprechen, dafür zu sorgen, dass es Einwanderern oder Flüchtlingen garantiert nicht besser ergeht als ihnen. Das reicht manchen schon als Grund aus, diese Parteien zu wählen.

Wenn Sozialdemokraten oder linke Parteien versuchen, diesen Wählern entgegenzukommen, indem sie ihnen signalisieren, künftig weniger Wert auf die Interessen von Minderheiten zu legen, dann ist es höchst fraglich, ob diese Strategie Erfolg verspricht. Es dürfte diese Wähler vielleicht eher darin bestätigen, dass sie von Anfang an richtig lagen, eine rechte Partei zu wählen, die diese Ziele von Anfang an glaubwürdig vertreten hat – und das Original der Kopie vorziehen.

Es ist ein weit verbreiteter Irrtum zu glauben, dass Menschen ihre Wahlentscheidung allein nach rationalen und materiellen Gesichtspunkten treffen und Parteien wählen, weil sie sich davon einen persönlichen Vorteil versprechen. Das ist nicht der Fall. Gut verdienende Wähler von SPD, Linkspartei oder Grünen wählen diese Parteien ja auch, obwohl sie wissen, dass sie, wenn diese an die Regierung kommen, vielleicht höhere Steuern zahlen müssen, als wenn die FDP regiert. So gesehen wählen auch sie gegen ihre ökonomischen Interessen. Aber ihnen sind andere Dinge – der Kampf gegen den Klimawandel oder soziale Gerechtigkeit – eben wichtiger.

Nicht anders ist es bei vielen Wählern rechtspopulistischer Parteien. Sie wissen, dass ihnen das ökonomisch vielleicht gar nichts bringt, aber das ist für sie zweitrangig. Andere Dinge sind ihnen wichtiger: die Bewahrung einer kulturellen Homogenität oder eines traditionellen Familienmodells, der Stolz auf die eigene Nation oder das Gefühl der kulturellen Überlegenheit gegenüber anderen Gruppen. Es ist deshalb womöglich sinnlos, diese Wähler davon überzeugen zu wollen, dass die Wahl einer anderen Partei zu ihrem ökonomischen Vorteil wäre. Möglicherweise wissen sie das bereits – und wählen trotzdem lieber Rechtspopulisten.

Mag sein, das Rassismus und Antisemitismus auch Ausdruck einer ungerechten Wirtschaftsordnung sind. Die Ökonomisierung aller gesellschaftlichen Verhältnisse führt zur Verrohung. Moral wird dann zur Verhandlungssache, Mitgefühl zu einer knappen Ressource und ein freundliches Gesicht gegenüber Flüchtlingen zu etwas, das man glaubt, sich nicht leisten können zu müssen. Rassismus ist nicht immer irrational oder pathologisch. In einer Marktgesellschaft, in der jeder mit jedem konkurriert, kann er ein Mittel sein, um Privilegien zu verteidigen oder sich Vorteile zu verschaffen. Linke und Humanisten sollten sich dieser Logik aber widersetzen. Sie sollten nicht einem Utilitarismus gegenüber Flüchtlingen, die Hilfe brauchen, das Wort reden und Solidarität nicht einseitig nur für Einheimische einfordern.

Die Linke versagt, wenn sie den massiven Rassismus der Rechtspopulisten als nebensächlich abtut oder versucht, ihn sich mit ökonomischen Argumenten rational zu erklären oder gar zu entschuldigen. Am massiven Abbau des Asylrechts in Europa oder daran, dass in den USA die Kinder illegaler Einwanderer von ihren Eltern getrennt werden, oder daran, das Ungarns Regierung alle Flüchtlingshelfer zu Kriminellen erklärt, sind weder die »Weltbürger« und kosmopolitischen Eliten noch eine angeblich einseitig überempfindliche Linke schuld. Die Verantwortung liegt bei denen, die diese Politiker gewählt haben.

Die SPD hat sich dem Rechtsruck in Deutschland auch nicht wirklich entgegengestemmt. An der Regierung hat sie jede noch so fragwürdige Verschärfung der Asyl- und Sicherheitsgesetze mitgetragen. Es ist ihr auch nicht gelungen, einen Thilo Sarrazin trotz seiner sozialdarwinistischen und eindeutig rassistischen Positionen aus der Partei auszuschließen. Die Zahl der Amts- und Mandatsträger mit Migrationshintergrund in der SPD lässt sich an wenigen Fingern abzählen. Da stellt sich die Frage, wann in der SPD jemals jene »Vielfaltseuphorie« des »Anything goes« geherrscht haben soll, die manche heute so lautstark beklagen.

Ein Blick in die USA oder nach Großbritannien zeigt, dass man sich nicht zwischen sozialer Gerechtigkeit und den Anliegen von Minderheiten entscheiden muss. Sowohl Bernie Sanders als auch Jeremy Corbyn haben in ihren Wahlkämpfen den Schwerpunkt auf Fragen der sozialen Gerechtigkeit gelegt. Sie haben deswegen aber nicht darauf verzichtet, für Vielfalt und die Rechte von Minderheiten einzutreten. Bernie Sanders hat sich beispielsweise mit der »Black Lives Matter«-Bewegung solidarisiert. Und Jeremy Corbyn berief betont viele Frauen und Angehörige ethnischer Minderheiten in sein Schattenkabinett und versprach, das Thema »Diversity« im Blick zu haben. In seinen Wahlwerbespots spiegelte sich die multiethnische Realität des heutigen Großbritanniens bewusst wider. Ein »vielfältiges und vereintes Großbritannien« lautet einer seiner Slogans.

Bei vielen deutschen Linken und Sozialdemokraten dagegen scheint das Bewusstsein zu fehlen, dass Deutschland schon lange ein Einwanderungsland ist, dass auch viele Menschen mit Migrationshintergrund zu ihren Wählern gehören und dass Menschenrechte unteilbar sind. Wer Vielfalt und soziale Gerechtigkeit als Gegensätze betrachtet, der schließt sich einer rechtspopulistischen Logik an.

4. Was sind konservative Werte?

Auch die Union ist in der Sinnkrise. Schon seit Jahren fragen sich manche CDU-Mitglieder, wie konservativ ihre Partei eigentlich noch ist. Nicht erst die Flüchtlingspolitik des Sommers 2015 hat manche von ihrer Partei entfremdet, auch die Abschaffung der Wehrpflicht, die Abkehr von der Atomkraft oder die »Ehe für alle« ging manchen zu weit. In der Wirtschafts- und Sozialpolitik, aber auch in der Familienpolitik und bei Fragen der Zuwanderung und Integration hätte Merkel den Sozialdemokraten zu sehr nachgegeben, bemängeln Kritiker. Merkel habe sich einer diffusen Mitte angenähert und das kon-

servative Profil aufgeweicht. Wirtschaftsliberale und »Wertkonserva-
tive« hätten in der CDU deshalb keine Heimat mehr.

Der Aufstieg der AfD hat all jenen nun wieder neuen Auftrieb gegeben, die schon lange fordern, dass die CDU wieder konservativer
wird. Innerhalb der Union hat sich 2017 eine Gruppe namens »Werte-
Union« gebildet, die die Uhr zurückdrehen und die Partei stärker
nach rechts rücken will. Das geht so weit, dass führende CDU-Politi-
ker wie die Generalsekretärin Annegret Kramp-Karrenbauer und
Nordrhein-Westfalens Ministerpräsident Armin Laschet schon vor einem »Rechtsruck« gewarnt haben. Der Markenkern der CDU sei
»nicht das Konservative«, betont Laschet, sondern das christliche
Menschenbild stehe »im Mittelpunkt«.[2] Man sei »keine Sammlungsbewegung der demokratischen Rechten«.

Das ging an die Adresse der CSU, die das etwas anders sieht. Seit
Jahren schon versucht sie, den rechten Rand abzudecken und der
AfD keinen Platz zu lassen. Sie macht das so vehement, dass man sich
fragen kann, ob die CSU nicht selbst bereits eine rechtspopulistische
Partei ist. Ein ums andere Mal betonen CSU-Politiker in Bayern, dass
Kirchtürme und nicht Minarette das Bild ihres Bundeslands prägen
würden, und dass der Islam nicht zu Deutschland gehöre. Horst Seehofer tönte als Ministerpräsident, er werde Einwanderung »aus fremden Kulturkreisen« und »in die Sozialsysteme« bekämpfen – und
zwar »bis zur letzten Patrone«. Sein Nachfolger Markus Söder verfügte, in allen Amtsstuben ein Kruzifix aufhängen zu lassen, und
setzte ein hartes Polizeigesetz durch. Seit Jahren opponiert die CSU
gegen eine liberale Flüchtlingspolitik, verlangt »Obergrenzen« und
will Flüchtlinge an den deutschen Grenzen abweisen.

Mit ihrem polternden Oppositionskurs in der Flüchtlingspolitik
versucht die CSU vergessen zu machen, dass sie in Berlin seit vielen
Jahren mitregiert. Man hat sich in Deutschland daran gewöhnt, das
als Folklore abzutun. Doch mit ihren populistischen Vorstößen und
ihrer rechtspopulistischen Rhetorik vergiftet sie das gesellschaftliche
Klima. Die AfD kann sich darüber freuen, denn wenn die CSU ihr entgegenkommt, kann sie sich bestätigt fühlen. Mit konservativen oder
gar christlichen Werten hat das allerdings nichts mehr zu tun. Die
Kirchen in Deutschland vertreten in der Flüchtlingspolitik einen ganz
anderen Standpunkt.

Angela Merkel sagte einmal, wer um den schwindenden Einfluss des Christentums fürchte, solle doch einfach öfter mal wieder in die Kirche gehen. Das ist eine grundsätzlich andere Haltung als die von Markus Söder, der als bayerischer Ministerpräsident verfügte, in jeder Amtsstube ein Kreuz aufhängen zu lassen. Ersteres ist eine authentische Haltung. Letzteres ist ein symbolischer Akt, der Nichtchristen zu Bürgern zweiter Klasse degradiert. Es ist auch der Unterschied zwischen Konservatismus und Populismus.

5. Wir müssen auf unsere Sprache achten

Alexander Gauland gibt ganz offen zu, er wolle »die Grenzen des Sagbaren erweitern«. Darüber, dass CSU-Politiker wie Markus Söder von »Asyl-Tourismus« und Alexander Dobrindt von der »Anti-Abschiebe-Industrie« sprechen, zeigte er sich erfreut. »Vor zwei Jahren wären solche Formulierungen, wenn sie von uns gekommen wären, als rechtsradikal und fremdenfeindlich verschrien worden«, sagte er 2018 in einem Zeitungsinterview.[3] Es geht der AfD darum, bestimmte Begriffe zu etablieren, Sichtweisen zu verschieben und den politischen Diskurs zu verändern, sagt der Tübinger Rhetorik-Professor Olaf Kramer.[4]

Medien ordnen sich der populistischen Logik unter, wenn sie solche Begriffe unreflektiert übernehmen, und Politiker anderer Parteien übernehmen Themen oder Forderungen von Populisten, weil sie hoffen, ihnen damit »das Wasser abzugraben«. Das ist ein fataler Irrtum, denn damit bestärken sie deren Positionen. Auch wenn Populisten keine Mehrheiten gewinnen, können sie auf diese Weise doch die öffentliche Stimmung prägen und die anderen Parteien vor sich hertreiben. Das meinte Alexander Gauland, als er nach dem Einzug der AfD in den Bundestag meinte, man werde die anderen Parteien und die Bundeskanzlerin »jagen«.

Dass die AfD damit Erfolg hat, sieht man schon an der Wiederkehr von Begriffen wie »Volk«, »Heimat«, »Patriotismus« und »Abendland«, die in der politischen Debatte lange keine Rolle mehr gespielt hatten. Lange Zeit war eher von Bundesbürgern und der deutschen Bevölkerung die Rede, und, wenn überhaupt, von einem »Verfassungspatriotismus« im Sinne von Jürgen Habermas. Die AfD hat diese alten Begriffe wieder in die Debatte eingeführt, und andere Parteien haben sie aufgegriffen. Auch daran zeigt sich eine Verschiebung des Diskurses.

6. Wir brauchen einen konstruktiven Journalismus

Es ist ein medialer Schneeballeffekt: Populisten schüren im Netz die Wut, Wut wird zu Klicks, Klicks generieren Reichweite, Reichweite im Netz sorgt für Schlagzeilen, Schlagzeilen machen Meinung. Diesen Kreislauf gilt es zu durchbrechen. Es darf den Populisten nicht so leicht gemacht werden, mit ihren Übertreibungen, Lügen und Verschwörungstheorien die Wut zu schüren und Gesellschaften zu spalten. Auf die ständigen Provokationen mit Empörungsreflexen zu reagieren ist kontraproduktiv, weil sich Wut und Gegen-Wut dann nur hochschaukeln. Medien sollten die Empörungswellen, die durch das Netz schwappen, nicht überbewerten und sie nicht größer machen, als sie in Wirklichkeit sind, weil es sich oft um Mini-Öffentlichkeiten handelt. Sie sollten auch der Versuchung widerstehen, auf diesen Empörungswellen zu reiten, die sich im Netz manchmal in Windeseile aufbauen, sondern versuchen, wieder stärker wichtige von unwichtigen Nachrichten zu trennen, und mehr Hintergrund und Kontext beisteuern. Außerdem brauchen wir eine kritische Öffentlichkeit, welche die Mechanismen der Medien durchschaut, sich nicht von kurzlebigen medialen Strohfeuern beirren lässt und den Qualitätsjournalismus unterstützt.

Rechtspopulisten sind sehr medienaffin. Ihnen steht eine Vielzahl von Kanälen offen, um sich zu allem und jedem zu äußern, im Zweifelsfall über Facebook und Twitter. Zu oft finden sich aber Journalisten einer Zeitung oder eines Radiosenders, die für möglichst provokante Statements dankbar sind und diese bereitwillig in die Welt hinaustragen. Sie multiplizieren damit die Wirkung der Rechtspopulisten und sorgen zugleich für ein Echo. So machen sich diese Medien aber auf lange Sicht überflüssig. Denn so verkommen Politik und Medien zu einem selbstreferentiellen Reiz-Reaktions-System, in dem der eine Politiker auf den anderen Politiker reagiert und Medien nur noch die Botschaften überbringen. Medien machen mit den Provokationen der Rechtspopulisten Auflage und Quote. Von dieser Logik müssen sie sich lösen. Auch Negativberichterstattung ist für Rechtspopulisten erst einmal kostenlose Werbung. Sie nutzen dankbar jedes Forum, um ihre Botschaften zu verbreiten.

Die Aufgabe der Medien sollte eine andere sein: selbst Themen setzen und einordnen, statt sie sich aufdrücken zu lassen, Diskussionen abbilden und organisieren und sie nicht simulieren. Sie könnten den Rechtspopulisten und ihren Themen weniger Aufmerksamkeit und Raum schenken, und dafür mehr den Opfern ihrer Rhetorik und ihrer Politik zuhören. Sie sollten diejenigen nicht vergessen, die vom medialen Getöse der Rechtspopulisten übertönt werden, aber davon am meisten betroffen sind.

Die Themen liegen auf der Hand: Wie ergeht es Flüchtlingen in Italien unter einem rechtsradikalen Innenminister? Was bedeutet es für eine Frau, die abtreiben will, dies in Polen oder den USA tun zu wollen? Wie lebt es sich als Einwanderer in Dänemark angesichts der härtesten Ausländergesetze Europas? Was haben Roma unter der Orbán-Regierung zu ertragen? Was machen Flüchtlingshelfer in Ungarn, wenn die Regierung ihre Arbeit kriminalisiert? Wie geht es Homosexuellen in Russland? Was erleben Muslime in AfD-Hochburgen wie Sachsen? Auch das ist Journalismus: schreiben, was ist.

Wir brauchen einen konstruktiven Journalismus, der nicht nur die Probleme benennt, sondern auch Lösungsvorschläge diskutiert. Medien sollten sich nicht nur auf Konflikte konzentrieren, sondern auch darauf, mögliche Auswege aufzuzeigen. Sie sollten nicht nur über Opfer und Täter berichten, sondern die Mitte der Gesellschaft stärker in den Blick nehmen, Ambivalenzen zulassen und einfache Antworten vermeiden. Statt Schwarz-Weiß-Malerei zu betreiben, sollten Journalisten die Zwischentöne ausleuchten und öfter die Perspektive wechseln. Statt gebannt auf Pegida und die AfD zu starren, könnten sie sich mehr jener Mehrheit widmen, die gegen Pegida auf die Straße geht oder sich für Flüchtlinge engagiert.

Natürlich ist das weniger dramatisch und spektakulär, als über Skandale, Gewalt und Katastrophen zu berichten. Aber schon der kanadisch-amerikanische Schriftsteller und Nobelpreisträger Saul Bellow wusste: »Das Problem der Zeitungsberichterstattung liegt darin, dass das Normale uninteressant ist.« Ein konstruktiver Ansatz ist nötig, um den starken Fokus auf negative Ereignisse auszugleichen, der in der herkömmlichen Medienlogik begründet ist. Man sollte sich klar darüber sein, welche Auswirkungen und Folgen eine solche Berichterstattung hat. Ein konstruktiver Journalismus bleibt kritisch, aber entlässt seine Leser, Zuhörer und Zuschauer nicht hoffnungslos und pessimistisch, sondern ermutigt sie im Zweifelsfall sogar zum aktiven Handeln. Zumindest kann er einen Weg aus der Empörungsspirale weisen, die nur den Rechtspopulisten hilft.

Journalisten sollten nicht darauf hereinfallen, wenn Rechtspopulisten sich in der Opferrolle gefallen und sich beklagen, sie würden ausgegrenzt. Sie sollten sich immer fragen, wann sie wen zu welchem Thema warum zu Wort kommen lassen. Sie sollten Rechtspopulisten nicht schlechter behandeln als Vertreter anderer Parteien, damit die sich nicht als Opfer angeblicher Ausgrenzung in Szene setzen können. Aber es gibt auch keine Pflicht, Rechtspopulisten immer und überall ein Podium zu geben – weder in Talkshows noch beim Kirchentag.

Wenn sich Journalisten mit Rechtspopulisten auseinandersetzen, sollten sie das nicht anders tun als mit Vertretern anderer Parteien. Sie sollten sich gut vorbereiten, die Inhalte kritisch hinterfragen und gegebenenfalls hart angreifen. Zugleich sollte man nicht so tun, als ob rechtspopulistische Parteien wie die AfD so wie alle anderen Parteien wären. Sie vertreten Werte und Vorstellungen, die den Grundsätzen von Demokratie und Menschenrechten widersprechen. Sie tragen Verantwortung für ihre Worte und Taten, und ihre Aussagen sprechen meist für sich. Daran sollte man sie messen.

7. Wir müssen Minderheiten schützen

Den Wert einer Gesellschaft erkennt man an ihrem Umgang mit ihren schwächsten Mitgliedern. Dieser Satz ist aus vielen Sonntagsreden bekannt. Er ist trotzdem nicht falsch. Wie Gesellschaften mit Hilfsbedürftigen, Alten, Behinderten, Obdachlosen, Armen oder Flüchtlingen, aber auch religiösen und sexuellen Minderheiten umgehen, ist ein Gradmesser für ihre Zivilität.

Rechtspopulisten denunzieren jede Rücksichtnahme gegenüber Minderheiten als »falsche Toleranz« und übertriebene »politische Korrektheit«. Der Grund ist, dass sie diesen Minderheiten schlicht gleiche Rechte verwehren wollen. Wenn man sie selbst in gleicher Weise beschimpft, wie sie gegen Minderheiten austeilen, reagieren sie oft sehr empfindlich und zeigen sich in ihren Gefühlen verletzt. Zu Alice Weidel darf man nicht einmal im Scherz »Nazi-Schlampe« sagen (wie es die Satire-Sendung »Extra 3« getan hat), sonst zieht sie vor Gericht. Und wenn man Trump-Wähler als »Häuflein von Bedauernswerten« bezeichnet, dann skandalisieren sie das ohne Ende.

Das Populistische an der Dauerklage über eine angeblich überbordende »politische Korrektheit« liegt darin, dass sie so unspezifisch ist, dass ihr fast jeder zustimmen kann. Denn jeder kennt einen Fall, in dem es mit der Rücksichtnahme vielleicht einmal zu weit getrieben wurde. Man kann sich ja auch darüber streiten, wie sinnvoll der Gebrauch von Gender-Sternchen ist. Man kann diskutieren, ob die 2017 erfolgte Verschärfung des deutschen Sexualstrafrechts nicht über das Ziel hinausschießt, und ob das »Netzwerkdurchsuchungsgesetz«, das Hass im Netz bekämpfen soll, nicht die Meinungsfreiheit bedroht. All das kann man tun, ohne das dahinterliegende Anliegen zu denunzieren.

Denn Sprachregelungen, Tabus und Verbote können sinnvoll sein – und Tatsache ist, dass Rechtspopulisten die Meinungsfreiheit missbrauchen, um gegen Minderheiten zu hetzen. Wenn Rechtspopulisten von »Freiheit« sprechen, meinen sie stets die eigene Freiheit, die eigenen Interessen über die von anderen Menschen zu stellen. Die Schweizer Volkspartei, deren Mitglieder regelmäßig wegen rassistischer Äußerungen verurteilt wurden, setzt sich seit Jahren dafür ein, das Rassismus-Verbot in ihrem Land zu kippen. Die neue Regierung in Österreich argumentierte, sie wolle eine »Verbotskultur« verhindern, als sie das Rauchverbot in Gaststätten aufhob, das Mitarbeiter und Kunden vor Schädigung ihrer Gesundheit schützt. Im Namen der »Religionsfreiheit« hat Donald Trump die Rechte von Frauen, die abtreiben wollen, sowie von Schwulen und Lesben eingeschränkt. Viktor Orbán begründet seine harte Haltung gegenüber Flüchtlingen damit, die »Freiheit« ungarischer Frauen und Töchter verteidigen zu wollen, wie er in seiner Weihnachtsansprache 2017 betonte.

Sicher sind Vielfalt und Diversität kein Wert an sich. Die Tatsache, dass in der Regierung von George W. Bush erstmals in der US-amerikanischen Geschichte auch afroamerikanische Minister vertreten waren, konnte nicht darüber hinwegtrösten, dass diese Regierung zwei völkerrechtswidrige und desaströse Angriffskriege zu verantworten hatte. Dass mehr Menschen mit Migrationshintergrund in Boulevardmedien wie der *Bild*-Zeitung arbeiten, bedeutet noch nicht, dass sich dadurch grundsätzlich etwas an ihrer populistischen Blattlinie ändert. Dass Deutschland zum ersten Mal in seiner Geschichte eine Kanzlerin hat, ist ein Fortschritt, aber noch kein Beweis für eine feministische Politik. Auch bei manchen rechtspopulistischen Parteien stehen heute Frauen an der Spitze. Trotzdem vertreten sie ein reaktionäres Geschlechterbild. Die AfD besitzt sogar eine Doppelspitze, die vorbildlich nach Alter, Geschlecht und sexueller Orientierung ausgewogen ist. Dennoch bleibt sie eine reaktionäre und rassistische Partei.

Es gibt keinen Grund, Vielfalt und Diversität unkritisch zu feiern, wo es nicht angebracht ist. Wenn Rüstungskonzerne, die Pharmaindustrie, Öl-Giganten oder Staaten, die gegen die Menschenrechte verstoßen, sich damit schmücken, gegenüber der LGBT-Community besonders sensibel zu sein, und diese umwerben, dann ist das ein zweifelhafter Fortschritt. Man spricht dann zu Recht von »Pinkwashing«. Wenn sich Unternehmen rühmen, besonders umweltfreundlich zu sein, aber ihre Mitarbeiter ausbeuten oder ihre ökologischen Versprechen nicht einlösen, wird das zu Recht als »Greenwashing« angeprangert.

Auch Rechtspopulisten geben heute vor, für Frauenrechte und gegen Antisemitismus und Homophobie zu sein, wenn sie das gegen andere Minderheiten wie Muslime wenden können. Sie behaupten, Deutschland sei durch Flüchtlinge, Einwanderer oder Muslime unsicherer geworden. In Wirklichkeit ist Deutschland durch die AfD und die Pegida-Bewegung unsicherer geworden. Durch ihre gewalttätige Rhetorik fühlen sich manche Leute dazu berufen und ermächtigt, ihr vermeintliches Vorrecht in die eigene Hand zu nehmen. Das erklärt, warum die Gewalt gegen Flüchtlinge und Angriffe auf deren Unterkünfte oder auf Moscheen zugenommen haben und auch Politiker, die sich für Flüchtlinge eingesetzt haben, angegriffen wurden.

8. Wir müssen Allianzen bilden

Die Erfolge rechtspopulistischer Parteien verdanken sich der Tatsache, dass es ihnen gelungen ist, Allianzen auf der Basis eines gemeinsam geteilten Ressentiments zu schmieden. Dieses Gefühl verbindet Vertreter eines erzkonservativen Bildungsbürgertums in Deutschland wie Beatrix von Storch und Alexander Gauland mit den Bewohnern ehemaliger Industriestädte wie Eisenhüttenstadt und Gelsenkirchen und Angehörigen einer verunsicherten Mittelschicht in den abgehängten Regionen des Landes. Das geteilte Gefühl einer Kränkung ist die Klammer, die ganz unterschiedliche Milieus zusammenfasst. In anderen Ländern ist es nicht anders: In Frankreich verbindet es Arbeiter in den einstigen Hochburgen der französischen Stahl- und Kohleindustrie mit einem rassistischen Großbürgertum in Paris oder an der Côte d'Azur und den verbitterten Veteranen des Algerienkriegs, die der vergangenen kolonialen Größe ihrer Nation nachtrauern. In den USA bringt es die Bewohner des »Rust Belt« in den USA mit waschechten Neonazis und Anhängern einer »White Supremacy« zusammen, und die Mitglieder evangelikaler Freikirchen im »Bible Belt« mit ultrarechten Milliardären wie Stephen Bannon oder dem Hedgefonds-Manager Robert Mercer. Das Ressentiment gegen eine zunehmende gesellschaftliche Vielfalt und eine liberale Elite, die diese Entwicklung zugelassen hat, ist der kleinste gemeinsame Nenner, der Rechtspopulisten und ihre Wähler verbindet. Die Wahl von Rechtspopulisten ist die Rache der Gekränkten, die sich von diesen Entwicklungen ausgeschlossen fühlen oder sich ihr schlichtweg verweigern.

Die althergebrachte Parteienlandschaft ist in vielen Ländern im Umbruch. Die ehemaligen »Volksparteien« haben teilweise dramatisch an Bindungskraft verloren. Dafür sind Rechtspopulisten in manchen Ländern schon zur »Volkspartei« aufgestiegen.

Dagegen ist es wichtig, deutlich zu machen, dass diese Rechtspopulisten nicht »das Volk« sind. Manchmal gelingt das sehr eindrucksvoll: Als die AfD im Mai 2018 zu einer Kundgebung in Berlin einlud, folgten höchstens 5 000 ihrer Anhänger diesem Aufruf. Dafür kamen mindestens fünf Mal so viele Gegendemonstranten. Zu Wasser und zu Lande, mit Musiktrucks und mit Holzflößen auf der Spree, verschafften sie sich Gehör. Berliner Clubs, Kulturschaffende und Gewerkschafter hatten zur Gegendemonstration aufgerufen, die sich zu einer Art Love Parade entwickelte.

Bei solchen Protesten kommen Menschen aus allen gesellschaftlichen Schichten und mit unterschiedlichen Weltanschauungen zusammen. Es ist wichtig, dass sich die Mehrheit in Deutschland auch auf diese Weise Gehör verschafft. So war es auch bei den Demonstrationen gegen die Pegida-Bewegung im Januar 2015: In den meisten Städten gingen deutlich mehr Menschen gegen Pegida auf die Straße, als die Bewegung selbst mobilisieren konnte. Die größten Kundgebungen gegen Pegida fanden in München statt, dort protestierten Zehntausende.

Auch die Proteste nach der Amtseinführung von Donald Trump waren ein Meilenstein. Allein am »Women's March on Washington« nahmen im Januar 2017 eine halbe Million Menschen teil, zwischen vier und fünf Millionen gingen im ganzen Land auf die Straße. Es waren die mit Abstand größten Massenproteste in der Geschichte der USA. »Frauenrechte sind Menschenrechte« war das Leitmotiv, denn Trumps sexistische Ausfälle gegen Frauen im Wahlkampf ließen ahnen, dass in Sachen Frauenrechte nun ein massiver Rückschritt drohte. Einige der Befürchtungen haben sich bereits bestätigt. Weitere Massenproteste gab es gegen den »Muslim-Ban« (das Einreiseverbot für Menschen aus einigen muslimisch geprägten Ländern), gegen die Abschiebungen geduldeter Einwanderer, gegen umstrittene Pipeline-Projekte in Naturreservaten und gegen die Inhaftierung und Trennung von Familien, die es von Mexiko über die Grenze geschafft hatten.

Gesellschaftliche Allianzen, wie sie sich bei diesen Protesten zeigen, sind wichtig: zwischen Kirchen und Flüchtlingshelfern, zwischen jüdischen und muslimischen Organisationen, zwischen der LGBT-Community und liberalen Konservativen, zwischen Umweltschützern und Feministinnen, zwischen Gewerkschaften und Unternehmern, Behörden und Bürgerinitiativen, zwischen Prominenten und einfachen Bürgern. Sie machen deutlich, dass Rechtspopulisten nicht »das Volk« vertreten, und bilden die Basis für gemeinsames Handeln.

9. Wir müssen unsere Demokratie erneuern

Populisten bedienen das Bedürfnis nach radikaler Veränderung. Sie nutzen das Gefühl der Alternativlosigkeit und der politischen Ohnmacht aus und bieten ein klares, wenn auch problematisches Gegenkonzept an. Die AfD trägt deshalb das Wort »Alternative« im Namen.

Manche Politologen meinen, Populisten könnten Demokratien neu beleben: Die Wahlbeteiligung steigt, viele langjährige Nichtwähler würden aktiv, die Debatten würden wieder schärfer. Populisten böten demnach so etwas wie eine Erfrischungskur für ermattete Demokratien – jedenfalls so lange, wie sie nicht an die Macht gelangen und systematisch jeden demokratischen Widerspruch ausschalten. Das gelingt ihnen besonders dort, wo die Institutionen nicht so gefestigt sind, in Ländern wie Ungarn und Polen oder der Türkei. Aber auch in etablierten Demokratien wie den USA und Österreich muss sich erst noch zeigen, ob die Institutionen und die Zivilgesellschaft stabil genug sind, um der autoritären Herausforderung zu widerstehen.

Als Opposition können Populisten jedoch eine Chance sein, dass sich Demokratien erneuern. Die anderen Parteien müssen ihre Profile schärfen und wieder unterscheidbarer werden. Politiker müssen lernen, eine einfachere Sprache zu sprechen und eine emotionalere Ansprache zu wählen, um das Bauchgefühl ihrer Wähler besser zu treffen. Etablierte Parteien sollten sich stärker für Seiteneinsteiger öffnen, nicht zuletzt, damit sich auch breitere Schichten der Bevölkerung wieder in den Parlamenten repräsentiert sehen. Sicher sollte man Berufspolitiker nicht geringschätzen, ihre Expertise und Erfahrung sind wichtig. Politische Amateure und Quereinsteiger wie Donald Trump und Beppe Grillo können eine Gefahr für die Demokratie sein, weil ihnen der Sinn für das komplizierte System von »Checks and Balances« und das Gespür für Diplomatie und Kompromissfindung fehlt. Aber etablierte Parteien müssen neue Formen der Integration und der Beteiligung vernachlässigter Bevölkerungsschichten finden, und mehr Menschen als nur ihre eigenen Mitglieder einbinden.

In den USA haben sich die Vorwahlen bewährt, mit denen die beiden großen Parteien ihre Kandidaten für die Präsidentschaftswahlen küren. Sie geben den Wählern die Möglichkeit, diese Kandidaten über einen längeren Zeitraum kennenzulernen. In einer ganzen Reihe dieser Vorwahlen, die von Bundesstaat zu Bundesstaat anders geregelt sind, muss man kein Parteimitglied sein, um über den künftigen Kandidaten abstimmen zu dürfen.

In Frankreich haben sowohl Sozialisten als auch Konservative dieses System vor der Präsidentschaftswahl 2017 übernommen und offene Vorwahlen abgehalten, um ihre Kandidaten zu küren. Die französischen Sozialisten haben das Prinzip der Vorwahlen schon früher eingeführt, zunächst nur für Parteimitglieder, und später für andere Unterstützer. In Deutschland haben bisher nur die Grünen 2013 ihre Spitzenkandidaten per »Urwahl« bestimmt, das erste Mal 2013. Aber auch Jeremy Corbyn verdankte seinen Aufstieg zum Labour-Chef einer offenen Vorwahl. Zum Entsetzen des Parteien-Establishments, das vor einem Linksruck warnte, kam der bescheiden wirkende Corbyn, der nie ein wichtiges Amt innehatte, bei der Basis gut an. Im Vergleich zu ihm wirkten seine Konkurrenten wie glatte Parteikader.

Es bedarf aber noch mehr Möglichkeiten der Mitsprache und Mitgestaltung, gerade auf lokaler Ebene. Der Mangel an Partizipationsmöglichkeiten gehört zu den strukturellen Gründen, die den Erfolg von Rechtspopulisten begünstigen können. Nicht zuletzt braucht es auch politische Bildung, um Verständnis für das politische System und die Bedeutung von Pluralismus, Rechtsstaat, Pressefreiheit und Gewaltenteilung vermitteln zu können, und das Vertrauen in die Institutionen zu stärken.

10. Wir müssen Europa neu erfinden

Europa ist in der Krise. Einige Länder, wie Deutschland, scheinen mehr von der gemeinsamen Währung zu profitieren als andere, etwa Italien. Die Austeritätspolitik bremst das Wachstum in den Ländern des Südens. Die Europäische Union leidet an einem Demokratiedefizit, weil die meisten Entscheidungsgremien nicht direkt gewählt werden und die Entscheidungsstrukturen intransparent sind. Es gibt keine gemeinsame mediale Öffentlichkeit, die eine demokratische Debatte über Ländergrenzen hinweg ermöglichen würde. In der Frage des Umgangs mit den Flüchtlingen, die nach Europa wollen, ist Europa tief gespalten.

Europa versteht sich als »Wertegemeinschaft«. »Die Werte, auf die sich die Union gründet, sind die Achtung der Menschenwürde, Freiheit, Demokratie, Gleichheit, Rechtsstaatlichkeit und die Wahrung der Menschenrechte, einschließlich der Rechte der Personen, die Minderheiten angehören«, heißt es im Vertrag über die Europäische Union. Populisten wie Viktor Orbán treten diese Werte jedoch mit Füßen.

Leider haben die Architekten der Europäischen Union für so einen Fall nicht vorgesorgt. Das rächt sich jetzt. Nach seiner Wiederwahl im April 2018 ermahnte EU-Kommissionspräsident Jean-Claude Juncker den ungarischen Premierminister, die europäischen Werte zu achten. Luxemburgs Außenminister Jean Asselborn sprach in fragwürdiger Diktion von einem »Wertetumor«, den es »zu neutralisieren« gelte.

In einem EU-Bericht aus dem Europaparlament, der im April 2018 publik wurde, ist von einer »systemischen Bedrohung von Demokratie, Rechtsstaat und Grundrechten in Ungarn« die Rede. Die Autoren regen an, gegen Ungarn, wie schon gegen Polen, ein Sanktionsverfahren einzuleiten. Der Grünen-Politiker Daniel Cohn-Bendit schlägt sogar vor, es Polen, Ungarn und der Tschechei freizustellen, die EU zu verlassen. Ganz sicher kann die EU nicht tatenlos zusehen, wie Orbán seine autoritäre Allmacht weiter ausbaut.

Die Werte der Europäischen Union werden aber auch durch ihre Flüchtlingspolitik in Frage gestellt. Am Rande Europas wurden Mauern und Zäune hochgezogen, der Kontinent zur »Festung Europa«

ausgebaut. Mit ihrer Grenzschutzagentur »Frontex« hat die EU eine quasi-militärische Einheit geschaffen, die an den Außengrenzen patrouilliert. Die Abwehr von Flüchtlingen ist der kleinste gemeinsame Nenner, auf den sich die europäischen Länder einigen können. Der Kontinent folgt dem ungarischen Beispiel und schottet sich ab. Der »Schutz der Außengrenzen«, so das euphemistische Schlagwort, geht vor den Schutz der Flüchtlinge.

Mit der Idee, Flüchtlinge in Lagern außerhalb der Europäischen Union unterzubringen, entfernt sich die EU weiter von den Prinzipien der Genfer Flüchtlingskonvention. Würde sie dem Vorschlag einiger europäischer Staaten folgen, hätten die Flüchtlinge kein faires Asylverfahren mehr zu erwarten und wären, in Ländern wie Libyen, vollends der Willkür lokaler Milizen und Machthaber ausgeliefert. Die Rechtspopulisten hätten dann triumphiert – und Europa seine Werte verraten.

Doch keiner sollte sich der Illusion hingeben, dass Rechtspopulisten damit zufrieden und befriedet wären. Sie würden einfach ein neues Bedrohungsszenario entwerfen, um sich als Retter aus der Not zu präsentieren.

Erst sind es die Flüchtlinge, dann die Roma, dann die Muslime, dann die Juden, dann die kritischen Journalisten, dann die Homosexuellen, dann die Obdachlosen, dann die Arbeitslosen, dann die Frauen. Die Reihenfolge lässt sich beliebig abwandeln. Aber das Muster bleibt immer gleich.

Anmerkungen

Vorwort

1 Bolzen, Stefanie: Deutsche am widerstandsfähigsten gegen Populismus. In: *Die Welt*, 21.11.2016 https://www.welt.de/politik/ausland/article159624414/Deutsche-am-wider standsfaehigsten-gegen-Populismus.html
2 Decker, Frank: Warum der parteiförmige Rechtspopulismus in Deutschland so erfolglos ist. In: *Vorgänge*, H. 1, S. 21–28.
3 Buuren, Jelle van: Hollands's own Kennedy Affair: conspiracy theories on the murder of Pim Fortuyn. In: *Historical Social Research*, 38 (1), S. 257 – 285.

1 Was ist Populismus? Eine »dünne Ideologie«

1 Hanfeld, Michael: Werte ohne Wert. In: *FAZ*, 12.11.2016 http://www.faz.net/aktuell/feuille-ton/ursula-von-der-leyen-belehrt-trump-und-vergisst-erdogan-14523636.html
2 Gauland, Alexander: Ja, wir sind populistisch. In: *Preußische Allgemeine*, 23.03.2017 http://www.preussische-allgemeine.de/nachrichten/artikel/ja-wir-sind-populistisch.html
3 Müller, Jan-Werner: *Was ist Populismus? Ein Essay*. Berlin, 2016. In seiner Definition folgt Müller u.a. Ernesto Laclau und Chantal Mouffe.
4 Mudde, Cas: The Populist Radical Right: A Pathological Normalcy. In: *West European Politics* 33 (6), S. 1167–1186. 2010.
5 Der Begriff geht auf den englischen Philosophen Michael Freeden zurück. Andere Politologen sprechen von einer »impliziten Ideologie«, »inneren Einstellung« oder »Weltanschauung«.
6 Diehl, Paula: Man kann durch Populismus wachrütteln. In: *Märkische Oderzeitung*, 02.04.2017 https://www.moz.de/artikel-ansicht/dg/0/1/1563936/
7 Kitschelt, Herbert: *The Radical Right in Western Europe*. Michigan 1995
8 Vehlewald, Hans-Jörg: Haben die Polen einen Vogel? Interview mit Polens Außenminister. In: *Bild*, 03.01.2016 https://www.bild.de/politik/ausland/polen/hat-die-regierung-einen-vogel-44003034.bild.html
9 Zit. nach: Aufgeblasene, selbstgefällige Politikmaschine. In: *Der Tagesspiegel*, 29.04.2013 https://www.tagesspiegel.de/meinung/portraet-nigel-farage-aufgeblasene-selbstgefaellige-politikmaschine/8140840.html
10 Anderson, Benedict: *Die Erfindung der Nation. Zur Karriere eines folgenreichen Konzepts*. Berlin, 1998.
11 Pew Research Center: What it Takes to be Truly One of Us. 01.02.2017. http://www.pewglo-bal.org/2017/02/01/what-it-takes-to-truly-be-one-of-us
12 Müller, Stephan: Illusion der ethnisch reinen Nationen. In: *die tageszeitung*, 12.10.2015 http://www.taz.de/!5238013/
13 Draxler, Peter: »So national wird der neue Nationalrat«. In: *Kurier*, 25.10.2017 https://ku-rier.at/politik/inland/fpoe-und-die-burschenschaften-so-national-wird-der-neue-national-rat/294.000.877
14 Mudde, Cas und Kaltwasser, Cristóbal Rovira: *Populism in Europe and the Americas. Threat or Corrective for democracy?*« Georgia and Sussex, 2012

15 Priester, Karin: *Rechter und linker Populismus – Annäherung an ein Chamäleon.* Frankfurt, 2012

2 Der Mythos von den Abgehängten: It's not the economy, stupid

1 Hafner, Josh: Trump voters earn a lot more than you think. In: *USA Today*, 05.05.2016. https://eu.usatoday.com/story/news/politics/onpolitics/2016/05/05/donald-trump-average-voter-income-72000-middle-class/83972800/
2 Election 2016: Exit Polls. In: *The New York Times*, 08.11.2016 https://www.nytimes.com/interactive/2016/11/08/us/politics/election-exit-polls.html?_r=0
3 Zitiert nach: AfD-Wähler verdienen überdurchschnittlich. In: *Stern*, 20.04.2016. http://www.stern.de/politik/deutschland/afd-waehler-gehoeren-zu-den-besserverdienern-6802994.html
4 Institut der deutschen Wirtschaft: Sie fühlen sich ausgeliefert. Pressemitteilung, 10.04.2017 https://www.iwkoeln.de/presse/pressemitteilungen/beitrag/afd-waehler-sie-fuehlen-sich-ausgeliefert-332410?highlight=afd
5 Mauger, Gérard; Pelletier, Willy: *Les classes populaires et le FN. Explication de votes.* Paris, 2016
6 Hilmer, Richard; Kohlrausch, Bettina; Müller-Hilmer, Rita und Gagné, Jérémie: *Einstellung und soziale Lebenslage. Eine Spurensuche nach Gründen f*ür rechtspopulistische Orientierung, auch unter Gewerkschaftsmitgliedern. Working Paper Forschungsförderung, August 2017 https://www.boeckler.de/pdf/p_fofoe_WP_044_2017.pdf
7 Elmer, Christina und Meiritz, Annett: Spiegel-Umfrage: Frust ohne Not. In: »Spiegel Online«, 25.03.2016 http://www.spiegel.de/politik/deutschland/afd-nur-wenige-anhaenger-haben-existenzaengste-umfrage-a-1083692.html
8 Pokorny, Sabine: Von A wie Angst bis Z wie Zuversicht. Eine repräsentative Untersuchung zu Emotionen und politischen Einstellungen in Deutschland nach der Bundestagswahl 2017. In: Konrad-Adenauer-Stiftung (Hrsg.): *Analysen & Argumente*, Mai 2018, Ausgabe 302.
9 Funke, Manuel; Schularick, Moritz; Trebesch, Christoph: The political aftermath of financial crises: Going to the extremes, 2015. https://voxeu.org/article/political-aftermath-financial-crises-going-extremes
10 Lengfeld, Holger: AfD-Wähler sind kulturell abgehängt. In: *Süddeutsche Zeitung*, 22.09.2017 http://www.sueddeutsche.de/kultur/abgehaengte-bevoelkerungsgruppen-afd-waehler-sind-nicht-wirtschaftlich-sondern-kulturell-abgehaengt-1.3675805
11 Tesler, Michael: Economic anxiety isn't driving racial resentment. Racial resentment is driving economic anxiety. In: *The Washington Post*, 22.08.2016 https://www.washingtonpost.com/news/monkey-cage/wp/2016/08/22/economic-anxiety-isnt-driving-racial-resentment-racial-resentment-is-driving-economic-anxiety
12 Tesler, Michael: *Post-Racial or Most Racial? Race and Politics in the Obama Era.* Chicago 2016
13 Angeli, Oliviero: *Migration und Demokratie. Ein Spannungsverhältnis.* Ditzingen, 2018, S. 28
14 Priester, Karin: Wesensmerkmale des Populismus. In: Bundeszentrale für politische Bildung (Hrsg:): *Aus Politik und Zeitgeschichte.*

3 Die Tücken der »Identitätspolitik«: Sind die Liberalen schuld an Trump und der AfD?

1 Lilla, Mark: The End of Identity Liberalism. In: *The New York Times*, 18.11.2016. https://www.nytimes.com/2016/11/20/opinion/sunday/the-end-of-identity-liberalism.html
2 Lilla, Mark: *The Once and Future Liberal. After Identity Politics.* New York, 2017.
3 Schlesinger, Arthur M.: *The Disuniting of America: Reflections on a Multicultural Society.* New York, 1991
4 Jones, Owen: *Prolls. Die Dämonisierung der Arbeiterklasse.* Hamburg, 2012
5 Das Gespräch ist abrufbar unter: https://www.youtube.com/watch?v=nA6OwzQ-P1Q
6 Zeitz, Joshua: Mark Lilla is Getting Identity Politics all wrong. In: *Politico*, 17.09.2017. https://www.politico.com/magazine/story/2017/09/17/identity-politics-history-mark-lilla-215607
7 Ebd.
8 Hochschild, Arlie Russell: *Strangers in Their Own Land: Anger and Mourning on the American Right.* New York, 2016.
9 Wehling, Elisabeth: Schlimmer als Hillary kann man es nicht machen. In: *ZEIT Campus* Nr. 6, 04.10.2016
10 Eribon, Didier: *Rückkehr nach Reims.* Aus dem Französischen von Tobias Haberkorn. Berlin 2016.

11 Ebd, S. 127 f.
12 Zitiert nach: Eine Art permanenter Mai. Didier Eribon im Gespräch mit Thomas Ostermeier und Florian Borchmeyer. https://www.schaubuehne.de/uploads/Interview_Eribon.pdf
13 Eribon, Didier: Das Problem ist sicher nicht der Feminismus. In: *Republik*, 19.2.2018 https://www.republik.ch/2018/02/19/interview-eribon-teil1
14 Smith, Amy Erica und Cohen, Mollie J.: Here's what citizens who vote for authoritarians have in common. In: *The Washington Post*, 02.11.2016.
15 Kentish, Benjamin: Half of Leave voters want to bring back the death penalty after Brexit. In: *The Independent*, 29.03.2017 https://www.independent.co.uk/news/uk/politics/brexit-poll-leave-voters-death-penalty-yougov-results-light-bulbs-a7656791.html
16 Hans-Böckler-Stiftung (Hrsg.): *Einstellung und soziale Lebenslage*, https://www.boeckler.de/pdf/p_fofoe_WP_044_2017.pdf
17 Ebd.
18 Kahrs, Horst und Storz, Wolfgang: Wer wählt die AfD – und warum? In: *Carta*, 13.05.2016. http://www.carta.info/81947/wer-waehlt-die-afd-und-warum/

4 Die große Verunsicherung: Vertrauensverlust in Politik und Medien

1 Kohlrausch, Bettina: Abstiegsängste in Deutschland. Ausmaß und Ursachen in Zeiten des erstarkenden Rechtspopulismus. In: Hans-Böckler-Stiftung (Hrsg.): *Working Paper Forschungsförderung*, Februar 2018. https://www.boeckler.de/pdf/p_fofoe_WP_058_2018.pdf
2 Vries, Catherine und Hoffmann, Isabell: *Globalisierungsangst oder Wertekonflikt? Wer in Europa populistische Parteien wählt und warum.* Bertelsmann Stiftung. Gütersloh, 2016. http://www.bertelsmann-stiftung.de/fileadmin/files/user_upload/EZ_eupinions_Fear_Studie_2016_DT.pdf
3 Kaletsky, Anatole: Trump's rise and Brexit vote are more an outcome of culture than economics. In: *The Guardian*, 28.10.2016 https://www.theguardian.com/business/2016/oct/28/trumps-rise-and-brexit-vote-are-more-an-outcome-of-culture-than-economics
4 Franz, Christian; Fritzsche, Marcel und Kritikos, Alexander: AfD in dünn besiedelten Räumen mit Überalterungsproblemen stärker. In: *DIW Wochenbericht 8/2018*. http://www.diw.de/documents/publikationen/73/diw_01.c.578543.de/18-8-3.pdf
5 Messing, Vera und Ságvári, Bence: *Looking behind the culture of fear.* Friedrich-Ebert-Stiftung. Budapest, 2018 http://library.fes.de/pdf-files/bueros/budapest/14181.pdf
6 Ther, Philipp: *Die neue Ordnung auf dem alten Kontinent. Eine Geschichte des neoliberalen Europa.* Berlin, 2014
7 Messing, Vera und Ságvári, Bence: *Looking behind the culture of fear.* Friedrich-Ebert-Stiftung. Budapest, 2018 http://library.fes.de/pdf-files/bueros/budapest/14181.pdf
8 Hillje, Johannes: *Rückkehr zu den politisch Verlassenen. Gespräche in rechtspopulistischen Hochburgen in Deutschland und Frankreich.* Das Progressive Zentrum, Berlin 2018 https://files.newsnetz.ch/upload/1/6/166360.pdf
9 Mudde, Cas: Europe's Populist Surge: A Long Time in the Making. In: *Foreign Affairs*, 95(6), 2016.
10 Piketty, Thomas. *Das Kapital im 21. Jahrhundert.* München, 2016
11 Kriner, Douglas und Shen, Francis: *Battlefield Casualties and Ballot Box Defeat: Did the Bush-Obama Wars Cost Clinton the White House?* 19.06.2017 https://papers.ssrn.com/sol3/papers.cfm?abstract_id=2989040
12 US-Wahlkampf: Irak-Krieg war dicker, fetter Fehler. In: *Die Presse*, 14.02.2016
13 Reuters Institute Digital News Report 2017 https://reutersinstitute.politics.ox.ac.uk/sites/default/files/Digital%20News%20Report%202017%20web_0.pdf
14 Edelman Trust Barometer 2018, S. 20. http://cms.edelman.com/sites/default/files/2018-02/2018_Edelman_Trust_Barometer_Global_Report_FEB.pdf
15 Schemer, Christian [u.a.]: Medienvertrauen in Deutschland 2017. Erste Befunde der Langzeitstudie. Institut für Publizistik, Johannes-Gutenberg-Universität Mainz. 15.2.2018. http://www.uni-mainz.de/presse/aktuell/Dateien/02_publizistik_medienvertrauen__2017_grafiken.pdf
16 Mediengruppe RTL Deutschland: RTL/n-tv-Trendbarometer: Ärzte, Polizei, Schulen, Manager, Kirchen – wem vertrauen die Deutschen? 02.01.2018. https://www.presseportal.de/pm/72183/3828545
17 Falkner, Thomas und Kahrs, Horst: Die historische Zäsur verstehen: Was hinter AfD-Erfolg und Rechtsruck steckt. In: »OXI«, 16.04.2018. https://oxiblog.de/die-historische-zaesur-verstehen-was-hinter-afd-erfolg-und-rechtsruck-steckt/
18 Merkel, Wolfgang: Bruchlinien. Kosmopolitismus, Kommunitarismus und die Demokratie. In: *WZB Mitteilungen* 154, Dezember 2016. https://bibliothek.wzb.eu/artikel/2016/f-20214.pdf

19 Goerres, Achim; Spies, Dennis und Kumlin, Stephan: *The Electoral Supporter Base of the Alternative for Germany.*Institute for Social Research, Norway, 2017
20 Richter, Christoph; Bösch, Lukas: *Demokratieferne Räume? Wahlkreis-Analyse zur Bundestagswahl 2017.* Institut für Demokratie und Zivilgesellschaft (IDZ), 21.11.2017. https://www.amadeu-antonio-stiftung.de/w/files/pdfs/studie_afd_wahlkreisanalyse_btw17.pdf

5 Alles nur geklaut? Warum die Manipulation im Netz nicht das Problem ist

1 https://www.tagesanzeiger.ch/ausland/europa/Ich-habe-nur-gezeigt-dass-es-die-Bombe-gibt/story/17474918
2 Booth, William und Adam, Karla: Cambridge Analytica's Alexander Nix: Bond Villain, tech genius or hustler? In: *The Washington Post*, 27.03.2018. https://www.washingtonpost.com/world/europe/cambridge-analyticas-alexander-nix-bond-villain-tech-genius-or-hustler/2018/03/27/14c99112-2e34-11e8-8dc9-3b51e028b845_story.html?utm_term=.4f1e3e daee9f
3 https://www.tagesschau.de/wirtschaft/cambridge-analytica-109.html
4 https://www.zeit.de/2017/10/robert-mercer-hedgefond-manager-donald-trump-einfluss
5 http://www.pewresearch.org/fact-tank/2018/04/10/5-facts-about-americans-and-face-book/
6 http://www.carta.info/84072/gespaltene-medienwelt-wahlkampf-gegen-die-medien/
7 http://www.adweek.com/digital/more-third-presidential-candidates-twitter-followers-are-reportedly-fake-173628/
8 https://www.zeit.de/digital/internet/2017-03/us-wahl-cambridge-analytica-donald-trump-widerspruch
9 Hillje, Johannes: *Propaganda 4.0. Wie rechte Populisten Politik machen.* Dietz Verlag, Bonn, S. 105
10 Siegl, Alexandra: *Die Individualisierung von politischen Kampagnen: Veranschaulicht anhand von Kampagnen im Internet und Microtargeting.* VDM Verlag, Saarbrücken
11 Christl, Wolfie: An ihren Daten sollt ihr sie erkennen. In: *FAZ*, 21.11. 2016. http://www.faz.net/aktuell/feuilleton/medien/big-data-im-wahlkampf-ist-microtargeting-entscheidend-14582735.html
12 https://www.tagesanzeiger.ch/ausland/amerika/die-zukunft-des-journalismus/story/21332683
13 https://www.zeit.de/2016/52/fake-news-hersteller-unternehmen-mazedonien
14 https://www.vox.com/new-money/2016/11/16/13659840/facebook-fake-news-chart
15 https://www.mediamatters.org/blog/2017/12/20/misinformer-year-facebook-ceo-mark-zuckerberg/218894
16 Lobo, Sascha: Der eigentliche Skandal liegt im System Facebook. In: »Spiegel Online«, 21.03.2018.   http://www.spiegel.de/netzwelt/web/cambridge-analytica-der-eigentliche-skandal-liegt-im-system-facebook-kolumne-a-1199122.html
17 https://www.heise.de/newsticker/meldung/Trumps-Internet-Propaganda-entfesselt-neue-Art-des-Wahlkampfs-3585903.html
18 https://www.cbsnews.com/news/facebook-embeds-russia-and-the-trump-campaigns-secret-weapon/
19 http://www.faz.net/aktuell/feuilleton/debatten/twitter-bots-von-donald-trump-greifen-in-us-wahlkampf-ein-14455894/die-kontrahenten-auf-einen-14456406.html
20 Hagen, Wolfgang und Rotermund, Hermann: Gespaltene Medienwelt: Wahlkampf gegen die Medien. In: *Carta.* 17.11.2016
21 Steffens, Frauke: Trumps Telefonseelsorger. In: *FAZ*, 24.04.2018. http://www.faz.net/aktuell/politik/trumps-praesidentschaft/fox-news-mann-sean-han-nity-donald-trumps-telefonseelsorger-15557315-p2.html
22 Hurtz, Simon: Was Sie tun können, um das Netz nicht den Rechten zu überlassen. In: *Süddeutsche Zeitung*, 04.05.2018. http://www.sueddeutsche.de/digital/digitalkonferenz-republica-was-sie-tun-koennen-um-das-netz-nicht-den-rechten-zu-ueberlassen-1.3967749

6 Die Medienpartei: Warum die AfD kein Opfer der Medien ist

1 Weidel, Alice: Eine ehrliche Berichterstattung gibt es nicht mehr. In: *The European*, 30.11.2017.
2 Diesing, Richard: Wir waren auf einer Preisverleihung für rechte Journalisten. Siehe: https://

www.vice.com/de/article/ywba3b/wir-waren-bei-einer-preisverleihung-fur-rechte-journalisten
3 Schneider, Jens: Ein War-Room für die AfD. In: *Süddeutsche Zeitung*, 13.02.2018. http://www.sueddeutsche.de/medien/afd-eigene-pr-abteilung-1.3864442
4 Neff, Benedict: Alice Weidel: ›Unser ambitioniertes Fernziel ist es, dass die Deutschen irgendwann AfD und nicht ARD schauen.‹ In: *Neue Zürcher Zeitung*, 09.05.2018. https://www.nzz.ch/international/jedes-afd-mitglied-ist-ein-social-media-soldat-ld.1384297
5 Bangel, Christian: Der Mann, der von der Lügenpresse kam. In: *Die ZEIT*, 05.01.2015. http://www.zeit.de/politik/deutschland/2015-01/adam-afd-islam
6 Lachmann, Günther: *Tödliche Toleranz. Die Muslime und unsere offene Gesellschaft.* München 2005. Ders.: *Verfallssymptome. Wenn eine Gesellschaft ihren inneren Kompass verliert.* Wien, 2014.
7 Am Orde, Sabine; Gürgen, Marlene und Jakob, Christian: Welche Netzwerke werden gestärkt? In: *die tageszeitung*, 14.04.2018. http://www.taz.de/Die-AfD-im-Bundestag/!5495807/
8 Brodnig, Ingrid: *Lügen im Netz.* Zweite überarbeitete Auflage. Wien, 2018, S. 73.
9 Fiedler, Maria: Die AfD schafft sich ihre eigene Öffentlichkeit. In: *Der Tagesspiegel*, 10.04.2018. https://www.tagesspiegel.de/themen/agenda/rechtspopulisten-im-bundes tag-die-afd-schafft-sich-ihre-eigene-oeffentlichkeit/21156304.html
10 https://www.nzz.ch/international/jedes-afd-mitglied-ist-ein-social-media-soldat-ld.1384297

7 Die Medien und die AfD: Willige und unfreiwillige Helfer

1 Lamby, Stephan: Nervöse Republik – Ein Jahr Deutschland. Dokumentation, ARD. http://www.daserste.de/information/reportage-dokumentation/nervoese-republik/nervoese-republik-122.html
2 AfD-Manifest 2017. Die Strategie der AfD für das Wahljahr 2017. Siehe: http://www.talk-republik.de/Rechtspopulismus/docs/03/AfD-Strategie-2017.pdf#page=10
3 Ghelli, Fabio: Wie sollen die Medien mit Rechtspopulisten umgehen? In: *Mediendienst Integration*, 12.10.2017. https://mediendienst-integration.de/artikel/rechtspopulismus-medien-afd-ukip-provokation.html
4 Ebd.
5 Restle, Georg; El Moussaoui, Naima und Maus, Andreas: Talkshows: Bühne frei für Populisten. WDR, 19.01.2017. https://www.ardmediathek.de/tv/Monitor/Talkshows-Bühne-frei-für-Populisten/Das-Erste/Video?bcastId=438224&documentId=40063818
6 Tusch, Robert: Krasses Missverhältnis. SPD-Politiker kritisiert Themensetzung der Polit-Talkshows von ARD und ZDF. In: meedia.de, 29.03.2017.https://meedia.de/2017/03/29/krasses-missverhaeltnis-spd-politiker-kritisiert-themensetzung-der-polit-talkshows-von-ard-und-zdf/
7 Bouhs, Daniel: Der Populismus in Talkshows. In: Deutschlandfunk Kultur, 13.12.2016. http://www.deutschlandfunkkultur.de/make-media-great-again-der-populismus-in-talkshows.976.de.html?dram:article_id=373883
8 Murphy, Justin; Devine, Daniel: Does Public Support for UKIP Drive Their Media Coverage or Does Media Coverage Drive Support for UKIP? Conference Paper, 2016. https://www.psa.ac.uk/sites/default/files/conference/papers/2016/Murphy_Devine_ukip_media.pdf
9 Hegelich, Simon; Papakyriakopoulos, Orestis: Zwischen #AfDErfolg und Medienberichten gibt es einen kausalen Effekt – und der lässt sich berechnen. In: Political Data Science, September 2017. https://politicaldatascience.blogspot.de/2017/09/zwischen-afderfolg-und-medienberichten.html
10 https://uebermedien.de/tag/claus-strunz/
11 https://wzb.eu/de/news/zwischen-bewegung-und-parlamentarischer-kraft
12 https://www.tagesspiegel.de/politik/bundestag-wie-die-afd-mit-kleinen-anfragen-politik-macht/21205376.html
13 http://meedia.de/2018/02/06/den-kika-auf-dem-kieker-die-seltsame-obsession-der-bild-fuer-die-aufklaerungs-formate-des-kinderkanals/
14 http://www.sueddeutsche.de/medien/bundestagswahl-sind-die-medien-schuld-am-erfolg-der-afd-1.3682373
15 http://meedia.de/2017/09/26/medien-bashing-bei-hart-aber-fair-wie-viel-schuld-haben-die-medien-am-aufstieg-der-afd/
16 https://www.civismedia.eu/events/civis-medienkonferenz-2018/
17 Diehl, Paula: Populismus und Massenmedien. In: *Aus Politik und Zeitgeschichte* 5/6, 2012. http://www.bpb.de/apuz/75854/populismus-und-massenmedien?p=all

18 Diehl, Paula: Einfach, emotional, dramatisch. Warum Rechtspopulisten so viel Anklang in den Massenmedien finden. In: *Die politische Meinung* 539, Juli /August 2016.
19 Meyer, Thomas; Ontrup, Rüdiger und Schicha, Christian: *Die Inszenierung des Politischen. Zur Theatralität von Mediendiskursen.* VS Verlag, Wiesbaden, 2000.
20 Beckett, Andy: Revenge of the Tabloids. In: *The Guardian*, 27.10.2016. https://www.theguardian.com/media/2016/oct/27/revenge-of-the-tabloids-brexit-dacre-murdoch
21 FPÖ-Watch: Wie die Kronen Zeitung beim FPÖ-Wahlkampf mithilft. In: medium.com, 31.07.2016. https://medium.com/@fpoeticker/wie-die-kronen-zeitung-beim-fpö-wahlkampf-mithilft-f6b80b7621ad
22 Leisegang, Daniel: Die große Trump-Show. In: *Blätter für deutsche und internationale Politik* 12/2016. https://www.blaetter.de/archiv/jahrgaenge/2016/dezember/die-grosse-trump-show
23 Ebd.
24 Möntger, Ansgar: Wissenschaftlerin erklärt, warum Populismus und Demokratie eng zusammenhängen. In: *Neue Westfälische*, 08.05.2017. http://www.nw.de/lokal/bielefeld/mitte/21774849_Wissenschaftlerin-erklaert-warum-Populismus-und-Demokratie-eng-zusammenhaengen.html?em_cnt=21774849
25 Schumann, Harald: Beenden wir das Rattenrennen! In: *Blätter für deutsche und internationale Politik*, März 2018. https://www.blaetter.de/archiv/jahrgaenge/2018/maerz/beenden-wir-das-rattenrennen
26 Schallenberg, Jörg: Wenn einer ein Thema entdeckt, rennen alle hinterher. In: Spiegel Online, 13.02.2004 http://www.spiegel.de/kultur/gesellschaft/mainstream-journalismus-wenn-einer-ein-thema-entdeckt-rennen-alle-hinterher-a-286184.html
27 Schönauer, Mats: How to: Klickfischen am rechten Rand. In: bildblog.de, 12.5.2018.
28 http://www.fr.de/politik/meinung/kommentare/claus-strunz-im-sat1-fruehstuecksfernsehen-zum-fruehstueck-werbung-fuer-die-afd-a-1459333

8 Rechte Echokammern: Die Vordenker des Völkischen

1 WDR-Magazin Westpol: Hans-Olaf Henkel bezeichnet AfD als ›Monster‹ und ›NPD light‹. In: WDR, 08.11.2015. https://presse.wdr.de/plounge/tv/wdr_fernsehen/2015/11/20151108_westpol.html
2 Zit. nach: Erfurter Resolution. In: derfluegel.de, März 2015. https://www.derfluegel.de/erfurter-resolution/
3 Funke, Hajo: Von Wutbürgern und Brandstiftern. AfD - Pegida - Gewaltnetze. Berlin, 2016.
4 Der Kyffhäuser war schon im 19. Jahrhundert ein Symbolberg deutscher Nationalisten. Einem Volksglauben nach sollte der alte Kaiser Friedrich I. alias Barbarossa in einer Höhle schlafen. Sollte er erwachen, würde er sein Reich zu neuer Herrlichkeit zu führen, lautete eine Sage.
5 Waldstein, Thor: Zum Widerstandsrecht der Deutschen. In: *Sezession*, 25.10.2015. https://sezession.de/wp-content/uploads/2015/10/widerstandsrecht-waldstein1.pdf
6 Bednarz, Liane: Clausnitz ist kein Zufall – Die gefährliche »Widerstands«-Saat der Neuen Rechten geht auf. In: starke-meinungen.de, ohne Datum. https://starke-meinungen.de/blog/2016/02/20/clausnitz-ist-kein-zufall-die-gefaehrliche-widerstands-saat-der-neuen-rechten-geht-auf/
7 Majic, Danijel: Die Landnahme. In: *Frankfurter Rundschau*, 16.10.2017. http://www.fr.de/kultur/buchmesse-frankfurt/buchmesse-vor-ort/antaios-auf-der-buchmesse-die-landnahme-a-1369283,0
8 Weiß, Volker, a.a.O.
9 Ebd, S. 124
10 Seifert, Heribert: Angriff auf den neuen Konformismus. In: *NZZ*, 03.10.2015. https://www.nzz.ch/feuilleton/medien/angriff-auf-den-neuen-konformismus-1.18623456
11 Pantelouris, Michalis: Eine dicke, rechte Konsenssuppe. In: *Übermedien*, 25.04.2018. https://uebermedien.de/27463/eine-dicke-rechte-konsenssuppe/
12 Stephan Braun/Ute Vogt, (Hg.): Die Wochenzeitung *Junge Freiheit*. Kritische Analysen zu Programmatik, Inhalt, Autoren und Kunden. Wiesbaden 2007, S. 9.
13 Fischer, Konrad: Kasse machen mit den Rechtspopulisten. In: *Wirtschaftswoche*, 11.03.2016. https://www.wiwo.de/politik/deutschland/afd-kasse-machen-mit-den-rechtspopulisten-/13045664.html
14 Weiß, Volker: a.a.O., S. 65.
15 Lobe, Adrian: Wer die AfD verstehen will, muss die ›Junge Freiheit‹ lesen. In: *Medienwoche*, 20.02.2016. https://medienwoche.ch/2016/02/20/wer-die-afd-verstehen-will-muss-die-junge-freiheit-lesen/

16 Fischer, a.a.O.
17 Botsch, Gideon: Die Junge Freiheit – Sprachrohr einer radikal-nationalistischen Opposition. In: bpb.de, 11.01.2017. http://www.bpb.de/politik/extremismus/rechtsextremismus/2300 20/die-junge-freiheit-sprachrohr-einer-radikal-nationalistischen-opposition
18 Schröder, Christoph: Römisches Rechtsaußen. In: *Die ZEIT*, 08.09.2017. https://www.zeit.de/kultur/2017-09/cato-rechtskonservatives-magazin
19 Friedrich, Sebastian: *Der Aufstieg der AfD. Neokonservative Mobilmachung in Deutschland.* Berlin, 2015.
20 Ankenbrand, Hendrik: Christliche Alternative für Deutschland. In: *FAZ*, 10.03.2014 http://www.faz.net/aktuell/afd-kritisiert-rechte-von-schwulen-und-muslime-12837646.html?printPagedArticle=true
21 Amann, Melanie und Röbel, Sven: Gaben für die Familie. In: *Der Spiegel* 18/2016. http://www.spiegel.de/spiegel/print/d-144545882.html
22 Fischer, Konrad, a.a.O.
23 Herber, Benedikt: Eine stetige Quelle der Wut. In: *Die ZEIT*, 23.09.2017. https://www.zeit.de/2017/38/epoch-times-afd-alternativmedium
24 Soldt, Rüdiger: Auf dem Heimatplaneten für rechtsextreme Ufologen. In: *FAZ*, 23.02.2017. http://www.faz.net/aktuell/politik/inland/kopp-verlag-profitiert-von-fluechtlings-krise-14890834.html
25 Winterbauer, Stefan: Hass-Kommentar in Buchform: das Bild-Machwerk des Ex-Bild-Chefs Peter Bartels im Kopp-Verlag. In: meedia.de, 11.03.2016. http://meedia.de/2016/03/11/hass-kommentar-in-buchform-das-bild-machwerk-des-ex-bild-chefs-peter-bartels-im-kopp-verlag/
26 Niggemeier, Stefan: Enthüllt: Ex-»Bild«-Chef fällt auf jeden Unsinn herein. In: Übermedien, 11.03.2016. https://uebermedien.de/2755/ex-bild-chef-faellt-auf-jeden-unsinn-herein/
27 Stöber, Silvia: Waffen im Informationskrieg. In: tagesschau.de, 26.04.2018. https://faktenfinder.tagesschau.de/ausland/russian-rt-101.html
28 Reporter ohne Grenzen (Hrsg.): *Der Kreml auf allen Kanälen. Wie der russische Staat das Fernsehen lenkt.* Berlin, 2013 https://www.reporter-ohne-grenzen.de/uploads/tx_lfnews/media/ROG-Russland-Bericht-2013_web.pdf
29 Neuber, Harald: Linke, Nichtwähler und AfDler bei RT Deutsch. In: Telepolis, 22.09.2015. https://www.heise.de/tp/features/Linke-Nichtwaehler-und-AfDler-bei-RT-Deutsch-3375581.html
30 Alice Weidel: Blogs wie PI-NEWS sorgen für mehr Transparenz. In: PI-news, 29.1.2018. http://www.pi-news.net/2018/01/alice-weidel-alternative-blogs-wie-pi-news-sorgen-fuer-mehr-transparenz/
31 Sellner, Martin: Das neurechte Wäldchen. In: *Sezession*, 03.06.2017. https://sezession.de/57278/das-neurechte-waldchen

9 Die Vorfeldmedien der AfD: Ein Aufstand alter Männer

1 Tichy, Roland: *Ausländer rein! Warum es kein »Ausländerproblem« gibt.* München, 1990.
2 http://www.zeit.de/2017/06/roland-tichy-tichys-einblick-meinungsportal-einwanderungs-politik
3 Ebd.
4 Fromm, Anne. Ein neuer Ton. In *die tageszeitung*, 02.07.2016. http://www.taz.de/!5315142/
5 Winterbauer, Stefan: Cicero nach der Trennung von Ringier: ermutigende Zahlen und hässliche Vorwürfe. In: meedia.de, 28.09.2016. http://meedia.de/2016/09/28/cicero-nach-der-trennung-von-ringier-ermutigende-zahlen-und-haessliche-vorwuerfe/
6 Marguier, Alexander: Der Kontrollverlust. In: *Cicero*, 05.01.2016. https://www.cicero.de/innenpolitik/uebergriffe-koeln-und-hamburg-der-kontrollverlust/60323
7 Es gibt keine moralische Pflicht zur Selbstzerstörung. Peter Sloterdijk im Interview. In: *Cicero*, 28.01.2016. https://www.cicero.de/innenpolitik/peter-sloterdijk-ueber-merkel-und-die-fluechtlingskrise-es-gibt-keine-moralische
8 Zit. nach: Fromm, Anne: a.a.O.

10 Die Wortführer der Wutbürger: Von der Verführbarkeit der Intellektuellen

1 Siehe auch: Briefwechsel zwischen Claus Leggewie und Götz Kubitschek (Teil I). In: *Sezession*, 06.01.2017. https://sezession.de/56949
2 Grünbein kritisiert Suhrkamp als »linksliberalen Spießerverein«. In: *Die ZEIT*, 13.03.2018.

http://www.zeit.de/kultur/literatur/2018-03/rechtspopulismus-durs-gruenbein-uwe-tell-kamp-pegida

3 Kix, Martina und Wiedeking, Lara: Es gibt keine Notwendigkeit, Nazis an die Uni einzuladen. In: *ZEIT Campus*, 20.03.2018. http://www.zeit.de/campus/2018/02/daniel-kehlmann-nazis-universitaeten-diskussionen-meinungsfreiheit/komplettansicht

4 Ebd.

5 Serrao, Marc Felix: Neue deutsche Härte. Uwe Tellkamps Wutausbruch war kein Ausrutscher. In: *Neue Zürcher Zeitung*, 17.03.2018. https://www.nzz.ch/feuilleton/neue-deutsche-haerte-ld.1366737

6 http://www.sueddeutsche.de/kultur/fluechtlingspolitik-eher-elite-als-kleiner-mann-1.3931466

7 http://www.faz.net/aktuell/politik/fluechtlingskrise/gastbeitrag-deutschlands-moralische-selbstueberschaetzung-13826534.html

8 Buschkowsky fürchtet Probleme bei Flüchtlingsintegration. In: Focus Online, 17.10.2015. https://www.focus.de/regional/berlin/migration-buschkowsky-fuerchtet-probleme-bei-fluechlingsintegration_id_5019961.html

9 Hildenbrandt, Tina und Wefing, Heinrich: Sie können mich ja gern fragen, was ich täte, wenn ich Chef von Frontex wäre. Interview mit Thilo Sarrazin. https://www.zeit.de/2015/37/thilo-sarrazin-interview-fluechtlinge-zuwanderung-integration-frontex

10 Strauß, Botho: Der letzte Deutsche. In: *Der Spiegel* 41/2015, S. 122–124. http://magazin.spiegel.de/EpubDelivery/spiegel/pdf/139095826

11 Baberowski, Jörg: Europa ist gar keine Wertegemeinschaft. In: *FAZ*, 14.09.2015. http://www.faz.net/aktuell/feuilleton/debatten/joerg-baberowski-ueber-ungesteuerte-einwanderung-13800909-p2.html

12 Baberowski, Jörg: Deutschland verwandelt sich in eine Tugend-Republik. In: *Neue Zürcher Zeitung*, 27.9.2015 https://nzzas.nzz.ch/meinungen/deutschland-verwandelt-sich-in-eine-tugend-republik-ld.150170?reduced=true

13 Ebd.

14 Sloterdijk, Peter: *Was geschah im 20. Jahrhundert?* Berlin, 2016.

15 Maron, Monika: Genau die Kanzlerin, die die Deutschen woll(t)en. In: *Die Welt*, 05.10.2015. https://www.welt.de/debatte/kommentare/article147213299/Genau-die-Kanzlerin-die-die-Deutschen-woll-t-en.html

16 Maron, Monika: Merkels kopflose Politik macht die Rechten stark. In: *Frankfurter Allgemeine Zeitung*, 14.01.2016. http://www.faz.net/aktuell/politik/fluechtlingskrise/monika-maron-merkels-kopflose-politik-macht-die-rechten-stark-14012515.html

17 Maron, Monika: Links bin ich schon lange nicht mehr. In: *Neue Zürcher Zeitung*, 30.06.2017. https://www.nzz.ch/feuilleton/bundestagswahl-links-bin-ich-schon-lange-nicht-mehr-ld.1303513

18 Matussek, Mathias: Deutschland fluten? Da möchte ich gefragt werden. In: *Die Welt*, 28.09.2015. https://www.welt.de/politik/deutschland/article146941915/Deutschland-fluten-Da-moechte-ich-gefragt-werden.html

19 Nassehi, Armin: Das letzte Fundament. In: *Der Spiegel*, 13/2018, S. 132–133.

20 Ebd.

11 Wut klickt gut: Wie Rechtspopulisten das Netz für ihre Zwecke nutzen

1 Offizielle Facebook-Nutzerzahlen für Deutschland (Stand: September 2017). In: allfacebook.de https://allfacebook.de/zahlen_fakten/offiziell-facebook-nutzerzahlen-deutschland

2 Zitiert nach:»Nervöse Republik – Ein Jahr Deutschland« von Stephan Lamby, ARD 2017.

3 Hillje, Johannes: *Propaganda 4.0: Wie rechte Populisten Politik machen.* Hamburg, 2017, S. 106.

4 Ebd., S. 105.

5 Witzeck, Elena: Wut und Klicks. In: *FAZ*, 03.05.2018. http://www.faz.net/aktuell/feuilleton/debatten/auf-der-re-publica-geht-es-um-rechtsextreme-im-netz-15572493.html

6 Gensing, Patrick und Eckert, Svea: Lautstarke Minderheit. In:»tagesschau.de«, 20.02.2018. http://faktenfinder.tagesschau.de/inland/hasskommentare-analyse-101.html

7 »Tagesschau«-Faktenfinder: Wie Trolle im Wahlkampf manipulieren. In:»tagesschau.de«, 01.03.2018. https://faktenfinder.tagesschau.de/inland/manipulation-wahlkampf-101.html

8 Geyer, Tim: Der AfD-Nachwuchs will die Endlösung für Musels. In:»Vice«, 05.07.2017. https://www.vice.com/de/article/a3dvba/der-afd-nachwuchs-will-die-endlosung-fur-die-musels

9 Mecklenburg-Vorpommern: AfD-Fraktionsvize wegen rassistischer Chats zurückgetreten. In: *Die ZEIT*, 31.08.2017.
10 Fuchs, Christian und Middelhoff, Paul: Mit Waffen und ohne. In: *Die ZEIT*, 29.06.2017. https://www.zeit.de/politik/deutschland/2017-06/whatsapp-protokolle-afd-andrepoggenburg-polizist-disziplinarverfahren
11 Gaube, Christopher: Wenn die Demo bei Facebook weitergeht – wie mobilisiert Pegida bei Facebook? in: *Hamburger Wahlbeobachter*, 28.03.2018 http://www.hamburger-wahlbeobachter.de/2018/03/dies-ist-ein-gastbeitrag-des.html
12 Brunner, Katharina und Ebitsch, Sabrina: Von AfD bis Linkspartei – so politisch ist Facebook. In:»sueddeutsche.de«, 02.05.2017. http://www.sueddeutsche.de/politik/politik-auf-facebook-rechte-abschottung-ohne-filterblase-1.3470137
13 Ebd.
14 Schwarz, Karolin [u.a.]: Jetzt wird's schmutzig. In:»correctiv.org«, 12.09.2017. https://correctiv.org/echtjetzt/artikel/2017/09/12/negative-campaigning/
15 Amann, Melanie und Rosenbach, Marcel: AfD wirft Google Sabotage vor. In»Spiegel Online«, 19.09.2017. http://www.spiegel.de/netzwelt/web/bundestagswahl-2017-afd-wirft-google-sabotage-vor-a-1168618.html
16 Die Silberstein-Affäre: Alle Entwicklungen im Überblick. In: *Profil*, 31.10.2017. https://www.profil.at/oesterreich/silberstein-affaere-8354

12 Aus dem Wörterbuch der Wutbürger: Über die Sprache des Populismus

1 Die SPD hat den Kampf um die Sprache verloren. Rudolf Dreßler im Gespräch mit André Hatting. In: Deutschlandfunk Kultur, 10.02.2018. http://www.deutschlandfunkkultur.de/spdsozialpolitiker-rudolf-dressler-die-spd-hat-den-kampf.1008.de.html?dram:article_id=410468
2 Hillje, Johannes: Der AfD-Sound im Koalitionsvertrag. In: *Die ZEIT*, 14.02.2018. https://www.zeit.de/politik/deutschland/2018-02/fluechtlingspolitik-sprache-bedeutung-koalitionsvertrag-migration
3 Wehling, Elisabeth: *Politisches Framing. Wie eine Nation sich ihr Denken einredet – und daraus Politik macht.* Köln, 2016.
4 Bruckner, Johanna: Aktuell spielen alle Parteien der AfD in die Hände. Interview mit Elisabeth Wehling. In: *Süddeutsche Zeitung*, 17.02.2016. http://www.sueddeutsche.de/kultur/sprache-in-der-fluechtlingsdebatte-das-wort-fluechtling-richtet-schaden-an-1.2864820
5 Der Mann, der 2017 in den USA aus»seinem Hotelfenster in Las Vegas heraus 58 Menschen erschoss und 851 verletzte, wird als»Amokschütze« bezeichnet, obwohl er planvoll vorging. Das Attentat im Februar 2018 in Florida, bei dem ein Jugendlicher siebzehn seiner ehemaligen Mitschüler erschoss, gilt als»Amoklauf«, obwohl der Täter nachweislich Verbindungen zu rechtsextremen Gruppen hatte. Und auch der Mann, der im April 2018 in Toronto 26 Menschen überrollte, gilt als»Amokfahrer«, obwohl er von Frauenhass angetrieben war. Nicht anders ist es beim»Amoklauf« von München, bei dem der achtzehnjährige Schüler David S. 2016 neun Menschen erschoss. Die meisten davon waren Jugendliche mit Migrationshintergrund. Obwohl die Tat am Jahrestag des Attentats von Anders Breivik stattfand und mehrere Gutachter sie als rechtsextrem motiviert einstufen, weigern sich die bayerischen Behörden, dies so zu sehen. Der Anschlag von Ansbach 2016 mit einer Bombe zwölf Menschen verletzte, dagegen gilt als Terroranschlag, obwohl der Täter zuvor in psychiatrischer Behandlung war. Auch das Attentat von Orlando, bei dem ein Mann in einem Schwulenclub 49 Menschen erschoss, wurde in vielen Medien als Terroranschlag gewertet, obwohl ein politisches Motiv umstritten ist.
6 Feustel, Robert; [u.a.] (Hrsg.): *Wörterbuch des besorgten Bürgers*. Mainz, erweiterte Auflage 2018.
7 Walser, Martin: Über freie und unfreie Rede. *Der Spiegel* 45/1994, S. 130–138. http://magazin.spiegel.de/EpubDelivery/spiegel/pdf/13684613
8 Emotionen statt Fakten. In: Panorama, ARD vom 14.06.2016.
9 Van Laak, Claudia: Als die Barbarenstämme den Limes überrannten. In: Deutschlandradio, 07.11.2015. http://www.deutschlandfunk.de/afd-demo-in-berlin-als-die-barbarenstaemmeden-limes.1783.de.html?dram:article_id=336236
10 Petzner, Stefan: *Trump to go. Eine kurze Erklärung, wie Populismus funktioniert.* Wien, 2017.
11 Schmiederer, Ernst: Fantasierte Bedrohungen. Interview mit Ruth Wodak. In: *Die ZEIT*, 28.09.2015. https://www.zeit.de/2015/39/angst-islamisierung-populisten-linguistin-ruth-wodak

12 Bruckner, Johanna, Aktuell spielen alle Parteien der AfD in die Hände. Interview mit Elisabeth Wehling. In: *Süddeutsche Zeitung*, 17.02.2016.
13 Wehling, Elisabeth und Lakoff, George: *Die neue Sprache der Sozialdemokratie.* Friedrich Ebert Stiftung, April 2011 http://library.fes.de/pdf-files/id/08012-20110525.pdf
14 Widmann, Arno: Interview mit Wilhelm Heitmeyer. Der Erfolg der AfD wundert mich nicht. In: *Berliner Zeitung*, 22.10.2016. https://www.berliner-zeitung.de/politik/interview-mit-wilhelm-heitmeyer--der-erfolg-der-afd-wundert-mich-nicht--24954352
15 Bundesministerium für Wirtschaft und Arbeit: *Vorrang für die Anständigen – Gegen Missbrauch,*»Abzocke« *und Selbstbedienung im Sozialstaat: ein Report vom Arbeitsmarkt im Sommer.* Berlin, 2005.

13 Populisten an der Macht: Die Aushöhlung der Demokratie

1 Schönbohm, Wulf-Eberhard: *Die neue türkische Regierungspartei: islamistisch oder islamischdemokratisch?* Konrad-Adenauer-Stiftung, 2003. http://www.kas.de/wf/de/33.1497/
2 Charim, Isolde: Willkommen in der Führerdemokratie. In: *die tageszeitung*, 25.04.2017. http://www.taz.de/!5399603/
3 Klußmann, Ulrich: Machtsicherung: Putin wählt sich eine Partei. In: »Spiegel Online«, 15.04.2008.   http://www.spiegel.de/politik/ausland/machtsicherung-putin-waehlt-sich-eine-partei-a-547511.html
4 Krekó, Péter und Szicherle, Patrik: Orbáns Ungarn. Auf nach Osten. In: MDR, 15.06.2018. http://www.politicalcapital.hu/index_gb.php
5 Verseck, Keno: Wie Viktor Orbán Ungarn putinisiert. In: *Cicero*, 20.02.2015. https://www.cicero.de/ungarn-im-spannugnsfeld-zwischen-eu-und-russland-wie-viktor-orban-ungarn-putinisiert/58894
6 Orbán nennt ›Vereinigte Staaten von Europa‹ einen Alptraum. Quelle: Reuters, 10.05.2018.
7 Traub, James: The Party That Wants to Make Poland Great Again. In: *New York Times*, 02.11.2016.   https://www.nytimes.com/2016/11/06/magazine/the-party-that-wants-to-make-poland-great-again.html
8 Lendle, Jo: Das ist wie eine Kulturrevolution von oben. In: Deutschlandradio Kultur, 26.02.2018.»http://www.deutschlandfunkkultur.de/verleger-jo-lendle-ueber-polnischen-literaturkanon-das-ist.1013.de.html?dram:article_id=411770
9 Polen:»Holocaust-Gesetz« sorgt für antisemitische Hasswelle. In: MDR, 01.03.2018. https://www.mdr.de/heute-im-osten/holocaust-gesetz-polen-in-kraft-100.html
10 Polen: PiS-Abgeordnete wollen Pornographie verbieten. In: »kurier.at«. https://kurier.at/politik/ausland/polen-pis-abgeordnete-wollen-pornographie-verbieten/400047089
11 Pallokat, Jan: Ein Gaunerstück. In: »tagesschau.de«, 18.01.2018. https://www.tagesschau.de/ausland/polen-wahlordnung-101.html
12 Kokot, Michal: Polens Priester des Hasses. In: *Die ZEIT*, 05.10.2015. https://www.zeit.de/politik/ausland/2015-10/polen-fremdenfeindlichkeit-muslimische-fluechtlinge-wahlkampf-jaroslaw-kaczynski
13 Hassel, Florian: Wie Geistliche in Polen Ängste vor Flüchtlinge schüren. In: *Süddeutsche Zeitung*, 09.11.2015. http://www.sueddeutsche.de/politik/polen-angst-und-kakuel-1.2640725
14 Frenyó, Anna: Kaum kritische Stimmen von Kirchenvertretern. In: Deutschlandfunk, 31.08.2015.   http://www.deutschlandfunk.de/ungarn-und-der-grenzzaun-kaum-kritische-stimmen-von.886.de.html?dram%3Aarticle_id=329556
15 Hockenos, Paul: Der neue Ostblock. In: *IPG Journal*, 26.01.2018. http://www.ipg-journal.de/regionen/europa/artikel/detail/der-neue-ostblock-2551/
16 Seddon, Max und Politi, James: Putin's party signs deal with Italy's far-right Lega Nord. In: *Financial Times*, 06.03.2017. https://www.ft.com/content/0d33d22c-0280-11e7-ace0-1ce02ef0def9
17 Wiegel, Michaela: Mit Putin die christliche Zivilisation retten. In: *FAZ*, 22.05.2014. http://www.faz.net/aktuell/politik/front-national-mit-putin-die-christliche-zivilisation-retten-12953533.html
18 Götz, Roland: Analyse: Der Isborsker Klub. Russlands antiwestliche Ideologen. In: Bundeszentrale für politische Bildung, 17.03.2015. http://www.bpb.de/internationales/europa/russland/analysen/202919/analyse-der-isborsker-klub-russlands-antiwestliche-ideologen
19 Leggewie, Claus: *Anti-Europäer. Breivik, Dugin, al-Suri & Co.* Berlin 2016. S. 84.
20 Robelli, Enver: Der russische Guru zündelt auf dem Balkan. In: *Der Tagesanzeiger*, 08.03.2018. https://www.tagesanzeiger.ch/ausland/europa/der-russische-guru-zuendelt-auf-dem-balkan/story/22214725
21 Cvijić, Srđan: Hungarys Illiberal Infection of the Western Balkans. In: »politico.eu«, 15.05.2018.   https://www.politico.eu/article/hungarys-illiberal-infection-of-the-western-balkans-viktor-orban/

14 Der Westen rückt nach rechts: Was Rechtspopulisten schon erreicht haben

1 Nach der Dublin-Verordnung sollen Flüchtlinge in dem EU-Land Asyl beantragen, das sie zuerst erreichen. Deutschland ist von anderen EU-Ländern umgeben, aber ein bevorzugtes Zielland. Wegen der katastrophalen Aufnahmebedingungen in Ländern wie Griechenland und Ungarn hat Deutschland temporär darauf verzichtet, Flüchtlinge zurückzuschicken.
2 UNHCR: Warum Flüchtlinge nach Europa kommen. 25.09.2015. http://www.unhcr.org/dach/de/7851-warum-fluechtlinge-nach-europa-kommen.html
3 Thomas, Casper: Mark Rutte hat das liberale Erbe der Niederlande verspielt. In: *Die ZEIT*, 13.03.2017. https://www.zeit.de/politik/ausland/2017-03/mark-rutte-niederlande-regierung-liberalismus-fehler-parlamentswahl-geert-wilders/komplettansicht
4 Fauth, Lea: Frankreich: Der Ausnahmezustand als Regelfall. In: *Blätter für deutsche und internationale Politik*, Heft 1/2018. https://www.blaetter.de/archiv/jahrgaenge/2018/januar/frankreich-der-ausnahmezustand-als-regelfall
5 O'Hanlon, Michael E.: Why France? In: brookings.eu, 15.7.2016 https://www.brookings.edu/blog/order-from-chaos/2016/07/15/why-france-understanding-terrorisms-many-and-complicated-causes/
6 Gallmeyer, Kerstin: Au revoir Ausnahmezustand. In:»tagesschau.de«, 01.11.2017. https://www.tagesschau.de/ausland/frankreich-ausnahmezustand-111.html
7 Röpcke, Julian. Dänemark hat jetzt eine TRUMPine. In: *Bild*, 15.03.2017. https://www.bild.de/politik/ausland/daenemark/daenemarks-trump-50855976.bild.html
8 Simran, Jana: Ghettos und dänische Werte. In: Deutschlandfunk, 06.05.2018. http://www.deutschlandfunk.de/daenemarks-restriktive-auslaenderpolitik-ghettos-und.724.de.html?dram:article_id=417304
9 Karschnick, Ruben: Das offene Dänemark verstummt. In: *Die ZEIT*, 09.06.2017. https://www.zeit.de/politik/ausland/2018-06/daenemark-asylpolitik-asylzentren-europa-rechtspopulisten/komplettansicht
10 Zitiert nach: https://kurier.at/politik/inland/strache-dann-koennten-wir-es-wie-orban-machen/306.352.562
11 Bartlau, Christian: Österreich dreht die Zeit zurück. In: *Der Tagesspiegel*, 29.12.2017. https://www.tagesspiegel.de/politik/wiener-wut-oesterreich-dreht-die-zeit-zurueck/20797592.html
12 FPÖ droht kritischen ORF-Journalisten mit Entlassung. In: *Süddeutsche Zeitung*, 15.04.2018. http://www.sueddeutsche.de/medien/oesterreich-fpoe-droht-kritischen-orf-journalisten-mit-entlassung-1.3945968
13 Siehe Programm der AfD: https://www.afd.de/demokratie-in-deutschland/
14 Marti, Simon: Der Traum aller Populisten. In: *Cicero*, 16.05.2014. https://www.cicero.de/innenpolitik/direkte-demokratie-alternative-volksentscheid/57581
15 Lorenz, Robert; Micus, Matthias (Hrsg.): *Seiteneinsteiger. Unkonventionelle Politiker-Karrieren in der Parteiendemokratie.* Wiesbaden, 2009.
16 Jäger, Wolfgang; Haas, Christoph M. und Wälz, Wolfgang (Hrsg.): *Regierungssystem der USA. Lehr- und Handbuch.* München, 2007.
17 Gordon, Rebecca: Forget ›America First‹ — Donald Trump's Policy Is Drones First. In:*The Nation*, 25.05.2018. https://www.thenation.com/article/forget-america-first-donald-trumps-policy-is-drones-first/
18 Hockenos, Paul: Mehr als ein kopfloses Durcheinander. In: *IPG*, 02.05.2017. http://www.ipg-journal.de/regionen/nordamerika/artikel/detail/mehr-als-ein-kopfloses-durcheinander-2013/
19 Graves, Lucia: This is Sinclair, the most dangerous US company you've never heard of. In: *The Guardian*, 17.08.2017. https://www.theguardian.com/media/2017/aug/17/sinclair-news-media-fox-trump-white-house-circa-breitbart-news
20 Nutt, Harry: Die Opferrolle – eine perfide Machtstrategie. In: *Frankfurter Rundschau*, 09.04.2018. http://www.fr.de/kultur/inszenierte-schwaeche-die-opferrolle-eine-perfide-machtstrategie-a-1482263

15 Das Volk auf den Barrikaden: Ist linker Populismus die Antwort?

1 Zum Beispiel Augstein, Jakob: Wir brauchen einen linken Populismus. In:»Spiegel Online«, 27.08.2015.
2 Mouffe, Chantal: Für einen linken Populismus. In: *IPG-Journal*, 30.03.2105. http://www.ipg-journal.de/rubriken/soziale-demokratie/artikel/fuer-einen-linken-populismus-857/

3 Laclau, Ernesto und Mouffe, Chantal: *Hegemonie und radikale Demokratie. Zur Dekonstruktion des Marxismus*. Wien, 1991.
4 Mouffe, Chantal: Konsens ist das Ende der Politik. In: *Philosophie-Magazin* 5/2015. https://philomag.de/konsens-ist-das-ende-der-politik/
5 Tsakatika, Myrto: SYRIZA's Electoral Rise in Greece: Protest, Trust and The Art of Political Manipulation. In: *South European Society and Politics*, 2016.
6 Höhler, Gerd: Merkel in Handschellen. In: *Der Tagesspiegel*, 25.07.2012. https://www.tagesspiegel.de/medien/deutsch-griechischer-medienkrieg-merkel-in-handschellen/6920872.html
7 Mudde, Cas: *Syriza. The failure of the Populist Promise*. Basingstoke, 2017.
8 Lieb, Wolfgang: Die linke Syriza und die rechten »Unabhängigen Hellenen«, ein taktisches Bündnis. In: *Nachdenkseiten*, 28.01.2015. https://www.nachdenkseiten.de/?p=24781
9 Pantazopoulous, Andreas: Populism or National-Populism? A Critical Approach to Cas Mudde's Perspective on SYRIZA's Populism. In *TELOSscope*, 25.03.2016.
10 Kadritzke, Niels: Tsipras in Trumps Rosengarten. *Le Monde Diplomatique*, 22.11.2017.
11 Fraunberger, Richard: Misswirtschaft und Korruption. Das Elend der Griechen. In: *FAZ*, 19.04.2018.
12 Mouffe, Chantal; Errejón, Íñigo: *In the Name of the people*. London, 2016.
13 Kouki, Hara und González, Joseba Fernández: Syriza, Podemos und die Anti-Austeritäts-Mobilisierungen. Bewegungen und Parteien in Zeiten der Krise. In: *Forschungsjournal Soziale Bewegungen* 29/1, 2016, S. 61-71.
14 Ebd.
15 Bickerton, Christopher:»Techno-Populism« as a new party family. The case of the 5-Star-Movement and Podemos. In: *Contemporary Italian Politics* 10/2, 2018.
16 Di Maio, Luigi: Zehn Millionen Italiener leben unter der Armutsgrenze. In: *Die ZEIT*, 17.10.2016.
17 Kitzler, Jan-Christoph: Die Fake-News-Maschine in Italien. In: Deutschlandfunk, 3.12.2016. http://www.deutschlandfunk.de/fuenf-sterne-bewegung-die-fake-news-maschine-in-italien.1766.de.html?dram:article_id=373018
18 Siehe auch: Ghelli, Fabio: Die »Grillini« müssen noch viel lernen. In: Die ZEIT, 01.03.2013. https://www.zeit.de/politik/ausland/2013-03/italien-wahl-beppe-grillo
19 Braun, Michael: Neuer Stern unter den fünf Sternen. In: *die tageszeitung*, 25.09.2017. http://www.taz.de/!5447635/
20 Meiler, Oliver: Der heimliche Patron der italienischen Protestbewegung. In: *Süddeutsche Zeitung*, 02.03.2018.
21 Fichter, Adrienne: Der digitale Diktator. In: *Republik*, 01.02.2018. https://www.republik.ch/2018/02/01/der-digitale-diktator
22 Ignazi, Piero: Etwas infantile Züge. In: *die tageszeitung*. 18.05.2018. http://www.taz.de/!5504118/
23 Braun, Michael: Gute Nachrichten, schlechte Nachrichten. In: *die tageszeitung*, 17.05.2018. http://www.taz.de/!5506669/
24 Briegleb, Till: Wir brauchen einen linken Populismus. Interview mit der Politologin Chantal Mouffe. In: *Süddeutsche Zeitung*, 28.11.2016. http://www.sueddeutsche.de/politik/interview-mit-der-politologin-chantal-mouffe-wir-brauchen-einen-linken-populismus-1.3312255?reduced=true
25 Müller, Jan-Werner: Guten Populismus gibt es nicht. In: *IPG-Journal*, 03.01.2018. http://www.ipg-journal.de/regionen/global/artikel/detail/guten-populismus-gibt-es-nicht-2513/
26 Stephan, Felix: Ihr könnt nicht glauben, ihr wärt das Volk. Interview mit Didier Eribon. In: *Die ZEIT*, 04.07.2016.
27 https://www.schaubuehne.de/uploads/Interview_Eribon.pdf
28 Allemagna, Lilian: Der letzte seiner Art. In: *die tageszeitung*, 22.04.2017. https://www.taz.de/Archiv-Suche/!5398995&s=melenchon/
29 Jacobsen, Lenz: Oskar und Jean-Luc gehen Wähler sammeln. In: Zeit Online, 14.01.2018. https://www.zeit.de/politik/deutschland/2018-01/linkspartei-oskar-lafontaine-jean-luc-melenchon/seite-2. Siehe auch: Vogel, Steffen: Falsches Vorbild Mélenchon. In: *Blätter für deutsche und internationale Politik* 3/2018. https://www.blaetter.de/archiv/jahrgaenge/2018/maerz/linke-sammlungsbewegung-falsches-vorbild-melenchon
30 Lafontaine will neue linke Volkspartei. In: »Spiegel Online«, 30.12.2017. http://www.spiegel.de/politik/deutschland/oskar-lafontaine-will-neue-linke-volkspartei-a-1185444.html
31 Seils, Christoph: Triumph eines Geächteten. In: *Die ZEIT*, 28.09.2009. https://www.zeit.de/politik/deutschland/2009-09/lafontaine-gysi-linke
32 Gabriel, Sigmar: Sehnsucht nach Heimat. In: *Der Spiegel* 51/2017. http://www.spiegel.de/spiegel/sigmar-gabriel-wie-die-spd-auf-den-rechtspopulismus-reagieren-muss-a-1183867.html
33 Nahles, Andrea: Die SPD braucht eine neue Sprache. In: *Der Spiegel*, 40/2017. https://maga-

zin.spiegel.de/SP/2017/40/153535255/index.html?utm_source=spon&utm_campaign=-vorab
34 Gabriel fand Flüchtlingspolitik der SPD »naiv«. In: *Die Welt*, 11.06.2018.

16 Die AfD in uns. Warum Populisten so populär sind

1 Zick, Andreas, Küpper, Beate und Krause, Daniela: *Gespaltene Mitte, Feindselige Zustände.* Bonn, 2016.
2 https://www.staatsregierung.sachsen.de/sachsen-monitor-2017-4556.html
3 Zick, Andreas und Küpper, Beate: *Die Abwertung der Anderen.* Berlin, 2011.
4 Bolzen, Stefanie: Deutsche am widerstandsfähigsten gegen Populismus. In: *Die Welt*, 21.11.2016. https://www.welt.de/politik/ausland/article159624414/Deutsche-am-widerstandsfaehigsten-gegen-Populismus.html
5 Schemer, Christian [u.a.]: *Medienvertrauen in Deutschland.* Institut für Publizistik, Johannes-Gutenberg-Universität Mainz, Forschungsschwerpunkt Medienkonvergenz. Mainz, 2018.
6 Butter, Michael: *Nichts ist, wie es scheint.* Berlin, 2017.
7 Imhoff, Robert; Lamberty, Pia und Klein, Olivier: *Using Power as a Negative Cue: How Conspiracy Mentality Affects Epistemic Trust in Sources of Historical Knowledge.* Mainz, 2018.
8 Houellebecq, Michel: Europa steht vor dem Selbstmord. In: *Neue Zürcher Zeitung*, 27.09.2016.
9 Wahl-Immel, Yuriko: Alice Schwarzer: Verbände versuchen, Scharia in unser Rechtssystem zu infiltrieren. In: *Die Welt*, 21.05.2016.
10 Schwarzer, Alice: War die Silvester-Nacht organisiert? In: *Emma*, 15.01.2016.
11 Borcholte, Andreas: Eine Debatte zum Fürchten. In: »Spiegel Online«, 15.01.2016. http://www.spiegel.de/kultur/tv/maybrit-illner-zu-koeln-und-istanbul-die-wahl-der-qual-a-1072126.html
12 Schwarzer, Alice: *Der Schock. Die Silvesternacht von Köln.* Köln, 2016
13 https://www.aliceschwarzer.de/artikel/basel-unsere-versaeumnisse-331349
14 https://www.emma.de/artikel/der-afd-sieg-ist-keine-ueberraschung-331863
15 In einer repräsentativen Umfrage von YouGov im Auftrag der ZEIT. Siehe: Jeder Zweite sympathisiert mit Pegida. In: »Zeit Online«, 15.12. 2014. https://www.zeit.de/politik/deutschland/2014-12/islam-pegida-fluechtlinge-deutschland-umfrage
16 https://www.buzzfeed.com/lesterfeder/frances-nationalist-party-is-winning-gay-support?utm_term=.vtZoKZAZ1#.mxgo5lglO
17 Adamson, Thomas: Pinkwashing Populism: Gay voters embrace french Far-right. In: *AP News*, 07.04.2017.
18 https://www.theguardian.com/commentisfree/2017/oct/26/ascent-lgbt-right-wing-afd
19 https://www.vox.com/identities/2018/1/22/16905658/trump-lgbtq-anniversary
20 Kuhn, Philip: Größere Gefahr von muslimischen Antisemiten als von Rechtsradikalen. In: *Die Welt*, 28.05.2018. https://www.welt.de/politik/deutschland/plus176761074/Oberrabbiner-Pinchas-Goldschmidt-warnt-vor-Antisemitismus-von-Muslimen.html
21 Serrao, Marc Felix: Wir haben eine immer größer werdende muslimische Minderheit, die sich radikalisiert. In: *NZZ*, 27.02.2018. https://www.nzz.ch/feuilleton/der-historiker-michael-wolffsohn-sieht-in-einer-radikalisierten-muslimischen-minderheit-den-grund-fuer-wachsenden-antisemitismus-ld.1359869?reduced=true
22 Rosbach, Jens: Sympathien gegenüber der AfD – und Warnungen. In: Deutschlandfunk, 21.09.2017.
23 Alfsen, Clotilde: Kelly Betesh : la it-girl de la droite hardcore. In: »Vice.com«, 16.02.2018.
24 Magercord, Michael: Liason fatale. In: *Jüdische Allgemeine*, 06.05.2017.
25 Ungar, Amiel: Le Pen Is Right About Muslims, Wrong About Jews. In: »Haaretz.com«, 20.04.2017.
26 Kahraman, Hatice: Er ist selbst geflüchtet, jetzt macht er mit der Angst vor Zuwanderern Wahlkampf. In: »bento.de«, 13.05.2017. http://www.bento.de/today/nordrhein-westfalen-wie-serge-menga-mit-der-angst-vor-zuwanderern-wahlkampf-macht-1366100/
27 Eppelsheim, Philipp: Herr Demagbo von der AfD. In: *FAZ*, 19.03.2017. http://www.faz.net/aktuell/politik/inland/ein-exot-in-der-kieler-afd-14931200.html
28 Amt für Bürgerservice und Informationsverarbeitung: Die Landtagswahl 2016 in Freiburg. Freiburg, April 2016. https://fritz.freiburg.de/Bibliothek/statistik_veroeffentlichungen_LT_Wahlheft_2016-NIEDRIG.pdf
29 https://www.bamf.de/SharedDocs/Anlagen/DE/Publikationen/Forschungsberichte/fb20-spaetaussiedler.pdf?__blob=publicationFile
30 Beitzer, Hannah: Russlanddeutsche mögen die Linkspartei lieber als die AfD. Interview mit Achim Goerres. In: *Süddeutsche Zeitung*, 08.03.2018. http://www.sueddeutsche.de/politik/bundestagswahl-russlanddeutsche-moegen-die-linkspartei-lieber-als-die-afd-1.3897458

31 Niemann, Heidi: Professor Tibi: Göttingen sieht aus wie ein Flüchtlingslager. In: *HNA*, 06.07.2016.
32 Neff, Benedict: Der deutsche Staat kapituliert vor dem Islam. Interview mit Bassam Tibi. In: *NZZ*, 05.04.2018. https://www.nzz.ch/feuilleton/die-islam-konferenz-ist-deutsche-unterwerfung-ld.1371525?reduced=true
33 Tibi, Bassam: Tugendwächter und Gesinnungsdiktatoren. In: *Basler Zeitung*, 28.05.2018. https://bazonline.ch/ausland/europa/tugendwaechter-und-gesinnungsdiktatoren/story/24192265
34 Tibi, Bassam: Wenn Europa so weitermacht, wird es zu Eurabia. In: *Basler Zeitung*, 05.04.2018. https://m.bazonline.ch/articles/20258524
35 Karim, Imad: Islamische Werte frei Haus. In: *Cicero*, April 2017. https://www.cicero.de/innenpolitik/massenmigration-islamische-werte-frei-haus
36 Biermann, Til: Bundestags-Referentin Leyla Bilge: Vom Flüchtlingskind zur AfD. In: *Berliner Zeitung*, 30.03.2018.
37 Prizkau, Anna: Dieses Land ist nicht deutsch genug. In: *FAZ*, 28.03.2017. http://www.faz.net/aktuell/feuilleton/debatten/zuwanderern-ist-deutschland-nicht-deutsch-genug-14942439.html
38 http://www.sueddeutsche.de/politik/bundestagswahl-russlanddeutsche-moegen-die-linkspartei-lieber-als-die-afd-1.3897458
39 Schwarzer, Alice: Warum ich trotz allem Putin verstehe. In: Emma, März 2014.

17 Was tun? Antworten auf den Rechtspopulismus

1 Wagenknecht, Sahra: Warum wir eine neue Sammlungsbewegung brauchen. In:»welt.de«, 25.06.2018. https://www.welt.de/debatte/kommentare/article178121522/Gastbeitrag-Warum-wir-eine-neue-Sammlungsbewegung-brauchen.html
2 Gutschker, Thomas: Unser Markenkern ist eben nicht das Konservative. Interview mit Armin Laschet. In: *FAZ*, 18.02.2018. http://www.faz.net/aktuell/politik/inland/armin-laschet-will-rechtsruck-in-der-cdu-verhindern-15454236.html?GEPC=s3&premium=0xce92b2893 92457e0f477fcf360a27b88
3 Clasmann, Anne-Béatrice: Gauland: AfD ist mehr als ein»Vogelschiss«in der Geschichte. In: *Potsdamer Neueste Nachrichten*, 21.06.2018. http://www.pnn.de/brandenburg-berlin/1295288/
4 http://www.deutschlandfunk.de/vogelschiss-aeusserung-ein-versuch-die-grenze-des-sagbaren.691.de.html?dram:article_id=419514